Route der DAGMAR AAEN
Route der Ski-Expedition
Asien
Spitzbergen
Skandinavien
Europa
Afrika

ARVED FUCHS

DER WEG IN DIE WEISSE WELT

Mit der Dagmar Aaen zum 7. Kontinent

Delius Klasing Verlag

Von Arved Fuchs ist darüber hinaus folgender Titel
im Delius Klasing Verlag erschienen:
Abenteuer zwischen Tropen und ewigem Eis

Die Deutsche Bibliothek – CIP-Einheitsaufnahme

Fuchs, Arved:
Der Weg in die weiße Welt: mit der DAGMAR AAEN
zum 7. Kontinent/Arved Fuchs.– 2. Auflage –
Bielefeld: Delius Klasing, 1998
ISBN 3-7688-1071-2

2. Auflage
ISBN 3-7688-1071-2

Siekerwall 21, 33602 Bielefeld

Fotos (fortlaufende Numerierung im Bildteil):
Torsten Heller: Nr. 8, 13, 14, 16, 18, 22, 26, 27, 28, 30,
34, 37, 39, 40, 43, 44, 45, 46, 49, 50, 51, 53, 54, 55,
56, 57, 58, 59, 60, 61, 62, 63, 80, 81, 82, 83, 84, 85.
Arved Fuchs: Nr. 1, 3, 4, 5, 6, 7, 9, 10, 11, 12, 20, 21,
23, 24, 25, 29, 31, 38, 41, 48, 73, 74, 79.
Brigitte Ellerbrock: Nr. 33, 35, 36, 42, 64, 65, 66, 67,
68, 69, 70, 71, 72, 75, 76, 77, 78.
Armin Wirth: Nr. 47.
Rafael Peche: Nr. 2, 15, 17, 19, 52.
Andrée-Museum, Gränna: Nr. 32.
Karten: Karin Buschhorn
Schutzumschlaggestaltung: Ekkehard Schonart
Gesamtherstellung: Graphischer Großbetrieb Pößneck
Printed in Germany 1998

Den beiden Überwinterern
Sigridur Ragna Sverrisdottir und
Torsten Heller gewidmet, dafür,
daß sie die DAGMAR AAEN *sicher*
durch den grönländischen
Winter geleitet haben.

Inhalt

Ein neuer Plan

„Das Ende der einen Reise ist der Beginn einer neuen!“ Das waren meine Worte auf einer Feier im Hamburger Hafen, anläßlich unserer Rückkehr von der SEA, ICE & MOUNTAINS-Expedition am 12. Juli 1996. Fünf Jahre, zwei Monate und zweiundzwanzig Tage hatte die vorangegangene Reise gedauert, in deren Verlauf die DAGMAR AAEN und ihre Crew über 52.000 Seemeilen zurückgelegt hatten. Ein solcher Zeitraum würde treffender mit der Bezeichnung „Lebensabschnitt“ versehen werden als mit dem etwas vagen Begriff „Reise“. So war ich selbst ein wenig erschrocken über meine Worte. Ich fragte mich hinterher im stillen: „woher eigentlich diese Zuversicht?“ Und auch ein wenig beklommen: „Stehst du unter Zugzwang?“ Nichts sprach dagegen, einfach zu pausieren. Vorträge halten, Artikel schreiben, ein bißchen segeln und am Schiff basteln – die Füße hoch legen. Statt dessen war ich schon wieder in meinen geheimsten Gedanken dabei, einen neuen, engen Zeitplan aufzustellen und den verzweifelten Versuch zu unternehmen, ein neues Projekt kalkulatorisch in den Griff zu bekommen. Ein Vorhaben, das mich immer wieder an Don Quichotterie erinnert. Ich weiß nicht warum, aber die tatsächlichen Kosten liegen stets höher als die veranschlagten. Expeditionen lassen sich nur schwer kostenmäßig erfassen, und in aller Regel ziehen die Ausgaben während des laufenden Projektes ständig an. Das gilt ganz besonders dann, wenn ein Schiff zu erhalten und auszurüsten ist.

Alle Expeditionsleiter können davon ein Lied singen. Die Suche nach Sponsoren, das Erstellen endloser Ausrüstungslisten, der Verzicht auf Kinobesuch und geruhsame Fernsehabende, auf Familienleben und geregeltes Einkommen – ist es das alles wert? Ja doch! Aber leicht wird es einem nicht gemacht. Ich bemerkte beispielsweise, daß ich Defizite nach der vorangegangenen langen Expedition hatte. Deutschland kannte ich nur noch im Winter. Ich wollte endlich mal wieder in kurzen Hosen Fahrrad fahren, in Biergärten sitzen und ein Bier trinken, Freunde besuchen, gut essen, ins Theater gehen und einmal nicht an Schnee, Eis, eine Crew und die Verantwortung denken.

Als ich mich daher vom ersten Schrecken über meine eigenen Worte erholt hatte, schob ich zunächst alles weit von mir. Jetzt wollten wir erst einmal den erfolgreichen Abschluß unserer Expedition gebührend feiern. Es wurde eine fast einwöchige Dauerveranstaltung mit Freunden, bei der viel gelacht und erzählt, noch mehr „weißt du noch" ausgetauscht und Erinnerungen sowie Zukunftspläne wieder und wieder ausgebreitet wurden, bis sich schließlich die Crew in alle Himmels- und Windrichtungen zerstreut hatte. Konsequent setzte ich danach meine Vorhaben um. Ich fuhr Fahrrad, bis mir die Zunge auf dem Lenker hing, sog den Duft frisch gemähter Wiesen ein, döste unter schattigen Bäumen und löschte meinen Durst anschließend im Biergarten. Der kulturelle Hunger wurde ebenso befriedigt wie der Wunsch, Freundschaften aufzufrischen und Zeit mit der Familie zu verbringen. Ganz ohne Segeln ging es natürlich nicht. Zusammen mit dem Landessportverband Schleswig-Holstein schipperte ich für die Aktion „Sport gegen Gewalt" mit einer 10köpfigen Gruppe Jugendlicher über die sommerliche Ostsee, lud Freunde und Bekannte zu kurzen Segeltörns ein, genoß die angenehme Atmosphäre im Flensburger Museumshafen, wo die Dagmar Aaen den Sommer und Herbst über gut und sicher lag.

Aber irgendwann hatte ich dann doch das Gefühl, daß die Defizite abgebaut waren. Das abendliche Bier im Garten irgendeiner Kneipe schmeckte plötzlich ein bißchen schal. Mehr und mehr stand ich grübelnd zu Hause vor meinem Bücherregal mit der Sammlung alter polarer und maritimer Schriften, saß länger als eigentlich nötig am Schreibtisch und war insgesamt ein wenig verdrießlicher Stimmung. Brigitte kennt das schon! Dabei war es erst September und ich knapp zwei Monate wieder da! So richtig konnte und wollte ich dem Drang nach neuen Abenteuern nicht nachgeben, also meldete ich mich zunächst zu einem Kurs an, um mein „Allgemeines Sprechfunkzeugnis" entsprechend den neuen

GMDSS Sicherheitsbestimmungen zu erweitern – immerhin etwas. Aber dann konnte ich es drehen und wenden wie ich wollte, ich hatte plötzlich „Hummeln in der Hose". Mein markiger Hamburger Ausspruch erschien mir mit einem Mal gar nicht mehr so absurd. Warum eigentlich nicht? Ideen für neue Projekte hatte ich viele. Und die DAGMAR AAEN, die träge an der Pier dümpelte, schien sich genauso zu langweilen wie ich.

Was lag also näher, als sich erneut vors Bücherregal zu stellen und über die faszinierenden Versuche unserer Vorfahren nachzudenken? Seit wir 1991 nach Spitzbergen gesegelt waren und an der Nordwestecke auf die Überreste der schwedischen Andrée-Expedition getroffen waren, ließ mich diese historische Expedition nicht mehr los. Der schwedische Oberingenieur Salomon August Andrée hatte als erster versucht, mit einem Ballon von Spitzbergen aus den Nordpol zu erreichen. Er hatte sozusagen das Zeitalter der Luftfahrt in der Arktis als Mittel zur Erforschung unbekannter Regionen eingesetzt. Allerdings ohne den erhofften Erfolg, die Expedition endete tragisch mit dem Tod der drei Ballonfahrer. Im nächsten Jahr, also 1997, wären es genau 100 Jahre her, daß der auf den Namen „Örnen" (Adler) getaufte Ballon in der Bucht Virgohamna auf der Insel Danskøya abhob. Dieser Expedition nachzugehen, Spurensuche zu betreiben bzw. experimentell die Probleme dieses historischen Vorhabens nachzustellen, spukte schon lange in meinem Kopf herum. Dazu würde man natürlich auch einen Ballon benötigen. Nur so würde man einen realistischen Eindruck gewinnen, was es heißt, einen Ballon in die Arktis zu transportieren und ihn darüber hinaus bei den schwierigen klimatischen Gegebenheiten aufsteigen zu lassen, zudem in einem völlig unwegsamen Gelände. Die Idee zu der Expedition ICEFLY war geboren. Wollte man die schwedische Expedition untersuchen und dokumentieren, dann mußte es im kommenden Jahr passieren. Einen besseren Aufhänger als den 100jährigen Geburtstag gab es nicht.

Das zweite Projekt, das mir im Kopfe herumging, war von der Aufgabenstellung jedenfalls nicht minder aufwendig und schwierig. Im Schiffahrtsmuseum Bremerhaven liegt ein Schiff, das in Größe und Takelung der DAGMAR AAEN nicht unähnlich ist: die GRÖNLAND. Mit diesem 1868 in Norwegen gebauten Segelschiff fand der Einstieg Deutschlands in die Polarforschung statt. Die GRÖNLAND ist nach umfangreichen Renovierungsarbeiten noch heute in Fahrt und präsentiert sich in weitestgehendem Originalzustand. Es ist zugleich eines der ältesten Schiffe überhaupt, das sich noch in Fahrt befindet. Die Ähnlichkeit der beiden Schiffe – der GRÖNLAND und der DAGMAR AAEN – und der Umstand, daß sich ihre Kurse in der Vergangenheit schon mehrfach gekreuzt haben, ließen in mir den Gedanken reifen, diesen Beginn der deutschen Polarforschung, der ein wenig großspurig als „1. deutsche Nordpolarexpedition" betitelt wurde, nachzugehen. Zudem schloß sich an die Fahrt der GRÖNLAND nur ein Jahr später die „2. deutsche Nordpolarexpedition" an, die zwar genausowenig den Nordpol erreichte wie die erste, so doch aber in vielerlei Hinsicht eine ebenso würdige und professionelle Expedition war wie die der Briten oder gar der Norweger. Im Mittelpunkt der Expedition standen zum einen der versierte und souveräne Kapitän Carl Koldewey, zum anderen der Geograph August Petermann. Letzterer hatte zwar selbst niemals Erfahrungen im Polareis gesammelt, verstieg sich aber aufgrund wissenschaftlicher Erwägungen dazu, den Schlüssel zur Lösung der Probleme in den Händen zu halten. Seine These von einem „offenen Polarmeer", das nur von einem Packeisgürtel umschlossen war, stellte eine fatale Selbstüberschätzung und Arroganz dar. Fern jeglicher Realität war hier der Wunsch der Vater des Gedankens. So waren denn auch die 1. und 2. deutsche Nordpolarexpedition von den Zerwürfnissen des Pragmatikers Koldewey und des selbstherrlichen Petermann geprägt. Dennoch – die Ergebnisse dieser Fahrten und deren wissenschaftliche Ausbeute waren nach damaligen Maßstäben außerordentlich groß. Aber außer im Schiffahrtsmuseum Bremerhaven und vielleicht in einigen wenigen eingeweihten und interessierten Kreisen erinnert sich heute kaum noch jemand an diesen Beginn der deutschen Polarforschung. Wie anders geht man in Norwegen oder England mit seinem polargeschichtlichen Erbe um! Deshalb bestand bei mir schon seit langem der Wunsch, den Spuren dieser Expeditionen nachzugehen, insbesondere auch deshalb, weil mich dieser Weg an die Ostküste Grönlands führen würde – eine der vielleicht unzugänglichsten und einsamsten Landschaften der Arktis.

Aber zwei Pläne auf einmal? Spitzbergen und Ostgrönland verknüpfen, wie sollte das gehen? Auf diese Frage fand ich ziemlich schnell eine Antwort, wenngleich ich auch zögerte, sie laut auszusprechen. Sollten beide Projekte in Angriff genommen werden, dann war eine Überwinterung an der grönländischen Küste unumgänglich. Aber schließlich hatte auch Koldewey dort überwintert. Was lag also näher, als es ihm nachzutun? Und ehe ich mich versah, steckte ich plötzlich wieder bis über beide Ohren in der Planung und Vorbereitung.

Bei beiden historischen Expeditionen ging es darum, eine Passage über den Nordpol hinweg zu finden. Koldewey und Petermann suchten den Weg noch über den Seeweg. Der innovative Andrée bediente sich nach damaligen Maßstäben absoluter High-Tech-Gerätschaften. Beide Expeditionen gelangten nicht zu ihrem Ziel. Aber beide setzten sie Meilensteine auf der Suche nach möglichen Routen und Strategien, um Passagen durch oder über das ewige Eis zu finden. Deshalb gab ich in Anlehnung an die historischen Expeditionen unserem Projekt den Titel ARCTIC PASSAGES. Rund zwei Monate waren vergangen, seit wir mit der DAGMAR AAEN in Hamburg eingetroffen waren. Sollte diese neue Reise wie geplant ablaufen, blieb mir lediglich ein gutes halbes Jahr zur Vorbereitung. Selbst bei allem Wohlwollen, aller Erfahrung und trotz eines gut eingespielten Teams lag diese Zeitspanne weit unterhalb der Toleranzgrenze. Es mußte trotzdem gehen! „Geht nicht gibt es nicht!“ war ein geflügelter Ausspruch meines Großvaters. Das war fortan unser Leitspruch. Ehe ich mich so recht versah, hatte meine so leichtfertig dahingesagte Äußerung in Hamburg eine Dimension bekommen – und was für eine!

Wir standen tatsächlich am Anfang einer neuen Reise.

Der Countdown läuft

Aufgrund des engen Zeitplanes, den ich mir gesteckt hatte, blieb nichts anderes übrig, als offensiv und mit vollem finanziellen Risiko an das Vorhaben heranzugehen. Mitte Mai, so hatte ich errechnet, würden wir von Hamburg auslaufen müssen, um genügend Zeit für die Projekte zur Verfügung zu haben. Das waren gerade mal gute sieben Monate! Spätestens ab Mitte September würde sich an der Ostküste Grönlands Neueis bilden. Bis dahin mußten ein sicherer Überwinterungsplatz für das Schiff gefunden werden und alle Vorbereitungen für den langen Polarwinter abgeschlossen sein. Dreh- und Angelpunkt der Expedition würde wieder einmal die DAGMAR AAEN sein. Abermals würde sie Eiseskälte, meterdicken und fußballfeldgroßen Packeisfeldern trotzen müssen, sozusagen den Lebensnerv im ewigen Eis darstellen. Das Schiff mußte völlig autark sein. Proviant, Brennstoff zum Heizen und für die Stromerzeugung müßten in reichlicher Menge zur Verfügung stehen. Wenn die DAGMAR AAEN im September einfriert, wäre sie erst im Juli nächsten Jahres wieder frei. Das Schiff als absolute und unabhängige Einheit. Bis hin zur Verwahrung und Sortierung des anfallenden Verpackungsmülls mußte alles im Vorwege bedacht und geplant werden. Erfahrung und Professionalität in allen Bereichen war gefordert.

Entsprechend der Gewichtung legte ich zunächst das größte Augenmerk auf die DAGMAR AAEN. Das Schiff war im Verlauf der vorangegangenen Expedition zwar immer regelmäßig gewartet und wenn erforderlich repariert worden, aber nach einer derart langen und materialzehrenden Unternehmung stand eine Grundüberholung an. Das war der am schwersten zu kalkulierende Posten. Rein optisch sah das Schiff eigentlich recht proper und ordentlich aus. Gewiß, unter Deck war die Einrichtung verschlissen und abgenutzt, aber das waren eher kosmetische Betrachtungen. Wie aber würden die Planken unter der schützenden Eishaut aus Aluminium und Stahl aussehen? Die schweren Eispressungen in der Nordwestpassage und in der Nordostpassage waren mir noch sehr lebhaft und nicht gerade angenehm in Erinnerung. Daß das Schiff ihnen standgehalten hatte, trotz des unglaublichen Eisdruckes, schien uns allen damals wie ein Wunder. Die DAGMAR AAEN hatte uns sicher aus mancher akuten Bedrängnis herausgebracht, jetzt war es an uns, etwas für das Schiff zu tun. Im dänischen Egernsund, auf der Bootswerft von Christian Jonsson, sollte unsere alte Haikutterdame den Winter über total überholt werden. Christian hatte bereits den ersten Umbau 1990/91 durchgeführt, und aufgrund der gemachten Erfahrungen gab es für mich zu keinem Zeitpunkt eine Alternative zu ihm. Bootsbau ist zu einem wesentlichen Teil auch Vertrauenssache, und Vertrauen habe ich in einem großen Maße zu Christian. Vorsichtig versuchte ich die Kosten zu kalkulieren, packte obendrein noch einmal zur Sicherheit kräftig etwas drauf – und lag damit, wie sich später zeigte, immer noch weit hinter dem tatsächlichen Betrag zurück. Das war nicht die Schuld der Werft, sondern auf den Umstand zurückzuführen, daß ich während der Bauphase ständig neue Dinge entdeckte, die erneuert oder verbessert werden sollten. Doch dazu später mehr.

Auf einer der letzten Fahrten der DAGMAR AAEN vor ihrem Werftaufenthalt lud ich den Geschäftsführer von Jack Wolfskin, Manfred Hell, seine Frau Vivien und einige andere Freunde und Kunden von Jack Wolfskin zu einem Segeltörn auf der Flensburger Förde ein. Das Wetter spielte mit. Falk, unser Smut, sorgte mit Bravour für das gute Essen, und so bot sich endlich einmal die Gelegenheit, zum ersten Mal, unserem Hauptsponsor die DAGMAR AAEN in Fahrt zu präsentieren. Die Stimmung war entsprechend gut und ausgelassen, und selbst Ivola, die kleine Tochter von Manfred Hell, schien Spaß an dem Törn zu haben und schlief entgegen aller Befürchtungen ruhig und selig in der engen Alkovenkoje. Manfred muß es mir angesehen haben, daß mir etwas im Kopf herumging. Irgendwann sprach er mich darauf an: „Nun sag schon, Arved, was planst du als nächstes? Dein Gesicht spricht Bände, irgend etwas heckst du doch aus!“ Eine Stunde später saßen wir jeder mit einer

Mug Kaffee in der Hand zusammen, und ich erzählte von meinen neuen Plänen. Irgendwie sprang bei diesem Gespräch der Funke über. Zwar waren wir uns schon vorher einig gewesen, die Zusammenarbeit fortzusetzen, aber nicht in dem Umfang, wie er jetzt erforderlich war. Die Kosten für die Expedition würden vorsichtig kalkuliert bei 450.000 DM liegen. Es war klar, daß Jack Wolfskin nicht den gesamten Betrag würde abdecken können – aber immerhin einen Teil davon. Die endgültige Entscheidung konnte zu diesem Zeitpunkt nicht fallen, dazu war die Größenordnung zu gewaltig. Aber das Interesse und die grundsätzliche Zusage, erneut als Hauptsponsor aufzutreten, war schon mehr, als ich eigentlich so schnell erwarten durfte. Wir prosteten uns mit der Kaffeetasse zu und grinsten uns mit Verschwörermiene an.

Nach diesem Segelwochenende war mir etwas leichter ums Herz. Trotzdem benötigten wir noch einen weiteren Sponsor, und den Rest würde ich wie immer selbst abdecken müssen. „Fair enough", sagte ich mir, „so ist das Risiko ein wenig verteilt."

Die logistische Abwicklung von ARCTIC PASSAGES hatte es ebenfalls in sich. Man nehme einen Heißluftballon und schaffe ihn nach Spitzbergen – wenn das nur so einfach wäre. Ich hätte wohl nie gewagt, die Andrée-Expedition anzugehen, wenn ich nicht Franz Taucher gekannt hätte. Franz ist Ballonfahrer, Ballonfahrer und nochmals Ballonfahrer! Man hüte sich davor, in seiner Gegenwart vom „Ballonfliegen" zu sprechen. Franz würde sich angewidert abwenden – Ballone fahren, punktum! Ich hatte Franz vor einigen Jahren über Peter Gonscherowski, einen befreundeten Kameramann, kennengelernt, und wenig später hatte er Brigitte und mich zu einer ersten Ballonfahrt eingeladen. Unweit von Bad Bramstedt hatte er sein Gefährt auf einer Wiese aufgerüstet, kommandierte uns wie Laufburschen von einer Ecke zur anderen und hob endlich gemeinsam mit uns von einer kräftigen Brise geschoben ab. Die Fahrt dauerte etwa eineinhalb Stunden, führte uns über blühende Rapsfelder, grüne Wiesen, über winkende Zuschauer, die winzig klein wie die Ameisen unter uns dahinzogen. Kurz bevor wir die Elbe erreicht hatten, guckte sich Franz einen Landeplatz aus, und ehe wir uns versahen, wurden wir mit dem Korb polternd über einen Graben gezogen, während sich die erschlaffte Ballonhülle wie ein Dinosaurier träge über das Gras wälzte. Wir standen wieder auf festem Boden.

Was folgte, ist unter Ballonfahrern so unvermeidlich wie bei Seefahrern die Äquatortaufe – die Ballontaufe. Dazu mußten Brigitte und ich uns hinknien. Franz nahm beherzt ein Feuerzeug in die eine und eine üppig bemessene Haarsträhne in die andere Hand und zündete unser Haar entschlossen an. Kurz bevor die schmurgelnden, stinkenden Flämmchen unsere Kopfhaut erreichten, löschte er den Brand mit einer zuvor entkorkten Flasche Champagner. Jeder von uns bekam einen Taufspruch. Brigitte wurde auf den Namen „Gräfin Brigitte, die mutige Eroberin der Lüfte über der Engelbrechtschen Wildnis" getauft, während ich fortan den Adelstitel „Graf Arved, der luftige Elbstecher in der Abendsonne zu Glückstadt" tragen darf. – Das ist doch was!

Bei aller Faszination und Freude an dieser Fahrt hatte ich Franz sehr genau beobachtet. Der Mann wußte, was er tat! Von Beruf ist er eigentlich Kapitän auf großer Fahrt. Früher war er im Offshore-Bereich tätig und später an Land in der Frachtabteilung bei einer großen Reederei in Hamburg. Vor einigen Jahren sattelte er schließlich nochmals völlig um und wurde Luftfahrtunternehmer. Franz hat Fluglizenzen für Flugzeuge, besitzt mehrere Heißluftballone sowie ein Luftschiff. Er ist ein fanatischer Ballonfahrer. Zugleich ist er aber auch jemand, der sein Urteilsvermögen selbst durch die größte Begeisterung nicht beeinflussen läßt. Sicherheit hat bei ihm oberste Priorität. Entsprechend gut sind seine Ballone und die dazu gehörende Ausrüstung gewartet. Und was die Erfahrung und die im Ballon verbrachten Stunden angeht, können ihm wohl nur wenige in Deutschland das Wasser reichen. Franz ist auch verrückt genug, sich auf ein solches Abenteuer, wie ich es plante, einzulassen. Kurz: Er war unser Mann! Gott sei Dank gibt es noch derart begeisterungsfähige Menschen. Da ich selbst vom Ballonfahren keine Ahnung hatte, war ich froh, in ihm einen Partner gefunden zu haben, der über ein entsprechend hoch entwickeltes Urteilsvermögen und Fachwissen verfügte. Hinzu kam, daß Franz eigens für das Projekt einen neuen Ballon bauen lassen wollte und darüber hinaus die gesamte Ausrüstung zur Verfügung hatte.

Was indes alles zum Ballonfahren gehört, sollte mir erst später klarwerden. Gut so – wahrscheinlich hätte ich sonst nicht mehr den Mut gehabt, dieses Vorhaben in die Tat umzusetzen. Die Ausrüstung umfaßte neben der Ballonhülle und dem Korb acht Gaszylinder, den Brenner, ein Gebläse mit Benzinmotor, um überhaupt erst einmal Luft in die schlaffe Ballonhülle zu pumpen, sowie ferner eine Gasflasche mit Helium für Probeballons, um zu sehen, wie die Luftströmungen verlaufen. Eine Flasche mit Stickstoff als Beimengung für das Propangas bei niedrigen Temperaturen gehörte ebenfalls zur Ausrüstung.

Bei dem Gedanken, dies alles später auf der DAGMAR AAEN transportieren zu müssen, wurde mir schwindelig. Da es auf Spitzbergen kein Propangas in ausreichender Menge gibt, mußten wir uns etwas einfallen lassen, wie wir es dorthin bekommen. Propangas ist Gefahrgut – so ohne weiteres transportiert das keiner. Gerd Schwalenstöcker, langjähriger Freund aus Tromsø, sprang helfend in die Bresche. Er besorgte nicht nur drei große Propangastanks zu je 480 Kilogramm Gewicht sowie das Helium und den Stickstoff, nein, er organisierte vielmehr auch den Transport der brisanten Fracht per Schiff nach Longyearbyen auf Spitzbergen. Da Franz seinen Ballon samt dazugehöriger Ausrüstung noch in Hamburg benötigte, konnten wir das voluminöse Equipment erst kurz vor dem eigentlichen Expeditionsstart nach Norden senden. Boje Paulsen, seines Zeichens Spediteur und leidgeprüfter Helfer in allen unseren langjährigen Transportnöten, nahm uns diese Aufgabe wie üblich ab. Per Lkw reiste die Ballonfracht ganz profan über die Straße nach Tromsø, wo sie von Gerd in Empfang genommen wurde, um per Schiffsfracht nach Spitzbergen weitergeleitet zu werden.

Das hört sich alles so schrecklich einfach an, ist es aber gar nicht. Die endlosen Telefonate und persönlichen Gespräche mit Behörden, mit Frachtabteilungen, Abfüllstationen für Propangas etc. zogen sich endlos in die Länge. Es mußten eigens Adapter zum Füllen der Gasflaschen angefertigt werden, denn trotz aller Standardisierungsbemühungen paßte in Norwegen natürlich kein Anschluß an den anderen. Und da es sich bei dem Medium nicht um Limonade, sondern um unter Umständen explosives Gas handelte, war man auf den Tankstationen für improvisierte Anschlüsse gar nicht zu begeistern. Es gebe da genaue Vorschriften, hieß es, und es bedurfte Gerds geballter Überzeugungskraft, daß die Flaschen dennoch gefüllt wurden. Aber damit nicht genug!

Zwischenzeitlich hatte mein Freund Rolf Becker mit dem ZDF Kontakt aufgenommen und erfahren, daß man dort unabhängig von unserem Projekt an einer Dokumentation über die Andrée-Expedition arbeitete. Welch Duplizität der Ereignisse! Da wir ebenfalls eine Filmdokumentation darüber planten, lag es auf der Hand, gemeinsam zu agieren. Das ZDF bzw. die IFAGE, eine Produktionsgesellschaft, die für den Sender die Dokumentation produzieren sollte, würde den filmischen Teil des Projektes betreuen, während wir das Schiff, den Ballon und das Know-how einbrachten, um sich in diesen hocharktischen Regionen zu bewegen und zu den Originalschauplätzen zu gelangen. Günther Klein, der Autor des geplanten Films, besuchte uns in Hamburg, wo wir uns in einem offenen und, wie ich es empfand, sehr freundschaftlichen Gespräch schnell einigten. Günther, der bis über beide Ohren in anderen Filmprojekten steckte, war froh, daß wir ihm Planungsarbeit abnehmen konnten. Er war mir ganz spontan sympathisch. Und so ungewöhnlich wie sein Werdegang ist – eigentlich ist er Pfarrer –, so unkonventionell und unkompliziert sollte sich auch die weitere Zusammenarbeit entwickeln. Kosten wurden ermittelt, Zuständigkeiten festgelegt und telefonisch oder per Fax Zustimmung signalisiert. Während des gesamten Filmprojektes gab es weder Vertrag noch schriftliche Abmachungen. Es ist eine angenehme Ausnahmeerscheinung, daß es heute besonders in einem so harten Geschäft wie dem Filmemachen auch ohne Papier geht. Das Wort war uns beiden genug.

Da Günther sich nahezu ununterbrochen zu Dreharbeiten im Ausland befand oder – wenn er denn in Deutschland zugegen war – im Schneideraum rund um die Uhr zu tun hatte, übernahmen wir die gesamte Logistik für das Filmprojekt. Gerd, der in Tromsø eine Tischlerei betreibt, erhielt den Auftrag, Requisiten für den Film zu bauen. Dazu gehörten zwei hölzerne Schlitten, wie sie von Andrée mitgeführt wurden, Nachbauten von Kisten und Zelten, ein Segeltuchboot und diverser Kleinkram. Alles streng der Originalausrüstung nachempfunden. Der Film würde nämlich auch einen spieldokumentarischen Charakter haben. Neben dem Kamerateam sollten drei rumänische Schauspieler nach Spitzbergen einfliegen, die die letzten tragischen Wochen der Andrée-Expedition nachspielen würden. Alles an Originalschauplätzen, versteht sich.

Mir war klar, daß in dieser Konstellation auch eine gewisse Brisanz steckte. Da war zum einen der Wunsch, bei gutem Wetter mit dem Ballon zu fahren sowie mit dem Schiff weit ins Eis vorzustoßen und Spitzbergen in Hinblick auf die Andrée-Expedition zu untersuchen. Auf der anderen Seite waren da die legitimen Interessen des Kamerateams. So deckungsgleich beide Vorhaben auf den ersten Blick auch anmuten mögen, so unterschiedlich können sie sich doch in der Praxis gestalten. Dreharbeiten bei früheren Expeditionen hatten mich eine gewisse Unvereinbarkeit gelehrt. Und trotzdem – diese Expedition hatte ja gerade schwerpunktmäßig zur Aufgabe, die Andrée-Expedition bzw. unsere Experimente in bezug auf die historische Expedition mit dem Ballon zu dokumentieren. Die Dreharbeiten waren wesentlicher Bestandteil der Aufgabenstellung, und zudem beteiligte sich das ZDF auch an den Expeditionskosten. Es würde voll an Bord werden, soviel stand schon jetzt fest. Die Zeit schien alles andere als geruhsam und still zu werden.

Ich pendelte während dieser Wochen und Monate zwischen meinem Büro, Vortragssälen, Besprechungen an allen möglichen Orten sowie Dänemark hin und her, wo zwischenzeitlich die Dagmar Aaen zur Grundüberholung eingetroffen war. Falk Mahnke stellte Proviantlisten auf, besprach sich mit Folker Schultheiss, der wie auf den vorangegangenen Reisen die gesamten gefriergetrockneten Nahrungsmittel stellen würde. Unterdessen zeichnete sich bei Jack Wolfskin ab, daß sie sich tatsächlich als Hauptsponsor an dem Projekt beteiligen wollten. Rolf Becker und ich flogen nach Frankfurt, und während draußen ein vielversprechendes Schneegestöber herrschte, wurden wir uns im Büro von Manfred Hell handelseinig. Damit war eine wesentliche Hürde genommen.

Bereits zu diesem Zeitpunkt hatte ich schon ein kleines Vermögen in das Projekt gesteckt. Jetzt war zumindest gesichert, daß es wie geplant weiterlaufen konnte. Wenige Tage später war der nächste Erfolg zu vermelden: Christian Personn, Redakteur bei der Zeitschrift „Fit for Fun“, teilte Rolf und mir bei einem gemeinsamen

Mittagessen mit, daß auch er die Zusammenarbeit fortsetzen möchte und insbesondere an dem Spitzbergenteil interessiert sei. Es fügte sich ein Mosaiksteinchen zum anderen. Rolf, mit seiner berufsbedingten Skepsis, dämpfte zwar meine Begeisterung – noch würden eklatante Finanzierungslücken klaffen –, aber ich ließ mir meine Freude nicht verleiden.

Mit Peter Fichtl ging ich Ausrüstungslisten für die Mannschaft durch. Da die Gesamtdauer der Reise ungefähr sechzehn Monate betragen würde und zudem eine Überwinterung eingeplant war, mußte von der Unterhose bis zur dicken Daunenjacke, vom sturmerprobten Zelt bis zum extrem warmen Schlafsack alles an Bord sein. Wieder stapelten sich Ausrüstungsberge bei uns zu Hause.

Sowohl für Spitzbergen wie auch für Ostgrönland benötigt man eine Expeditionsgenehmigung. In Spitzbergen insbesondere deshalb, weil wir mit einem Heißluftballon Fahrten durchführen wollten und dafür zunächst einmal untersucht werden mußte, inwieweit ein Ballon die ausgewiesenen Naturschutzgebiete beeinträchtigen würde. Erfahrungen mit Ballonen gab es auf Spitzbergen nicht, sieht man einmal von denen der Andrée-Expedition ab. Bergungsversicherungen mußten abgeschlossen werden, für den Fall, daß Ballon und Mannschaft im unzugänglichen Gelände niedergingen und per Hubschrauber geborgen werden müßten. Gerd verhandelte diese Angelegenheit mit dem für Spitzbergen zuständigen Sysselmann. – Die Norweger, soviel steht fest, haben entschieden Abenteurerblut in den Adern. Die Genehmigungen wurden ohne größere Schwierigkeiten erteilt. Es dauerte eben nur seine Zeit.

Das dänische Polarcenter dagegen hat wenig Verständnis für die Anliegen von Abenteurern. Das gilt in einem besonderen Maß dann, wenn man den geheiligten Nationalpark Ostgrönland betreten möchte. Der Antrag auf eine Genehmigung muß bis spätestens zum 31. Dezember des Vorjahres in neunfacher (!) Ausfertigung der Behörde vorliegen. Daraufhin bekommt man postwendend ein Aktenzeichen zugeteilt, und danach passiert erst einmal gar nichts mehr. Dafür hat der Antragsteller alle Hände voll zu tun, die Auflagen zu erfüllen. Die geforderte Versicherung sieht eine Deckungssumme von 235.000 DM für die Expedition vor. Zusätzlich wird pro Expeditionsteilnehmer eine Deckungssumme in Höhe von 65.000 DM verlangt. Es mußten grönländische Funklizenzen beantragt werden sowie ein für Grönland gültiger Waffenschein, denn eine Waffe als Schutz gegen Eisbären ist ebenfalls eine Vorschrift. Die Liste könnte noch lange fortgesetzt werden. Aber ich will nicht ungerecht sein. Der Grund für dieses restriktive Verhalten ist bei den Expeditionen größtenteils selbst zu suchen. Teure Rettungsaktionen gingen immer wieder zu Lasten des dänischen Steuerzahlers, so daß man sich seitens der Behörden dagegen absichern möchte. Das ist aus meiner Sicht völlig verständlich. Unverständlich ist mir hingegen, warum die ganze Abwicklung so langatmig und umständlich sein muß.

Um für alle Fälle gewappnet zu sein, nahm ich das Angebot von der Johanniter-Unfallhilfe bzw. von einem der freiwilligen Mitarbeiter, Armin Wirth, an, uns in „Erster Hilfe Extrem“ schulen zu lassen. Soweit verfügbar, nahm die ganze Crew an diesem 4tägigen Intensivkurs teil, der täglich von morgens um neun bis abends um zweiundzwanzig Uhr ging und der uns in die Schrecken der Unfallmedizin, der akuten Herzattacken, abgerissenen Gliedmaßen, Knochenbrüche, inneren Blutungen und sonstiger Horrorvisionen führte. Wir lernten, uns gegenseitig Blut abzunehmen, eine Infusion zu legen und überhaupt das Richtige vom Falschen zu unterscheiden, um im Katastrophenfall hoffentlich dann angemessen zu reagieren. Unsere Wissenslücken waren samt und sonders eklatant. Wie haben wir nur bisher die Expeditionen überlebt? Dabei dachte ich immer, einigermaßen Bescheid zu wissen. Armin belehrte mich eines Besseren. Ich war ahnungslos, konnte vielleicht gerade mal den Puls fühlen! Armins ruhige und besonnene Art, uns zu unterrichten, hat mich nachhaltig beeindruckt. Mit seinen beiden Assistentinnen Maja und Anne konfrontierte er uns immer wieder mit neuen Unfallsituationen, und auch wenn ich nicht behaupten möchte, jetzt fit in diesem Bereich zu sein, so hat mir der Kurs doch ein wenig Selbstvertrauen gegeben und die Notwendigkeit vor Augen geführt, sich immer wieder neu schulen zu lassen.

Zwischen Organisieren, Recherchen, Vorträgen und Kostenrechnungen gab es immer noch die DAGMAR AAEN. Fürwahr ein Kapitel für sich!

Unsere Seele – das Schiff

Die ersten Tage auf der Werft sind immer die schlimmsten! Die ganze Reise über müht sich die Crew damit ab, das Schiff gut unter Farbe und Lack zu halten, wacht mit Argusaugen darüber, ob sich an irgendeiner Relingstütze eine weiche Stelle im Holz zeigt, kalfatert und teert die Decksfugen und positioniert beim Anlegen gewissenhaft die Fender, damit nichts kaputtgeht. Dagegen mutet die Werft wie das Jüngste Gericht an. Morgens um sechs Uhr beginnt das Gemetzel. Wenn man Glück hat, bekommt man noch ein knappes „Moin, moin", zu hören, dann werden die Kettensägen angerissen. In unserem Fall lag eine Stunde später das, was einstmals ein Schanzkleid war, samt dazugehörigen Relingstützen als Trümmer im Sand. Ich konnte es kaum ertragen! Die DAGMAR AAEN ist für mich nicht irgendein seelenloser Gegenstand wie etwa ein Auto oder eine kurzlebige, sterile Regattayacht. Sie ist mein Schiff, und sie ist eine gute Freundin, mit der ich durch gute wie durch schlechte Zeiten gesegelt bin. Sie ist sechsundsechzig Jahre alt, und wenn die Werftarbeiter ein Einsehen haben, könnte sie leicht noch mal so alt werden.

Aber so wie es in den ersten Tagen und Wochen auf der Werft in Egernsund aussah, schien ihr letztes Stündchen geschlagen zu haben. Jörn Bohlmann, langjähriger Weggefährte und Bootsmann der DAGMAR AAEN, versuchte mich zu trösten. Dabei war ihm selbst hundeelend zumute. Vielleicht zweifelte er in diesem Augenblick auch an seinem Entschluß, eine Ausbildung zum Bootsbauer zu absolvieren. Der Umbau der DAGMAR AAEN bei Christian sollte sein Praktikum sein. Wir waren im Herbst übereingekommen, daß Jörn die gesamte Werftzeit von Oktober bis April mitmachen sollte. Um die ganze Tragweite seines Entschlusses zu verstehen, sollte man Egernsund kennen. Bei einbrechender Dunkelheit – und die kommt im Winter schon sehr früh –, scheint der kleine Ort in eine Art Tiefschlaf zu verfallen. Wenn man kein Auto hat, gibt es nichts, aber auch gar nichts, wohin man sich abends flüchten könnte. Jörn hat kein Auto, auch keinen Führerschein. Wenn um sechzehn Uhr auf der Werft Feierabend war, dann blieb ihm nur die Zuflucht auf eines der Schiffe, die bei Christian überwinterten. Anfangs war es die kleine LOTSEN RÖNNE, auf der er wohnen durfte, später war es die CARMELAN, quasi ein Schwesterschiff der DAGMAR AAEN. Beide Schiffe waren ausgesprochen gemütlich und natürlich beheizbar, aber trotzdem – so ganz allein, ohne irgend jemanden, mit dem er hätte reden oder mal ins Kino gehen können, wurden die Abende lang.

Die DAGMAR AAEN war zu diesem Zeitpunkt schon unbewohnbar geworden. Dort, wo die Eishaut entfernt worden war, hatten die Bootsbauer schadhafte Planken herausgetrennt. Demzufolge klafften riesige Löcher im Rumpf, durch die der Wind pfiff. Das sogenannte Schandeck und das Leibholz mußten zum größten Teil erneuert werden. Sämtliche Relingstützen sollten ausgetauscht werden. Zwar waren sie nicht alle schlecht, aber in zwei oder drei Jahren wären einige von ihnen fällig geworden. So lange zu warten, hieße dann, in zwei Jahren abermals das gesamte Schanzkleid abzureißen, was mit enormen zusätzlichen Kosten verbunden wäre. Besser jetzt auf einen Schlag alle erneuern und dann für lange Zeit Ruhe davor haben! Ähnlich verhielt es sich mit den Planken. Wie sich unter der Eishaut zeigte, waren einige der Plankengänge durch die harten Stöße im Eis beschädigt worden. Nichts, was die Sicherheit des Schiffes direkt beeinträchtigt hätte, aber es verstand sich von selbst, daß jetzt und hier der Zeitpunkt gekommen war, auch die kleinsten Schäden zu beheben. Die Plankenstärke bei der DAGMAR AAEN beträgt sechs Zentimeter. Nachdem einige der beschädigten Planken herausgetrennt worden waren, stellten wir fest, daß die verbliebenen Planken im Vorschiffbereich statt der ursprünglichen sechs teilweise nur noch vier Zentimeter aufwiesen. Christian erklärte mir die Ursache damit, daß bei früheren Werftaufenthalten gelegentlich schadhafte Stellen abgehobelt wurden, um die Planken zu glätten. Damit verloren sie im Laufe der Zeit schließlich an Stärke. Keine Frage: Anstatt die neuen Planken um zwei

Zentimeter herunterzuhobeln, ließ ich die dünneren Planken ebenfalls entfernen und durch einige der ursprünglichen Stärke ersetzen. Auf diese Art und Weise kamen rund achtzig Meter Planken zustande, die den Winter über ausgewechselt wurden. Nahezu der gesamte Steuerbordbug wurde neu aufgeplankt. Erstaunlich und erfreulich zugleich: Nicht ein einziger Spant mußte erneuert werden. Trotz der Eispressungen, trotz des Alters, das Holz war und ist stahlhart. Eiche hat die Eigenschaft, mit zunehmendem Alter und unter Einwirkung von Salzwasser immer härter zu werden. Sorgt man für gute Durchlüftung und verhindert dadurch Fäulnis und Pilzbefall, kann das Holz ewig halten.

Morsch war hingegen der Vorschiffpoller geworden, ein gewaltiger Eichenklotz von drei Metern Länge. Er wurde komplett erneuert. Ebenso das sogenannte Judasrohr, ebenfalls ein massiver Eichenklotz von zwei Metern Länge und einem Meter Breite, der im Vorschiff den Zug der Ankerkette auffängt. Das Deck war an etlichen Stellen leck geworden. Es wurde von vorn bis achtern durchgehend neu kalfatert. Die Metallbeschläge für das Ankergeschirr wurden vom Schmied erneuert. Es wurden zusätzliche Nagelbänke auf dem Vorschiff installiert und sämtliche Wasser- und Abwassertanks herausgerissen. Sie waren rostig und unnötig schwer und wurden durch neue, leichtere ersetzt.

Egon Fogtmann, unser Maschinist oder besser „Chief", wie er an Bord genannt wird, nahm sich der technischen Einrichtungen unter Deck an. Und dies tat Egon mit der ihm eigenen Gründlichkeit. Die Lenzleitungen wurden samt und sonders rausgerissen – ob sie nun korrodiert waren oder nicht – und durch neue ersetzt. Lenzventile wurden erneuert, sämtliche Seeventile überholt, der Vorschifftank für den Ofen gegen einen neugebauten ausgetauscht und Fülleitungen für Wassertanks installiert. Außerdem überholte er den Callesen Hauptmotor, zerlegte die Schraube samt Schraubenwelle, wechselte die Zugstange des Verstellpropellers aus – die Liste könnte beliebig fortgeführt werden. Egon ist Däne und wohnt nur wenige Kilometer von Egernsund entfernt in Apenrade. So war er fast ständig auf der Baustelle zugegen, trotz Eis und Kälte. Der Panda Dieselgenerator, der nach vielen Betriebsstunden eine Grundüberholung benötigte, wurde ausgebaut und zur Überholung ins Werk geschickt. Dort besann man sich nicht lange, sondern schickte uns sozusagen im Austausch ohne großes Aufheben ein neueres und überarbeitetes Aggregat. Das ist Kundenservice!

Das Mittschiff sah aus, als ob dort eine Bombe explodiert wäre. Nicht nur, daß der große Messetisch und sämtliche Bodenbretter sowie Kojen- und Schranktüren ausgebaut waren und bei uns zu Hause auf eine neue Lackierung warteten. Durch den Ausbau der Tanks war einiges von der alten Einrichtung zerstört worden. Zudem hatte sich Falk vorgenommen, die Pantry umzubauen, so daß in diesem Bereich ebenfalls alles herausgerissen worden war. Vom Klo aus konnte man in den bedeckten, grauen Himmel sehen, da hier einige Decksplanken sowie das Schandeck herausgetrennt worden waren. Im Vorschiff sollte zwar nichts verändert werden, trotzdem war es eine einzige Baustelle. Durch die fehlenden Planken pfiff der Wind und wenig später auch der Schnee.

Um die Weihnachtszeit sank die Temperatur ab. Zwanzig Grad Minus und darunter – zum Glück hatte Egon genügend Frostschutz in die Hauptmaschine gefüllt. Die DAGMAR AAEN stand hoch und trocken und tiefgefroren an Land. Wir waren stolz darauf gewesen, uns in den Tropen keine Kakerlaken eingehandelt zu haben, denn kaum ein Schiff entgeht dieser Plage. Aber auch die hartgesottenste Kakerlake hätte diese Tiefkühlkost wohl kaum überstanden. Das Schiff wurde einmal so richtig durchgefrostet. Und Jörn erging es nicht viel besser.

Trotz der Kälte und des Windes ging die Arbeit weiter voran. Wir hatten schließlich einen Zeitplan einzuhalten. Ich bewunderte die Bootsbauer, die auf wackligen Stellagen in Eiseskälte und mit stoischer Ruhe Maßarbeit leisteten. Dabei dringt die feuchte Kälte so unmittelbar am Wasser auch durch die dickste Kleidung. Die neuen Eichenplanken mußten in einem Dampfofen gekocht werden, um sich überhaupt in die gewünschte Form zwingen zu lassen. Das ist selbst im Sommer schwierig. Im Winter kühlt das Holz entsprechend schneller aus, deshalb muß das Aufbringen der Planken doppelt so schnell gehen. So eine massive Eichenplanke, sechs Zentimeter stark, ungefähr dreißig Zentimeter breit und dabei vier bis fünf Meter lang, hat ein stattliches Gewicht von etwa 80 kg. Wenn die Planken im Dampfofen in ganzer Länge durchgeweicht und geschmeidig genug sind, werden sie im Eiltempo herausgeholt und zum Schiff getragen. Das eine Ende der Planke wird am Rumpf befestigt, um danach sofort die volle Länge der Planke mit aller Kraft an die Spanten zu biegen und festzunageln bzw. mit Schraubzwingen zu fixieren. Geht das nicht schnell genug, kühlt das Holz wieder aus und reißt in ganzer Länge. – Traditioneller Bootsbau ist Knochenarbeit!

Stück für Stück wanderte eine neue Relingstütze nach der anderen an ihren Platz. Insgesamt waren es einundfünfzig an der Zahl. Dabei zeigten sich gerade die Bootsbauer, die das Schiff bislang noch nicht kannten, beeindruckt von der Solidität sowie der Qualität, mit der die Dagmar Aaen anno 1931 auf der NP Jensen Werft in Esbjerg gebaut worden war. Stärkere Schiffe hat man in Dänemark nicht gefertigt. Der Abstand der Spanten, die in ihrer Form gewachsen und nicht etwa gebaut oder zusammengestückelt sind, ist so eng bemessen, daß man kaum die Faust dazwischen bekommt. Es ist also nicht nur die sechs Zentimeter Eichenbeplankung, sondern das massive Spantengerüst, dem der Rumpf seine Festigkeit verdankt. Zusätzlich gibt es noch die Wegerung, die von innen auf die Spanten gesetzt ist und die gleiche Stärke hat wie die Planken. Die Dagmar Aaen wiegt trocken und ohne Ausrüstung 73 Tonnen – jetzt weiß man, warum.

Währenddessen hatten wir in Bad Bramstedt Falks Werkstatt in Beschlag genommen. Backskisten, Türen, Bodenbretter, Blöcke, Tischplatten und tausend andere Dinge stapelten sich dort und warteten darauf, abgeschliffen und neu lackiert zu werden. Torsten Heller, der bereits 1991 einen Teil der Überwinterung in Sibirien mitgemacht hatte und der die gesamte neue Expedition mitmachen würde, fand hier sein Hauptbetätigungsfeld. Kratzen, abziehen, schleifen und dann Schicht auf Schicht neu lackieren, das kostet Zeit. Unterstützt wurde er dabei maßgeblich von Achim Karpus, der neu im Team ist und in jeder freien Minute am Arbeiten war. Achim hatte sich zudem den Wassermacher in seine eigene Werkstatt mitgenommen und ihn dort gründlich überholt. Jeder einzelne Block wurde von ihm zerlegt, abgeschliffen und siebenfach lackiert. Nachdem die Wellen poliert und gefettet waren, wurden die Blöcke wieder montiert und bis zum Frühjahr beiseite gelegt. Falk hatte den Dickinson Herd in seine Bestandteile zerlegt und sah schwarz wie ein Schornsteinfeger aus. Nachdem er ihn überholt und in einigen Dingen modifiziert und verbessert hatte, sah der Herd aus wie neu, und in der Tat war er besser als der Serienherd.

Ohne Falks ständige Hilfe und ohne seine Bereitschaft, Werkstatt und Material zur Verfügung zu stellen, wären wir nie rechtzeitig fertig geworden. Jeder von uns war täglich mit irgendwelchen Schiffsarbeiten beschäftigt. Sämtliche Rettungswesten wurden bei Secumar überprüft. Die Firma Messerschmidt tauschte unsere alte Rettungsinsel gegen eine neue aus, und unsere Segel landeten schließlich bei Jens Nickel von der Segelwerkstatt Stade zur Reparatur. Aber da war nicht mehr viel zu reparieren, wie Jens mir in einem deprimierenden Telefonat mitteilte. Das Großsegel war völlig am Ende, desgleichen der Klüver. Die Breitfock würde beim ersten besten Sturm aus den Lieken fliegen, allein die Sturmbesegelung und die Fock sowie das Toppsegel seien noch völlig in Ordnung. Die Fock war bereits vor einiger Zeit erneuert worden. Ein Satz neuer Segel ist eine kostspielige Angelegenheit, da die Segel äußerst stabil sein müssen und dementsprechend aus schwerem Tuch gefertigt werden. Bei diesen traditionellen Segeln muß viel Handarbeit geleistet werden, das verteuert die Sache natürlich zusätzlich. Ich konnte es drehen und wenden wie ich wollte, aber um die neuen Segel kam ich nicht herum und hatte damit einen weiteren gewaltigen Posten auf meiner Kalkulation. Jens Nickel hatte damals auch den ersten Segelsatz für die Dagmar Aaen gefertigt. Die Arbeit war ausgezeichnet, so stand es für mich außer Frage, daß er auch dieses Mal den Auftrag bekommen sollte.

Und wenn schon ein neues Großsegel, dann gleich ein verbessertes. Bei dem alten Segel stand mir die Gaffel ein wenig zu flach. Das hatte zum einen zur Folge, daß die Gaffel leicht schlägt und schwerer zu bändigen ist. Zum anderen ist auch der Wirkungsgrad bei einer steiler stehenden Gaffel besser. Zusammen mit Jens und Jörn nahmen wir auf dem Schiff die neuen Maße. Ich entschied mich gleichzeitig dazu, den Großbaum gegen einen neuen zu ersetzen, da der alte mittlerweile in die Jahre gekommen war. Den neuen Baum gab ich bei Christian in Auftrag – ein weiterer Kostenpunkt – und ließ ihn um fast zwei Meter länger bauen als den alten. Damit beträgt die Gesamtlänge des Baumes zwölf Meter. Entsprechend gewachsen war damit auch die Segelfläche. Das Großsegel verfügt jetzt über eine Fläche von über einhundert Quadratmetern. Das Handling würde dadurch sicherlich nicht einfacher werden und verlangte nach einer eingespielten Crew. Natürlich konnte sich auch der Schmied über diese unerwartete Veränderung freuen. Denn selbstverständlich mußten neue Baumbeschläge gefertigt werden, der Traveller verschwand vom Achterdeck und wurde in neuer und kleinerer Form auf dem achteren Schandeckel montiert.

Der neue Baum sah beim Entstehen in Christians Werkstatt gewaltig aus. Besucher fragten immer, für welches Boot denn dieser neue Mast sei – weit gefehlt. Es sollte doch „nur" unser neuer Baum werden.

Mit voranschreitender Jahreszeit nahm die DAGMAR AAEN langsam wieder Gestalt an. Der Rumpf war fertig aufgeplankt, sämtliche neuen Relingstützen an Ort und Stelle sowie das Deck geschlossen. Auf die neuen Eichenplanken wurde Teerfilz gelegt und darüber Platten aus einer speziellen Aluminiumlegierung von zweieinhalb Millimeter Stärke genagelt. Die Stahlplatten, die wir früher als zusätzlichen Eisschutz in der Wasserlinie angebracht hatten, wurden endgültig verschrottet. Die Platten hatten sich nie richtig an die Rumpfform anpassen lassen mit dem Resultat, daß sie abklafften. Es entstanden Vibrationen, die wiederum die Befestigungen lockerten und zudem zu Verwirbelungen im Wasser führten. Statt dessen ließen wir von der Werft Sechs-Millimeter-Aluplatten, die genau der Rumpfform angepaßt waren, anbringen. Nachdem dies getan war, beauftragten wir eine Spezialfirma, die die Platten untereinander verschweißten. Damit hatten wir einen wie angegossen wirkenden Eisschutz, der zudem leichter ist und infolgedessen von uns weiter nach achtern geführt werden konnte als die alten Stahlplatten.

Schließlich trat auch noch Frank Mertens in Aktion. Frank, der in Hamburg die Bergsportzentrale betreibt, ist seit Jahren bei uns im Team. Dem Himmel sei es gedankt, daß alles, was mit Elektrik oder Elektronik zu tun hat, sein ausgemachtes Steckenpferd ist. Bündelweise erneuerte er Kabel, veränderte Schaltungen, baute alte Geräte aus und ersetzte sie durch andere. Trotz seiner knapp bemessenen Zeit fand ich bei ihm stets ein offenes Ohr, und er half und organisierte, wo immer es erforderlich war. Nie war ihm irgendeine Bitte zu viel, und viele Dinge wickelte er einfach in Eigenverantwortung ab – ich bekam davon nicht einmal etwas mit.

Auch vor der DAGMAR AAEN macht das Computerzeitalter nicht halt. Dort, wo einst die Fischer im altehrwürdigen Vorschiff wohnten, wurde eine Computeranlage installiert, die die verschiedensten Funktionen hat. Zur Sicherheit lag die gleiche Anlage in Teilen gut verpackt in einem Schrank – falls es irgendeinen Defekt geben sollte. Auch dafür zeichnete Frank verantwortlich. Zum einen lief über den Computer in Verbindung mit unserer Kurzwellenfunkanlage unser Maritex Funktelex. Weiterhin hatten wir ein Wraase HRPT Satellitenempfangsteil für die NOAA Wettersatelliten eingebaut. Mit Hilfe dieser Anlage sowie mittels einer speziellen Richtantenne würden wir Zugriff auf die NOAA Satelliten erhalten, die uns wiederum mit sehr detaillierten Informationen über die Eislage versorgen würden. Die Auflösung beträgt bis zu einem Kilometer. Das ist allemal ausreichend, um einen Eindruck über die herrschenden Eisverhältnisse zu erhalten, und dient sowohl der Schiffssicherheit wie auch der Entscheidungsfindung. „Fahre ich ins Eis hinein oder nicht?“ – Diese Frage würde sich hoffentlich unter Berücksichtigung der NOAA-Daten leichter beantworten lassen. Der Rechner sammelt zudem Wetterdaten, die er über die METEOBOX erhält, und dient natürlich ganz profan auch anfallenden Schreib- und Büroarbeiten. Über eine neue INMARSAT Mini M Anlage ist der Rechner zudem mit E-mail und somit mit dem Internet vernetzt.

Seit einiger Zeit arbeiten wir mit dem „Arbeitskreis Arktis“ der Hamburger Schulen zusammen. Mit Ulrich Jordan, Lehrer an der Erich-Kästner-Gesamtschule in Hamburg, Initiator sowie Projektleiter dieses Arbeitskreises, hatten wir vereinbart, daß wir in regelmäßigen Abständen über E-mail Infomaterial und erstmals über diesem Weg auch Fotos einer digitalen Kamera übermitteln wollten. Die Kamera und ein Großteil der Kosten wurde der Schule großzügig von „Fit for Fun“ gesponsert. An Bord würde Achim Karpus die Pflege und die Übermittlung der Dateien vornehmen. Trotz einiger anfänglicher technischer Probleme sollte diese Übermittlung während der Expedition später nahezu problemlos funktionieren. Erstaunt waren wir auch über die gute Qualität der digitalen Fotos. Text und Fotos wurden von Schülern des Arbeitskreises bearbeitet und in unsere gemeinsame Homepage im Internet eingespeist. Für mich waren und sind das alles geheimnisvolle Vorgänge, die mir wohl Zeit meines Lebens ein Rätsel bleiben werden. Aber immerhin muß ich gestehen, daß mich diese neuen Kommunikationswege faszinieren.

Mit der Nera Inmarsat Anlage waren wir zugleich auch per Telefon und Fax mit der Außenwelt verbunden. „Wo bleibt da noch das Abenteuer?“ mag jemand einwerfen. Gewiß, die Zeiten haben sich geändert. Aber dieses Projekt hat Aufgaben zu erfüllen. Es ist keine gemeinschaftliche Urlaubsreise, es ist auch keine wissenschaftliche Unternehmung. Das Betätigungsfeld ist weit gestreut, und gerade durch die Vielschichtigkeit ist es interessant und abwechslungsreich, aber eben auch mit Arbeit verbunden. Expeditionen, wie wir sie durchführen, mögen kleiner sein als die mit Steuergeldern finanzierten Großprojekte. Sie sind aber ganz sicher nicht weniger professionell in der Abwicklung und in der Behandlung der gestellten Aufgaben. Wenn wir gelegentlich Institutionen mit Daten versorgen, die von uns erfaßt worden sind, dann tun wir das unentgeltlich. Wir sind – trotz mancher finanzieller Not – stolz darauf, uns ohne öffentliche Mittel zu finanzieren, sondern ausschließlich über das von uns erwirtschaftete Kapital.

Ende März rutschte die DAGMAR AAEN frisch gemalt und mit neuem Schanzkleid versehen langsam auf ihrem Slipwagen wieder ins Wasser hinein. Fünf Monate war sie an Land gewesen. Für uns alle ein großer Moment. Sie sah nicht nur wie neu aus, sie war es nahezu auch. Mir wurde mit einem Mal warm ums Herz.

Unter Deck ging hingegen noch alles drunter und drüber. Frank arbeitete noch an Elektroinstallationen. Hermann, ein alter Freund aus den Zeiten, wo wir beide noch bei der Handelsmarine tätig waren, half tatkräftig mit, Leitungen anzuschließen, die Ankerwinde an Deck zu montieren, Pumpen zu überholen und Hand anzulegen, wo immer es nötig war. Die Arbeit wollte kein Ende nehmen. In einem Wettlauf gegen die Zeit hämmerte, sägte und schraubte Jörn im Mittschiff die neue Pantry nach Falks Angaben zusammen. Der Herd wurde wieder von Egon eingebaut, neue Bücherregale mußten gefertigt und angebracht werden – nicht die einzelne Arbeit als solche bereitete uns Schwierigkeiten, sondern die Summe der nicht enden wollenden Kleinigkeiten. Sobald sich ein Sonnenstrahl zeigte, waren alle an Deck, um das frische Holz mit Holzölen und Lacken zu konservieren. Wie oft es unmittelbar nach dem Auftrag der frischen Farbe zu regnen anfing – wir haben aufgehört zu zählen.

Inzwischen sah Jörn blaß und abgearbeitet aus. Soviel wie in diesem langen Winter hatte er in seinem ganzen Leben noch nicht geschuftet. Der Mann brauchte Urlaub, soviel war klar. Alle Angebote meinerseits, mal für ein paar Tage auszuspannen, wies er knurrig und kategorisch von sich. Er wuchs in diesen Tagen über sich selbst hinaus. Der Grund dafür war klar: Ich hatte einen Termin gesetzt, an dem das Schiff seeklar sein mußte, und mir damit keine Freunde geschaffen. Am 7. April, so kündigte ich an, wollen wir eine Probefahrt nach Bornholm machen. Alle Beteiligten waren jedoch so rücksichtsvoll, nicht auszusprechen, was sie dachten. Aber ihren Gesichtern konnte ich unschwer entnehmen, was in ihren Köpfen vorging: „Nun ist der Alte vollends durchgedreht!“ Und mir selbst drehte sich auch manches Mal der Magen um, wenn ich die Leute zur Arbeit antrieb, wo sie doch schon alles gaben. Ehrlich, ich hatte oft ein schlechtes Gewissen. Aber es mußte sein. Hätte ich nicht diesen Zeitdruck gemacht, wäre die Initiative der freiwilligen Helfer irgendwann zusammengebrochen, und das Schiff wäre nicht fertig geworden.

Aber es wurde fertig, mit nur einem Tag Verzögerung. Zwar gab es noch tausend Restarbeiten, die aber waren nicht so wichtig und konnten bis nach der Erprobungsfahrt warten. Das Schiff war seeklar – darum ging es mir. Der neue Baum wirkte fast dramatisch in seiner Länge. Die neuen Segel waren angeschlagen, die neue Rettungsinsel montiert, das ganze Schiff war trotz des schlechten Wetters gut unter Farbe. Die technischen Einrichtungen funktionierten, und unter Deck war es endlich, endlich wieder gemütlich und warm. Die Öfen bollerten, am Herd stand Falk und brutzelte duftende Koteletts, die Maschine roch nach Öl und frischer Farbe, und am Masttopp wehte der neue DAGMAR AAEN-Wimpel. Sachte schaukelte sich die alte Dame, der im letzten halben Jahr unsere ganze Aufmerksamkeit und unser ganzes Geld gegolten hatte, in den Wellen.

Jörn war endgültig soweit, daß er weder das Schiff geschweige denn mich sehen wollte. Ich war ein Menschenschinder in seinen Augen geworden – recht hatte er. Und doch – den Törn nach Bornholm wollte er sich nicht entgehen lassen. Er freute sich wie ein Kind über die neuen, verbesserten Segeleigenschaften des Schiffes und verspürte wohl auch zu Recht so etwas wie Stolz, sich durch dieses Ungemach durchgebissen zu haben.

Trotz der Hilfe ungezählter und namentlich nicht genannter freiwilliger Helfer waren die Überholungskosten um rund 120% über den kalkulierten Preis gestiegen. Das war auch nicht die Schuld der Werft. Es waren einfach mehr Arbeiten und ein erheblich größerer Materialeinsatz erforderlich gewesen. Es war zudem auch ein Problem, mit dem ich ganz allein zurechtkommen mußte. Aber ein Blick auf die DAGMAR AAEN beantwortete die Frage, ob es das denn alles wert sei, ganz von allein. Ich alter Narr würde es immer wieder tun!

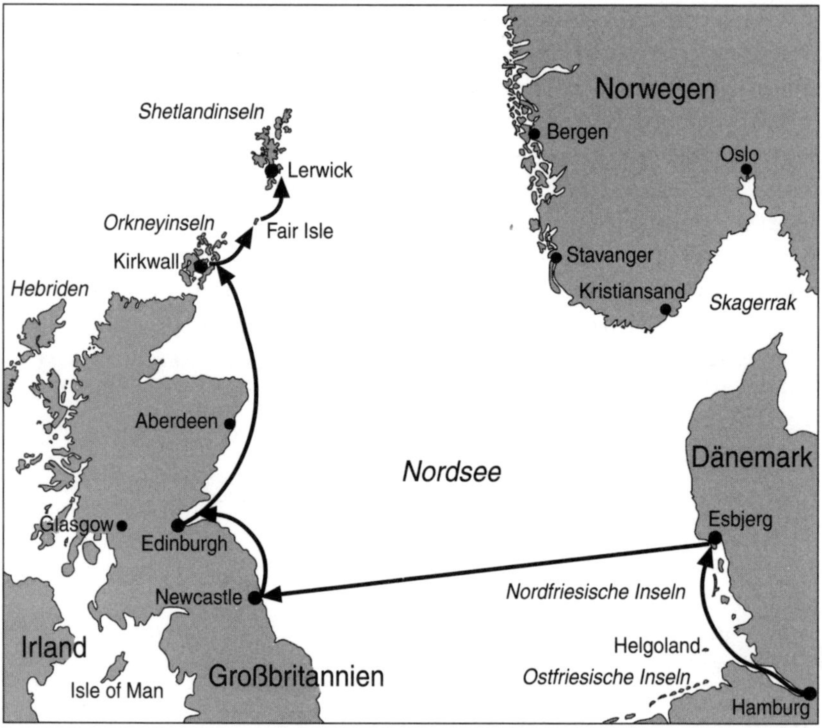

Norwegen
Bergen
Oslo
Shetlandinseln
Lerwick
Orkneyinseln
Fair Isle
Kirkwall
Stavanger
Hebriden
Kristiansand
Skagerrak
Aberdeen
Nordsee
Dänemark
Glasgow
Edinburgh
Esbjerg
Newcastle
Nordfriesische Inseln
Irland
Helgoland
Isle of Man
Großbritannien
Ostfriesische Inseln
Hamburg

Outward bound

Der Sinn einer Probefahrt liegt darin, eventuell verborgene Mängel festzustellen, mit Sägespänen verstopfte Lenzkörbe zu reinigen, alte Putzlappen aus den Bilgen zu fischen und insgesamt das ganze Schiff auf Herz und Nieren zu überprüfen. Die Reise nach Bornholm bot für all diese Dinge reichlich Gelegenheit. Das Wetter war windig bis stürmisch, wir durften uns mit dem neuen Großsegel abmühen und feststellen, daß die Schotführung geändert werden mußte. Aber ansonsten gab es eigentlich keine nennenswerten Ereignisse zu verkünden. Außer daß es uns allen gewaltig Spaß machte, das Schiff zu segeln. Die neuen Segel waren ausgezeichnet, und durch das vergrößerte Großsegel waren gerade die Segeleigenschaften bei leichten Winden deutlich verbessert. Der winterlich vereinsamte Hafen von Christiansø, das gemütliche Zusammensitzen unter Deck oder auch die mitunter froststarrenden Wachen bei Windstärke acht an Deck – wir waren mittendrin in unserem Element.

Ich hatte unsere alte Rettungsinsel mitgenommen, um ein möglichst realistisches Rettungsinselmanöver zu fahren. Das Manöver war vorher an Deck durchgesprochen, alle waren ausgeruht und relaxt, es versprach jedenfalls ein wenig Aufregung und Aktion. Dazu drehten wir eines Tages bei ziemlichem Seegang, aber wenig Wind bei und warfen, wie vorgesehen, die Zwölfmann-Rettungsinsel über Bord. Die Reißleine wurde gezogen, und wir harrten gespannt der Dinge, die da kamen. Die Insel blies sich wie geplant auf – allerdings stand sie dabei auf dem Kopf. Laut Beschreibung soll das nur äußerst selten vorkommen, wir hatten demnach einen solchen Ausnahmefall zu fassen. – Wenn schon testen, dann richtig! Unsere „Schiffbrüchigen“ waren wohlverpackt in Survivalanzügen, und während das Schiff und die Insel im hohen Seegang zum

Erbarmen schaukelten, sprangen zunächst Hermann und Achim beherzt ins Wasser, um die Insel umzudrehen. Die Wassertemperatur war wie zu erwarten um diese Jahreszeit kalt. Das spürten die beiden zunächst an den Händen. Aber trotz aller Anstrengung gelang es ihnen nicht, die Insel umzudrehen. Sie schafften es immer gerade so weit, daß die Insel sich in die Senkrechte stellte, dann aber in sich zusammenknickte und Hermann und Achim ins Wasser boxte. Zwei weitere „Schiffbrüchige" sprangen ins Wasser, um ihnen zu Hilfe zu eilen. Unter den Anfeuerungsrufen der an Bord verbliebenen Kollegen und unter Einsatz aller Kräfte gelang es ihnen endlich, die Insel aufzurichten. Zwanzig Minuten waren darüber sicherlich verstrichen. Die Gesichter waren inzwischen vor Kälte bläulich angelaufen und die Hände gefühllos geworden. Das Einsteigen ging dagegen recht zügig, und nachdem sie das Wasser ausgeschöpft hatten und ein wenig zu Atem gekommen waren, setzte das Verhängnis ein: Mit Ausnahme des hartgesottenen Hermann und des unverwüstlichen Egon wurden alle seekrank. Wie in einem Demonstrationsvideo hingen die Köpfe von Achim, Brigitte und Johannes aus der Luke und fütterten ausgiebig die Fische. Dazwischen das schadenfrohe Gesicht Hermanns, der derweil den Notproviant auspackte und erst einmal eine Brotzeit abhielt.

Bevor die Situation eskalierte, entschloß ich mich, Rettungsinsel samt Besatzung an Bord zu nehmen, was bei dem Seegang auch nicht gerade unproblematisch war. Das ganze Manöver dauerte vielleicht neunzig Minuten und fand wie gesagt bei schönem, klarem Wetter statt. Seegang und Temperatur waren dagegen dem Ernstfall durchaus angenähert – mehr nicht. Und trotzdem hatte es enorme Schwierigkeiten bereitet, die Insel umzudrehen. Die Vorstellung vieler Segler, daß die Rettungsinsel ein Hort der Sicherheit bei Sturm und Schiffbruch ist, teile ich spätestens nach dieser Erfahrung nicht. Sie stellt wirklich die Ultima Ratio dar. Solange das Schiff, auf dem ich mich befinde, noch irgendwie schwimmfähig ist, würde ich es niemals zugunsten einer Rettungsinsel aufgeben.

Während der anschließenden Manöverkritik stellten wir uns vor, diese Situation hätte während der Nacht stattgefunden. Sie wäre unmittelbar zum Ernstfall geworden. Ist die Crew dann auch noch vielleicht nach einem tagelangen Kampf mit Wind und Wellen übermüdet und demoralisiert, stehen die Chancen fürwahr nicht zum Besten. – Um keinen falschen Eindruck zu erwecken: Ich würde nie ohne Rettungsinsel in See gehen. Und ich würde dabei, ohne auf den Preis zu achten, stets das beste verfügbare Material verwenden. Ich bin immer wieder erstaunt, wie allzu bereit Segler Geld für überflüssige Dinge ausgeben und bei Sicherheitseinrichtungen sparen. Dabei hängt von ihnen im Ernstfall das Überleben ab. Unser Beispiel zeigt aber auch, wie wichtig es ist, daß man sich mit seinen Rettungsmitteln vertraut macht – und zwar nicht nur durch Studium der beigefügten Anleitung oder im geheizten Schwimmbad. Ich würde jedem Segler raten, ein ähnliches Manöver mit einer alten, ausrangierten Rettungsinsel durchzuführen. Das Überleben ist nämlich auch eine Frage des Trainings und des Know-how. Wir waren nach den gemachten Erfahrungen ernüchtert, aber keineswegs entmutigt. Wir haben die Schwächen des Rettungsgerätes kennengelernt und fühlten uns ein wenig sicherer – auch wenn wir es hoffentlich nie einsetzen müssen.

Die Bornholmreise war so etwas wie eine Mischung zwischen Training, Erprobung, gegenseitigem Kennenlernen, sofern noch nicht erfolgt, und natürlich Entspannung nach der Bauphase. Alle brauchten so einen Break, denn nach unserer Rückkehr nach Egernsund kam der Endspurt. Letzte Restarbeiten wurden auf der Werft erledigt, einige Beschläge geändert und Unmengen an Ausrüstung angeliefert. Jörn ging in seinen verdienten Urlaub. Wer nicht mit anderen dringenden Dingen beschäftigt war, sortierte und verstaute Ausrüstung oder Proviant. Ich selbst verbrachte die meiste Zeit am Schreibtisch mit endlosen Telefonaten. Immer noch fehlte uns ein Sponsor. Die Zusage einer Firma, die uns eigentlich schon seit Weihnachten vorlag, wurde plötzlich und ohne weitere Begründung zurückgezogen. Ein Verhalten, das ich in Anbetracht des Zeitpunktes unverständlich und nicht als sonderlich fair empfand.

Kurz entschlossen sprach ich Fisherman's Friend an. Das Produkt paßte bestens zu uns und zur DAGMAR AAEN. Bereits vor einigen Jahren hatte ich versucht, Kontakt aufzunehmen, damals hatte es sich aber leider zerschlagen. Dieses Mal hingegen nicht. Zwar dauerte es eine Weile, bevor ich eine Antwort auf mein Schreiben erhielt, die kam dann aber um so direkter von Christian Bauckholt, dem Salesmanager der Firma, die Fisherman's Friend in Deutschland vertreibt. Herr Bauckholt war an einer Zusammenarbeit interessiert, kurzfristig wurde ein Treffen vereinbart, die Zeichen standen nicht schlecht. Rolf und ich waren uns einig, daß Fisherman's Friend ein absoluter Wunschpartner für uns war. Das Produkt, die Art zu werben, das vertrauensvolle und offene Auftreten Christian Bauckholts – das paßte irgendwie alles zusammen. Auf dem Hamburger Flughafen fand das Treffen statt. Ich stand suchend unter dem „Meeting Point", als vor mir plötzlich jemand eine Dose mit Fisherman's aufklappte und sagte: „Sie sind doch Arved Fuchs?" Danach ging alles ziemlich schnell. Einzelheiten wurden besprochen, Rolf – soviel Ordnung muß sein – handelte einen Vertrag aus, und ich hatte meinen heißersehnten 2. Sponsor im Boot. Jack Wolfskin und Fisherman's Friend erschien uns eine ideale Konstellation.

Diesen Abend verbrachte ich ganz allein mit Brigitte und trank mit ihr eine Flasche Champagner. Allerdings brachte diese erfreuliche Entwicklung auch zusätzliche Arbeit mit sich. Das Großsegel mußte wieder abgeschlagen werden, damit Jens Nickel das Logo von Fisherman's Friend aufnähen konnte. Obwohl er zeitlich völlig überlastet war, brachte er es dennoch fertig.

Zwischenzeitlich hatten wir die DAGMAR AAEN von Egernsund nach Wewelsfleth – ihrem eigentlichen Heimathafen – an die Stör verholt. Auf dem Gelände der Peterswerft wurden die letzten Arbeiten vollendet.

Seit einigen Tagen hatte sich auch die Crew an Bord eingefunden. Darunter aus Island Sigridur Ragna Sverrisdottir, kurz Sigga genannt, die bereits die SEA, ICE & MOUNTAINS-Expedition von Anfang bis Ende mitgemacht hatte. Ferner waren da der Chilene Pablo Besser, ein Bergsteiger, der mit uns gemeinsam in Patagonien unterwegs gewesen war, sowie als Neuzugang Rafael Peche – Rafa genannt – aus Spanien. Rafa ist Kameramann, verfügt über eine eigene Kameraausrüstung und über Arktiserfahrung. Vom Segeln verstand er genausowenig wie Pablo, aber das sollte noch kommen.

Pablo ist Arzt, und in dieser Funktion unterstand ihm das Wohl und Heil der Mannschaft. Hans-Joachim Karpus, kurz Achim genannt, war seit Beginn der Planung dieses Projektes dabei. Achim war Fluglotse, hatte sich aber in den vorzeitigen Ruhestand versetzen lassen und verfügte somit über die erforderliche Zeit. Unermüdlich hatte er sich für das Projekt eingesetzt. Ich konnte anrufen, wann ich wollte, Achim stand eigentlich immer zur Verfügung, wenn ich seine Hilfe benötigte. Dabei ist er es gewohnt, völlig eigenständig zu arbeiten. Er ist ruhig und ausgeglichen, interessiert, neue Dinge zu lernen – kurzum: eine ideale Besetzung. Auch Falk Mahnke war wieder dabei, langjähriger Freund und von der Dagmar Aaen als Smut und Crewmitglied einfach nicht mehr wegzudenken. Nicht nur seine Koch- und Organisationskünste sind es, die ihn so unentbehrlich machen, es ist besonders seine vergnügte und herzliche Art, mit seinen Mitseglern umzugehen. Jörn Bohlmann war nach seinem Kurzurlaub wieder ganz der alte. Er würde uns bis Tromsø begleiten und anschließend in Trondheim seine Ausbildung zum Bootsbauer fortsetzen. Torsten Heller hatte wie Sigga und Rafa sozusagen für die gesamte Expeditionsdauer seine Zelte in Deutschland abgebrochen. Er war aus der Wohngemeinschaft ausgezogen, hatte sein Auto verkauft und jeden Pfennig gespart, um sich diese Reise zu ermöglichen. Auch Torsten hatte unermüdlich mitgeholfen und war, wie die anderen, auf diese Art und Weise mit dem Projekt und der Zielsetzung verschmolzen. Diese Art der Identifikation ist ungemein wichtig, deshalb lege ich viel Wert darauf, daß Crewmitglieder rechtzeitig anreisen, um bei den Vorarbeiten zu helfen. Über Egon Fogtmann ist eigentlich schon alles gesagt worden. Seit die Dagmar Aaen 1990 einen Callesen Motor erhielt, ist Egon fest im Team. Seine unvergleichliche Kompetenz in allen technischen Fragen und seine humorvolle Art lassen ihn bei allen Crewmitgliedern zum „Bestfriend“ avancieren. Dabei ist Egon durchaus kein Mensch, der sich uneingeschränkt anpaßt. Wenn ihm etwas nicht gefällt, dann sagt er das. Wenn zum Beispiel seine Werkzeuge schmutzig und ungeordnet herumliegen und nicht wieder in die Werkzeugkästen zurückgelegt werden, dann Gnade Gott dem oder der Schuldigen. Egon ist der Senior an Bord, aber über das Alter spricht man nicht! Neu im Team sind eigentlich nur Achim und

Rafa. Alle anderen kennen das Schiff und die Abläufe an Bord. Wir sind demnach ein eingespieltes Team.

Die letzten Tage vor dem Start wurde es in Wewelsfleth noch einmal so richtig hektisch. Rolf Zimmermann von der Firma NERA probierte zusammen mit Ulrich Jordan die E-mail-Übertragung via Inmarsat aus. Das neue Faxgerät gab seinen Geist auf und mußte durch ein anderes ersetzt werden, Falk schleppte Unmengen an frischem Obst und Gemüse an Bord, Sigga scheuchte ihre Leute durch die Takelage, Egon hantierte hinter verschlossener Tür in der Maschine herum, und ich brachte Berge von Seekarten, Seehandbüchern, Korrekturblätter für die Nautischen Funkdienste sowie neue Logbücher an Bord. Das Schiff war abgeladen. Am 13. Mai verabschiedeten wir uns von der Werft in Wewelsfleth, liefen durch das Störsperrwerk und dann elbaufwärts nach Hamburg. Im City-Sporthafen hatten wir einen Liegeplatz reserviert, bis zum Start der Expedition würde die DAGMAR AAEN hier bleiben.

Die verbleibenden zwei Tage waren an Hektik kaum zu überbieten. Trotz aller Erfahrung und Routine – es bleiben immer wichtige Dinge so lange in der Schwebe, bis es wirklich losgeht. Dann aber muß eine Entscheidung fallen. Irgendwie kommt wie immer alles zusammen. Zwei Tage später fand am 15. Mai auf dem FEUERSCHIFF vis-à-vis der DAGMAR AAEN die Pressekonferenz statt. Ich hatte die letzten Nächte kaum geschlafen, fühlte mich so richtiggehend ausgelaugt. Um 14 Uhr abschließender Fototermin auf der DAGMAR AAEN. Auf dem Steg Freunde und Verwandte vereint mit Journalisten, Fotografen und Kamerateams sowie Schaulustigen. Ein kurzer Blick zu Egon, wenige Minuten später erwachte der Diesel zum Leben. Leinen wurden losgeschmissen, schnell noch vereinzelte Hände gedrückt, dann vergrößerte sich der Abstand zur Pier. Ich drehte das Schiff im Hafenbecken, das Feuerschiff gab mit dem Typhon dreimal Lang, und wir antworteten den Gepflogenheiten entsprechend. Wenige Minuten später befanden wir uns im Hauptfahrwasser. Noch einmal kurz in den Wind gedreht, um die Segel zu setzen, dann wurden wir von der Tide und dem Wind kräftig elbabwärts geschoben.

Wie schnell war die Zeit vergangen! Sigga, Jörn, Egon und Brigitte waren auch im Juli letzten Jahres an Bord gewesen, als wir nach über fünf Jahren mit der Dagmar Aaen in den Hamburger Hafen zurückkehrten. Jetzt waren noch Falk, Achim, Rafa und Pablo dazugekommen. Wie damals beim Einlaufen begleitete uns auch diesmal eine Barkasse mit Journalisten und Familienangehörigen. Für mich hat eine Reise immer erst dann angefangen oder geendet, wenn ich die Landungsbrücken in der einen oder anderen Richtung passiert habe. Hamburg ist für mich wirklich immer „das Tor zur Welt" gewesen. Auf Höhe Teufelsbrück drehte die Barkasse ab, während wir uns jetzt langsam besannen und versuchten, die Hektik der vergangenen Wochen abzulegen. Die Reise hatte schließlich begonnen. Wir waren Outward bound.

Durch die Nordsee

Die Reise hat begonnen. Wie gut, daß wir noch eine lange Revierfahrt vor uns haben. Wenn ich mich unter Deck umschaue, muß ich nämlich feststellen, daß das Schiff bei weitem noch nicht seeklar ist: In aller Eile wurden in jede verfügbare Ecke Ausrüstungsgegenstände gequetscht, um sie zunächst einmal aus dem Weg zu haben. Jetzt ist es an der Zeit, konsequent die versteckten Sünden ans Tageslicht zu zerren und ordnungsgemäß ihrem eigentlichen Bestimmungsort zuzuordnen. Das dauert! Als wir uns Cuxhaven nähern, sind wir noch lange nicht fertig mit Stauen. Da ich grundsätzlich nur mit einem hundertprozentig vorbereiteten Schiff in See steche, entschließe ich mich, den alten Fischereihafen von Cuxhaven anzulaufen, um dort in aller Ruhe die Restarbeiten durchzuführen. Kurz vor Erreichen des Hafens trifft uns noch einmal mit aller Macht der harte Arm des Gesetzes. Der Rudergänger hat offenbar mehr Augen für die norddeutsche Marschlandschaft als für den Tonnenstrich, der ein wenig abseits auf Steuerbordseite liegt. Das ruft die Wasserschutzpolizei auf den Plan, die eine solche Ungeheuerlichkeit umgehend mit 30 DM Bußgeld ahndet. Keine Frage, wir haben Schuld. Der Rudergänger ist zerknirscht, und ich bin froh, bald in anderen Gewässern zu segeln.

Wir stauen bis spät in die Nacht. Am nächsten Morgen schlafen wir lange, frühstücken in aller Ruhe und laufen um die Mittagszeit ausgeruht und seeklar aus. Das gestrige Erlebnis noch gut vor Augen, rufe ich zuvor ordnungsgemäß beim Zoll an und klariere aus. Das Wetter ist geradezu ideal. Es ist sonnig und warm, der Wind weht mit 15 Knoten aus Nordost und dreht später sogar auf Ost – optimale Bedingungen.

Das Segelsetzen auf der DAGMAR AAEN erfordert den Einsatz der gesamten Crew. Um das große und schwere Großsegel zu setzen, bedarf es allein sechs Personen: drei, die das Piekfall holen, zwei, die das gleiche mit dem Klaufall machen, sowie mindestens eine weitere Person, die aufpaßt, daß die Gaffel nicht hinter den Dirken hängenbleibt. Die DAGMAR AAEN ist ein traditionelles Segelschiff. Sie verfügt weder über Winden noch Rollreffanlagen, hier läuft alles über Blöcke und Fallen sowie über Muskelkraft. Irgendwelche hydraulischen oder elektrischen Hilfsmittel sucht man an Deck vergebens. Teamarbeit ist gefordert, wie überhaupt ein solches Projekt nur im Team zu realisieren ist. Bei den Vorsegeln wird zuerst der Klüver gesetzt. Dazu klettert jemand mit Schwimmweste und Gurt gesichert ins Klüvernetz und löst die Zeisinge, mit denen das Segel an den Bugstagen gesichert ist. Danach wird der Niederholer gelöst, die Schot ein wenig gefiert und von zwei Personen das Fall geholt. Anschließend muß die Schot wieder mit drei Leuten durchgeholt werden, bis das Segel entsprechend steht. Mit der Fock wird genauso verfahren, anschließend werden die Segel insgesamt nochmals getrimmt und danach das Deck klariert und das Tauwerk aufgeschossen. Die Breitfock setzen wir nur bei raumem oder achterlichem Wind, ein Toppsegel führen wir auf dieser Reise nicht mit.

Nachdem wir uns freigesegelt haben, gehen wir auf Nordkurs. Seit dem Auslaufen gehen wir Seewache. Das heißt, alle vier Stunden zieht eine neue Wache an Deck auf. Die erste Wache beginnt um Mitternacht und dauert bis vier Uhr morgens, sie wird daher die „Null-Vier-Wache“ genannt. Danach kommt die „Vier-Acht-Wache“, die wiederum von der „Acht-Zwölf-Wache“ abgelöst wird. Um zwölf Uhr mittags beginnt dann wieder die „Null-Vier-Wache“, die in der Zwischenzeit acht Stunden Freiwache hatte. Da je nach Wetterlage und Segelführung einige Segelmanöver „All-hands-Manöver“ sind, relativiert sich dieser Begriff aber. In der Regel gibt es während der Freiwache immer Unterbrechungen, zudem müssen ständig irgendwelche Wartungsarbeiten am Schiff durchgeführt oder aber die „Backschaft“ gemacht werden. Unter letzterem versteht man an Bord das Reinschiffmachen. Jeden Tag ist ein anderes Crewmitglied mit der ungeliebten Backschaft dran. Dazu gehört das Fegen und Wischen der Räume unter Deck, das

Reinigen des Klos und des Waschbeckens sowie das Geschirrspülen nach jeder Mahlzeit. Zudem liegt es im Ermessen des Smuts, ob er den Backschafter noch zu anderen niederen Küchendiensten einteilen will. Außer dem Skipper ist er der einzige, der von der Backschaft befreit ist. Am Ende eines solchen Backschaftstages ist die betreffende Person entsprechend erleichtert. Die Backschaft wird übrigens jeden Tag und nahezu bei jedem Wetter wahrgenommen. Es muß draußen schon sehr wild zugehen, bevor sie ausgesetzt wird. Dafür haben wir immer ein sauberes und damit auch gemütliches und wohnliches Schiff. Das trägt ungemein zum allgemeinen Wohlbefinden bei – insbesondere bei den beengten Wohnverhältnissen, wie sie bei uns an Bord herrschen. Privatsphäre gibt es mit Ausnahme der Koje keine. Jeder hat seine eigene Koje, die er durch kleine Schiebetürchen verschließen kann, das ist dann aber auch alles.

Wir laufen mit sieben Knoten durch eine nahezu spiegelglatte Nordsee. Die Lichter von Westerland auf der Insel Sylt ziehen langsam vorbei, außer dem Rauschen der Bugwelle, dem Knarren der Takelage und den langsamen Schritten der Wache an Deck ist nichts zu hören. Jede Wache besteht aus zwei bis drei Personen, die sich regelmäßig am Ruder abwechseln, denn über eine Selbststeueranlage verfügt die Dagmar Aaen nicht. Diese erste Nacht auf See läßt uns die Hektik der vorangegangenen Wochen vergessen. Mit einer Mug Tee in der Hand sitzen wir auch nach unserer Wache an Deck und genießen die laue Luft. Jörn steht auf dem Vorschiff und schmökt seine Pfeife, aus den Niedergängen dringt gedämpftes Licht nach oben, und am Strand von Westerland mögen sich jetzt einige Nachtschwärmer fragen, zu was für einem Schiff diese Positionslampen gehören mögen.

Um fünf Uhr morgens taucht im Morgendunst die Silhouette von Esbjerg auf. Kurz vor der Hafenmole bergen wir alle Segel und laufen unter Maschine in den alten Fischereihafen ein. Mit Steuerbordseite gehen wir längsseits des Museumskutters E1 und machen fest. Esbjerg ist sozusagen der eigentliche Heimathafen der Dagmar Aaen. Dies ist auch der Grund, weshalb wir hierher gesegelt sind. Hier wurde die Dagmar Aaen am 20. April 1931 für den Reeder Mouritz Aaen von der N.P. Jensen-Werft abgeliefert und als Fischkutter E 510 in Dienst gestellt. Ich habe zu Hause noch das alte „Tilsynsbog“ der DAGMAR AAEN – quasi die Papiere des Schiffes –, das von Anfang an lückenlos geführt worden ist und das ich natürlich auch in dieser Weise weiterführe. Das Buch gibt detailliert Auskunft über jeden einzelnen Lebensabschnitt des Schiffes. Bis 1977 war die DAGMAR AAEN ununterbrochen als Fischkutter in der Nordsee eingesetzt worden. Während dieser Zeit hat sie nicht nur unzählige Stürme überstanden, sondern sogar auch eine volle Durchkenterung in einem schweren Winterorkan auf der Doggerbank vor England. Trotzdem schaffte die Mannschaft es damals aus eigener Kraft, wieder den Hafen von Esbjerg zu erreichen. Die Seetüchtigkeit dieses Schiffstyps ist legendär geworden, und die NP Jensen Werft galt als die beste in Esbjerg. Sie brannte leider in den sechziger Jahren komplett ab und mit ihr alle Unterlagen der dort gebauten Schiffe.

Außer einem wirklich sehenswerten Fischereimuseum gibt es wenig Gründe, den Hafen anzulaufen. Waren noch bei unserem letzten Besuch im April 1991 die Hafenbecken mit einer ganzen Reihe Fischkutter gefüllt, so herrscht heute gähnende Leere. Die Stillegungsprämien der Europäischen Union in Verbindung mit den immer stärker werdenden Restriktionen – meist einhergehend mit einer zunehmenden Überschuldung der Fischer – hat dazu geführt, daß fast alle Kutter abgewrackt wurden und der Kettensäge zum Opfer gefallen sind. Die kleinen Kutter haben heute wirtschaftlich einfach kaum noch eine Chance. Ein Nordseekutter hat in der Regel drei bis vier Familien ernährt. Hinzu kamen die Landbetriebe wie Werften, Netzbindereien usw., die von den Kuttern gelebt haben. Das ist alles verschwunden. Statt dessen sind einige Einheiten gekommen, die mit kleiner Crew große Schiffe fahren, die den Meeresboden mit schwerem Gerät umpflügen und damit einen erheblichen ökologischen Schaden anrichten. Viele der mit Abwrackprämien versehenen Fischer sind heute arbeitslos. Schlimmer noch – die stillgelegten Schiffe dürfen unter keinen Umständen verkauft werden. Weder an Privatpersonen, Institutionen und natürlich schon gar nicht an andere Fischer. Das Schiff muß auf der Pier in drei Teile zersägt oder sonstwie unbrauchbar gemacht werden. Im anderen Fall würde der Fischer nicht die Stillegungsprämie beziehen, die er aber braucht, um seine Schulden zu tilgen. Man könnte sicher lange über Sinn und Unsinn und über die Tragik solcher Verordnungen diskutieren. Warum um alles in der Welt darf ein stillgelegter Kutter, von denen sich einige in einem ausgezeichneten Zustand befinden, nicht privat als Segelschiff genutzt werden? Die Seefischerei ist schließlich kulturgeschichtlich ein nicht wegzudenkender Erwerbszweig Norddeutschlands und in einem noch größeren Maße Dänemarks und Englands. Ich habe es selbst in Häfen miterlebt, wie durchweg gute Kutter in drei Scheiben zersägt wurden – obgleich es mehrere private Interessenten dafür gegeben hatte. Für Bürokraten ist das alles nur ein Vorgang auf dem Papier – wie leider so oft. Dabei wäre es so einfach, auch bei ausgemusterten und mittels der EU-Prämie stillgelegten Kuttern, sicherzustellen, daß diese Schiffe nicht mehr in der Fischerei eingesetzt werden. Jedes Schiff ist schließlich registriert und kann damit auch überwacht werden. Aber der Weg über die Kettensäge scheint der bequemere zu sein. Zudem gelten die in Scheiben gesägten und mit Farbresten, Lacken und Ölen durchwirkten Kutterrümpfe als Sondermüll und müssen – sozusagen als zynischer Schulterschluß – anschließend auch noch kostenintensiv entsorgt werden. Der DAGMAR AAEN und zahlreichen anderen, gut erhaltenen Schiffen ist dieses Schicksal glücklicherweise erspart geblieben. Aber die Zahl der durch diese haarsträubende Verordnung zerstörten Rümpfe ist europaweit sehr hoch.

Die DAGMAR AAEN ist auch heute noch in Esbjerg bekannt. Nur wenige Stunden nach unserem Einlaufen hält ein Wagen an der Pier, und ein junger Mann hilft einer alten Dame aus dem Fahrzeug. Es ist Vera Knak, die Witwe des letzten Kapitäns, der das Schiff noch zum Fischen hinausfuhr. Regelmäßig schreibt sie uns, und wir halten sie über die Reisen des Schiffes auf dem laufenden. Genauso wie Gudrun Aaen. Sie – ebenfalls eine betagte Dame – ist die Tochter von Mouritz und Dagmar Aaen. Daneben treffen wir pensionierte Fischer, die sich das Schiff ansehen und sich offenbar darüber freuen, daß unsere Kutterdame so gut in Schuß ist. Ihren fachkundigen Augen entgeht keine Kleinigkeit. Viel reden tun sie nicht, und das gelegentliche Hochziehen der Augenbrauen ist schon Ausdruck einer unwahrscheinlichen Gemütsbewegung.

Wir runden unseren Besuch in Esbjerg mit einem Besuch in dem Fischereimuseum ab, wo der alte Einzylinder Glühkopfdiesel der Dagmar Aaen als Exponat steht. Ich hatte nach dem ersten Umbau 1990 den alten Motor dem Museum geschenkt. Dort hat man den sieben Tonnen schweren Koloß gründlich restauriert, aufgestellt, und gelegentlich wird er sogar angeworfen, um dann seine Rauchkringel in die Luft zu puffen.

Am Sonntag, dem 17. Mai laufen wir aus. Unser nächstes Ziel liegt auf der anderen Seite der Nordsee – Newcastle upon Tyne in England.

Zwischenstationen

So ruhig habe ich die Nordsee selten erlebt. Die See ist spiegelglatt, der Wind weht gerade mal mit fünf Knoten, und wir ziehen mit zwei bis drei Knoten dahin. Aber das stört uns nicht. Wer sich für ein Schiff wie die DAGMAR AAEN entschieden hat, schaut nicht mit hektischen Blicken auf die Nadel bzw. die digitale Anzeige der Logge. Dergleichen gibt es ohnehin nicht an Bord. Nicht etwa, daß man sich nicht darüber freut, wenn das Schiff Rauschefahrt macht – welchem Seemann würde das Herz nicht dabei höher schlagen – es ist nur eine gewisse Gelassenheit vorhanden. Man erwartet einfach keine Rekordetmale. Diese Schiffe sind nicht für hohe Geschwindigkeiten konstruiert. Ihnen liegen andere, und wie ich finde, entscheidendere Kriterien zugrunde. Es sind Arbeitsschiffe, die in jedem Wetter und zu jeder Jahreszeit ein Höchstmaß an Seetüchtigkeit, Gutmütigkeit und Langlebigkeit verbinden sollten. Unser neues Großsegel hat die Leichtwindsegeleigenschaften zwar deutlich verbessert, aber unter zehn Knoten Wind (Windstärke 4 auf der Beaufort-Skala) passiert wirklich nicht viel. Danach geht es aber los, und ich habe mehr als einmal die erstaunten Gesichter von Yachtseglern gesehen, die es kaum glauben konnten, daß wir ihnen langsam, aber sicher davonsegelten.

Um ein Schiff wie das unsrige richtig zu segeln, bedarf es einer eingespielten Crew und sicherlich einem etwas größeren körperlichen Einsatz als bei einer modernen Fahrtenyacht, bei der viele Handgriffe aus dem Cockpit bzw. inzwischen auch schon per Knopfdruck erledigt werden können. Das fängt schon bei einer simplen Wende an. Der zwölf Meter lange Großbaum ist selbst bei gutem Wetter ein respekteinflößender Geselle. Vor der Wende muß das Großsegel so weit dichtgeholt werden, daß sich das Leebackstag einhängen läßt. Bei ruhiger See geht der Bug willig durch den Wind, bei rauher See hingegen muß durch Backhalten der Fock nachgeholfen werden, sonst bleibt die Nase im Wind stehen. Jede Lose in der Großschot muß sofort herausgeholt werden, um ein Schlagen des rund dreihundert Kilogramm schweren Baumes schon im Ansatz zu verhindern. Sobald das Schiff auf dem anderen Bug liegt, wird das vorherige Leebackstag nochmals von zwei Mann durchgesetzt, sodann das andere Backstag ausgehakt und das Groß gefiert. Bei jedem Schiften des Baumes müssen auch die Gaffelgeien (oder Geren) gefiert werden. Mittels der Geitaue, die an der Gaffelnock angeschlagen sind, wird die Stellung der Gaffel kontrolliert. Vergißt man, sie bei einer Wende oder Halse loszuwerfen, kann dies zum Bruch der Gaffel führen. Läuft das Schiff auf dem anderen Bug, kommt unmittelbar das Kommando: „Holt über die Vorsegel!“ Die Vorsegelschoten werden durchgesetzt, das Großsegel getrimmt und der Twist (das gewollte Auswehen der Gaffel) durch die Geitaue kontrolliert. Bei wenig Seegang können wir bis etwa fünfzig Grad an den Wind gehen, bei Seegang sind es dann bestenfalls noch sechzig Grad.

Bei einer Halse wird das Procedere ein wenig aufwendiger. Da der weit gefierte Baum durch eine Bullentalje zum Vorschiff gesichert ist, muß vor dem Manöver langsam der „Bulle“ aufgefiert werden, wobei gleichzeitig drei bis vier Leute die Lose aus der Großschot holen. Je spitzer der Winkel zwischen Baum und Bullentalje wird, desto unwirksamer wird letztere. Um ein plötzliches Übergehen des Baumes zu verhindern, werden daher Taljen zwischengesetzt, deren Aufgabe es ist, den Baum so lange zu halten, bis die Backstagen umgehängt worden sind und der Baum von der Großschot mittschiffs gehalten wird bzw. das Kommando „Rund achtern“ kommt und man mit dem Heck durch den Wind geht. Sofort wird dann die Großschot aufgefiert und die Bullentalje wieder durchgesetzt. Bedenkt man dabei, daß es sich um vierundzwanzig Millimeter-Tauwerk und schwere, hölzerne Blöcke handelt, kann man erahnen, daß hier einiges an Masse und Material in Bewegung ist. Bei Nacht und schlechtem Wetter ist die Halse mit einem gaffelgetakelten Kutter nur etwas für eine eingespielte Crew. Aber eben das bringt riesigen Spaß.

Zeitweilig verläßt uns der Wind vollkommen, dafür zieht dichter Nebel auf. Wir warten auf einen Lufthauch, doch nichts tut sich. Nachdem sich daran auch nach fünf Stunden nichts geändert hat, bergen wir die Segel und laufen unter Maschine weiter. Einen halben Tag motoren wir, dann setzt endlich der ersehnte Wind wieder ein. Zunächst noch ein wenig launisch aus wechselnden Richtungen, aber endlich pegelt er sich auf Nordost ein. Über Cullercoats Radio habe ich einen Wetterbericht abgehört: fünf Beaufort aus Nordost sowie „fog patches and rain“. Das scheint zu stimmen. Der Nebel reißt zwar auf, aber unvermittelt befindet man sich plötzlich wieder in einer neuen Nebelbank, was bei der Vielzahl der Fischereischiffe nicht unbedingt angenehm ist. Aber dafür haben wir schließlich unser Radargerät. Zwei Stunden später binden wir das erste Reff ins Groß. Dazu gehen wir hart an den Wind, sichern den Großbaum und hängen die Refftalje in den Reffstropp ein, um beim Fieren des Segels das Unterliek zu strecken. Je eine Person fiert das Klau- bzw. Piekfall auf, eine weitere Person holt den Niederholer durch, während jede andere verfügbare Hand die Refftalje sowie das Segel in die Reffbändsel einbindet. Wenn das geschehen ist, werden Klau- und Piekfall wieder durchgesetzt, die Segel werden aufgefiert, und langsam fällt der Rudergänger ab, um auf den alten Kurs zu gehen. Das Großsegel der DAGMAR AAEN hat drei Reffreihen, und man tut gut daran, rechtzeitig den Reffvorgang einzuleiten. Je stärker der Wind wird, desto unverhältnismäßig schwieriger wird es, mit einem überdimensionierten Segel klarzukommen. In der Regel können zwei Wachmannschaften den Reffvorgang durchführen. Wenn richtig schlechtes Wetter herrscht, dann gerät es schnell zu einem „All-hands-Manöver“.

Mit dem Nebel und dem Wind ist es kalt geworden. Vergessen sind die sommerlichen Temperaturen und das gemütliche Zusammensitzen an Deck. Die Deckswache ist triefend naß, die Nordsee hat eine abweisend graugrüne Farbe angenommen. Gischt fliegt über Deck und hüllt alles in einen salzigen Mantel. Dafür ist es unter Deck gemütlich. Das frisch gemalte und umgebaute Mittschiff bietet ein wenig mehr Platz als vor dem Umbau. Einige Schränke sind verschwunden, Wassertanks wurden unter den Backskisten eingebaut, so daß das achtere Schott frei geworden ist.

Im Mittschiff befinden sich sechs Kojen, dazu die Pantry mit dem ewig bullernden Dickinson Dieselherd sowie dem Waschraum mit Pumpklo. Hier merkt man die Schiffsbewegungen am wenigsten. Es ist erstaunlich, wieviel Sicherheit und Ruhe ein Aufenthalt unter Deck vermittelt, selbst wenn es oben wild hergeht. Die von Deck kommende Wache fühlt sich sofort wohlig und geborgen. Es gibt heißen Tee oder Kaffee und natürlich gut zu essen. Dafür sorgt Falk, der wie eh und je in der Kombüse schaltet und waltet.

Am 21. Mai um 11 Uhr laufen wir in die Tynemündung ein und bergen alle Segel. Während wir noch am Arbeiten sind, kommt uns der australische Nachbau der ENDEAVOUR entgegen. Eben jenes Schiff, mit dem einstmals James Cook seine bahnbrechenden Expeditionen durchgeführt hatte. Soweit ich es beurteilen kann, ist der Nachbau wirklich hervorragend gelungen. Es ist schon bemerkenswert, wieviel Mittel einige Nationen zur Verfügung stellen, wenn es darum geht, ihr maritimes Erbe zu erhalten oder in Form von Repliken zu dokumentieren. Wir Deutschen tun uns da sehr schwer im internationalen Vergleich.

Die Fahrt nach Newcastle führt an großen Werftanlagen vorbei, auf denen überwiegend Schiffe und Bohrinseln für den Offshore-Bereich hergestellt bzw. instand gesetzt werden. Neben der riesigen Bordwand eines Spezialschiffes für Erdölbohrungen wirkt unsere DAGMAR AAEN wie ein Spielzeug. Der starke Gezeitenstrom schiebt uns zügig an dem Monstrum vorbei. Wenig später erreichen wir Newcastle, wo Holly Hollins, eine englische Journalistin, passionierte Seglerin und Freundin von uns, einen Liegeplatz organisiert hat. Ein Repräsentant der Sail Training Association erwartet uns bereits. Kaum sind die Festmacherleinen an Land belegt, als auch schon ein Wasserschlauch an Bord gereicht sowie eine Mülltonne an der Pier aufgestellt wird. Wir werden herzlich willkommen geheißen. „You are our guests", Liegegebühren würden selbstverständlich nicht anfallen – britische Gastfreundschaft! Der einzige Nachteil des Liegeplatzes ist der gewaltige Gezeitenunterschied, der es erforderlich macht, daß ständig einer von uns die Leinen fiert bzw. durchholt. Ansonsten liegen wir mitten in der Innenstadt, unternehmen diverse Exkursionen in die Pubs und stöbern in Antiquariaten nach alten Büchern.

Zugegebenermaßen beginnt diese Expedition gewollt geruhsam. Erst jetzt, nachdem wir bereits eine Woche unterwegs sind, merkt man, daß man seine Routine wiedergefunden und den Trubel vor der Abfahrt verarbeitet hat. Zudem stehen wir nicht unter Zeitdruck. Es ist noch früh im Jahr für die Arktis, warum also nicht auf dem Weg dorthin pausieren und sich interessante Orte oder Landschaften ansehen? Das war ja gerade einer der Gründe, weshalb ich mir ein Segelschiff zugelegt habe. Ich wollte ganz einfach nicht mehr im Rahmen meiner „Erlebnisreisen" diese Quantensprünge mit einem Flugzeug über mich ergehen lassen. Über siebzig Prozent der Erdoberfläche besteht aus Wasser. Schiffe sind die ältesten Transportmittel der Menschheitsgeschichte, und Schiffe wird es auch immer geben. Anders als bei Flugzeugen bekommt man mit einem Schiff ein Gespür für die Distanzen und die unterschiedlichen Klimazonen, die auf dem Weg nach Norden durchlaufen werden. Der Reisende identifiziert sich viel intensiver und umfassender mit den aufgesuchten Zielen. Die Stopover in Newcastle oder wenige Tage später in Edinburgh sind keine eigentlichen Ziele und Inhalte unserer Expedition. Sie sind lediglich willkürlich gewählte Zwischenstationen, die sich aus der Reiseroute ergeben, wobei ich gern gestehe, daß wir wieder einmal eine Reise der gewollten Umwege durchführen. Neben allem anderen segeln wir eben einfach gern.

Leith, der Hafen von Edinburgh, ist durch eine Schleuse abgesichert. Unseren ursprünglichen Plan, uns durchschleusen zu lassen, geben wir umgehend auf, als wir von dem sehr freundlichen Schleusenmeister über Funk erfahren, daß das Schleusen umgerechnet mehrere hundert Mark kostet. Wir verzichten dankend und legen uns statt dessen ein Stück weiter vor dem kleinen Hafen Granton vor Anker. Solange das Wetter so still und sonnig bleibt, ziehe ich es allemal vor, draußen vor Anker zu bleiben, als in einem überfüllten Yachthafen zu liegen. Wir machen unser Schlauchboot klar und fahren in den Hafen, wo wir auf eine Flotte von Yachten treffen. Überall hängen Matratzen und Ölzeug zum Trocknen, hier und dort ein in die Morgensonne blinzelnder Segler mit einer Mug Kaffee in der Hand. Die meisten von ihnen sind erst spät in der Nacht im Rahmen der Helgoland-Edinburgh-Regatta eingelaufen und freuen sich jetzt offenbar über ein wenig Ruhe und Muße. Witzigerweise treffen wir auch mit unserem Segelmacher Jens Nickel zusammen, der mit seinem Boot an der Regatta teilgenommen und zudem eine gute Plazierung erzielt hat. Wir verabreden uns für den Abend im Clubhaus, wo wir gemeinsam die unterschiedlichen Biersorten durchprobieren und dabei bis spät in die Nacht erzählen. Endlich haben wir Zeit, einmal in Ruhe zu reden. Die Tage vor unserem Start waren nicht nur für uns, sondern auch für Jens an Zeitdruck kaum zu überbieten. Trotzdem hatte er unsere Segel rechtzeitig fertig bekommen.

Am nächsten Tag fahren wir mit dem Bus nach Edinburgh und sehen uns – ganz Tourist – die Stadt an. Sie ist wirklich einen Besuch wert, und obwohl wir dieses Großstadtgetümmel eigentlich nicht mögen, genießen wir den Tag in vollen Zügen. Es herrscht so richtig Ferienstimmung. Trotzdem zieht es uns am nächsten Morgen wieder hinaus. Zwei Großstädte in Folge – so freundlich sie auch sein mögen – sind genug! Wir gehen ankerauf, melden uns über Funk bei der Port Administration ab und setzen alle Segel. Bei nur wenig Seegang kommen wir hoch am Wind gut voran. Wir lassen das „Mainland“, wie die Insulaner sagen, achteraus und steuern die Inseln im Norden des britischen Festlandes an. Unser nächstes Ziel sind die Orkney.

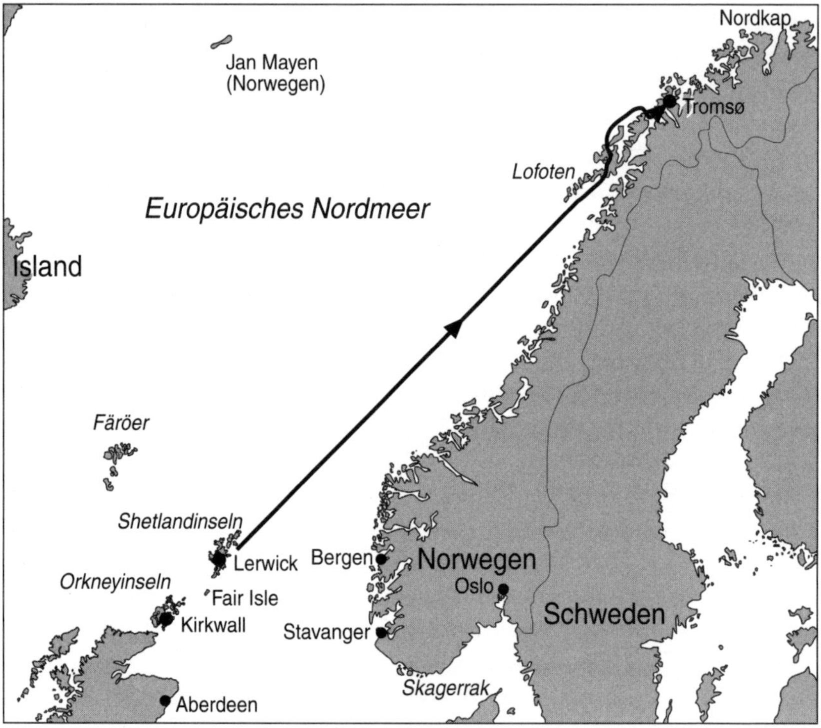
Nordkap
Jan Mayen
(Norwegen)
Tromsø
Lofoten
Europäisches Nordmeer
Island
Färöer
Shetlandinseln
Lerwick
Bergen
Norwegen
Orkneyinseln
Fair Isle
Oslo
Kirkwall
Stavanger
Schweden
Skagerrak
Aberdeen

Go north!

Wer von den „Orkney Islands“ oder den „Orkneys“ spricht, zieht sich unweigerlich einen mißbilligenden Blick der Insulaner zu. Sie leben auf den „Orkney“ – also kein „s“ am Ende oder gar die Ergänzung Inseln. Orkney ist bereits der Plural und bezeichnet die gesamte Inselgruppe. Feinheiten, auf die man hier Wert legt. Wir liegen im Hafen von Kirkwall. Ein freundlicher Hafenmeister dirigiert uns über Funk an unseren Liegeplatz. Die Menschen hier haben ein Faible für traditionelle Schiffe, insbesondere dann, wenn es sich um ehemalige Fischereischiffe handelt, die wie unsere Dagmar Aaen bis ins Detail gut erhalten sind. Während uns der Hafenmeister einen Stromanschluß legt, erkundigt er sich interessiert nach dem Schiff, nach unserer Reiseroute und kommt ins Schwärmen, als er hört, wohin die Reise geht. Er selbst ist früher auch bei der Fischerei gewesen. Grönland, die Dänemarkstraße und Island kennt er bestens und weiß den Berichten über Schiffsvereisung und Stürmen noch einige bemerkenswerte Stories hinzuzufügen. Wir erhalten einen Schlüssel für die Duschen des Yachtclubs, er bringt uns die neuesten Wetterkarten vorbei und erkundigt sich ständig, ob wir noch irgend etwas benötigen. Ein Mann, wie man sich einen Hafenkapitän wünscht!

Kirkwall ist eine alte Stadt mit engen Gassen, einer Kathedrale und einer interessanten Burgruine. In der Kathedrale ist das Grab von John Rae, einem Arzt, der zugleich Repräsentant der Hudson’s Bay Company und in dieser Eigenschaft auch viel in der kanadischen Arktis unterwegs war. Dabei verfolgte er keineswegs nur Handelsinteressen, sondern interessierte sich in zunehmendem Maße auch für die Kartographie und Erforschung weiter Teile der Arktis. Seine Schaffenszeit fiel genau in den Zeitraum, in dem der Brite John Franklin mit 129 Mann Besatzung und den beiden Schiffen

Erebus und Terror auf der Suche nach der Nordwestpassage verschollen ging. Anders als Franklin und andere namhafte Zeitgenossen blickte Rae nicht arrogant auf die Indianer und Eskimos hinab, sondern nahm ihre Art zu reisen und zu leben an. Mit großem Erfolg. Während die europäischen Expeditionen versuchten, mit geballtem Materialeinsatz britische Verhältnisse in die Polarregionen zu importieren und dabei immer wieder Schiffbruch erlitten, kam John Rae bestens zurecht. Auf einer dieser Expeditionen, in deren Verlauf er mit einem Partner 1200 Meilen zurücklegte, nahm sein Reisebegleiter sechsundzwanzig Pfund ab – Rae nahm zwei Pfund zu! Der eine lehnte die primitive Ernährungsweise der Eskimos ab, der andere adaptierte sie und kam glänzend damit zurecht. Rae reiste leicht, mit Hundeschlitten und Kanus, schlief unter Rentierfelldecken, baute Iglus und nutzte Rentiermoos und Tran als Brennstoff. Nicht ein einziges Mal litt er unter Skorbut, dem Schreckgespenst und ständigen Begleiter damaliger Polarexpeditionen. Er lernte aus dem Land zu leben und war, wie ich finde, einer der bemerkenswertesten Polarfahrer seiner Zeit, obwohl ihm – gerade wegen seiner unkonventionellen Vorgehensweise – nicht die ihm zustehende Anerkennung zuteil wurde. Mit Ausnahme der Bewohner der Orkney, die mit Recht stolz sind auf ihren Vorfahren und ihm eine letzte Ruhestätte in der Kathedrale zuteil werden ließen.

Ganz Tourist, mieten wir uns am nächsten Tag ein Auto und fahren über die Insel. Wir sehen Scapa Flow, die berühmte Bucht, in der sich 1919 die von den Alliierten internierte deutsche Flotte selbst versenkte. Über siebzig Schiffe gingen damals auf den Grund der Bucht und sind seitdem ein beliebtes Revier für Sporttaucher. Ausgrabungsstätten von Steinzeitsiedlungen, „Maes Howe", das älteste europäische Kammergrab, und den „Ring of Brodgar", eine Ansammlung von siebenundzwanzig aufrecht stehenden Steinen, die ähnlich wie in Stonehenge einen alten Kultplatz säumen. Ich finde es spannend, sich mit dieser Kulturgeschichte auseinanderzusetzen. So verbringen wir den ganzen Tag damit, in alten Gemäuern umherzukriechen oder auf einem der baumlosen Hügel zu sitzen und unseren Gedanken nachzuhängen. Fast unmerklich hat sich die Landschaft verändert. Obwohl wir noch keine zwei Wochen unterwegs sind, befinden wir uns mittendrin in der nordischen Landschaft. Ich mag diese scheinbar karge Vegetation, die endlosen Strände, die Vögel, die durch die Luft gleiten, und die Ruhe und Harmonie, die von diesen Orten ausgeht. Irgendwie habe ich immer das Gefühl, als ob diese Landschaften den Blick auf das Wesentliche freigeben – ohne Schnörkel und Firlefanz. Landschaften, in denen ich aufatmen und mich sacken lassen kann!

Die nächste Nacht liegen wir vor Anker in einer kleinen Bucht. Mit dem Schlauchboot fahren wir an den Strand und wandern stundenlang durch den weißen Sand. Als uns einer der Einheimischen dabei erwischt, wie wir regungslos dastehen und Seevögel beobachten, fragt er besorgt, was denn los sei. Als wir ihm wahrheitsgemäß antworten, geht er kopfschüttelnd weiter und meint noch im Fortgehen: „We shoot them!“

Wir scheinen unverhältnismäßiges Glück mit dem Wetter zu haben. Obwohl uns jeder vor der Wetterküche gewarnt hat, erleben wir nichts als Sonnenschein und schwache Winde. Auch die Passage zur Fair Isle verläuft unspektakulär. Gewiß, es gibt einige Stromkabbelungen, die bei Wind gegen Strom sicherlich unangenehm und gefährlich werden können – nicht aber bei der herrschenden milden Witterung. Dafür zieht immer wieder Nebel auf, der jedoch in aller Regel nach einigen Stunden von der Sonne weggebrannt wird. Während der untere Teil der Insel noch unter einem Nebelschleier verborgen bleibt, tauchen darüber die grünen Berghänge der Insel auf, die kaum einer richtig kennt. Wenn sie überhaupt erwähnt wird, dann meistens nur im Zusammenhang mit Wetterberichten.

Wir folgen dem Küstenverlauf und laufen dann in den sogenannten North Haven ein. Dort soll es eine kleine Pier geben, und obwohl es die Seekarte nicht vermuten läßt, muß der Hafen gegen Schwell gut geschützt sein. Einige Klippen und Untiefen machen die Ansteuerung spannend. Links und rechts steile, grüne Berghänge, und mit einem Mal öffnet sich eine kleine Bucht mit einer Pier, an der wir festmachen. Kaum haben wir die Leinen aufgeschossen und genießen die Stille, kommen uns einige Ornithologen besuchen.

Fair Isle ist Brutstätte für Seevögel und Zwischenstopp für Zugvögel. Papageitaucher klettern in den Klippen herum. Auf Island gelten sie als Delikatesse, hier haben sie nichts zu befürchten. Eissturmvögel segeln ohne Flügelschlag, getragen von den Aufwinden, ihren Nistplätzen entgegen, und Tordalken hocken auf Felssimsen. Das Brausen der Brandung, das Gezeter der Vögel, das gelegentliche Blöken der allgegenwärtigen Schafe – nein, so richtig still ist es hier nicht. Stundenlang wandern wir über die Insel. Als wir das North Lighthouse erreichen, werden wir von einer fröhlichen, weil Bier trinkenden Gruppe Techniker eingeladen, uns den Leuchtturm anzusehen. Als einer der letzten Leuchttürme ist er automatisiert worden, offenbar lassen sich die Bauarbeiter mit den restlichen Arbeiten Zeit. Auch hier auf Fair Isle ist der romantisch verklärte Beruf des Leuchtturmwärters wegrationalisiert worden. Wir dürfen oben in der Kuppel des ehrwürdigen Gebäudes herumklettern und blicken staunend über die schäumende Brandung hinweg auf das Meer, das sich irgendwo am Horizont verliert. Es ist diese Weite, dieser scheinbar grenzenlose Raum, der mich von Kindheit an am Meer fasziniert hat. Bei dem derzeit herrschenden sommerlichen sonnigen Wetter ist dies hier wirklich ein einladender Ort, doch wie anders wird es hier aussehen, wenn das „normale“ Wetter vorherrscht? Mit Nebel, Dauerregen und den immer wiederkehrenden heftigen Stürmen, die oft genug Orkanstärke erreichen? Die uns einfangende Lieblichkeit ist ein momentanes Trugbild, wir wissen das nur zu genau. Um so mehr genießen wir die Gunst der Stunde.

Am nächsten Morgen tauchen Rafa und ich in der Bucht an den Felsabbrüchen entlang. Gut geschützt durch Trockentauchanzüge macht uns die Wassertemperatur nichts aus. Höhlen und Grotten ziehen sich tief in die Felswände hinein. Dichte Seetangwälder schwingen im Takt der Seen, die in die Bucht hineindrängen. Unzählige Vogelkadaver treiben gespenstisch an uns vorbei. Auf dem Boden entdecken wir Hummer, die sich zwischen den Tangwäldern und den Felsnischen verstecken. Mir gefällt diese Insel unwahrscheinlich gut. Es gibt hier noch viel zu entdecken und zu erkunden, aber wir haben einen gewissen Zeitplan einzuhalten.

Als wir am nächsten Morgen auslaufen, steht eine unangenehme, kabbelige See. Erst als wir draußen die Segel gesetzt haben, stabilisiert sich das Schiff und nimmt langsam Fahrt auf. Dunkle Wolken ziehen drohend über uns hinweg und geben uns zu verstehen, daß das Wetter nach dieser kurzen freundlichen Einlage offenbar zur Normalität zurückkehrt. Schlagartig ist es naß und kalt geworden, die Gischt fliegt, und die Wache zieht sich ihre Jack Wolfskin Schlechtwetterkleidung an. Zwischendurch reißt die Wolkendecke auf, Regenbogen leuchten, werden blasser und verschwinden wieder. Die Silhouette der Shetlandinseln taucht im Dunst auf. Je dichter wir kommen, desto mehr brist es auf. Ein großer Trawler kommt uns im Bressay Sound entgegen und dampft genau gegen Wind und See. Jedesmal, wenn der Bug dabei in die grüne See eintaucht, wirft er Kaskaden von weiß schäumender Gischt in die Luft, die vom Wind davongetragen werden. Ein großartiges Bild.

Bereits 1991 waren wir vom norwegischen Bergen kommend in Lerwick auf den Shetlandinseln gewesen. In diesen Jahren hat sich der Ort ganz schön entwickelt. Die Hafenbecken sind voll mit großen Fischereischiffen. Im alten Hafenbecken liegen einige Yachten. Über Funk weist uns ein freundlicher Hafenmeister einen Liegeplatz hinter den Lotsenbooten zu, damit liegen wir quasi mitten in der Altstadt. Von unserem letzten Besuch her kenne ich noch einige Pubs, die wir am Abend aufsuchen. Hier scheint die Zeit stillzustehen. Während sich die Stadt im Erscheinungsbild verändert hat – zu ihrem Vorteil, wie ich finde –, ist in den Pubs alles geblieben, wie es war. An einigen Abenden in der Woche treffen sich Einheimische, bringen ihre Instrumente mit und machen Musik. Das alles wirkt irgendwie heiter und ungezwungen. Die britische Kneipenkultur hat einfach das gewisse Etwas, und deshalb finde ich es in diesem Zusammenhang auch durchaus angebracht, von „Kultur“ zu sprechen.

Leider wird unser Aufenthalt in Lerwick von einem Zwischenfall überschattet. Egon hat sich beim Arbeiten im Maschinenraum einen Muskelriß zugezogen. Zäh, wie er ist, sagt er am Anfang nichts, sondern versucht, den Schmerz wegzustecken. Das gelingt irgendwann nicht mehr. Das Bein ist geschwollen und äußerst sensibel geworden. Als er endlich damit rausrückt, schaut sich Pablo, unser Arzt, das Bein an. Er ist sich nicht sicher, was es ist und hat

Sorge, daß es sich eventuell auch um eine Thrombose handeln könnte. Die Symptome sind wohl ähnlich, und da Egon bereits über sechzig ist, darf eine solche Möglichkeit zumindest nicht ausgeschlossen werden. Sigga und Pablo fahren daraufhin mit Egon ins Krankenhaus. Dort ist man auch ein wenig ratlos, weil man für derartige Untersuchungen nicht ausgerüstet ist. Als das Bein am nächsten Tag unverändert, ja sogar noch praller und schmerzempfindlicher geworden ist, verabreicht der behandelnde Arzt im Krankenhaus Heparin, ein Blut verdünnendes Mittel, um einer möglichen Thrombose vorzubeugen. Die Entscheidung wird nicht leichten Herzens getroffen, denn wenn es sich lediglich um einen Muskelriß handeln sollte, wäre das genau die falsche Behandlungsform. Durch das Heparin wird die Gerinnungsfähigkeit des Blutes herabgesetzt, mit anderen Worten, Blut würde verstärkt in die Wunde austreten und damit alles noch schlimmer machen. Genau das scheint jetzt zu passieren. Der ansonsten zähe Egon, der Schmerzen wie kein anderer von uns wegstecken kann, ist verzweifelt. Da er ohnehin zu einem anderen Krankenhaus ausgeflogen werden muß, kann er auch genausogut zurück nach Dänemark fliegen. Brigitte und Achim brechen sowieso von hier aus nach Hause auf und werden erst in Spitzbergen wieder zu uns stoßen, so können sie sich um Egon kümmern. Schnell ist ein Flug für ihn gebucht. In Aberdeen muß er umsteigen – das gelingt nur noch mit Rollstuhl –, und einige Stunden später ist er bereits im Krankenhaus in Apenrade. Dort diagnostiziert man einen Muskelriß. Nun braucht er viel Ruhe und wenig Bewegung, fürs erste ist die Reise für ihn beendet. Gerade Egon, der den ganzen Winter über bei Wind und Wetter am Schiff gearbeitet und sich besonders auf Spitzbergen gefreut hatte, das er noch nie gesehen hat. An Bord herrscht gedrückte Stimmung – Egon ist einfach eine Persönlichkeit, die eine Lücke hinterläßt, die keiner von uns ausfüllen kann. Wir hoffen, daß er später im Jahr wieder zusteigen wird.

Am 5. Juni wollen wir auslaufen. Die Wettervorhersage von Shetland Coastguard lautet: Südost 3–4 Beaufort, auf 6–7 zunehmend. Die Windrichtung ist ideal für uns. Vor dem Auslaufen haben wir noch einen Fototermin mit der lokalen Presse. Man erinnert sich sogar noch an die Dagmar Aaen und ihren letzten Besuch. Das Interesse an unserer Expedition ist wieder groß. Wir bunkern Frischwasser, bezahlen die Liegegebühren und melden uns ab. Um 15 Uhr werfen wir los, setzen alle Segel und machen uns auf den Weg Richtung Lofoten. Der Wind weht konstant mit 12 Knoten aus südöstlicher Richtung. Nebelbänke nehmen uns die Sicht auf die Schären, Klippen und andere Schiffe. Das Radarbild hilft uns über dieses Manko hinweg, und so gewinnen wir ohne weitere Zwischenfälle die offene See. Unser Kartenkurs beträgt 34°, so daß wir mit halbem Wind sechs bis sieben Knoten laufen. Über Navtex erhalten wir am nächsten Morgen eine Sturmwarnung: Südsüdost 8, das verspricht strammes Segeln! Wir spannen zur Sicherheit Strecktaue über Deck. Als der Wind nachmittags langsam zunimmt, binden wir das erste Reff ein, um 22 Uhr folgt das zweite. Regenschauer setzen ein, und das Wetter verschlechtert sich zunehmend. Inzwischen haben wir im Mittel 35 Knoten Wind, in Böen geht es bis auf 42 Knoten hoch. Durch den anhaltenden Starkwind baut sich die See jetzt schnell auf, aber keine einzige findet den Weg an Deck. Unter Klüver, Fock und zweifach gerefftem Großsegel segeln wir jetzt auf Raumschotkurs mit acht bis neun Knoten. Das Schiff liegt wunderbar am Ruder, der Steven pflügt durch die schäumenden Seen, und das elliptische Heck der Dagmar Aaen hebt sich elegant über die heranrollenden Wogen. Das ist ihre Welt! Für dieses Wetter ist sie gebaut, und uns alle erfüllt der Anblick des naß glänzenden Holzes und die harmonischen Bewegungen des Schiffes mit Freude und Stolz. Es ist großartiges Segeln!

Als der Wind weiter zulegt, bergen wir den Klüver. Trotzdem laufen wir unvermindert zügig weiter. Der auffrischende Wind kompensiert die verringerte Segelfläche. Mit dieser Segelführung – zweifach gerefftem Groß und Fock – haben wir schon schlechtestes Wetter problemlos gemeistert. Sollte der Wind weiter zunehmen, würden wir das dritte Reff einbinden. Zusätzlich haben wir eine kleine, aber sehr stabile Sturmfock und, wenn es hart auf hart kommt, noch ein Trysegel. Diese Segelführung – Try und Sturmfock – haben wir nur selten eingesetzt, aber wenn es soweit war, dann waren wir froh, daß wir über diese Segel verfügten. Bis Windstärke 10 laufen wir in der Regel mit dreifach gerefftem Groß und

Sturmfock. Unter dieser Besegelung haben wir bei einem schweren Sturm auf der Höhe der Falklandinseln unsere bislang besten Etmale von 180 bis 190 Seemeilen ersegelt. Wenn es soweit ist, daß wir unter Try und Sturmfock segeln müssen, ist es jedoch mit dem Spaß in aller Regel vorbei. Dann bläst es aus allen Knopflöchern, und die Seegangsverhältnisse sind so, wie man sie am liebsten nicht hätte. Trotzdem befand sich das Schiff dabei noch nie an seinem Limit – eher schon wir. Aber momentan kann davon noch gar keine Rede sein.

Das Wetter ist in keiner Weise ungewöhnlich. Es weht kräftig, zudem aus der richtigen Richtung. Das Schiff und die Besatzung sind in ihrem Element. Mit zwei Ausnahmen vielleicht: Rafa, unser spanischer Kameramann, und Pablo, der chilenische Arzt. Beide sind sehr still geworden und wissen offenbar nicht, wie sie die Lage einschätzen sollen. Mißtrauisch vermeiden sie jeden Blick nach achtern, wo sich die Seen drohend auftürmen, um dann doch nur harmlos unter dem Heck durchzulaufen. Der Seegang, die Bewegungen des Schiffes, die fliegende Gischt, das ist schon dazu angelegt, einem „Newcomer" die Sorgenfalten auf die Stirn zu treiben. Pablo ist zudem noch etwas seekrank, und es fällt ihm offenbar schwer, unser Vertrauen in das Schiff und unser ganzes Handeln zu teilen. Lediglich die Gelassenheit, mit der jede neue Wache aufzieht, sich dabei über Wind und Wetter und die gute Fahrt freut und zudem ein wenig über die Nässe und Kälte frotzelt, gibt ihnen ein wenig Sicherheit. Solange wir das alles so gelassen sehen, sagen sie sich, wird es schon nicht so schlimm sein. Ist es auch nicht! Wir anderen haben jedenfalls unseren Spaß. Der hält auch während der nächsten Tage an. Zwischendurch segeln wir ein wenig im Zickzack, um einige Bohrinseln herum. Gegen Abend des dritten Tages seit Auslaufen Lerwick läßt der Wind etwas nach. Wir setzen den Klüver, und wenig später reffen wir aus. Um 4 Uhr morgens passiert uns ein Wal, leider können wir nicht erkennen, um welche Art es sich dabei handelt. Es soll die erste von zahlreichen Walbegegnungen auf dieser Reise sein. Der Wind wird immer schwächer, dafür kommt die Sonne durch, und innerhalb kürzester Zeit ist das Deck abgetrocknet. Wir öffnen alle Skylights und Niedergänge, um das Schiff zu durchlüften.

Um 18 Uhr haben wir die Lofoten in Sicht. Wir haben jetzt Stromversatz und müssen entsprechend unseren Kurs korrigieren. Wenig später droht der Wind einzuschlafen. Die Segel flappen, das Schiff rollt in der Dünung, schließlich reffen wir das Groß, um das materialzehrende Schlagen des Segels zu reduzieren. Einige Stunden stehen wir nahezu auf der Stelle, dann stellt sich bei steigendem Luftdruck der Wind wieder ein. Noch während der Nacht reffen wir aus und nehmen wieder Fahrt auf. Da es inzwischen nicht mehr dunkel wird, läßt sich das mit wenigen Leuten schnell bewerkstelligen. Wir segeln an der Ostseite der Lofoten entlang, passieren als erste Insel Røst, dann Værøy und den Moskenstrom, um den Edgar Alan Poe wortgewaltig seine phantastische Geschichte geknüpft hat. Es herrscht Kaiserwetter. Die idyllische Stadt Reine liegt Backbord querab, wir segeln daran vorbei und nehmen Kurs auf Svolvær. Nachmittags schläft der Wind endgültig ein. Um 18 Uhr bergen wir alle Segel und starten die Maschine. Dichter Nebel zieht auf, die Sichtweite beträgt weniger als eine Kabellänge. Die Ansteuerung in den Hafen von Svolvær ist mit Hilfe des Radars kein Problem. Wir sehen die Schären erst, als sie unmittelbar neben uns sind, zudem läuft eine Fähre der Hurtigroute aus dem Hafen aus – ohne Radar wäre das schon eine höchst ungemütliche Situation.

Um 21 Uhr machen wir mit Steuerbordseite an einer alten Holzpier fest. Die Maschine wird abgestellt und das Deck aufgeklart. Danach serviert Sigga an Deck einen „Festmacher“, wie wir unseren Grog nennen. Zwischen den Nebelschwaden zeichnet sich die Silhouette der Häuser und Berge ab. Die Lofoten sind ein großartiger Zielhafen – auch wenn es nur ein Etappenziel ist. Rafa und Pablo sind erleichtert, endlich wieder festen Boden unter den Füßen zu haben. Allerdings ist bei ihnen auch der Bann gebrochen – sie haben Vertrauen zum Schiff und sich selbst gewonnen. Wir lassen den Abend ausklingen und kriechen schließlich in unsere Kojen. Seit Lerwick haben wir in fünf Tagen und sechs Stunden 640 Meilen zurückgelegt.

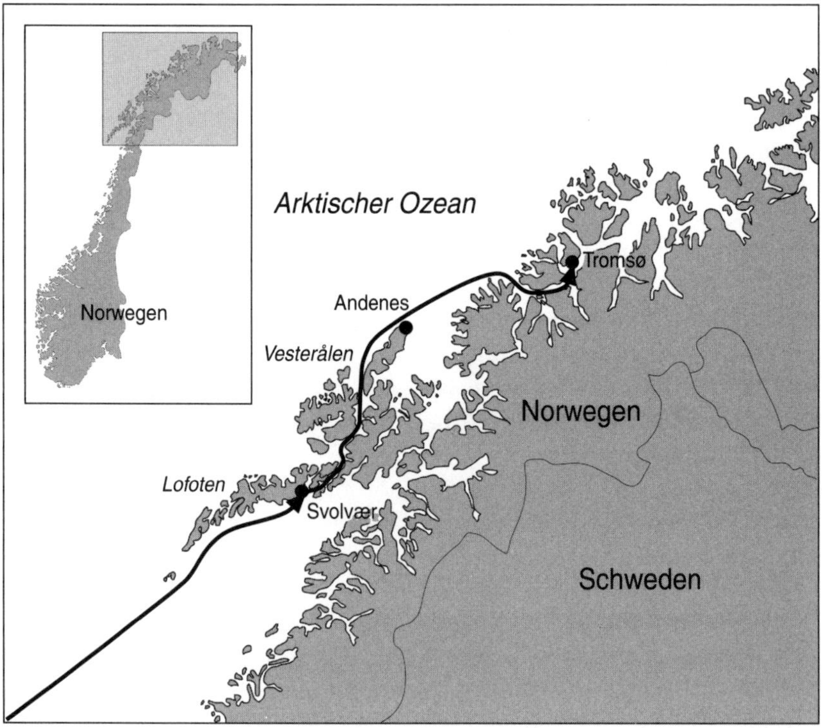
Norwegen
Arktischer Ozean
Tromsø
Andenes
Vesterålen
Norwegen
Lofoten
Svolvær
Schweden

Das Tor zur Arktis

Bisher war unsere Reise ruhig und unkompliziert verlaufen. Die angelaufenen Häfen waren zwar interessant und abwechslungsreich, aber mit einer Expedition hatte das alles bislang wenig zu tun. Auch vom Seglerischen wurde uns nicht gerade übermäßig viel abgefordert. Die Überfahrt zu den Lofoten fand zwar überwiegend bei Starkwind statt, aber das ist auf diesen Routen nicht ungewöhnlich und war – weil der Wind für uns aus der richtigen Richtung kam – angenehm und überhaupt nicht strapaziös. Es war, um es auf eine einfache Formel zu bringen, ein leichter Start. Die Leichtigkeit des Reisens, das Gefühl, unterwegs zu sein, macht uns froh und unbeschwert. Eine gute Voraussetzung für das pralle Programm, das vor uns liegt. Ich genieße die Ruhe, und während die anderen im Ort umherwandern, sitze ich mit Jörn an Deck und trinke einen Cappuccino, den er für uns gemacht hat. Wir reden über seine Pläne. In Tromsø wird er uns verlassen, um in wenigen Wochen seine Ausbildung in Trondheim zum Bootsbauer zu beginnen. Dieser Entschluß, dorthin zu gehen, stellt für ihn eine Wendemarke in seinem Leben dar. Bislang nahm er das Leben, wie es kam, ohne feste Vorstellungen, wie sich sein weiterer beruflicher Werdegang gestalten würde. Jörn hat eine abgeschlossene Ausbildung zum Segelmacher hinter sich, wie auch ein abgebrochenes Studium. Sofern er an Land war, hat er in der Bergsportzentrale gearbeitet und war ansonsten auf der Dagmar Aaen zu finden. So ging das schon seit Jahren. Dieses In-den-Tag-hineinleben sollte jetzt aufhören, und ich verspüre bei Jörn eine ungewohnte Ernsthaftigkeit. Irgendwie ist er in den letzten Monaten reifer und erwachsener geworden. Zugleich fällt ihm der Abschied von der Dagmar Aaen schwer – auch wenn er es nicht sagt. Es muß ja kein Abschied für immer sein, und die Entscheidung, etwas für seinen beruflichen

Werdegang zu tun, halte ich mindestens für genauso wichtig wie er selbst. Während wir uns unterhalten, hat Torsten sich die Gitarre hervorgeholt und beginnt auf dem Achterschiff zu spielen. Einige Spaziergänger kommen vorbei, erkundigen sich nach dem Schiff und wünschen uns viel Glück. Die DAGMAR AAEN versteht es, die Herzen zu öffnen – insbesondere bei einer Seefahrernation wie den Norwegern.

Das Wetter ist traumhaft. An der Pier verkaufen Fischer vom Boot aus ihre „Rekker", die größere Version der Krabben, wie wir sie von der Nordseeküste Schleswig-Holsteins her kennen. Wanderungen ins Hinterland erschließen uns die wilde Natur der Lofoten. Dazu ein gnadenlos gutes Wetter – es könnte uns kaum besser gehen.

In dieser Stimmung verlassen wir Svolvær und segeln zwischen den Inseln weiter Richtung Norden. Da das Wetter gut bleibt, beschließen wir, westlich um die Vesterålen zu segeln. Die Chance, dort Pottwale zu sehen, ist groß, und tatsächlich entdecken wir querab von Andenes die erste Fluke. Wir drehen bei und lassen uns treiben. An dieser Stelle bricht der Meeresboden von einigen hundert Metern auf über tausend Meter ab. Dies ist das bevorzugte Jagdrevier der Pottwale, die in der Tiefe Tintenfische und anderes Getier fangen. Whale-watching gewinnt in dem ansonsten dem Walfang verpflichteten Norwegen eine zunehmende Bedeutung. Das läßt hoffen! Je mehr Norweger den touristischen und damit finanziellen Gesichtspunkt des Whale-watching erkennen, desto kleiner wird die Lobby werden, die den Walfang favorisiert. Schnaufend wälzen sich die schwarz glänzenden Leiber der Wale an der Wasseroberfläche, wenn sie von einem ihrer Tieftauchgänge wieder an die Oberfläche zum Luftholen kommen. Wir verbringen einige Stunden damit, die Tiere zu beobachten. Die Vorsegel haben wir geborgen und lassen lediglich das Groß als Stützsegel stehen. Trotzdem rollen wir unaufhörlich in der Dünung, so daß unter Deck Töpfe und Tassen klirren und klappern. Die Wale nehmen scheinbar keine Notiz von uns. Ohne jede Scheu passieren sie dicht unseren Rumpf und verschwinden schließlich wieder in der Tiefe.

Wir nehmen wieder Fahrt auf, erreichen die norwegische Küste bei Heckingen und laufen durch ein von Schären und Untiefen gesäumtes Fahrwasser in die Fjorde ein, die nach Tromsø führen. Es ist windstill geworden. Wir bergen alle Segel, starten die Maschine und laufen unter langsamer Fahrt weiter, da wir nicht zu früh am Morgen eintreffen möchten. Die DAGMAR AAEN ist keine Unbekannte in dieser Stadt. Sie ist schon verschiedentlich hier gewesen und hat unter anderem den Winter 1993/94 hier verbracht.

Tromsø, das „Tor zur Arktis“, hat eine lange Tradition bei Polarexpeditionen. Fast alle haben sie hier Station gemacht, bevor es ins Polarmeer ging. Die Stadt liegt knapp unterhalb des 70. Breitengrades. Durch den warmen Golfstrom gibt es kein Eis, das die Schiffahrt behindert. Nirgendwo sonst auf der Erde existiert so weit im Norden ein vergleichbar großer Ort, der so milde und günstige Naturverhältnisse aufweist wie Tromsø. Robbenschläger und Walfänger, aber auch Polarexpeditionen aus aller Herren Länder nutzen die Stadt, um sich zu verproviantieren, um eistaugliche Schiffe zu chartern und vor allen Dingen die erfahrenen Eismeerkapitäne und Mannschaften anzuheuern. Die Arktis liegt hier sozusagen vor der Haustür. Der Umgang mit Expeditionen und der Arktis ist für die Einwohner ganz selbstverständlich. Selbst das norwegische Polarforschungsinstitut wird nun von Oslo nach Tromsø verlegt, um dem Ort die ihm zustehende Bedeutung zu unterstreichen.

So früh am Samstagmorgen ist noch nicht viel los. Wir fahren einmal durch den Hafen und nehmen dann Kurs auf die Insel Haakøy. Gerd Schwalenstöcker, ein Deutscher und langjähriger Freund von uns, der schon seit über 20 Jahren in Norwegen lebt, hat dort sein Haus. Gerd ist Tischler, Designer, Bootsbauer, Organisationstalent und derzeit Vater von 4 Kindern, ein weiteres ist unterwegs. Bevor er nach Norwegen kam, hatte er mit seiner damaligen Lebensgefährtin ein 30 Meter langes Segelschiff in Finnland aufgebaut und war damit nach Norden gesegelt. Die GUNBORG ist ganz aus Holz gebaut und dient Gerd seit seiner Ankunft in Tromsø als Wohnschiff. Seetauglich ist die GUNBORG schon lange nicht mehr – leider –, und Gerd hat sich schon öfter den vorwurfsvollen Blicken unserer versammelten Crew ausgesetzt gesehen. So ein Schiff muß segeln, so lautet der stumme Vorwurf. Aber schließlich hat Gerd eine Familie zu ernähren. Über fehlende Arbeit kann er sich nicht beklagen, und da bleibt eben nicht viel Zeit für die Grundüberholung des Schiffes übrig. Aber wer Gerd einmal bei der Arbeit zugesehen hat, ahnt, daß ihm nahezu alles gelingt. Irgendwann wird er sich die GUNBORG einmal vornehmen –, und dann wird jeder staunen, in welcher Geschwindigkeit und dennoch hohen Qualität er das Schiff wieder herrichten wird. Gerd darf man nicht mit normalen Maßstäben messen. Handwerklich gelingt ihm alles, was er sich vornimmt, und das in einer Qualität, die keinen Raum für irgendwelche Verbesserungsvorschläge läßt. Aber das ist durchaus nicht seine einzige Stärke. So organisiert er internationale Konferenzen, gestaltet die Kunstausstellungen im Museum und organisiert Reisen nach Rußland für die Jugendmannschaft des örtlichen Fußballvereins. Als „unser Mann" in Tromsø hat Gerd natürlich die gesamte Logistik für das Ballonprojekt auf Spitzbergen in die Hände genommen. Wie man noch sehen wird, hat es diese Aufgabe in sich gehabt.

Als erstes sehen wir die Masten der GUNBORG auftauchen. Unmittelbar dahinter das Haus mit Werkstatt, die Brücke, an der das Schiff liegt. Drum herum nicht etwa Häuser, sondern Wiesen und Hügel, kleine Bootsschuppen mit Fischereifahrzeugen, Netze, die zum Trocknen hängen und auf eine Reparatur warten. Idyllischer hätte er sich den Platz kaum wählen können. Wir drehen die DAGMAR AAEN und machen dann mit Backbordseite an der GUNBORG fest. Es ist 9 Uhr morgens, und im Haus scheint noch alles tief zu schlafen. Wir frühstücken in aller Ruhe an Deck, genießen die wärmenden Sonnenstrahlen und warten darauf, daß das Haus bzw. die Bewohner darin zum Leben erwachen. Serge, der 13jährige Sohn von Gerd, ist der erste, der unser Eintreffen bemerkt. Serge spricht fließend Norwegisch, Französisch, Deutsch und Englisch. Jedes Stadtkind muß vor Neid erblassen, wenn es sehen würde, wie Serge und seine Brüder aufwachsen. Das Haus und die Landschaft bieten alles, was einem abenteuerlichen Jugendlichen in den Sinn kommen könnte. Ganz gleich, ob es Skilaufen, Snowboardfahren, Segeln, Fischen oder andere Aktivitäten sind. Irgendwie scheint es hier alles zu geben.

Eine Stunde später geht irgendwo das Fenster auf, und ein verschlafener Gerd schaut mit seinem jüngsten Sprößling auf dem Arm, dem noch nicht einmal ein Jahr alten Nikolai, aus dem Fenster. Wenig später ist die gesamte Familie bei uns an Deck versammelt. Dieser Samstag stellt zugleich das Ende des geruhsamen Teils unserer Reise dar. Ab morgen würde die Arbeit beginnen.

Seit dem Auslaufen in Hamburg haben wir keine Schiffsarbeiten mehr durchgeführt. Auf der Überfahrt ist eines der Backstagen angebrochen – sie müssen beide hier ausgetauscht werden. Wir haben etwa eine Woche Aufenthalt eingeplant, um das Schiff für die bevorstehende Eisfahrt nochmals gründlich zu überprüfen sowie organisatorische Dinge für die Expedition zu regeln. Dieser Übergang von einem bislang zwar anspruchsvollen, aber unproblematischen Segeltörn hin zur Expedition ist bei jedem Crewmitglied spürbar – auch bei mir selbst. Mit der Ruhe ist es vorbei. Einigen Crewmitgliedern fällt der Wechsel schwer. Eine Expedition bedeutet Arbeit. Sie ist schließlich kein lockerer Zusammenschluß einer Segelkameradschaft, die mal hierhin oder dorthin segelt. Unsere Zielsetzung ist klar umrissen, und die Zeit der Mußestunden ist vorerst unwiderruflich vorbei. Wir haben eine Leistung zu erbringen, deren Ziele wir selbst vorgegeben und definiert haben. Erfolg oder Mißerfolg ist neben von uns nicht beeinflußbaren Faktoren wie Wetter und Eis in hohem Maße von unserem persönlichen Einsatz abhängig. Daran werden wir gemessen werden, also machen wir uns an die Arbeit.

Das anhaltend gute Wetter lädt dazu ein, die Pinsel zu schwingen, da wir vor unserem Aufbruch in Hamburg wegen der dort eher mäßigen Wetterlage nicht alle Malerarbeiten durchführen konnten.

Zwischendurch sitze ich mit Gerd in seinem Büro und gehe die einzelnen Positionen durch. Probleme bereiten nach wie vor die unterschiedlich genormten Anschlüsse zum Füllen der Propangastanks. Irgendwie zaubert Gerd die Anschlüsse heran. Die gesamte Ballonausrüstung lagert in der Halle einer Spedition. Am Montagmorgen fahren wir dorthin und überprüfen alles auf Transportschäden und Vollständigkeit. Es gibt keine Beanstandungen. Die drei großen Propangastanks kommen mit dem gleichen Frachter, der hier in Tromsø die restliche Ausrüstung an Bord nehmen wird. Erweitert wird die Fracht noch um die Requisiten, die derzeit in der Werkstatt von Gerd entstehen. Um die letzten Tage und Wochen der tragischen Andrée-Expedition so originalgetreu wie möglich nachstellen zu können, hat Gerd zwei Repliken der schwedischen Schlitten gebaut. Außerdem hat er einen Nachbau des Zeltes und des Bootes hergestellt. Primuskocher, Sextant, Koffer und Transportkisten sowie Fässer wurden beschafft, ja selbst die historische Kleidung und die Expeditionsflagge wurden authentisch von einer Schneiderei der Produktionsgesellschaft nachgenäht. In der Lagerhalle türmt sich ein Berg von Ausrüstung, der spätestens in Spitzbergen an Bord der Dagmar Aaen Platz finden muß – neben der Kameraausrüstung des Fernsehteams, die noch hinzu kommt. Ich bin froh, als dieses alles zunächst im Bauch des Frachters verschwindet, denn die Überfahrt nach Spitzbergen möchte ich nicht mit einer derartigen Deckslast antreten.

In Tromsø werden unsere Vorbereitungen mit Interesse verfolgt. Wir werden ins Polarmuseum eingeladen, wo man uns Einblick in das umfangreiche Archiv gewährt. Alte, vergilbte Fotos über das Auffinden der Andrée-Expedition im Jahre 1930. Reste von Ballonseide, historische Berichte und Bücher – ein ungeahnter Fundus, der uns die Recherche erleichtert. Wir vertiefen uns in die Unterlagen. Der trutzige, hölzerne Bau des Museums, die Wände voll mit Exponaten längst vergangener Polarexpeditionen, der Geruch von Holzteer, das Gewehrfutteral Fridtjof Nansens, das man uns wie eine Reliquie in die Hand gibt – irgendwie fühle ich mich in diesem ehrwürdigen Studierzimmer wie in einer anderen Welt. Ich komme mir vor wie in einer Zeitmaschine, bin plötzlich um 100 Jahre in die Geschichte zurückgereist. Die vermummten Gestalten auf den alten, fleckigen Schwarzweiß-Fotos werden mit einem Mal in meiner Phantasie lebendig. Bilder von abfotografierten Tagebuchseiten der Ballonfahrer, andere von zerfetzter Lagerausrüstung und in Kleidungsresten verhüllten Leichenteilen. Obwohl ein Jahrhundert dazwischen liegt, bin ich gefangen und fasziniert von den Ereignissen. Hier, an dieser Stelle in dem Studierzimmer des Museums, beginnt unsere Expedition wirklich.

Eine Reise in die Vergangenheit

Im ausgehenden 19. Jahrhundert stand die Erforschung der letzten weißen Flecken auf der Landkarte im Vordergrund des wissenschaftlichen Interesses. Oft genug war die Wissenschaft nur ein vorgeschobenes Argument. Primär standen wirtschaftliche Interessen dahinter. Daran hat sich bis heute nicht viel geändert. Hinzu kamen nationales Prestige und Großmachtstreben. Dieses Interessenkonglomerat lieferte den gedanklichen Unterbau für die Expeditionen. Neben den großen, staatlichen Projekten, wie sie gerade von der britischen Admiralität ausgesandt wurden, gab es auch zahlreiche private Unternehmungen, die sich über Mäzene und staatliche Subventionen finanzierten. Je größer und je mehr staatlicher Einfluß in den Expeditionen steckte, desto starrer wurden sie. Die britische John-Franklin-Expedition, bei der die beiden Schiffe EREBUS und TERROR sowie 129 Mann Besatzung auf der Suche nach der Nordwestpassage zugrunde gingen, soll hier als Beispiel genügen. Die kleineren, privat initiierten und finanzierten Expeditionen waren häufig effektiver, da sie leichter mit Konventionen der damaligen Zeit brechen konnten und keinen gewaltigen Regierungsapparat zufrieden zu stellen hatten. Der wohlhabende Engländer Leigh Smith etwa, der mit seiner Yacht EIRA bis in den äußersten Norden Spitzbergens vordrang und dabei eine schwedische Expedition vor dem Verhungern rettete, war so ein Vertreter dieses Genres. Smith überwinterte als einer der ersten auf dem russischen Franz-Joseph-Land, und auch wenn seine ganze Leidenschaft dem Abschlachten von Robben, Walrossen und Eisbären galt, so sammelte er dennoch wertvolle geographische Erkenntnisse, fertigte Karten an und beschrieb eingehend Flora und Fauna. Leigh Smith ist heute kaum noch jemandem ein Begriff, wie auch etliche andere Forscher und Entdecker vergangener Tage.

Nachdem Schwarzafrika kolonisiert worden war, sich die damaligen Weltmächte die wirtschaftlich interessanten Regionen untereinander aufgeteilt hatten, blieben als letzte große Flecken auf der Landkarte der Nordpol und das Gegenstück dazu, der Südpol. Zahlreiche Versuche, mittels eisverstärkter Schiffe durch das Packeis zum Nordpol vorzudringen, scheiterten meist kläglich. Aber auch die vielen Versuche, mit Hundeschlitten oder zu Fuß zu dem mittlerweile zum magischen Punkt hochstilisierten Pol zu gelangen, mißlangen. Das Packeis erwies sich als hartnäckiger Gegner, schien alle Versuche zu verhöhnen. Da alle Bemühungen derart fruchtlos blieben und immer wieder Schiffe und Menschen dem Eis zum Opfer fielen, lag es auf der Hand, daß man nach anderen Transportmöglichkeiten suchte. Der Schwede Salomon August Andrée war ein solcher Querdenker. Von Beruf her Ingenieur, war es für ihn klar, daß er nach einer technischen Lösung suchte. Seine Argumentation war so schlicht wie logisch: Wenn das Eis alle Versuche, es zu durch- oder überqueren, vereitelte, dann muß man es auf andere Art und Weise überwinden. Sein Credo: „Man darf mit den tückischen Packeisbarrieren überhaupt nicht in Verbindung kommen."

Noch ein weiteres Problem hatte sich bei allen vorangegangenen Expeditionen als verhängnisvoll gezeigt: Es war die Zeitdauer der Eisexpeditionen bzw. das daraus resultierende Nachschubproblem. Die Männer auf den Expeditionen starben an Unterernährung oder an Skorbut, nur wenige fielen tatsächlich dem Eis zum Opfer. Die Dauer einer konventionellen Nordpolexpedition betrug mindestens ein Jahr. Die Anreise zum Ausgangspunkt erfolgte mittels Segelschiff, das wiederum nur während der Sommermonate dorthin fahren konnte. War es am Ausgangspunkt angelangt, war es meistens zu spät für eine Hundeschlittenexpedition über das Eis. Man mußte überwintern und konnte erst im nächsten Frühjahr starten. Wenn alles gut ging – und meistens gab es Probleme –, konnte das Schiff im folgenden Sommer wieder in gemäßigtere Breiten zurücksegeln. Bis dahin mußte also der Proviant reichen, vitaminreiche Kost war dann schon lange verbraucht. Andrée folgerte daraus sehr richtig, daß die Expeditionsdauer drastisch verkürzt werden müßte. Es gab nur einen Weg, um dieses Problem zu lösen: Die Polarforscher mußten durch die Luft reisen.

Am Abend des 16. März 1894 fand ein denkwürdiges Gespräch zwischen dem schwedischen Polarforscher Adolf Erik Nordenskiöld und Andrée statt. Nordenskiöld, der Entdecker der legendären Nordostpassage, hatte von den Überlegungen und Experimenten Andrées erfahren. Bei einem gemeinsamen abendlichen Spaziergang erörterten die beiden Männer ausgiebig die Idee, einen Ballon zur Erforschung der Polarregionen einzusetzen. Nordenskiöld wußte, worum es ging. Kurz vor Vollendung seiner erfolgreichen Expedition durch die Nordostpassage war sein Schiff, die VEGA, an der sibirischen Küste eingefroren und mußte einen weiteren Winter dort verbringen. Das offene Wasser befand sich damals fast in Sichtweite, aber das davorliegende Packeis gestattete dem Schiff kein Durchkommen. Das bekannte Dilemma hatte Nordenskiöld viel Zeit abverlangt und, schlimmer noch, sorgte bei den Zurückgebliebenen für Ungewißheit. Ein Ballon schien die Lösung des Problems zu sein.

Andrée hatte bereits Erfahrungen mit einem Versuchsballon gesammelt, den er auf den Namen „Svea" getauft hatte. Insgesamt neunmal stieg er mit dem Ballon auf. Er experimentierte dabei mit allen möglichen Steuereinrichtungen, etwa mit Segeln, die unter dem Ballon angebracht waren, oder auch Schlepptauen, die die Fahrt des Ballons verlangsamen sollten. Die Problematik und auch die Gefahr einer Ballonfahrt bestand darin, daß die ästhetischen Gefährte antriebslos sind und daher mit dem Wind treiben. Würde man ihre Fahrt in Relation zum vorherrschenden Wind verlangsamen können, dann müßte es möglich sein – so die Theorie von Andrée –, sich den Wind mittels Segeln, die am Ballon befestigt sind, zunutze zu machen. Wie ein Segelschiff wollte Andrée seinen Ballon mit raumen Winden auf den gewünschten Kurs bringen und damit den Nachteil der Steuerlosigkeit wettmachen. Die Versuche mit der „Svea" schienen ganz vielversprechend, obgleich offenbar viel zu wenige Versuchsfahrten durchgeführt worden waren.

Zur gleichen Zeit, als Andrée und Nordenskiöld ihre Gedanken und Theorien diskutierten, befand sich der Norweger Fridtjof Nansen mit der beispiellos stark gebauten FRAM auf der Polardrift. Nansen war zu diesem Zeitpunkt bereits ein äußerst erfahrener Polarforscher. Die Richtlinien, nach denen er von dem berühmten Bootsbauer Colin Archer seine FRAM konstruieren ließ, zeigten deutlich, daß er genau wußte, wo die Schwierigkeiten lagen. Seine Strategie, zum Nordpol zu gelangen, sah folgendermaßen aus: Die FRAM sollte sich an der Nordküste Sibiriens einfrieren lassen und mit der Eisdrift, über die Nansen eingehende Studien gemacht hatte, bis in die Nähe des Nordpols driften. Um dem enormen Eisdruck zu widerstehen, mußte die FRAM nicht nur extrem stark gebaut sein, sondern aufgrund der Form des Unterwasserschiffes, das bauchig wie ein Weinglas geformt war, durch den Eisdruck aus dem Wasser gehoben werden. Nur wenn ein Schiff dem mörderischen Eisdruck ausweichen kann, hat es eine Chance, ihn zu überstehen. Wie richtig seine Theorie war, sollte die Expedition später zeigen. Zwar gelangte weder die FRAM noch Nansen selbst zum Nordpol, mit 86° hielt seine Expedition aber für lange Zeit den Rekord, den nördlichsten Punkt erreicht zu haben. Aber das eigentlich Bemerkenswerte war, daß erstmals ein Schiff den enormen Eispressungen standgehalten hatte und daß alle beteiligten Expeditionsteilnehmer heil und gesund wieder nach Hause kamen. Andere Schiffe, die nicht der bauchigen Form der FRAM entsprachen, wurden vom Eis mühelos zerdrückt, ganz gleich, wie solide sie gebaut worden waren. Letztere Beispiele waren es wohl, die Andrée und Nordenskiöld das Vorhaben Nansens äußerst skeptisch beurteilen ließen.

Andrée war überzeugt, den Schlüssel zur Lösung des Problems in den Händen zu halten. Indem er in Nordenskiöld einen Fürsprecher fand, nahm sein Plan bald konkrete Formen an. Auf Vorträgen in der Akademie und der Geographischen Gesellschaft stellte Andrée seinen Plan vor und stand bald darauf im Brennpunkt des öffentlichen Interesses. Die erforderlichen Mittel für die Expedition beliefen sich auf 128.800 Kronen. Allein Alfred Nobel förderte das Projekt mit 65.000 Kronen. Der Rest wurde aus anderen Zuwendungen bestritten, und am Heiligabend 1895 konnte der ehrgeizige Ingenieur den Ballon für den Polarflug in Frankreich bestellen.

Als Startpunkt für seine Expedition hatte sich Andrée die Nordwestecke Spitzbergens ausgesucht. Bedingt durch den günstigen Einfluß des Golfstromes können hier Schiffe weiter nach Norden vordringen als irgendwo sonst auf der Erde. Damit würde man dem

Pol schon ein gutes Stück näher rücken. Am 7. Juni 1896 lief das Expeditionsschiff VIRGO unter den Jubelrufen Tausender Zuschauer nach Spitzbergen aus, an Bord den mutigen Ingenieur und einen Ballon. Bereits am 21. Juni erreichte die VIRGO den Bestimmungsort und wurde zwei Tage später unter größter Vorsicht durch das Danskegatt gelotst und etwa 150 Meter vom Strand entfernt, in unmittelbarer Nähe des sogenannten „Pikeshauses", verankert. Ein Engländer hatte das Haus errichtet und jetzt der Expedition zur Verfügung gestellt. Sofort nach der Ankunft begann man mit dem Löschen der Ladung. Zugleich machten sich einige daran, unweit des Pikeshauses an einer Felswand den Ballonhangar zu bauen. Schon am 1. Juli war das erste Stockwerk fertiggestellt. Am 21. Juli begann die Mannschaft damit, den Ballon im Hangar aufzurüsten. Die Gasfüllung des Ballons sollte aus Wasserstoff bestehen, der mittels eines eigens dafür errichteten Wasserstoffapparates erzeugt wurde. In Fässern hatte man Eisenfeilspäne sowie konzentrierte Schwefelsäure mitgebracht. Wurden diese beiden Zutaten miteinander vermengt, entstand durch eine chemische Reaktion in dem Apparat Wasserstoff, der in die Ballonhülle weitergeleitet wurde. Nach Auskunft der Expedition „arbeitete das Gaswerk untadelig".

Am Morgen des 14. August lief plötzlich und unerwartet ein Schiff in die mittlerweile in Virgohamna getaufte Bucht ein. Es war eines jener unglaublichen Zufälle in der Polargeschichte. Bei dem Schiff handelte es sich um die FRAM, die gerade aus ihrer eineinhalb Jahre dauernden Eisdrift freigekommen war und als erstes Land Spitzbergen anlief. Am 24. Juni 1893 war die FRAM von Oslo, dem damaligen Kristiania, ausgelaufen. Jetzt befand sie sich auf der Rückreise. Nansen und Johansen hatten das Schiff während der Polardrift verlassen und versucht, mit Hunden, Schlitten und Kajaks zum Nordpol zu gelangen. Zu diesem Zeitpunkt ahnte noch keiner, wie es den beiden ergangen war. Auf ihrer beispiellosen Odyssee waren Nansen und Johansen dem Pol bis auf 439 Kilometer nahegekommen und schließlich in südliche Richtung marschiert. Auf einer Insel im russischen Franz-Joseph-Land überwinterten sie in einer aus Tierhäuten und Treibholz gefertigten Erdhöhle, bevor sie schließlich im Sommer 1896 zufällig auf die britische Jackson-Expedition stießen und mit ihr die Heimreise nach Norwegen antraten. Ohne daß die Besatzung der FRAM es ahnen konnte, hatten die beiden einen Tag vor dem Eintreffen der FRAM in der Virgobucht das norwegische Festland erreicht.

Otto Sverdrup, der Kapitän der FRAM, versuchte Andrée behutsam von seinem Plan abzubringen. Er, der fast zwei Jahre im Polarmeer gedriftet war und dabei umfangreiche meteorologische Messungen durchgeführt hatte, glaubte nicht an ein Gelingen des Projektes. Er machte sich offenbar große Sorgen um die Ballonfahrer. Tatsächlich sollte in diesem Jahr nichts aus einem Start werden – Schuld daran waren die schlechten Wetterbedingungen. Der Chartervertrag mit der Reederei der VIRGO sah vor, daß das Schiff nur spätestens bis zum 20. August in Spitzbergen verweilen durfte, da darüber hinaus keine Versicherungsdeckung bestand. Am 15. August vermerkt Andrée in seinem Tagebuch: „Heute haben wir die Scheren geschliffen, mit denen der Ballon zerschnitten wird." Er muß in diesem Jahr endgültig auf einen Start verzichten. Zwei Tage später wurde der Ballon vom Gas geleert, und pünktlich am 20. August lichtete die VIRGO den Anker. Der erste Versuch war gescheitert.

In Schweden war die anfängliche Begeisterung für das Projekt einer wachsenden Skepsis und bei einigen wohl auch Schadenfreude gewichen. Andrée spürte den Erwartungsdruck, ließ sich dadurch aber nicht in seinen Planungen beeinflussen. Die für ihn wichtigen Personen und Institutionen hielten zu ihm, so war auch die Finanzierung für einen zweiten Versuch gesichert. Die Regierung stellte ihm für das folgende Jahr ein Kanonenboot, die SVENSKSUND, zur Verfügung. Zusätzlich hatte man wieder die VIRGO gechartert. Daß es auch innerhalb der Expeditionsmannschaft offenbar Skepsis am Gelingen des Unternehmens gegeben haben mußte, zeigt der Umstand, daß es eine personelle Umbesetzung gab. Der als Ballonfahrer vorgesehene Dr. Ekholm erklärte nach der Rückkehr aus Spitzbergen 1896, daß er nicht mehr für einen erneuten Versuch zur Verfügung stünde. Neben Nils Strindberg, der Andrée die Treue hielt, kam der Ingenieur Knut Fraenkel ins Team.

Am 30. Mai 1897, also deutlich früher als im Jahr zuvor, erreichten die Schiffe die Virgobucht. Der Ballonhangar hatte den Winterstürmen standgehalten und war nach kleineren Ausbesserungsarbeiten wieder einsatzbereit. Am 14. Juni war der Ballon im Hangar untergebracht. Gewissenhaft wurde die Ballonhülle, die während des Winters überarbeitet und vergrößert worden war, auf Dichtigkeit und versteckte Schäden überprüft. Danach erst wurde er mit Gas gefüllt. Während eines schweren Sturmes am 6. und 7. Juli wurde der Ballon durch die Sturmböen so heftig hin und her geworfen und gegen die Holzverkleidung des Ballonschuppens gedrückt, daß er Gas verloren hatte und mehrfach nachgefüllt werden mußte. Es ist nicht auszuschließen, daß das Gefährt während dieses Sturmes einige verdeckte Schäden davontrug, die sich erst später bemerkbar machten.

Die Ballonhülle hatte die Form einer Kugel bei einem Durchmesser von 20,5 Metern. Der obere Teil war aus dreifacher chinesischer Seide, der untere aus einzelnen Stücken Doppelseide zusammengefügt. Problemstellen waren naturgemäß die Nähte, die durch mehrfaches Firnissen zusätzlich gedichtet wurden. Die Gondel war aus einem Geflecht von Weidenruten gebaut und mit einer Persenning überzogen. Die an der Gondel befestigten Schlepp- und Ballasttaue hatten die Aufgabe, den Ballon in einer möglichst gleichbleibenden Höhe zu halten und zudem die Fahrt des Ballons zu verlangsamen, um die bereits erwähnte Steuerbarkeit herzustellen. Die Schlepptaue hatten eine Gesamtlänge von 1000 Metern und wogen zusammen 850 Kilogramm. Die Segel des Ballons bestanden aus zwei seitlichen sowie einem mittleren Segel. Bei Versuchen mit dem Ballon „Svea“ war das Verhältnis zwischen Segelfläche und Längsschnitt des Ballons 1:8 gewesen, und damit hatte Andrée Kursabweichungen von der Windrichtung um bis zu 30 Grad erreicht. Bei dem „Örnen“, wie der Expeditionsballon getauft war, betrug das Verhältnis 1:4. Damit mußte er theoretisch noch besser zu steuern sein als sein Vorgängermodell. Die Verpflegung war für dreieinhalb Monate berechnet und brachte 767 Kilogramm auf die Waage. Hinzu kam wissenschaftliche Ausrüstung, Waffen, drei extra entwickelte Schlitten, ein vier Meter langes Segeltuchboot, ein Zelt sowie für die Kommunikation 12 Schwimmbojen, die man in regelmäßigen Abständen abwerfen wollte. Auch an „Luftpost“ war gedacht: 36 (!) Brieftauben waren an Bord, wovon jede einzelne unter der mittleren Schwanzfeder eine Briefhülle trug. Es scheint fast unglaublich, was neben den drei Ballonfahrern alles in der Gondel Platz fand.

In der Nacht zum 11. Juli war erstmals eine leichte Brise aus Südsüdwest zu spüren. Um 4 Uhr morgens wehte schon ein kräftiger Wind, begleitet von starken Böen. Seeleute und Meteorologen waren sich einig, daß dieses Mal der Wind länger Bestand hätte. Einige Fischereifahrzeuge hatten in der Virgobucht sogar Schutz gesucht, da sie Sturm aus Süd erwarteten. Um 8 Uhr gab Andrée die Order, die persönliche Ausrüstung zu packen. Der Wind am Boden erreichte eine Geschwindigkeit von 10 bis 20 Knoten, in größerer Höhe muß es deutlich mehr gewesen sein. Nachdem der Ballon ein Stück hochgelassen worden war, wurde die Gondel angehängt und mit Ballastsäcken versehen. Teile des Ballonhangars wurden abgerissen, damit sich die Gondel beim Start nicht darin verhaken konnte. Um 13.43 Uhr bestiegen die Expeditionsteilnehmer die Gondel. Der Repräsentant des französischen Ballonherstellers, Machuron, ordnete mit energischem Ton „Attendez un moment calme“ an, worauf alle andächtig in Schweigen verfielen. Dann durchbrach Andrée mit kräftiger Stimme die Stille: „Alles kappen!“ Während die Haltetaue mit Messern gekappt wurden und sich der Ballon hob, ließ die zurückbleibende Bodenmannschaft die drei Ballonfahrer hochleben, die mit einem markigen „Das alte Schweden soll leben!“ antworteten. Damit war der protokollarische Teil sowie der planmäßige Verlauf der Expedition beendet.

Nachdem sich der Ballon zuerst ruckartig in die Luft gehoben hatte und von einem kräftigen Wind in nordöstliche Richtung über die Virgobucht getrieben wurde, begann er plötzlich, in der Mitte der Bucht zu sinken. Erschrocken und wie gebannt starrte die Bodenmannschaft auf die sich überstürzenden Ereignisse. Offenbar erhielt der Ballon durch eine Bö einen Stoß, wobei die Gondel zur Hälfte ins Wasser eintauchte. Während die Besatzung eilig neun Sandsäcke entleerte und auf diese Weise bereits 207 Kilogramm an Ballast verlor, hob sich der Ballon wieder. Allerdings machte einer der Matrosen die Entdeckung, daß einige der Schleppseile, die eine konstante Höhe sowie die Verlangsamung des Ballons bewirken sollten, am Strand zurückgeblieben waren. Die Verschraubungen, die Andrée ursprünglich abgelehnt hatte, sich aber dann doch zur Mitnahme überreden ließ, hatten sich durch die anfängliche Drehbewegung gelöst. Damit waren weitere 530 Kilogramm Ballast verloren. Durch den Verlust der Schlepptaue und des Ballasts nahm die Fahrt des „Örnen“ von Anfang an einen gänzlich anderen Verlauf als von Andrée geplant. Die Segel waren jetzt nicht nur wirkungslos, sondern sogar gefährlich und wurden von der Balloncrew umgehend geborgen. Der „Örnen“ unterschied sich durch nichts mehr von einem konventionellen Ballon und wurde zum Spielball der Elemente. Solange man den Ballon von Land aus verfolgen konnte, trieb er über die Insel Fuglesangen und nahm dann einen östlicheren Kurs ein. Dann verschwand er in einer Wolke und ward nicht mehr gesehen. 33 Jahre sollte es dauern, bevor der Zufall Licht ins Dunkel brachte und das Schicksal der drei Ballonfahrer geklärt werden konnte.

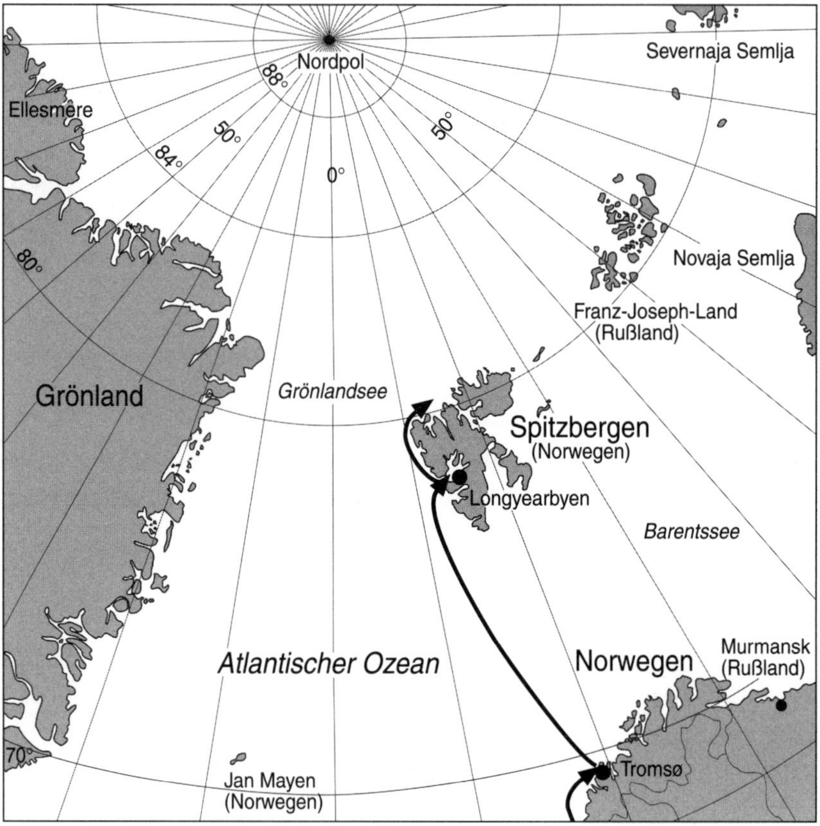
Nordpol
88°
84°
80°
70°
50°
50°
0°
Ellesmere
Severnaja Semlja
Novaja Semlja
Franz-Joseph-Land
(Rußland)
Grönland
Grönlandsee
Spitzbergen
(Norwegen)
Longyearbyen
Barentssee
Atlantischer Ozean
Norwegen
Murmansk
(Rußland)
Tromsø
Jan Mayen
(Norwegen)

Hohe Breiten

Seit wir am 22. Juni von Tromsø ausgelaufen sind, hat sich das Wetter zusehends verschlechtert. Wir segeln hart am Wind, es steht eine ziemlich grobe See, so daß einige unter Seekrankheit leiden. Eigentlich hatten wir geplant, die Bäreninsel anzulaufen. Das würde jetzt aber zeitraubendes Aufkreuzen bedeuten, so verzichten wir darauf, da wir pünktlich in Spitzbergen eintreffen wollen. Bereits 1991 waren wir auf der Bäreninsel angelandet. Gern wäre ich ein zweites Mal an Land gegangen. Diese wolkenverhangenen, einsamen arktischen Inseln, wo es außer Geröll, Schneeresten und einigen Vogelkolonien kaum etwas gibt, ziehen mich magisch an. Aber das muß auf eine nächste Gelegenheit warten. So bekommen wir die Insel dieses Mal nicht einmal zu Gesicht, dafür aber am 26. Juni die Silhouette von Spitzbergen. Wir umfahren einige Eisfelder, die durch die Strömung um das Südkap herumgetrieben werden. Das ist immer so und bedeutet keine großen Schwierigkeiten, da es meistens genügend Seeraum gibt, um dem Eis auszuweichen.

Das Auftreten der ersten Eisfelder wirkt auf uns wie so eine Art Willkommensgruß. Wir sind angekommen in der Arktis! Das Eis lichtet sich, je weiter wir nach Norden gelangen, und in der Nähe des Isfjordes gibt es weit und breit keines mehr. Der Wind kommt aus nordwestlicher Richtung und weht konstant mit 15 Knoten. Die See ist ruhig, wir nutzen die Gelegenheit, um einige Schießübungen mit unserem Karabiner durchzuführen, denn jeder, der in Spitzbergen eine Tour unternehmen möchte, muß eine großkalibrige Waffe zum Schutz gegen allzu aufdringliche Eisbären mitführen. Es hat also nichts mit martialischem Gebaren zu tun, wenn hier jemand mit einem geschulterten Gewehr herumwandert, sondern man entspricht damit schlichtweg nur einer durchaus sinnvollen behördlichen Auflage. Eisbären sind neugierig und kennen keine Furcht, zumindest nicht vor Menschen. Es gehört nicht viel Phantasie dazu, um sich auszumalen, wie die Begegnung eines unbewaffneten Wanderers mit einem hungrigen Eisbären ausgeht. Die tragischen Vorfälle der vergangenen Jahre haben den Sysselmann, den Gouverneur von Spitzbergen, dazu veranlaßt, diese strikte Anweisung zu erlassen. Da das Führen einer Waffe nur dann sinnvoll ist, wenn jeder damit umgehen kann, unterweise ich die Crew sorgfältig und lasse sie auf offener See auf ein Stück Treibholz zielen. In Longyearbyen haben wir weitere Waffen angemietet, die auf unser Eintreffen warten.

Nach dieser Unterbrechung konzentrieren wir uns auf die Landschaft. Ich bin schon so viele Jahre in den Polarregionen unterwegs, und doch wird es mir niemals langweilig, dorthin zurückzukehren. Die weichen Pastellfarben, die Sonne und Wolken auf die Berghänge zeichnen, die Stille und der Raum sind mir zu einer vertrauten Umgebung geworden. Ich fühle mich hier zu Hause. Man gerät unweigerlich ins Träumen, Schwärmen und Philosophieren. Es ist schon so, wie der Missionar Lukas Bridges es einmal formuliert hat: Diese Regionen stellen einen Grenzbereich dar. Sie sind quasi das Ende der Erde – will sagen das Ende der bewohnbaren Welt. Tatsächlich bilden die Polarregionen wie keine andere Naturlandschaft die Schnittstelle zum Weltraum. Raum und Zeit verlieren sich in der Endlosigkeit. Es ist eine rauhe, zugleich zarte Landschaft voller Widersprüche, wie es scheint, einladend und abweisend zugleich. Um 23 Uhr erreichen wir die Einmündung in den Adventfjord. An Land sieht man den Tower eines Flughafens, ein Stück weiter tauchen die Gebäude der Siedlung Longyearbyen auf. Da der Wind plötzlich einschläft, bergen wir alle Segel und laufen unter Maschine das letzte Stück in den Fjord hinein. Eine halbe Stunde später machen wir längsseits an einem anderen Schiff fest. Nach langer Abstinenz genehmigen wir uns einen Festmacher, den Willkommensgrog auf Spitzbergen, bevor wir uns in unsere Kojen verziehen und erst einmal ausschlafen.

Am nächsten Morgen gehen Gerd und ich zum Büro des Sysselmanns, um uns ordnungsgemäß anzumelden. Wir werden erwartet, denn wir hatten schon ein halbes Jahr vorher um eine Expeditionsgenehmigung ersucht, und sie wurde uns nach Prüfung der Unterlagen ausgestellt. Überhaupt kann ich eigentlich nur Gutes über die Zusammenarbeit mit den norwegischen Behörden berichten. Unsere Anträge wurden zügig und unbürokratisch behandelt, und nach Erfüllung der Auflagen, wie etwa dem Abschluß einer Search and Rescue-Versicherung sowie die Verpflichtung, sich an die Naturschutzbestimmungen zu halten, bekamen wir anstandslos unsere Genehmigung. Gleich nebenan im Lagerhaus nehmen wir unsere Ausrüstung in Empfang, die zwischenzeitlich mit dem Frachtschiff eingetroffen ist. Die drei je 500 kg schweren Propangastanks stehen sicherheitshalber unter freiem Himmel. Mit einem Schaufellader lassen wir die Tanks zu unserem Liegeplatz bringen und überprüfen ansonsten die Ausrüstung auf Vollständigkeit – es fehlt nichts. Eine akustische Warnanlage für ungebetene Eisbärenbesuche, die man abends um sein Zeltlager aufbauen soll, dient dem Vermieter sicherlich mehr als uns. Außer einem gedämpften „Plopp" ist im Ernstfall nichts zu vernehmen. Man muß es schon mit einem äußerst sensiblen Eisbären zu tun haben, wenn ihn dieses Geräusch beeindrucken soll.

Während ein Teil der Mannschaft damit beschäftigt ist, die Ballon-Expedition vorzubereiten, sind fünf andere Crewmitglieder eifrig dabei, eine Skidurchquerung Westspitzbergens zu planen. Pablo, der Leiter dieser Gruppe, ist ein erfahrener Bergsteiger und Eiswanderer. Er war mit uns gemeinsam auf dem Patagonischen Inlandeis und hatte ein Jahr später selbst eine Durchquerung des gleichen Inlandeises geleitet. Ihm zur Seite würde Sigga stehen – ebenfalls eine „Patagonien-Veteranin" – sowie Brigitte, Elise und Frank. Elise ist neu bei uns im Team, aber beileibe keine Unbekannte. Wir sind schon lange befreundet. Elise hat Alpen- und Hochtourenerfahrung, genauso wie Frank, der schon seit einigen Jahren regelmäßig zum Expeditionsteam stößt. Brigitte ist von uns allen sicherlich die beste Skiläuferin. Allerdings ist es das erste Mal, daß sie auf eine derart lange Skitour im Expeditionsstil geht. Sie freut sich ganz besonders auf diese Durchquerung. Die fünf haben sich vorgenommen, über den Sveabreen zum Inlandeis aufzusteigen und dann an den berühmten Tre Kroner, den „Drei Kronen Bergen" entlang weiter nach Norden zu laufen. Ihre Ausrüstung wollen sie in Pulkaschlitten hinter sich herziehen. Ein großes

Manko hat die Gruppe: Die Jahreszeit ist ungünstig für eine Skitour, da der Schnee zum großen Teil abgeschmolzen oder zumindest naß und pappig ist. In den Senken bilden sich Schneesümpfe. Schneebrücken, sofern vorhanden, brechen unter der leisesten Belastung, und reißende Schmelzwasserbäche versperren den Weg und machen weite Umwege erforderlich. Aber man kann nicht alles haben.

Wenn man wie wir mit einem Schiff anreist und unterschiedliche Projekte vorhat, dann muß man die Gegebenheiten nehmen, wie sie kommen. Während wir die Aufstiegsroute bereits vor einigen Jahren erkundet haben, besteht über die Abstiegsmöglichkeiten Unsicherheit. Zum einen liegt in den Fjorden im Norden noch das Packeis. Die Dagmar Aaen kann also derzeit nicht in die Fjorde gelangen, um die Gruppe wieder aufzunehmen. Das kann sich zwar in den nächsten drei Wochen ändern, aber wer will das schon mit Sicherheit sagen. Alternativ überlegen wir uns Routenverläufe, die mit einem Abstieg in einen der leichter zu erreichenden Fjorde im Westen enden. Auch wenn diese Tour unter sommerlichen Bedingungen stattfinden wird, darf man nicht übermütig werden. Es ist schließlich der „arktische Sommer", und der kann trotz der Jahreszeit Kälteeinbrüche, Schneestürme und Nebel bedeuten. Eine Tour in der Arktis ist immer eine ernste Angelegenheit – selbst wenn sie nur zwei Tage dauert. Entsprechend vollständig und umfangreich sind die fünf ausgerüstet. Ein kleines Kurzwellenfunkgerät soll uns täglich ermöglichen, mit ihnen Funkkontakt herzustellen.

Solange das Skiteam unterwegs ist, wird die Dagmar Aaen sorgsam täglich ihren Weg verfolgen. Sollte irgend etwas passieren, würden wir vom Schiff aus eventuelle Hilfs- oder Rettungsmaßnahmen einleiten. An Bord verbleiben genügend erfahrene Leute, die eine derartige Rettungsaktion durchführen könnten. Wir erwarten nichts Derartiges, aber es wäre einfach unrealistisch und fahrlässig, wenn man einen solchen Notfall nicht planerisch berücksichtigen würde. Ich mag auch nicht auf fremde Hilfe schielen. Sollte etwas schieflaufen, würden wir uns auch selbst aus den Schwierigkeiten befreien. Es wird Proviant für etwa dreißig Tage mitgeführt. Im Notfall ließe sich die Proviantmenge erheblich strecken, so daß kein Nahrungsmangel auftreten würde, selbst wenn die Tour länger als erwartet dauern sollte. Brennstoff für den Kocher ist ebenfalls reichlich vorhanden, Zelt und Ausrüstung entsprechen dem gleichen Standard, wie wir ihn für arktische Winterexpeditionen einsetzen würden. Keine Frage, die Gruppe ist optimal vorbereitet und ausgerüstet. Auf der Pier sortieren wir die Ausrüstung und legen sie großflächig aus, um einen Überblick zu gewinnen. Der Proviant wird in einzelnen Päckchen zusammengelegt. Jedes Päckchen macht eine Tagesration aus. Anschließend wird die Ausrüstung auf die fünf Pulkaschlitten verteilt und sorgsam verpackt. Die Gruppe verfügt über zwei Zelte, zwei Kocher, ein Kurzwellenfunkgerät, einen PLB (Personal Locator Beacon), der, im Notfall aktiviert, die COSPASS/SARSAT-Satelliten anspricht und die genaue Position an ein Rettungszentrum weiterleitet. Damit beim Verlust eines Schlittens nicht das sicherheitsrelevante Equipment verlorengeht, sind die entsprechenden Teile auf verschiedene Schlitten verteilt. Voll beladen wiegt jeder der Schlitten ca. sechzig Kilogramm. Nachdem sie auf der Pier zum wiederholten Male be- und entladen worden sind, scheint jeder der fünf Schlitteneigner zufrieden zu sein. Die Persenninge der Pulkas werden mit einem Reißverschluß geschlossen. Damit nichts verrutschen kann, werden die „Strapse", die quer über den Schlitten angebracht sind, angezogen. Jetzt bilden die Pulkas robuste Transporteinheiten, die selbst einen Sturz in eine Gletscherspalte unbeschadet überstehen können.

Ich selbst habe derartige Schlitten schon Tausende von Kilometern hinter mir hergezogen. Allein in den Jahren 1989/90 sind es über 4000 Kilometer gewesen. In diesem Zeitraum bin ich zuerst in 57 Tagen rund 1000 Kilometer auf Ski zum Nordpol gelaufen und nur wenige Monate später in 92 Tagen über 2500 Kilometer quer über die Antarktis, wobei es mir damit gelungen war, erstmals beide Pole innerhalb eines Jahres zu Fuß zu erreichen. Die restlichen Kilometer bestanden aus Trainingsmärschen, die größtenteils sogar während der polaren Nacht in der kanadischen Arktis stattfanden. Bis zu 130 Kilogramm betrug das anfängliche Schlittengewicht, das sich mit Voranschreiten der Expedition erfreulicherweise täglich um den verbrauchten Proviant sowie den Brennstoff verringerte. Folgerichtig erwartet einen beim Start einer Schlittenexpedition immer die härteste Arbeit. Da meistens dann auch das Gelände am unwegsamsten ist, kommt man in aller Regel nur langsam voran.

Das ist in diesem Fall nicht anders. Der Aufstieg zum Inlandeis Spitzbergens führt auf der von uns gewählten Route über den Sveabreen, einem großen und von Spalten durchzogenen Gletscher. Bereits 1991 hatten wir den Gletscher erkundet. Zum einen waren einige Leute von uns den Gletscher ein kleines Stück aufgestiegen, und zum anderen hatten wir mit unserem bordeigenen Wasserflugzeug, der Polaris, Erkundungsflüge durchgeführt. Die Polaris ist eine Kombination zwischen einem Ultralight-Fluggerät und unserem Schlauchboot. Einmal davon abgesehen, daß die Flüge unglaublich viel Spaß bringen, vermitteln sie einem unschätzbare Ein- und Überblicke über die Geländegegebenheiten sowie die aktuelle Eislage. Gerade bei den schwierigen Eisfahrten in der Nordostpassage hatten wir das Flugzeug häufig eingesetzt.

Am 2. Juli segeln wir bei herrlichstem Wetter in den Nordfjorden und beginnen mit dem Ausbooten. Da die Seekarten im Bereich des Gletschers keine Tiefenangaben aufweisen, tasten wir uns langsam und äußerst vorsichtig heran. Gletscher schwemmen Unmengen an Sedimenten aus und verändern die Wassertiefen nahezu ständig. Reste alten Eises blockieren das Innere der Bucht. Bei neunzehn Metern Wassertiefe und einer Meile Landabstand fällt der Anker. Da es windstill ist, liegt die Dagmar Aaen ruhig, und wir können ohne Probleme die beladenen Schlitten ins Beiboot heben und an Land fahren. Ein Platz für das Basislager ist schnell gefunden. Wir sind offenbar nicht die ersten, die hier ein Lager aufschlagen. Alte Holzreste, ein grob zusammengezimmerter Tisch mit einem Holzklotz als Stuhl davor verraten den Trapper. Auf Spitzbergen gibt es bis zum heutigen Tag Trapper und Fallensteller, die ihren Lebensunterhalt durch den Verkauf von Fellen bestreiten. Schnell sind die beiden Expeditionszelte aufgebaut. Eine Erkundung der Umgebung ergibt erfreulicherweise keine Nachbarschaft mit Eisbären. Dafür blüht die Tundra, die ganze Szenerie ist einfach wunderschön.

Morgens um 10 Uhr marschieren die fünf Wanderer mit schwer beladenen Rucksäcken los. Das Basislager bleibt vorerst stehen, da sie abends noch einmal hier übernachten werden. Die Rucksacklasten wollen sie an der Schneegrenze deponieren, um von dort ausgehend mit den Schlitten weiterzuziehen. Dreimal müssen sie insgesamt laufen, bevor die gesamte Ausrüstung wieder auf die Pulkas umgeladen werden kann. Für uns andere gibt es jetzt hier nichts mehr zu tun – im Gegenteil, wir stören! Die Gruppe muß sich einarbeiten, ihren eigenen Rhythmus finden. Sie operiert eigenständig, und wir fühlen uns wie ungebetene Besucher. Ein letztes Händeschütteln, gutgemeinte Ratschläge, dann stoßen wir das Schlauchboot ab und fahren zurück zum Schiff.

Wenig später hieven wir den Anker und machen uns auf den zwanzig Seemeilen langen Rückweg nach Longyearbyen. Zum verabredeten Zeitpunkt schalten wir unsere SSB-Anlage ein und rufen das Skiteam, wie es fortan genannt wird. Sigga ist sofort dran und bestens zu verstehen. Das kleine, transportable Kurzwellengerät, das das Skiteam mitführt, hat nur eine Sendeleistung von 10 Watt. Trotzdem haben wir schon große Distanzen damit überbrückt. In diesem Falle sind es nur wenige Meilen, also kein Problem. Wir hören, daß sie ein vorgeschobenes Lager eingerichtet haben und morgen den Rest vom Basislager hochbringen wollen. Alles läuft nach Plan. Um ihre Batterien zu schonen, begrenzen wir die Funkgespräche nur auf ein absolut notwendiges Minimum. Damit hat das erste Projekt auf Spitzbergen seinen Anfang genommen.

Nachdem wir wieder in Longyearbyen fest sind, klaren wir das Schiff auf und bereiten uns auf den Ansturm des ZDF-Teams sowie der Ballonausrüstung vor. Es ist der Vorabend zu ICEFLY, der eigentlichen Ballonexpedition.

Der Flug des Adlers

Nur wenige Minuten nach dem Start geriet der Ballon in eine Wolke. Durch die Hektik des Starts hatte Strindberg vergessen, wie vorher angekündigt, einige Abschiedsworte an seine Braut in einer Art Flaschenpost über der alten holländischen Siedlung Smeerenburg abzuwerfen. Statt dessen warf er sie über der Insel Fuglesangen aus dem Korb. Da man sie dort nicht vermutete, suchte auch keiner danach. Bis heute ist sie nicht aufgefunden worden. Bereits vier Minuten nach dem Eintreten in die Wolke kühlte sich das Gas des Ballons soweit ab, daß er an Höhe verlor. Der Auftrieb eines Gasballons steht unmittelbar in Verbindung mit der Außentemperatur. Es läßt sich auf eine einfache Formel bringen: Sinkt die Temperatur, sinkt auch der Ballon. Steigt sie an, steigt auch der Ballon. Da allein die Tag- und Nachtunterschiede einen steten Temperaturwechsel bewirken, mußte Andrée dieses Problem bekannt gewesen sein. Alle Ballonfahrer wußten um diese physikalische Grundregel. Experimente mit sogenannten „Rozieren“ sollten das Problem der Temperaturunterschiede beheben. Bei den Rozieren versuchte man, die Wasserstoffhülle vorsichtig bei einem äußeren Temperaturabfall zu erhitzen. Die Erfolge waren spektakulär, um es vorsichtig auszudrücken. Wasserstoff und offenes Feuer bilden eine brisante Verbindung, und meistens endeten die Versuche in einem gewaltigen Feuerball. Letztere Erkenntnisse mußten Andrée bewogen haben, auf diese Technik zu verzichten. Heutzutage finden Rozieren übrigens bei den Versuchen, nonstop die Erde zu umrunden, Verwendung. Statt der explosiven Wasserstoffüllung verwendet man heute das gemäßigte Heliumgas, das mittels eines Propangasbrenners gefahrlos erhitzt werden kann. Den drei Ballonfahrern standen diese Möglichkeiten nicht zur Verfügung. Statt dessen experimentierten sie mit den verbliebenen Schleppleinen und genehmigten sich nach getaner Arbeit die erste Flasche Bier, die bei der Ballonausrüstung natürlich nicht fehlen durfte.

In 500 Metern Höhe trieben sie mit südsüdwestlichem Wind weiter. Die Fotoapparate wurden in Betrieb gesetzt, die Besatzung schien sich von dem Schrecken der Startphase erholt zu haben – vielleicht hatte auch das Bier zum allgemeinen Wohlbefinden beigetragen. Unter ihnen zog sich das Packeis immer dichter zusammen, schließlich verschwanden die offenen Wasserflächen vollends. Zeit, um erste Brieftauben auf den Weg zu schicken. Die gefiederten Boten flogen in westliche Richtung davon – doch ihr Ziel erreichten sie nie. Das erste Abendbrot bestand aus belegten Broten und warm gehaltener Fleischbrühe. Andrée verrichtete zum ersten Mal an Bord ein „großes Geschäft“, und Strindberg freute sich darüber, auf diese Weise zusätzlich Ballast losgeworden zu sein.

Wenig später wurde die erste Nachrichtenboje abgeworfen und die Höhe des Ballons mit 680 Metern bestimmt. Diese erste Flaschenpost, die mit dem 11. Juli 1887, 22 Uhr datiert worden ist, wurde tatsächlich geborgen. Eine Strandgutsammlerin fand die Boje am 27. August 1900, also dreizehn Jahre später, an der Nordküste Norwegens. Wenig später warfen die waghalsigen Männer eine weitere Boje ab. Erstaunlicherweise wurde auch diese Boje gefunden. Dieses Mal in einem isländischen Fjord am 14. Mai 1899, also noch vor der ersten Boje. Als sie am Strand aufgefischt wurde, war sie 672 Tage unterwegs gewesen.

Am 12. Juli verlief der Kurs des „Örnen“ direkt nach Osten. Wolken und fallende Temperatur ließen den Ballon zudem immer weiter absinken. Mit der beschaulichen Höhenfahrt war es bereits nach nicht einmal 12 Stunden vorbei. Die Wolken hüllten den Ballon ein und hielten die wärmenden Sonnenstrahlen ab. Als die Höhe über Grund nur noch 20 Meter betrug, warfen die Ballonfahrer 12 Kilogramm Ballast ab. Einige Stunden später trieb der Ballon genau nach Westen, dieselbe Strecke zurück, die er zuvor eingeschlagen hatte. Nach Norden, dem eigentlichen Ziel der Expedition, kam das Gefährt dabei nur unwesentlich voran. Morgens um 8 Uhr wurde der Kochapparat fertiggemacht, der aus Sicherheitsgründen unterhalb der Gondel aufgehängt war. Offenbar wollte man nicht unfreiwillig zu einer Roziere mit den bekannten Risiken werden. 17 Stunden waren seit dem Aufstieg vergangen. Ein kräftiges Frühstück weckte die Lebensgeister.

Bei wechselnder Wolkendichte ging die Fahrt über die Packeisfelder, die nur noch gelegentlich von Wasserrinnen unterbrochen waren. Erneut wurden einige Brieftauben auf den Weg geschickt. Am Nachmittag des 12. Juli sank der Ballon so weit, daß die Gondel zweimal heftig auf das Eis schlug. Mit allen Mitteln versuchten die Ballonfahrer, wieder Höhe zu gewinnen. Werkzeuge, ein Anker, Tauwerk und 25 Kilogramm Sandballast flogen über Bord. Trotzdem stieß der Korb immer wieder heftig gegen das Eis. Als nächstes wurde die große Polboje geopfert, die eigentlich direkt über dem Nordpol abgeworfen werden sollte. Dieses Opfer muß den drei Schweden besonders schwergefallen sein. Offenbar schien ihnen die Vision vom Erreichen des Pols schon in weite Ferne gerückt zu sein. Wenig später schlug die Gondel mit aller Macht gegen einen Eisrücken. Die Geschwindigkeit betrug zu diesem Zeitpunkt etwa fünf Knoten. Entsprechend heftig waren diese Grundberührungen. Die große Polboje, die im Eifer des Gefechts ohne Nachricht abgeworfen wurde, fand sich zwei Jahre und zwei Tage später auf dem Kong-Karls-Land, einer Insel Spitzbergens, wieder.

Die Stunden an Bord des „Örnen" müssen fortan nervenaufreibend gewesen sein. Der Ballon zerrte und riß die Gondel über das Eis hinter sich her. Man muß einmal das Polareis gesehen haben, um zu verstehen, was das bedeutet. Preßeisrücken heben sich meterhoch empor. Trümmereis, so groß wie Findlinge, liegen verstreut herum, dazwischen offene Wasserflächen. Es ist das schwierigste Gelände, das man sich vorstellen kann. Alle ein bis zwei Minuten schlug die Gondel auf das Eis und hinterließ dabei jedesmal tiefe Schleifspuren. Um 22 Uhr blieb der Ballon schließlich halb auf dem Eis liegen. Von dem unentwegten Stempeln auf dem Eis total erschöpft, wechselten sich die drei mit Wachen ab, um ein wenig Schlaf zu finden. Die ganze Nacht blieben sie unbeweglich auf der Stelle liegen. Erst am nächsten Morgen riß die Wolkendecke auf, und durch die Erwärmung der Ballonhülle nahm die Tragkraft wieder zu, so daß sie vom Eis abhoben. Die Erleichterung der Männer muß immens gewesen sein.

Nach einem opulenten Mal wurden wieder einige Brieftauben

entlassen. Eine dieser Tauben sollte tatsächlich ihr Ziel erreichen. Wäre der Umstand ihres Auffindens nicht genau überliefert, würde man es nicht glauben. Am 15. Juli befand sich der norwegische Robbenfänger ALK auf 80° 44' nördlicher Breite. Morgens um 1 Uhr wurde der Kapitän geweckt, weil sich ein eigenartiger Vogel auf der Gaffel niedergelassen hatte. Da der Kapitän im Polarmeer keine Taube vermutete, sondern an ein schmackhaftes Schneehuhn dachte, schoß er kurzerhand auf den erschöpften Vogel. Statt an Deck, fiel die Taube tödlich getroffen über Bord, und die Seeleute fanden es nicht der Mühe wert, extra deswegen aufzustoppen. Einen halben Tag später traf die ALK auf einen anderen Robbenfänger. In dem sich daraus entwickelnden Gespräch kam einer der Fänger plötzlich auf den Gedanken, daß es sich bei dem Vogel um eine der Brieftauben Andrées gehandelt haben könnte. Sofort kehrte die ALK um und begann stundenlang mit der Suche nach dem Vogelkadaver. Obwohl keiner so recht daran glauben mochte, gelang es tatsächlich, den Kadaver im Meer treibend aufzufinden. Der Kapitän untersuchte die Taube genau und entdeckte schließlich die Briefhülle. Die entnommene Nachricht lautete:

„*Von Andrées Polarexpedition an*
Aftonbladet, Stockholm
Den 13. Juli 12.30 Uhr mittags 82° 2' Br. 15° 5' öL.
Gute Fahrt. Richtung Ost 10 Süd. An Bord alles wohl.
Dies ist die dritte Taubenpost.“

Es war die letzte Nachricht von den drei Ballonfahrern. Sie sollten weiterhin keine Ruhe finden.

Kurz nachdem der Ballon durch die Sonneneinstrahlung wieder abgehoben hatte, begann er wieder infolge einer neuerlichen Abkühlung zu sinken. Abermals begann die Gondel, auf das Eis zu schlagen. Schlimmer noch, Nebel und Sprühregen begannen, eine dünne Eisschicht auf dem Tauwerk und der Hülle zu bilden. Damit wurde der Ballon noch schwerer. Weitere Ausrüstungsgegenstände wurden dem Eis geopfert. Ein Medizinkasten und eine weitere Boje wurden abgeworfen. Trotzdem stempelte die Gondel weiter. Erst als sie erneut Ausrüstungsteile und Ballast abwarfen – insgesamt mindestens 200 Kilogramm – hob sich der Ballon endlich. Erstmals standen sie so günstig zum Wind, daß die Segel gesetzt werden konnten. Nachdem erneut 50 Kilogramm Ballast abgeworfen wurde, machte der Ballon seit langer Zeit wieder gute Fahrt. Doch es war endgültig das letzte Mal. Bereits um 22.30 Uhr des 13. Juli 1897 begann die Gondel erneut, auf dem Eis aufzuschlagen. In dieser Phase wurden die Eintragungen des Logbuchs immer einsilbiger und wortkarger. Ballast zum Abwerfen gab es keinen mehr an Bord. Schließlich, als alle Hoffnung auf ein erneutes Steigen des Ballons begraben war, öffnete Andrée die Ventile der Ballonhülle. Es war der 14. Juli 1897. Wenig später verließen die drei Ballonfahrer die Gondel und betrachteten die schwer vereiste Hülle. Immerhin war die Landung problemlos verlaufen, so daß sie geordnet ihre Ausrüstung bergen konnten. Auf 82° 56' N und 029° 52' E schlugen sie inmitten des polaren Packeises ihr Lager auf.

Seit dem Start in der Virgobucht waren sie 65 Stunden unterwegs und hatten dabei in direkter Linie 193 Seemeilen, entsprechend 357 Kilometer, zurückgelegt. Zum Pol waren es von hier aus mehr als 785 Kilometer. Tatsächlich waren sie eine viel weitere Strecke gefahren, da sie die wechselnden Winde mal in die eine, mal in die andere Richtung gedrängt hatten. Die letzten Brieftauben wurden freigelassen, keine von ihnen wurde je aufgefunden. Von alledem ahnte zu diesem Zeitpunkt von der zurückgebliebenen Bodenmannschaft keiner etwas.

Der Flug des Adlers war unwiderruflich vorbei, und der zweite Teil des Dramas nahm seinen Verlauf.

Icefly

Der Ansturm auf das Schiff beginnt am nächsten Morgen. Noch in der Nacht war das Flugzeug aus Tromsø mit dem Kamerateam, drei rumänischen Schauspielern sowie Franz Taucher eingetroffen. Weiß der Teufel, warum der Flug um drei Uhr morgens ankommen muß, aber die Fluggesellschaft wird schon ihre Gründe dafür haben. So stehen wir ein wenig schlaftrunken am Flughafen, begrüßen leicht benommen unsere Neuankömmlinge und nehmen deren umfangreiches Gepäck in Empfang. Wie um alles in der Welt sollen wir das an Bord unterbringen?, schießt es mir durch den Kopf. Gerd hat zwei Taxis organisiert, und wenig später sind wir schon auf dem Weg ins Funken-Hotel, wo das ZDF-Team zunächst einmal untergebracht ist, um sich auszuschlafen. Danach nutzen auch wir die verbleibenden Stunden, um ein wenig zu ruhen. Um 11 Uhr haben wir uns an Bord verabredet, um das weitere Vorgehen zu besprechen.

Zunächst steht das Platzproblem auf der Tagesordnung. Es ist offenkundig, daß wir ein Begleitboot benötigen, um Menschen und Material an die Nordspitze Spitzbergens zu transportieren. Gerd weiß wie immer in solchen Situationen Rat: Er hat mit Hans Lund gesprochen, einem Dänen mit einem solide und kräftig gebauten Motorboot. Hans lebt mit seiner Frau schon seit vielen Jahren auf Spitzbergen und ist außerordentlich erfahren. In den Sommermonaten läßt er sich von Wissenschaftlern chartern und fährt sie in die entlegensten Gebiete Spitzbergens. Derzeit hat Hans gerade frei und nimmt das Angebot, mit uns zu fahren, gern an. Er ist mir spontan sympathisch. Nicht nur, daß er ein profundes Wissen über alle Spitzbergen betreffenden Aspekte hat, seine offene und freundliche Art machen ihn zu einem sehr angenehmen Reisebegleiter. Sein Boot, die FARM, hat er selbst gebaut. Es ist komplett aus Stahl gefertigt, verfügt über eine starke Maschine und ausreichend Platz für Kojengäste und Material. Damit haben wir das erste Problem gelöst.

Für die drei rumänischen Schauspieler, Valentin Popescu, Julius Piptac und Vasile Filipescu, scheint dies alles wie ein Märchen. Es ist das erste Mal, daß sie ihre Heimat verlassen haben – und dann gleich nach Spitzbergen! Die Produktionsgesellschaft IFAGE, die im Auftrag des ZDF diese Dokumentation produziert, arbeitet schon seit längerem mit den Rumänen zusammen. Bisher hat sich diese Arbeit allerdings auf Studioaufnahmen beschränkt. Die drei zeigen sich nachhaltig beeindruckt von der ungewohnten Umgebung, doch die Vorstellung, auf einem Schiff weiter nach Norden und damit ins polare Packeis vorzustoßen, scheint ihnen nur sehr bedingt zu gefallen. Trotzdem sind sie guter Dinge, freundlich und hilfsbereit. Alle drei sprechen sehr gut Englisch, so daß es auch keine Sprachbarrieren gibt. Günter Klein, der Autor und Produktionschef des Films, möchte zusammen mit ihnen auf der DAGMAR AAEN reisen, während der zweite Teil des Teams, das aus Georg Graffe, Alex Hein und Ralf Gemmecke sowie Matthias Steiner vom NDR besteht, auf der FARM Quartier bezieht.

Franz Taucher, der vor Begeisterung kaum noch zu bändigen ist, bezieht ebenfalls bei uns an Bord seine Koje. Danach läuft er in den Lagerschuppen, um seine Ballonausrüstung zu inspizieren und gibt erst Ruhe, als er sich davon überzeugt hat, daß alles vollständig und unbeschädigt eingetroffen ist. Zufrieden und mit dem breitesten Grinsen der Welt setzt er sich in der Messe zu uns und teilt uns ganz nebenbei mit, daß er heute nachmittag zu fahren gedenkt – mit dem Ballon versteht sich. Das Wetter ist gut, Franz hält es ganz einfach nicht mehr am Boden, und während Gerd ihm die nötige Starterlaubnis besorgt, beginnt Franz mit einigen Helfern, die Ballonausrüstung auf einer Rasenfläche auszubreiten. Die Wetterlage ist derzeit tatsächlich so günstig und konstant, daß sich alle in einer trügerischen Sicherheit wähnen. Irgendwie macht sich die Vorstellung breit, daß das Wetter immer so bleiben müsse, daß dies normal sei für Spitzbergen. – Es ist aber alles andere als normal, wie mir Hans bestätigt. Diese Schönwetterperiode kann abrupt zu Ende gehen und Sturm, Regen und Nebel Platz machen. Wir wollen den

Teufel nicht an die Wand malen, aber beide wissen wir, daß auf Sonne Regen folgt – fragt sich nur wann. Vorerst bleibt das Wetter sensationell gut.

Es gibt wohl keinen Einwohner in Longyearbyen, der nicht inzwischen mitbekommen hätte, daß wir einen Ballon mitführen. Die lokale Presse findet sich selbstverständlich zum Fototermin am Startplatz ein, wir geben Interviews, und Franz zeigt jedem Interessenten seine Ballonausrüstung. Natürlich weiß man auf Spitzbergen von dem hundertjährigen Jubiläum der Andrée-Expedition. Wo sonst, wenn nicht hier, sollte man sich eines solchen Ereignisses erinnern. Wir sind darüber hinaus nicht die einzigen Personen, die Interesse an dem historischen Ereignis bekunden. Wie uns der Journalist mitteilt, ist für den Jahrestag eine offizielle Feierstunde in der Virgobucht geplant, zu der auch eine schwedische Delegation erwartet wird. Gerüchte über eine andere Expedition, die wie wir Ballonfahrten durchführen wollen, scheinen sich indessen nicht zu bestätigen. Ob es nur ein Gerücht war oder aber das geplante Projekt schon im Ansatz gescheitert ist, können wir nicht ermitteln. Wir sind jedenfalls die einzigen, die einen Ballon hierher gebracht haben und damit nach Andrée die zweite Ballonexpedition auf Spitzbergen überhaupt. Da ich selbst noch mit tausend verschiedenen Dingen beschäftigt bin, kann ich am ersten Start des Ballons nicht teilnehmen.

Ich befinde mich zusammen mit einigen anderen an Bord der DAGMAR AAEN, als Torsten plötzlich in seiner Arbeit innehält und mit ausgestrecktem Arm in den Himmel weist. Wir folgen mit den Augen seinem Arm, und da ist er. Die bunte Ballonhülle löst sich gerade von den Dächern und zeichnet sich deutlich gegen den azurblauen Himmel ab. Wir klettern in die Wanten, als ob wir von dort aus näher am Geschehen wären, so hat es uns gepackt. Majestätisch steigt der Ballon immer höher, wird dann von einer Luftströmung erfaßt und gleitet langsam Richtung Adventfjord. Was hat Franz vor, schießt es mir durch den Kopf. Ist er sich über die Tragweite seines Entschlusses, hier aufzusteigen, im klaren? Mit das größte Problem bei unseren geplanten Ballonfahrten ist weniger der Aufstieg – da muß man eben auf günstiges Wetter warten – als vielmehr die Landung bzw. der Rücktransport der Ausrüstung.

Spitzbergen ist, wie der Name sagt, gebirgig. Wege oder gar Straßen gibt es außer direkt in Longyearbyen keine. Wenn der Ballon irgendwo dort oben an einem Berghang auf der anderen Fjordseite niedergeht, dann werden wir Probleme haben, ihn wieder einzusammeln. Ich hoffe, Franz hat das bedacht. Aber wie kann ich nur daran zweifeln! Franz präsentiert uns scheinbar ganz nebenbei und spielerisch die Kunst des Ballonfahrens. Vor dem Start hat er nämlich ganz genaue Beobachtungen durchgeführt, und ihm blieb offenbar auch die leiseste Luftströmung nicht verborgen. Gerade fange ich an, mir ernsthaft Sorgen zu machen, wie wir Franz samt Ballon von der anderen Fjordseite wieder zurückbekommen, als ich bemerke, wie er den Ballon langsam sinken läßt und sich auf diese Weise eine andere Luftströmung zunutze macht, deren Existenz ihm offenbar die ganze Zeit über bekannt war. Bisher ist er gut eine halbe Stunde lang in der Luft. Fast sieht es aus der Ferne aus, als wolle er dort drüben landen, so dicht gleitet der Ballon über die Geröllhänge. Von der neuen Luftströmung erfaßt, wird der Ballon jedoch wieder Richtung Fjord getrieben und entfernt sich damit von den spitzen und drohenden Felsen, die wie Reißzähne scheinbar nur darauf warten, die Ballonhülle zu zerfetzen. Nicht auszudenken, wenn unser erster Start mit einem Desaster und dem Verlust des Ballons enden sollte. Gerade hier vor der Zuschauerkulisse Longyearbyens, vis-à-vis dem Büro des Sysselmanns und noch nicht einmal am Startpunkt der Andrée-Expedition, um die es ja schließlich geht! Aus der Ferne sieht es aus, als gleite der Korb des Ballons nur wenige Meter über der Wasseroberfläche. Franz scheint die Luftströmung genau beobachtet zu haben, denn auf dem gleichen Weg, den er über den Fjord gekommen ist – nur ein gutes Stück tiefer – gleitet er jetzt zurück in Richtung Siedlung. Der Rest läuft ab wie in einem Lehrbuch für Ballonfahrer. Nach etwa einer Stunde und fünfzehn Minuten setzt Franz den Ballon sachte fast auf derselben Stelle wieder auf, von der er gestartet ist. Schnell zieht er das Ventil, das im oberen Teil der Ballonhülle angebracht ist, die warme Luft entweicht, und die Hülle fällt wie ein riesiger, schlaffer Sack in sich zusammen. Der Rest ist Routine.

Diese eindrucksvolle Demonstration seiner Flugkünste hat alle nachhaltig beeindruckt. Franz läuft quirlig herum, sortiert seine

1

2

Grundüberholung der DAGMAR AAEN vor der neuen Expedition auf der Werft in Egernsund in Dänemark.

2 Outward bound. Die DAGMAR AAEN passiert die Landungsbrücken in Hamburg.

3

3 Endlich wieder auf See. Nach der hektischen Vorbereitungszeit ist das Segeln Balsam für die Seele.

4 Unter dreifach gerefftem Groß und Fock laufen wir 9 Knoten.

4

5

7

5 Die malerische Kulisse von Lerwick auf den Shetlandinseln.

6 Der „Ring of Brodgar“ auf den Orkneyinseln.

7 Gut erhaltene Siedlungsreste aus der Steinzeit auf den Orkneyinseln.

6

8

9

8 Papageientaucher auf Fair Isle.

9 Schafe als Hüter des kleinen Hafens von Fair Isle.

10 Entgegen allen Regeln ist das Wetter bei unserem Eintreffen sonnig und schön.

10

11

12

11 Das North Lighthouse auf Fair Isle steht hoch oben auf einer Klippe.

12 North Haven - ein geschützter Naturhafen mit einer kleinen Pier. Dort legt auch die Fähre zu den Shetlandinseln an bzw. ab.

13

14

13 Aufentern zum Breitfocksetzen.

14 Martin Friederichs bekommt eine eiskalte Dusche.

15 Blick von den Bergen der Lofoten.

16 Der Troll Fjord auf den Lofoten. Wo immer es geht, nutzen wir die Gelegenheit zu Touren ins Hinterland.

17 Sigga und Pablo besprechen die Kletterroute.

18 Der Bootsmann Jörn Bohlmann beim Beledern eines neuen Backstags.

16

17

18

Ausrüstung und freut sich diebisch über seinen gelungenen Streich. Was er uns ohne große Worte vor allen Dingen gezeigt hat, ist der Umstand, daß es beim Ballonfahren keineswegs nur darum geht, irgendwo und irgendwie sicher aufzusteigen und gelegentlich den Brenner zuzuschalten, um die Höhe zu halten. Es geht vielmehr um den Überblick, um das Erkennen von verwertbaren Wetterkonstellationen, um das Ausnutzen von Luftströmungen, um all die kleinen Hilfsmittel, die die Natur dem Ballonpiloten zur Verfügung stellt. Der Pilot muß sie erkennen und nutzen. Wenn ihm das gelingt, läßt sich ein Ballon sogar in gewisser Weise steuern. Ganz sicher keine Sache, die man über Nacht erlernt. Nach dieser ersten spektakulären Fahrt ist mir etwas wohler zumute. Ballonfahrten in der Arktis sind auch 100 Jahre nach Andrée keineswegs einfacher geworden. Mit Franz haben wir jedenfalls den richtigen Mann dafür.

Am nächsten Morgen, dem 5. Juli, beginnen wir damit, zwei der drei knapp 500 Kilogramm schweren Propangastanks an Deck der Dagmar Aaen zu heben. Dazu bestellen wir uns zunächst ein Taxi mit Anhängerkupplung. Danach befestigen wir das eine Ende eines Abschleppseils an der Hängerkupplung und das andere Ende an den Kufen des Gastanks. Mit langsamer Fahrt schleppt das Taxi danach die Tanks zur Pier, wo wir mit dem Ladegeschirr eines kleinen Frachtschiffes, an dem wir längsseits liegen, die Tanks einzeln bei uns aufs Vorschiff setzen. Sorgfältig werden die Tanks an Deck gelascht, so daß sie sich in keiner Weise oder Richtung bewegen können. Eine Tonne Deckslast – das ist zwar nicht zuviel für das Schiff, aber wehe, wenn sich einer der Tanks bei Seegang losreißt und ins Rutschen kommt! Daher sichern wir sie doppelt und dreifach. Immer wieder knie ich mich zudem nieder und halte meine Nase prüfend unter die Entnahme- und Füllventile der Tanks. Nicht das Gewicht, mögliche Gasleckagen sind meine eigentliche Sorge. So eine brisante Fracht hat das Schiff sicherlich noch nie gefahren. Ich habe eine starke Abneigung gegen Gas an Bord – aus Sicherheitsgründen. Schließlich kochen wir auch extra mit einem Dieselherd und nicht mit Propangas. Alle Beteuerungen, daß eine Gasanlage sicher sein soll, haben mich bisher nicht zu überzeugen vermocht.– Und nun das! Eine Tonne dieses explosiven Gases an Bord.

Natürlich bin ich mit unserer neuen Deckslast nicht besonders glücklich. Zum großen Entsetzen der stark rauchenden Rumänen herrscht ab sofort Rauchverbot an Deck – unter Deck darf ohnehin nicht geraucht werden. Der Ballonkorb wird hinter dem Rudergänger auf dem Achterdeck gelascht. In den Korb hinein wälzen wir die 160 Kilogramm schwere Ballonhülle und obenauf noch das motorbetriebene Gebläse, mit dessen Hilfe der Ballon quasi aufgepumpt wird. Drum herum und wo immer sich Platz findet, werden die Gaszylinder verstaut, die während des Fluges den nötigen Gasvorrat für den Brenner enthalten. Um 13.30 Uhr haben wir alles verstaut. Die FARM ist schon vorausgefahren, jetzt endlich können auch wir die Leinen loswerfen.

Während wir langsam Fahrt aufnehmen, rufe ich alle Leute an Deck zusammen und führe eine Sicherheitseinweisung durch. Solange wir im Schutz des Adventfjordes sind, bleiben alle an Deck und bestaunen die Landschaft. Als wir schließlich im Isfjorden sind, wird es etwas frischer, und diejenigen, die keine Wache haben, ziehen sich unter Deck zurück. Zum Glück meint das Wetter es gut mit uns. Es fängt gegen Abend zwar an zu nieseln, und die Sicht ist eher mäßig, aber es ist still und die See fast spiegelglatt. Wir haben den Weg durch den Forlandsundet gewählt. Durch die langgestreckte Prins Karls Forland-Insel haben wir Abdeckung, was bei dem vollbeladenen Schiff mehr als willkommen ist. Die Route durch den Sund hat nur einen Schönheitsfehler: Etwa auf halbem Weg zieht sich quer über den Sund eine Untiefe, die nur an einer einzigen schmalen Stelle passierbar ist und auch dort nur eine Tiefe von lediglich drei Meter aufweist. Wegen des Eises gibt es keine Tonnen. Die im Seehandbuch empfohlenen Landpeilungen sind häufig unter der niedrigen Wolkendecke verborgen – andere Hilfsmittel gibt es nicht. Da zudem häufig altes Eis im Sund liegt und Stromversatz herrscht, wird die Passage bisweilen zu einer spannenden Angelegenheit. Was, wenn wir hier auf Grund laufen? Stoppen, bevor die eigentliche Expedition beginnt? Wie viele der alten Walfänger hier wohl gestrandet sein mögen? Gemeinsam mit der FARM, die auf uns gewartet hat, boxen wir uns einen Weg durch die alten, brüchigen Eisfelder hindurch und haben kurz darauf das Nadelöhr passiert. Danach geht es ohne Schwierigkeiten weiter, die erste Hürde ist genommen, ich atme wieder etwas freier.

Einige Stunden zuvor hatte ich Funkkontakt mit der Skigruppe. Sie haben inzwischen das Plateau erreicht und kommen jetzt etwas zügiger voran. Wie erwartet ist der Schnee naß und klebrig. Die feuchte Witterung, der Nebel dringt durch Mark und Bein, aber die Stimmung ist bestens, und ihre Begeisterung für die Tour ist ungebrochen. Wenn die Wolkendecke aufreißt, werden sie für erlittenes Ungemach tausendmal entlohnt. Die Landschaft ist großartig, sie können sich gar nicht satt daran sehen. Die gute Funkverbindung beruhigt mich. Sigga gibt mir die Position durch, und ich trage sie auf unserer Karte ein. So entsteht im Laufe der Wochen eine Linie von Punkten auf der topographischen Karte, die den Verlauf der Ski-Expedition dokumentieren.

Am nächsten Morgen herrscht völlige Windstille, die See ist spiegelglatt, und die Sonne brennt die letzte Feuchtigkeit aus dem Holzdeck der Dagmar Aaen. Zwischendurch stoppen wir vor dem Sjettebreen, einem Gletscher, der bis ans Wasser reicht, für erste Filmaufnahmen. Danach geht es weiter am Magdalenenfjord vorbei in das sogenannte Sørgatt hinein, das wiederum in den Smeerenburgfjord führt. Wir sind im Norden Spitzbergens angelangt. An der Einmündung des Sørgattet in den Smeerenburgfjord steht eine kleine Hütte, die der Robbenfänger Johansen dort errichtet hat. Der Ort ist ergreifend schön. Im Hintergrund gleißende Eis- und Schneefelder, der gewaltige Smeerenburggletscher und als Kontrast die von Menschenhand grob zusammengezimmerte Hütte, verwitterte Boote, eine zusammengefallene Sauna und tausend verschiedene Werkzeuge und Ausrüstungsgegenstände. Es ist mittlerweile spät geworden. Obwohl die Sonne unverändert am Himmel steht, entschließen wir uns, in der Smeerenburgbucht zu ankern, um ein wenig zu schlafen. Aber daraus wird vorerst nichts. Die Nacht – auch wenn sie taghell und sonnendurchflutet ist – ist einfach zu schön. Sie vertreibt jeden Gedanken an Schlaf. Das Dingi wird klargemacht, und wenig später fahren die ersten an Land. Dort betreten sie historischen Boden. In dieser Bucht siedelten holländische Walfänger. Verfallene Tranöfen, Gräber und Grundmauern einiger

Gebäude haben den Ansturm von Stürmen, eisiger Kälte und Andenken hungriger Touristen überdauert. Es gibt hier nicht mehr viel zu sehen, aber das wenige ist schon eindrucksvoll genug.

Es ist nicht der Walfang als solches, der mich fasziniert. Es ist vielmehr der unglaubliche Wagemut, das seemännische Geschick und die Abenteuerlust der Walfänger, die schon im 17. Jahrhundert von Deutschland, Holland, Dänemark und England hierher segelten, um Robben und Wale zu fangen. Wie die zahlreichen Gräber auf Spitzbergen verraten, haben nicht wenige von ihnen diese Unternehmungslust mit dem Leben bezahlt. Begriffe wie Ökologie und Artenschutz waren damals unbekannt. Durch die systematische Ausrottung der Meeressäuger entzogen sich die Walfänger selbst ihre wirtschaftliche Existenz. Spitzbergen vereinsamte wieder, und die Tranöfen verfielen. Über Jahrhunderte hinweg hat das kalte und trockene Klima dafür gesorgt, daß die Überreste vollends konserviert wurden. Die Särge mit den Gebeinen der Walfänger wurden im Laufe der Jahrhunderte von dem Permafrostboden wieder an die Oberfläche gedrängt und bleichen seither vielerorts in der Sonne.

Und selbst hier, in dieser abgeschiedenen Gegend, scheint der zunehmende Tourismus zum Problem zu werden. Andenkensammler machen auch vor Gräbern nicht halt, und so mancher Schädel eines Walfängers findet sich offenbar auf dem Kaminsims irgendeiner komfortablen Wohnung wieder. Es ist mir unbegreiflich, wie so etwas passieren kann. Kaum jemand würde wohl auf die Idee kommen, irgendwo einen Friedhof zu plündern – nichts anderes stellt diese Ansammlung von Gräbern aber dar. Der Sysselmann hat mittlerweile drakonische Strafen für Grabplünderer, insbesondere aber auch für andere Andenkensammler angekündigt und bereits auch in die Tat umgesetzt. Jede Kleinigkeit, und sei es nur ein rostiger Nagel, steht unter Denkmalschutz und darf nicht entfernt werden. Das ist gut so! Seit wir 1991 zum ersten Mal auf Spitzbergen waren, ist bereits vieles verschwunden, was zuvor die Jahrhunderte unversehrt überdauert hat. Kreuzfahrtschiffe – große und kleine – geben sich während der Sommermonate täglich ein Stelldichein. Im Magdalenenfjord liegen teilweise drei Schiffe zur gleichen Zeit. Nicht der einzelne Besucher ist das Problem, es ist vielmehr die

Masse. In Norwegen wird daher erwogen, die Anzahl der Besucher zu begrenzen.

Wir schlafen nur wenig in dieser Nacht. Wenn es ständig taghell ist, reduziert sich auch das Schlafbedürfnis – so wie es während der polaren Nacht zunimmt. Nach dem Frühstück spreche ich mit Franz. Das Wetter ist geradezu ideal für Ballonfahrten. Am Himmel ist keine Wolke, und die Windstille des vorangegangenen Tages hält unvermindert an. Das Wetter ist, von einigen Eintrübungen abgesehen, jetzt schon unverändert seit Tagen konstant und gut. Das kann nicht ewig so weitergehen, und ich bin der Meinung, daß wir uns zum Startplatz der Andrée-Expedition aufmachen sollen, um die Gunst der Stunde zu nutzen. Dagegen spricht der Zeitplan des Kamerateams, der zunächst die Drehtage für die historische Dokumentation vorsieht. Die drei Rumänen sind nur für einige Tage engagiert und müssen nach ihrem Dreh zurück nach Longyearbyen fahren. Auch Günter hat nur wenig Zeit und wird mit den Schauspielern abreisen. Zudem hat sich irgendwie die Vorstellung festgesetzt, daß das Wetter den ganzen Sommer so bleiben wird – ein Trugschluß mit Folgen. Franz und ich sind unzufrieden und machen uns Sorgen. Unser erklärtes Expeditionsziel sind die Experimente mit dem Ballon. Ein Ballon ist aber wohl das wetterfühligste Luftgefährt, das es gibt, um so mehr wollen wir das gute Wetter nutzen. Selbst dann wird es schon schwer genug sein. Aber Teamarbeit erfordert Kompromißbereitschaft, und da die Schauspieler offenbar nicht länger bleiben können, willigen wir ein, zunächst weiter nach Norden ins Packeis zu fahren.

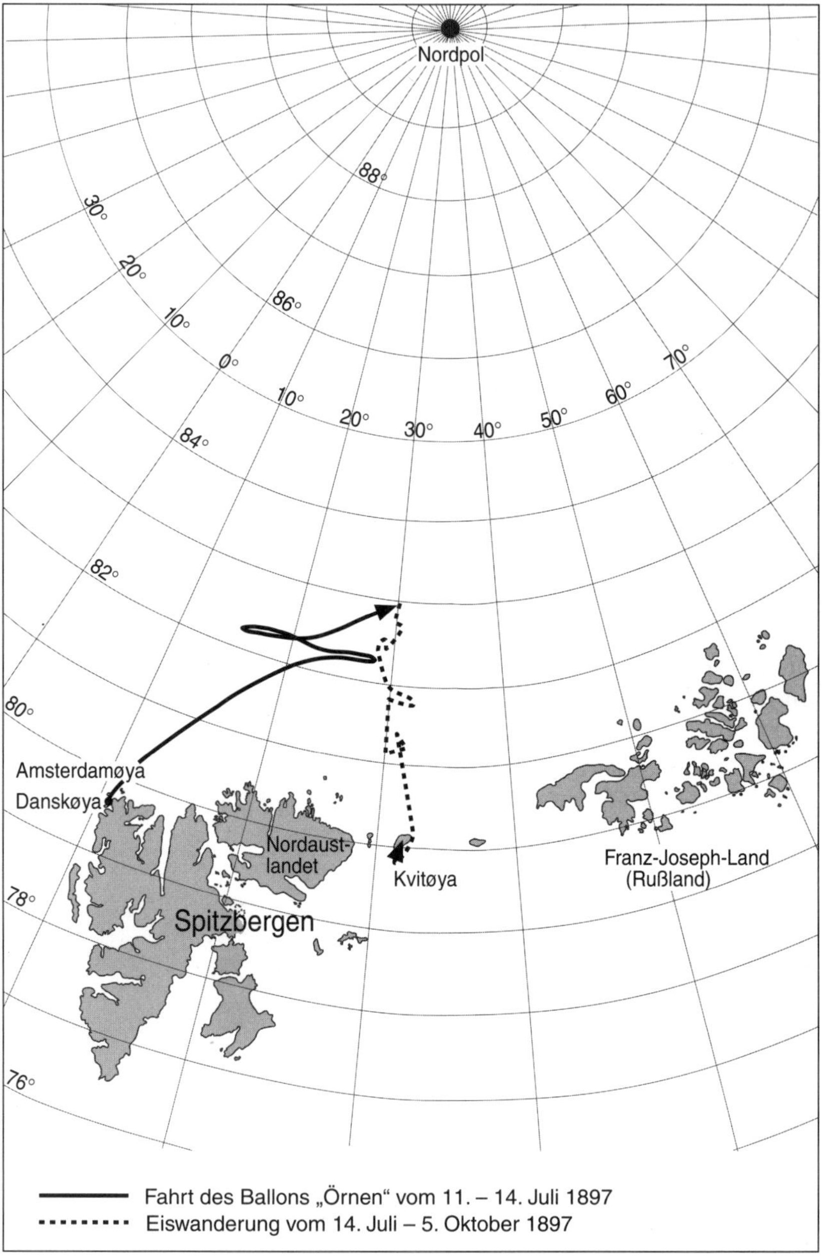
Nordpol
88°
86°
84°
82°
80°
78°
76°
30°
20°
10°
0°
10°
20°
30°
40°
50°
60°
70°
Amsterdamøya
Danskøya
Nordaust-
landet
Kvitøya
Spitzbergen
Franz-Joseph-Land
(Rußland)
Fahrt des Ballons „Örnen“ vom 11. – 14. Juli 1897
Eiswanderung vom 14. Juli – 5. Oktober 1897

Der lange Marsch ins Verderben

Nachdem der „Örnen“ auf dem Eis niedergegangen war, bargen die drei Ballonfahrer die Ausrüstung und schlugen erst einmal ein Lager auf dem Packeis auf. Die Temperatur schwankte um den Gefrierpunkt. Leichter Nieselregen fiel aus den niedrigen Wolken. Immer wieder war das Packeis von Schmelzwassertümpeln unterbrochen. Zum ersten Mal seit dem Start konnten sich alle drei gemeinsam im Zelt zum Schlafen niederlegen. Am 15. Juli mußte ein Entschluß gefaßt werden. Entweder sie blieben, wo sie waren und hofften, daß das Packeis sie in die Nähe von Land treiben würde, oder aber sie machten sich auf den Weg, um zu Fuß über das Eis nach Süden zu laufen. Sie entschieden sich für die zweite Variante. Zwei Inselgruppen als Ziel standen zur Auswahl: Südlich von ihnen, ca. 320 Kilometer entfernt, lag das zu Spitzbergen gehörende Nordaustlandet. 350 Kilometer in südöstlicher Richtung befand sich das Franz-Joseph-Land, eine Inselgruppe, die wegen der schwierigen Eisverhältnisse nur selten von Expeditionen und Robbenfängern aufgesucht wurde. Die Möglichkeit, in südwestliche Richtung, also zurück zum Startplatz des „Örnen“ zu laufen, haben sie scheinbar nie erwogen. Statt dessen fiel die Entscheidung für das abgelegene und einsame Franz-Joseph-Land. Die einzigen Gründe, die dafür sprachen, war der Umstand, daß sich am Kap Flora, im Süden des Archipels, ein Nahrungsmitteldepot und auch Gebäude befanden. Dennoch ist die Entscheidung, dorthin die Route abzusetzen, nur schwer nachvollziehbar und dramatisch in ihrer tragischen Konsequenz.

Nachdem der Entschluß gefaßt war, begannen die drei mit Vorbereitungen für die Eiswanderung. Sie dauerten bis zum 21. Juli. In der Nacht zum 20. Juli nahm Andrée eine neue Positionsbestimmung vor und stellte fest, daß sie seit ihrer Landung auf dem Eis mit ihrer Scholle rund 30 Kilometer in südsüdwestliche Richtung getrieben waren. Statt sich die Strömungsverhältnisse zunutze zu machen, wanderten sie in südsüdöstlicher Richtung mühsame acht Kilometer weit. Hätten sie jetzt die Eisdrift und ihre eigene Marschleistung kombiniert, hätten sie vielleicht rechtzeitig das vom Golfstrom gemäßigte Westspitzbergen erreicht, wo es Trapper und Fallensteller gab, oder sogar das Pikeshaus in der Virgobucht. Was immer ihr Grund gewesen sein mag: Durch die Entscheidung, den Kurs auf Franz-Joseph-Land abzusetzen, verloren sie wertvolle Zeit.

Die unglaublichen Härten und Strapazen einer Wanderung über das polare Packeis sollten sie bereits in den ersten Stunden ihres Marsches erfahren. Gleich beim Start rutschte einer der Schlitten ab und fiel in einen Schmelzwassertümpel. Während Strindberg bis zu den Knien ins eisige Wasser stieg, um den Schlitten zu halten, zerrten Fraenkel und Andrée an den Zugseilen, um ihn wieder aufs Trockene zu ziehen. Durch dieses Malheur waren Teile der Ausrüstung durchweicht, darunter auch persönliches Hab und Gut wie etwa Fotos der Braut von Strindberg – Dinge, die ihm besonders am Herzen lagen. Kaum war der Schlitten geborgen, als andere Gefahren aufzogen. Die Scholle, auf der sie sich befanden, brach plötzlich und unerwartet entzwei. Über kleinen Eisschollen bugsierend versuchten sie auf festeres Eis überzusetzen, dabei ständig der Gefahr ausgesetzt, voneinander getrennt zu werden oder gar ins eisige Polarmeer zu fallen. Jeder der Schlitten wog zwischen 160 bis 200 Kilogramm. Sperrige Gegenstände von derartigem Gewicht über brüchiges Eis zu wuchten, ist wahrlich kein Vergnügen – zumal, wenn sich auf den Schlitten lebenswichtige Sachen befinden, auf die man angewiesen ist. – Um einen Vergleich zu geben: Während der Antarktisdurchquerung zogen wir jeder maximal 130 Kilogramm auf Schlitten hinter uns her. Dort ist das Gelände im Vergleich zum Nordpolarmeer aber geradezu ein Kinderspiel. Während der Nordpolexpedition überschritt unser Gepäck niemals 100 Kilogramm. Wäre es schwerer gewesen, wären wir zu langsam und schwerfällig in diesem schwierigen Gelände gewesen. Dabei waren wir bestens trainiert und ausgerüstet und hatten alle umfangreiche Erfahrung in diesem Gelände.

Nach einer Standortbestimmung am 26. Juli stellten sie zu ihrer großen Bestürzung fest, daß sie seit dem Start nur wenige Kilometer in südsüdöstliche Richtung gekommen waren. Zwar beschlossen sie daraufhin, ihre Schlitten drastisch zu erleichtern und sich von unnötigen Ausrüstungsgegenständen zu trennen. Der Gedanke, daß die Drift sie immer wieder in westliche Richtung zurückversetzte, schien ihnen jedoch nicht gekommen zu sein. Mittlerweile waren die überladenen Schlitten im schweren Eis beschädigt worden und mußten immer wieder repariert werden. Durch ständiges Umpacken und notwendige Reparaturen verloren sie weitere wichtige Zeit. Ständig mußten sie Wasserrinnen queren, meterhohe Packeisbarrieren übersteigen und Schmelzwassertümpel umgehen. Dazwischen jagten sie Eisbären, um zusätzlich Proviant zu gewinnen. „Die Polarregionen sind sicher die Heimat des großen Ärgernisses!“ bemerkte Andrée in seinem Tagebuch. Am 31. Juli gelang es erneut, eine Positionsbestimmung durchzuführen. Erschrocken bemerkten sie, daß sie mit größerer Geschwindigkeit mit dem Eis nach Westen trieben, als es ihnen möglich war, nach Osten zu laufen. „Das sieht wirklich nicht ermutigend aus, aber wir werden unseren östlichen Kurs erst dann aufgeben, wenn sich die Fortsetzung des Marsches in dieser Richtung als vollkommen sinnlos erweist“, schrieb Andrée in sein Tagebuch. Dazu war es im Grunde genommen längst gekommen. Warum sich die drei Männer dieser Einsicht verschlossen, wird immer ein Rätsel bleiben.

Am 3. August erneut eine Positionsbestimmung. Die drei Schweden befanden sich auf 82° 27’ nördlicher Breite und 028° 30’ östlicher Länge. Vorausgesetzt, ihnen ist bei der Ortsbestimmung kein Fehler unterlaufen, waren sie seit dem 14. Juli 55 Kilometer nach Südsüdwest und seit dem 31. Juli 13 Kilometer nach Nordnordwest voran gekommen. Erst jetzt erkannten sie die Ausweglosigkeit, Franz-Joseph-Land zu erreichen. „Wir geben es auf, nach Osten zu pilgern. Eis und Strömung sind unüberwindbar.“ Statt dessen planten sie, fortan den Kurs nach den Sjuøyane Inseln im Nordosten Spitzbergens abzusetzen. Für diese Strecke planten sie sechs bis sieben Wochen Reisedauer ein. Das Überschreiten des 82. Breitengrades am 10. August feierten die drei mit einem Festmahl. Zu hartem Brot und Keksen mit Butter gab es eine Büchse Sardinen.

Trotz der gebotenen Eile unternahmen die drei Männer immer wieder wissenschaftliche Untersuchungen. Die Eisstärke wurde gemessen, Lotungen durchgeführt und meteorologische Beobachtungen betrieben. Sogar Proben von Verunreinigungen im Eis wurden gesammelt, katalogisiert und als zusätzliche Last auf dem Schlitten mitgeführt. Erneute Positionsbestimmungen ergaben, daß die Drift des Eises mittlerweile offenbar mehr nach Osten denn nach Westen verlief. Der Kurs wurde daher immer weiter nach West korrigiert, trotzdem drifteten sie immer weiter nach Südosten. Mittlerweile machten sich Erschöpfung und Krankheiten bei den drei Männern breit. Fraenkel hatte sich eine Knieverletzung zugezogen, Strindberg hatte einen schlimmen Fuß, und alle drei litten abwechselnd unter Magenkrämpfen und Durchfall. So vergingen die Tage und Wochen. Trotz der unglaublichen Plackerei, den ständigen Widrigkeiten und der dauernden Finten, die ihnen die Drift des Eises spielte, verloren sie offenbar nicht ihren Mut. Eisbären, die ihnen unvorsichtigerweise über den Weg liefen, wurden geschossen und soweit es ging aufgegessen.

Anfang September, nach über einmonatiger Plackerei, erlahmten offenbar die Kräfte. Der eitrige Fuß Fraenkels, der Durchfall, der sie quälte, und die bittere Erkenntnis, daß die Eisdrift Katz und Maus mit ihnen gespielt hatte, schienen sie langsam zu drangsalieren. Die bislang lückenlosen Tagebuchaufzeichnungen bei Andrée werden knapper und einsilbiger. Vom 9. September ab enden sie gänzlich. Auch Strindberg hatte aufgehört, sein Tagebuch zu führen. Lediglich Fraenkel machte noch gelegentlich Wetterbeobachtungen.

Erst am 17. September nahm Andrée seine Tagebuchaufzeichnungen mit den Worten: „Seit ich zum letztenmal etwas in mein Tagebuch schrieb, hat sich wahrlich vieles verändert", wieder auf. Nachdem sie hatten erkennen müssen, daß sie wegen der starken Eisdrift weder Franz-Joseph-Land noch Nordaustlandet oder die Sjuøyane Inseln erreichen würden, sondern östlich des Nordaustlandets an Spitzbergen vorbeitreiben würden, ergaben sie sich offenbar in ihr Schicksal.

Am 15. September, über zwei Monate nach der Landung des „Örnen" auf dem Eis, sichteten sie zum ersten Mal Land. Am

17. September wurde die Insel angepeilt, und Andrée zeichnete eine Skizze von ihr. Die Insel war gänzlich mit Eis überzogen und mit schroffen Eisabbrüchen übersät – eine Landung schien aussichtslos zu sein. Endlich gelang es ihnen, nach langer Zeit wieder Robben zu erlegen, nachdem die Proviantsituation schon kritisch geworden war. Mehrere erbeutete Robben brachten ihnen Fleischvorrat für weitere Monate. Die Insel, die sie entdeckt hatten, war bislang noch von keinem Menschen betreten worden, und um ihre Existenz rankten sich Gerüchte. Die einen vermuteten in ihr das sagenumwobene Giles-Land, andere bezeichneten sie als New Iceland, wieder andere als „Weiße Insel"– Kvitøya.

Entgegen jeder Erfahrung hofften die drei Männer, daß die rasante Eisdrift sie weiter nach Süden zu bewohnbaren Inseln bringen würde, aber wieder einmal spielte ihnen das Eis einen bösen Streich. Wegen der fortgeschrittenen Jahreszeit richteten sie sich so wohnlich wie möglich auf der Eisscholle ein und sicherten sich durch die Jagd auf Bären und Robben einen Fleischvorrat für den Winter. Die Jagd war offenbar so erfolgreich, daß sie nicht einmal alle erlegten Tiere zerlegen konnten, sondern sie einfach frieren ließen. Zur gleichen Zeit hatten sie damit begonnen, ein Schneehaus auf ihrer Scholle zu bauen. Am 28. September wurde offiziell Einzug und Einweihung des Hauses gehalten, das sie auf den Namen „Daheim" tauften. So sehr es ihnen vergönnt war, so ganz unbeschwert kann diese Feier nicht abgelaufen sein. Die Eisscholle hatte sich in den letzten Tagen nämlich immer mehr verkleinert. Stück um Stück war abgebrochen.

Anfang Oktober wurden ihre ganzen Hoffnungen innerhalb weniger Minuten zunichte gemacht: Frühmorgens wurden sie durch Poltern und Getöse im Eis geweckt. Wasser lief in ihr neu gebautes Schneehaus. Eilig stürmten sie ins Freie, nur um zu sehen, daß von der ehemals soliden Eisscholle lediglich Fragmente übrig waren. Das mühsam gebaute Haus, ihr „Daheim", das ihnen als Winterquartier dienen sollte, war durch eine plötzliche Veränderung der Eislage buchstäblich zerlegt worden. Ihre Habe, ihr Proviantdepot für den Winter mit den erlegten Tieren war über die Trümmer der auseinandergebrochenen Eisscholle verteilt. Es muß dieser Moment, dieses Schlüsselerlebnis gewesen sein, das ihre Willenskraft und Widerstandsfähigkeit gebrochen hat. Mit diesem Schicksalsschlag endete die Eiswanderung von Andrée, Fraenkel und Strindberg. 64 Tage hatten sie alles gegeben und wähnten sich trotz der immer wieder eintretenden Rückschläge vorerst sicher und geborgen – soweit man sich in einer solchen Landschaft sicher fühlen kann. Durch eine Laune der Natur war ihre Moral und ihre Lebensgrundlage schlagartig zerstört worden. Es muß sie zutiefst erschüttert haben.

Am 5. Oktober zogen sie mit ihrer Habe schließlich über das zertrümmerte Eisfeld Richtung Kvitøya und gingen dort an der Südwestecke an Land. Was sich hier abspielte, ist weitgehend unbekannt. Die Tagebuchaufzeichnungen, die die Besatzung der BRATVAAG 1930 zwischen den Leichen und Lagerresten fanden, sind zum Teil sehr spärlich und zudem unleserlich. Es scheint so, als ob die drei Männer mit dem Verlust ihres Winterhauses auch ihren Willen verloren haben. Zwar fand sich am Strand von Kvitøya zusammengesammeltes Holz, und offenbar hatte man auch Vorbereitungen getroffen, eine neue Hütte zu bauen. Aber anscheinend ist daraus nichts mehr geworden. Das Zelt, das ihnen schon während der langen Wanderung über das Packeis als Schutz gedient hatte, war die einzige Unterkunft, die auf Kvitøya gefunden wurde. In den verbliebenen Fetzen des Zeltes wurden die Überreste von Andrée und Fraenkel entdeckt. Sie waren offenbar nebeneinander liegend gestorben. Strindberg muß vor den beiden gestorben sein, denn er wurde zwischen zwei Felsbrocken bestattet und seine Leiche mit Steinen bedeckt.

Als am 6. August 1933 die Besatzung der BRATVAAG wegen der zu dem Zeitpunkt günstigen Eislage vor Kvitøya vor Anker ging und die Insel betrat, ahnte keiner etwas von dem bevorstehenden Fund. Andere Expeditionen waren bereits vor ihnen dort gewesen, ohne etwas zu entdecken. Der in jenem Jahr ungewöhnliche weit vorangeschrittene Schmelzprozeß hatte ausnahmsweise die Überreste des Lagers der Ballonfahrer freigelegt. Die Nachricht über das Auffinden der verschollenen Expedition war damals eine Weltsensation. Die Reste, einschließlich der Tagebücher und Fotoplatten, die nach 33 Jahren im Eis noch entwickelt werden konnten, wurden geborgen und zunächst nach Tromsø und von dort weiter nach Schweden gebracht. Als Todesursache wurde Jahrzehnte später Trichinose angegeben, die sich die Männer durch den Verzehr von Eisbärenfleisch zugezogen haben sollen. Der Durchfall und die Magenkrämpfe, die in den Tagebüchern immer wieder angegeben werden, scheinen diese These zu stärken. Allerdings halte ich es für unwahrscheinlich – auch nach Rücksprache mit Ärzten –, daß alle drei offenbar innerhalb eines kurzen Zeitraumes daran gestorben sein sollen. Ich persönlich glaube, daß sie einfach am Ende ihrer Leistungs- und Leidensfähigkeit angelangt waren. Die polare Natur hatte sich als ein übermächtiger Gegner erwiesen.

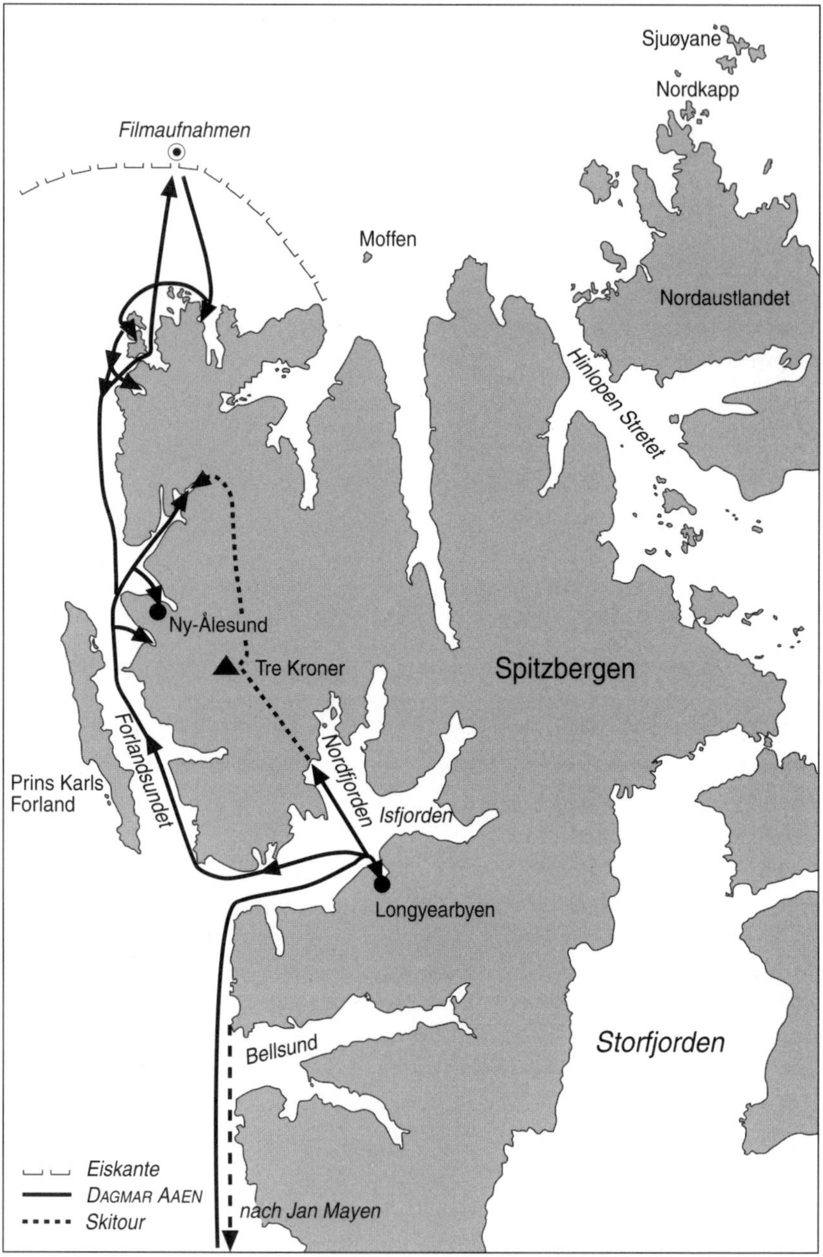
Sjuøyane
Nordkapp
Filmaufnahmen
Moffen
Nordaustlandet
Hinlopen Stretet
Ny-Ålesund
Tre Kroner
Spitzbergen
Prins Karls Forland
Forlandsundet
Nordfjorden
Isfjorden
Longyearbyen
Bellsund
Storfjorden
nach Jan Mayen
Eiskante
DAGMAR AAEN
Skitour

In den Fängen des Packeises

Um 9.30 Uhr hieven wir den Anker und laufen durch den Smeerenburgfjord nach Norden. Wir passieren die Insel Fuglesangen. Irgendwo auf dieser Insel muß in einer Flasche noch eine Nachricht liegen, die Strindberg unmittelbar nach dem Start des „Örnen" hier abgeworfen hat. Bislang ist sie jedenfalls noch nicht gefunden worden. Vereinzelt treiben kleinere Eisschollen in dem spiegelglatten Wasser, das fast wie Öl wirkt. Wir steuern einen nordöstlichen Kurs, die FARM folgt in unserem Kielwasser. Robben liegen träge auf Eisschollen, darunter sogar eine große Bartrobbe. Nirgendwo sonst in der Arktis zieht sich das Packeis so weit zurück wie an der Nordwestecke Spitzbergens. Zwar verliert sich hier auch der Einfluß des warmen Golfstromes, aber immerhin ist es im Sommer fast immer problemlos möglich, den 80. Breitengrad zu erreichen.

Während wir unter Maschine nach Norden fahren, findet auf der DAGMAR AAEN ein denkwürdiger Flaggenwechsel statt. Günter Klein hat eigens eine schwedische Unionsflagge anfertigen lassen, wie sie die Andrée-Expedition mitgeführt hat. Die Antennen der Navigationsinstrumente werden kurzfristig demontiert oder zumindest getarnt. Alles, was nach moderner Ausrüstung aussieht, verschwindet von Deck. Dann beginnen an Bord unseres Schiffes, das nunmehr zu einer Art Zeitmaschine mutiert ist, die Dreharbeiten. Die Schauspieler schlüpfen in ihre historischen Kostüme, Georg, der vorübergehend die Rolle des Maskenbildners übernommen hat, zeichnet den Rumänen mit viel Geschick und noch mehr Schminke die Strapazen einer Polarexpedition ins Gesicht. Ralf, der Kameramann, und Alexander, sein Assistent, wechseln zu uns an Bord über und drehen die verschiedenen Einstellungen.

Währenddessen schiebt sich die DAGMAR AAEN langsam weiter Richtung Eisgrenze. Zuerst sind die Eisfelder noch ziemlich aufgelockert, wenig später jedoch werden sie immer dichter. Ich steige in die Wanten und klettere zum ersten Mal in diesem Jahr in die Masttonne mit der Absicht, eine Passage im Eis zu suchen. Günter möchte den Marsch von Andrée, Strindberg und Fraenkel über das Eis so authentisch wie möglich nachstellen, deshalb suche ich nach einem kompakten Eisfeld, das trotz der sommerlichen Temperaturen stabil genug ist, die Schauspieler, das Kamerateam und die Requisiten aufzunehmen. Das ist leichter gesagt als getan. Meterdicke Eisfelder gibt es zwar mehr als genug, aber sie wirken insgesamt auf mich nicht sehr vertrauenerweckend. Strömung und ein leichter Schwell setzen sie immer wieder in Bewegung, sie prallen gegeneinander, und von einer Sekunde zur anderen brechen sie in der Mitte durch und treiben auseinander. Dies ist zwar die Situation, mit der Andrée und seine beiden Begleiter zu kämpfen hatten – nicht umsonst sind sie immer wieder ins Wasser gefallen –, aber ganz so realistisch soll der Film dann doch nicht sein.

Inzwischen haben wir den 80. Breitengrad überschritten. Da das Eis jetzt immer dichter wird, bleibt Hans mit der FARM und Matthias Steiner zurück. Wir bahnen uns langsam einen Weg durch das Eis, aber immer, wenn ich Günter eine Eisscholle als Drehort vorschlage, entdeckt er in der Ferne noch eine, die ihm interessanter erscheint. Erreichen wir sie schließlich, bin entweder ich aus Sicherheitsgründen nicht damit einverstanden oder aber Günter hat ein Stück weiter eine scheinbar noch bessere Scholle gefunden. So vergeht die Zeit. Mittlerweile befinden wir uns weit im Packeis, und meine Anspannung und Wachsamkeit wächst mit jeder Kabellänge, die wir weiter ins Eis hineinfahren. Das ganze Denken des Kamerateams und auch das von Gerd ist vollkommen auf den Dreh ausgerichtet. Meines und auch das der Crew ist in erster Linie vom Standpunkt der Sicherheit bestimmt. Um uns herum wirkt alles friedlich, ja harmlos – eine trügerische Sicherheit, wie ich nur allzu gut weiß. Auch Hans, mit dem ich über Funk in Verbindung stehe, ist beunruhigt. Ich kann das Filmteam nur zu gut verstehen. Sie sind des Filmes wegen hierher gekommen und nicht der Landschaft oder des Erlebnisses wegen. Und sie wollen einen guten Film machen. Günter macht keine halben Sachen. Die Qualität seiner Filme ist international bekannt, und sie finden problemlos Abnehmer im Ausland. Auch ich möchte dazu beitragen, daß der Film in jeder Hinsicht gelingt. Doch weiß ich im Gegensatz zu ihnen um die versteckten Gefahren, die in diesem Gebiet lauern. Und schließlich habe ich als Schiffsführer und Expeditionsleiter jedwedes Tun den Sicherheitserwägungen unterzuordnen. Ein Balanceakt, den ich kenne und mit dem ich auch ganz gut umgehen kann. Ganz sicher wirke ich auf Günter und seine Crew ein wenig übervorsichtig. Aber schließlich geht es hier nicht um mangelnde Kooperationsbereitschaft, sondern um die Sicherheit von Schiff und Besatzung.

Endlich einige ich mich mit Günter auf ein kompaktes Eisfeld, lasse den stahlbewehrten Steven der DAGMAR AAEN sachte gegen die Eiskante laufen und steige über das Klüvernetz auf das Eis, um es zu prüfen. Es gibt zwar Risse und Löcher im Eis, aber eine bessere Scholle werden wir kaum finden. Ich blicke auf die Uhr, mittlerweile ist es 16 Uhr geworden – fast den ganzen Tag haben wir im Eis mit der Suche nach einem geeigneten Drehort verbracht. Während das Kamerateam Survivalanzüge anzieht, beginnt Georg damit, die Maske aufzufrischen, um die Schauspieler noch ein wenig dramatischer aussehen zu lassen. Schließlich sehen sie so echt aus, daß ich versucht bin, ihnen einen Sitz anzubieten, damit sie sich ausruhen können. Derweil beginnen wir damit, die von Gerd gebauten Schlitten, das Boot, Fässer und Kisten auf das Eis zu laden. Ralf und Alexander bauen inzwischen das Kamera-Equipment auf. Rafa habe ich mit dem Gewehr dazu abgestellt, um auf etwaige ungebetene Besuche von Eisbären zu achten. Achim steht am Ruder und hält den Steven des Schiffes weiterhin gegen die Eisscholle.

Jeder ist auf die eine oder andere Art und Weise beschäftigt. Ich selbst klettere immer wieder in die Wanten, um das Eis zu beobachten. Und von dort oben sehe ich auch, wie sich urplötzlich und ohne jede Vorankündigung ein feiner Riß mitten durch unsere Scholle gebildet hat. In unheimlicher Geschwindigkeit treiben beide Schollenhälften auseinander, auf der einen das Kamerateam, auf der anderen die Schauspieler, die die veränderte Situation noch gar nicht mitbekommen haben. Unverdrossen ziehen sie ihre Schlitten über das Eis, die warnenden Rufe beziehen sie nicht auf sich und ihre brenzlige Lage. So schnell es geht, bergen wir das Kamerateam nebst Ausrüstung und fahren dann hinüber zu den Rumänen, die mittlerweile doch erkannt haben, daß irgend etwas eingetreten ist, das so nicht im Drehbuch steht. Dieser Zwischenfall hat zumindest allen Beteiligten gezeigt, daß Andrée kein leichtes Spiel bei seinem Marsch über das Eis gehabt hat. Und es hat zudem auch die Grenzen der Manövrierbarkeit eines Schiffes wie der DAGMAR AAEN im dichten Packeis gezeigt.

Die Suche nach einer neuen Eisscholle beginnt, schon nach kurzer Zeit werden wir fündig. Das ganze Procedere beginnt von neuem. Ausladen der Ausrüstung, Positionieren der Schauspieler, Regieanweisungen, Drehen, dann das scheinbar unvermeidliche Auseinanderbrechen der Eisscholle. Wieder sammeln wir die Beteiligten samt Ausrüstung ein, eine neue Scholle, eine neue Einstellung und schließlich wieder eine zerbrochene Scholle. So geht es weiter, bis nachts um 1 Uhr. Die schauspielerischen Qualitäten der Rumänen steigen mit jeder Stunde. Ich glaube, sie sind sich mittlerweile der Gefahren bewußt geworden und haben daher aufrichtig Angst. In jedem Fall eine überzeugende Darbietung. – Wie haben die drei Ballonfahrer vor 100 Jahren nur so lange durchhalten können? Auch wenn sie ihr eigentliches Ziel nicht erreicht haben, unser Respekt vor ihren Leistungen wächst.

Nachdem alle müde und erschöpft sind, fahren wir aus dem Eis heraus und lassen uns unweit der FARM treiben, um einige Stunden Schlaf zu bekommen. Da es windstill ist, driften wir nur unwesentlich. Unsere Wache wacht zugleich auch über die Drift der FARM, so daß auch Hans einige Stunden ungestörten Schlaf genießen kann. Am Morgen vergleiche ich die Position. Wir sind während der Nacht 3,5 Meilen nach Nordwest getrieben. Um uns herum liegen kleinere Eisbrocken, wir haben es heute morgen nicht weit zu unserem Drehort. Franz ist indessen ziemlich still und einsilbig geworden. Immer wieder blickt er prüfend in den Himmel und betet offenbar zum lieben Gott, daß das Wetter lange genug anhält, um seine Ballonfahrten durchzuführen. Die Situation im Packeis ist heute noch ungemütlicher als gestern. Aus westlicher Richtung hat sich Schwell aufgebaut, der das gesamte Eisfeld in unangenehme Aufruhr bringt. Trotzdem können wir arbeiten, drehen die Rumänen, wie sie ihre Schlitten hinter sich über das Eis ziehen oder in dem kippligen Segeltuchboot von einer Eisscholle zur anderen übersetzen. Wir beobachten, daß das Eis mit einem Knoten in südliche Richtung driftet. Der Schwell wird immer stärker, die Schollen, die sich in der Dünung wiegen, brechen in der Mitte durch und torkeln um die eigene Achse. Jetzt wird es wirklich gefährlich. Ich bespreche mich kurz mit Günter, dann brechen wir den Dreh ab. Günter ist ohnehin zufrieden, die wichtigsten Einstellungen hat er im Kasten, und wir beschließen, in einen Fjord hineinzufahren, um dort andere Einstellungen zu machen. Ich bin froh, aus dem Eis herauszukommen.

Im Raudfjorden gehen wir in einer Bucht vor Anker. Günter und Gerd entdecken einen gestrandeten Eisberg unweit des Ufers und sind nicht mehr zu bremsen. Dieser neue Drehort ist zwar alles andere als sicher, und ich weise mehrfach darauf hin –, aber jetzt gibt es kein Halten mehr. Fast die ganze Nacht und auch den nächsten Tag bleiben wir an dieser Stelle, und Günter, der in dünnen und völlig durchweichten Stiefeln im Schnee- und Eisschlamm steht, ist unermüdlich. Ihm zur Seite stehen nicht nur Georg, Ralf und Alexander, sondern auch Gerd, der arbeitet, als würde sein Leben davon abhängen. Wir anderen schmieren derweil Stullen und kochen kannenweise Kaffee und Tee. Matthias nutzt die Gunst der Stunde, mit uns einige Interviews für den NDR aufzuzeichnen, und Hans und ich unterhalten uns lange über seine Pläne, ein neues Boot, dieses Mal ein Segelboot, zu bauen.

Jeden Abend um 20 Uhr rufe ich verabredungsgemäß das Skiteam. Obwohl die Empfangsqualität stark schwankt, kommt jeden Tag eine Verbindung zustande. Aufgrund der aktuellen Eislage in den Fjorden rate ich ihnen dazu, ihre Route dahingehend abzuändern, daß sie irgendwo an der Westküste absteigen und nicht im Norden. Derzeit ist es für uns unmöglich, mit dem Schiff zum verabredeten Abholpunkt zu gelangen. Ansonsten geht es den Fünfen bestens, und sie scheinen die Tour in vollen Zügen zu genießen.

Am Nachmittag des nächsten Tages wird die Zeit knapp. Die Schauspieler, Matze Steiner und Günter müssen zurück nach Longyearbyen, um den Flug nach Deutschland zu erreichen. Da die FARM schneller ist als die DAGMAR AAEN und wir zudem noch Franz und Rafa in der Virgobucht absetzen wollen, gehen wir um 18 Uhr ankerauf und fahren voraus. Hans wird mit dem Rest hinterherkommen.

Als hätten wir es geahnt, schlägt jetzt das bislang so sommerliche und stille Wetter um. Während wir die Insel Amsterdamøya im Norden runden, setzt sich immer mehr ein böiger Südwest durch. Die See wirkt grau und abweisend, und Wolkenfetzen verdunkeln den zuvor makellos blauen Himmel. Um 22 Uhr laufen wir ins Danskegatt ein und erreichen kurz darauf die Virgobucht. Mit dem Schlauchboot bringen wir Franz und Rafa sowie ein Zelt und Biwak-Ausrüstung an Land. Die beiden wollen bis zu unserer Rückkehr hier abwarten, um am 11. Juli der offiziellen Gedenkfeier beizuwohnen. Obwohl diese Bucht unser eigentlicher Zielort ist – von hier aus startete Andrée mit dem „Örnen" –, haben wir keine Zeit uns umzusehen. Das muß bis zu unserer Rückkehr in ein paar Tagen warten. Das Wetter wird immer schlechter, wir müssen hier weg.

Erst um Mitternacht haben wir die Ausrüstung komplett an Land gebracht und machen uns erneut auf den Weg. Am Kap de Geer brist es uns kräftig entgegen, das Schiff stampft in der vorderlichen See, und Gischt fliegt über Deck. Schlagartig ist es kalt und ungemütlich geworden. Das Bild der freundlichen, sonnigen Arktis hat sich abrupt gewandelt. Düster und drohend wirkt die Landschaft. Die Gletscher, die vor wenigen Stunden noch gleißend in der Sonne lagen, wirken dumpf und schattig. Die Kälte ist nicht nur körperlich spürbar, sie ist auch visuell wahrnehmbar. Selbst im Forlandsundet steht eine kurze, steile See. Am nächsten Morgen um 9 Uhr erreichen wir die Untiefe und tasten uns vorsichtig mit Radar, GPS und Echolot durch die Engstelle. Sicht auf Landmarken gibt es keine, alles ist unter der düsteren Wolkendecke verschwunden. Kurz bevor wir in den Isfjorden einfahren, überholt uns Hans. Die FARM schlingert gewaltig in der See, und wir fragen uns, wie es wohl den drei seeungewohnten Rumänen ergehen mag. Um Mitternacht machen wir in Longyearbyen fest. Nur wenige Stunden später fliegen Günter, Matze und die drei Rumänen ab. Letztere sind sichtlich froh, wieder festen Boden unter den Füßen zu haben, aber sie sagen auch, daß ihnen diese Reise in eine völlig unbekannte Welt Freude bereitet hat. Sie sind, wie sie selbst sagen, maßlos beeindruckt von dieser wilden Landschaft. Auch die filmische Ausbeute scheint zu Günters Zufriedenheit ausgefallen zu sein. Als ich sorgenvoll in den grauen Himmel schaue, versucht er mich zu beruhigen: „Das Wetter wird schon wieder!“ Wenn ich nur daran glauben könnte.

Noch immer stehen die Gastanks und die Ballonausrüstung gut gelascht an Deck. Wir haben sie mittlerweile einmal an der Küste Spitzbergens hin- und zurückgefahren – ohne sie zu nutzen. Und wenn sich das Wetter nicht drastisch ändert, werden wir diese brisante Fracht auch weiterhin spazierenfahren. Franz hat nicht ewig Zeit. Andrée hat 1886 einen Sommer lang auf günstiges Wetter gewartet und war unverrichteter Dinge wieder abgezogen. Wie leicht könnte uns ein ähnliches Schicksal erwarten. Die Wetterprognosen sind alles andere als günstig. Der Wind kommt mit 20 bis 25 Knoten aus Südwest, es regnet, und die Sicht ist mäßig. In düsteren Gedanken versunken brüte ich vor mich hin, als Falk und Martin an Bord kommen. Seit einigen Tagen warten sie bereits sehnlichst auf unser Eintreffen und sind froh, endlich dem teuren Hotel entkommen zu sein. Die beiden reißen mich aus meinen Grübeleien, ich freue mich, sie wieder an Bord zu haben. Noch am selben Tag laufen wir wieder aus. Erneut fahren wir in den Forlandsundet ein, für uns mittlerweile ein vertrautes Gewässer.

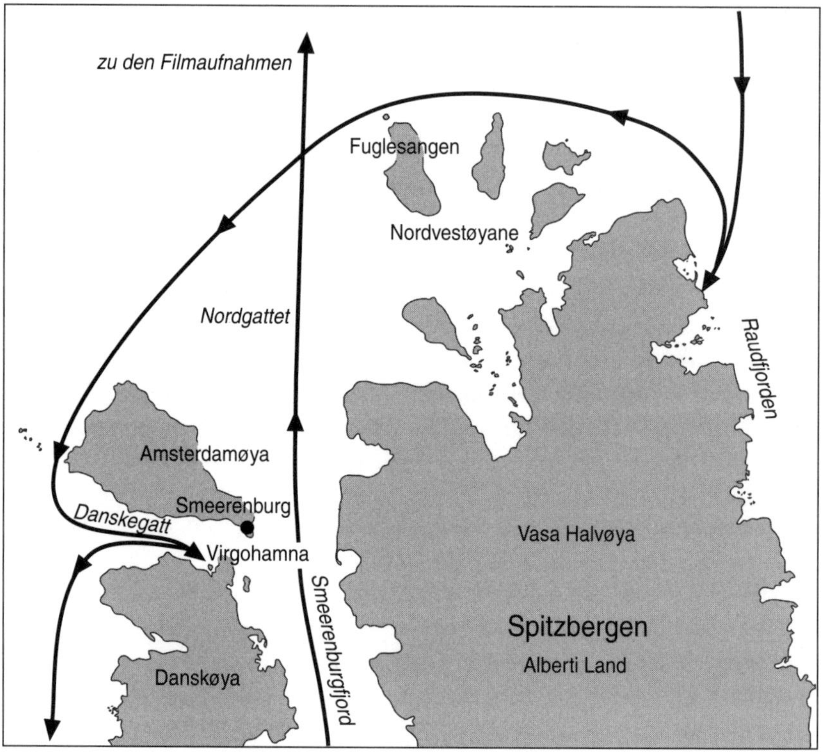
zu den Filmaufnahmen
Fuglesangen
Nordvestøyane
Nordgattet
Raudfjorden
Amsterdamøya
Smeerenburg
Danskegatt
Virgohamna
Smeerenburgfjord
Vasa Halvøya
Spitzbergen
Alberti Land
Danskøya

Auf historischem Boden

Inzwischen haben wir uns schon so sehr an das überfüllte Schiff gewöhnt, daß wir die Enge kaum noch registrieren. Um vom Vorschiff zum Achterschiff zu kommen, muß man über Gastanks, Stroppen, Stauholz und Spannschrauben klettern. Das Segelsetzen gestaltet sich gelinde gesagt schwierig. Der Wind hat weiter aufgefrischt, er weht mit etwa 30 Knoten aus südlicher Richtung mit zunehmender Tendenz. Wir binden das zweite Reff ins Großsegel, setzen die Breitfock und den Klüver und segeln mit sieben Knoten die Küste entlang nach Norden. Eissturmvögel gleiten nahezu ohne Flügelschlag über unseren Masttopp hinweg und spielen mit dem leuchtend roten Dagmar Aaen-Wimpel. Darüber treiben die grauen Wolkenfetzen, die Deckswache wird in salziger Gischt gebadet, und der Wind nimmt noch weiter zu. Mittlerweile hat sich auch eine hohe achterliche See aufgebaut, aber da Wind und Seen günstig kommen, können wir unseren Kurs unverändert beibehalten. Gegen Abend messen wir 40 Knoten Wind. Wir müssen zweimal halsen, um die Einfahrt in die Virgobucht zu treffen und laufen dann mit rauschender Fahrt in das Danskegatt ein.

Von einer Sekunde zur anderen befinden wir uns unter Landabdeckung, Wind und Seegang sind schlagartig verschwunden und nur noch akustisch als Brandung und Rauschen wahrnehmbar. Wir starten die Maschine, bergen alle Segel und laufen in die Virgobucht ein. Es ist bereits 23.30 Uhr, Rafa und Franz schlafen selig in ihrem Zelt an Land und haben von unserer Ankunft gar nichts mitbekommen. Erst das Rasseln der Ankerkette weckt sie auf. Ein wenig schlaftrunken kommen sie mit dem Dingi zu uns an Bord gefahren, kehren aber bald darauf in die Wärme ihres Schlafsackes an Land zurück. Erst am nächsten Morgen erzählen sie ausführlich, was sich zwischenzeitlich abgespielt hat.

Pünktlich am 11. Juli, exakt 100 Jahre nach dem Start des „Örnen", hatten sich einige Schiffe in der Virgobucht versammelt. Darunter das Schiff des Sysselmanns sowie ein schwedisches Forschungsschiff. Rafa und Franz, die ihr Zelt ein gutes Stück abseits des Startplatzes aufgebaut hatten, schauten dem Treiben interessiert zu. Wie bei einem militärischen Kommandounternehmen wurden Zodiaks zu Wasser gelassen und mehrere schwerbewaffnete, in leuchtend rote Survivalanzüge verpackte Männer an Land gebracht, die mit ernster Miene die Eisbärenlage prüften. Erst danach wurden Wissenschaftler und Repräsentanten an Land gefahren. Rafa, der die Zeremonie mit der Filmkamera festhalten wollte, handelte sich sofort einen Rüffel von einem der Besucher ein: „Watch your step, this is historical ground!" Unser Kameramann, der zu diesem Zeitpunkt bis zu den Knöcheln in einer Pfütze stand und sich im Gegensatz zu den Besuchern von den Ruinen fernhielt, fand diese Bemerkung ein wenig unpassend, sagte aber nichts. Franz hingegen ist ein sehr kommunikativer Mensch. In seiner freundlichen, offenen Art ging er auf die Menschen zu und fing ein Gespräch an, ohne sich darüber im klaren zu sein, daß er sich dabei rein optisch geradezu dramatisch von den Besuchern abhob. Franz, in Jeans und Lederjacke gekleidet, sah aus, als ob er gerade von einem Einkaufsbummel kam und hier nur mal vorbeischauen wollte. Auf seine Fragen hin wird er höflich belehrt, daß man anläßlich des 100jährigen Jubiläums der Andrée-Expedition hierher gekommen sei, um das epochale Ereignis zu würdigen. Ob er denn davon noch nichts gehört hätte? Eine Gedenkfeier sei das, hier inmitten der Ruinen des Ballonhangars.

„Ich hab auch einen Ballon dabei", antwortete daraufhin Franz. Die Besucher, die von unserem Projekt offenbar keinerlei Kenntnis hatten, blickten ihn mitleidig an. „So, so, einen Ballon haben Sie dabei!" Die Blicke auf Jeans und Lederjacke sprachen Bände, nachsichtig verzichtete man darauf, sich nach weiteren Einzelheiten zu erkundigen und ließ den völlig verblüfften Franz im Regen stehen. Erst später ist ihm die Komik dieser Situation bewußt geworden, und als er sie uns jetzt an Bord der DAGMAR AAEN erzählt, schütteln wir uns vor Lachen.

Wegen des anhaltend stürmischen und nassen Wetters wurde das

Programm der Zeremonie übrigens drastisch verkürzt. Es gab einige kurze Ansprachen, danach setzte man mit den Zodiaks schleunigst wieder auf die warmen und trockenen Schiffe über. Um die Mittagszeit dann das große Finale: Ein Wetterballon, gestiftet vom Alfred Wegener Institut, mit einer Nachricht über das Ereignis versehen, wurde von einem der Schiffe gestartet. Die Sturmböen und die niedrige Wolkendecke schluckten den Ballon sehr schnell, und damit war die Feier beendet. Ein Schiff nach dem anderen ging ankerauf und verließ Virgohamna. Der Spuk war vorbei und Franz und Rafa wieder unter sich.

Seit wir Franz und Rafa hier abgesetzt haben, ist das Wetter ohne Unterlaß stürmisch gewesen. Offenbar war es hier sogar noch schlechter als in Longyearbyen. Wir haben daher keine Zeit verloren, denn bei einem derart stürmischen Wetter ist an einen Ballonstart natürlich nicht zu denken. Franz grummelt vor sich hin: „Hätten wir man das gute Wetter genutzt...!“ Ich kann ihm nur beipflichten, aber zu ändern ist das jetzt nicht mehr. Bei Regen und Sturm fahren wir mit dem Schlauchboot an Land und sehen uns um. Bereits 1991 waren wir mit unserem Schiff hier gewesen. Damals ist wohl auch der Plan gereift, noch mal hierher zurückzukommen. Das erste, was auffällt, sind drei alte Tranöfen aus der Zeit des Walfangs – sozusagen die ältesten Ruinen dieses Platzes, die aussehen wie drei kleine Erdhügel. Einige Gräber aus derselben Zeit liegen auf einer kleinen Anhöhe, dahinter erstreckt sich halbkreisförmig ein Talkessel, der von schroffen Fels- und Geröllwänden eingerahmt ist. An der nordöstlichen Seite des Tals steht ein aus Felsbrocken gemauertes Denkmal, verziert mit einem Anker und einer Plakette, die an die Andrée-Expedition erinnern soll. Unmittelbar dahinter, im Schutz einer senkrechten Felswand, stand damals der Ballonhangar. Ich habe ein Foto dabei, wage aber wegen des Regens nicht, es aus der Tasche zu ziehen. Auch so erkenne ich den Platz sofort wieder. Die Holzteile des Hangars haben späteren Expeditionen als Baumaterial gedient, wie etwa der des etwas spleenigen Amerikaners Wellman, der in der Polargeschichte eine skurrile Erscheinung abgibt.

Alle seine Expeditionen waren sehr vollmundig und medienwirksam angekündigt worden – und alle scheiterten sie kläglich.

Bereits 1894 hatte er versucht, von Nordaustlandet aus zum Nordpol zu laufen. Er gab auf, ohne jemals weit ins Eis gelangt zu sein. Dafür verlor er sein Schiff durch Eispressungen. Vier Jahre später versuchte er es vom Franz-Joseph-Land aus und scheiterte erneut. Da die Andrée-Expedition gezeigt hatte, daß Ballone offenbar nicht geeignet für Polarfahrten waren, ließ er sich in Paris ein Luftschiff bauen, errichtete dafür teilweise aus den Resten des Ballonhangars der Andrée-Expedition einen Luftschiffhangar und taufte die ganze Bucht auf den Namen „Camp Wellman" um. 1906 wurde das Luftschiff „America" zum Camp Wellman transportiert und dort zusammengebaut. Aber angebliche technische Probleme warfen das Projekt und seinen ehrgeizigen Initiator immer wieder zurück. Was hingegen vorbildlich klappte, war die Berichterstattung in den Zeitungen, die ganze Schiffsladungen mit Touristen in die Virgobucht zogen. Jeder wollte Zeuge dieses epochalen Ereignisses werden. Jahr für Jahr kehrte Wellman mit dem modifizierten Luftschiff zurück – jedesmal unter enormem Presserummel –, und Jahr für Jahr mußte er aus irgendwelchen Gründen den Nordpolflug verschieben. Nachdem er die Öffentlichkeit jahrelang zum Narren gehalten hatte, explodierte die „America" schließlich, und aus Camp Wellman wurde wieder Virgohamna.

Aber auch ein Deutscher bediente sich der Reste des Hangars. Ein junger Kapitänleutnant namens Bauerndahl wollte 1900 von der Virgobucht aus zu Fuß zum Nordpol laufen. Da dies schwieriger war, als er erwartet hatte, überwinterte er in dem damals noch gut erhaltenen Pikeshaus und baute sich aus dem Holz des Ballonhangars ein acht Meter langes Floß. Im Juli 1901 ließ er sich von einem Robbenfänger ein Stück nach Norden schleppen, aber schon am Abend desselben Tages riß die Schleppverbindung, und Bauerndahl ließ sich abbergen. Damit endete sein Nordpolabenteuer, und die Reste des Ballonschuppens verschwanden im Packeis.

Wellman hat am nachhaltigsten dieser Bucht seinen Stempel aufgedrückt. Die meisten Ruinen stammen von seinem Luftschiffhangar. Im Grunde hat er nur ein riesiges Medienspektakel inszeniert, ohne ernsthaft den Versuch zu machen, zum Pol zu gelangen. Die Grundmauern seiner Häuser sind deutlich zu erkennen, sogar Einrichtungsgegenstände wie Herdplatten, Werkzeuge etc. liegen noch herum. Wäre es nicht „historischer" Schrott, würde man sagen, daß es ein riesiger Saustall ist, den der egozentrische Amerikaner hinterlassen hat. Dagegen machen sich die Fundamentbalken des Pikeshauses eher bescheiden aus. Sie sind aber ebenfalls deutlich zu lokalisieren, ebenso wie die Reste des Wasserstoffapparates von Andrée noch vorhanden sind. Geborstene Fässer mit Eisenspänen, die im Wasserstoffapparat mit Schwefelsäure vermengt wurden, um Wasserstoff zu erzeugen, liegen vereinzelt herum. Je länger man schaut, desto mehr Details werden erkennbar. Eingemauerte Ringe, an denen die Haltetaue für den Hangar befestigt waren. Vermoderte Reste eines einstmaligen Füllschlauches. Auf Schritt und Tritt begegnen einem die Relikte ehrgeiziger Projekte und Visionen. Auf eine Felswand haben Touristen ihre Namen geschmiert – inzwischen hat der Sysselmann dies streng verboten. Vorsorglich sind Schilder aufgestellt worden, die auf die historische Bedeutung dieses Ortes hinweisen und zur Vorsicht und Zurückhaltung mahnen.

Nachdem wir uns umgesehen haben, fahren wir zurück an Bord, um uns bei einer heißen Tasse Kaffee aufzuwärmen. Das Wetter ist schlichtweg ungemütlich!

Um keinen Frust aufkommen zu lassen, beginnen wir damit, zumindest die Ausrüstung an Land zu schaffen. Das ist leichter gesagt als getan, denn durch das stürmische Wetter steht eine leichte Brandung auf den Strand. Also bauen wir zunächst aus Treibholz und Felsbrocken einen kleinen Anleger, damit wir das Beiboot besser entladen können. Als erstes bringen wir die einzelnen Gaszylinder sowie die Flasche mit Helium für die Probeballons an Land. Danach folgt die 160 Kilogramm schwere Ballonhülle, die wir mit Hilfe der Backstagstalje ins Dingi wuchten. Ich bin froh über jeden Ausrüstungsgegenstand, der von Deck kommt und an Land wandert. Der Transport des Korbes ist am problematischsten. Wir können ihn nur auf das Schlauchboot stellen. Während ich im Boot stehe und ihn festhalte, sitzt Gerd ohne Sicht nach vorn hinten im Boot und fährt den Außenborder. Bei ruhigem Wetter wäre das kein Problem, da wir aber Schwell und Sturmböen haben, ist die Aktion nicht ohne Risiko. Franz würde es mir nie verzeihen, wenn ich seinen Korb in der Virgobucht versenken würde! Vorsichtig lotse ich Gerd an unseren Anleger heran, dort stehen bereits ausreichend Helfer parat, um den Korb aufs Trockene zu hieven.

Während wir noch am Arbeiten sind, wird an Bord die Maschine gestartet. Alarmiert blicke ich mich um und sehe, daß der Anker slippt. Schnell fahre ich zum Schiff zurück, aber dort hat Martin bereits alles in die Wege geleitet. Achim und Falk kurbeln den Anker hoch, Martin stützt mit der Maschine, bis der Anker aus dem Grund ist. Der Ankergrund ist schlecht. Immer wieder gehen wir auf Drift, obwohl unser Bügelanker eigentlich zu den besten Allroundankern zählt, die ich kenne. Nach und nach habe ich alle anderen Ankertypen gegen den Bügelanker ausgetauscht und fahre diesen Typ jetzt ausschließlich. In den dichten Seetangfeldern kommt er aber offenbar nicht richtig zum Zuge, ein Problem, das aber auch andere Anker haben. So gehen wir doppelt aufmerksam unsere Ankerwache.

An einen Start ist heute nicht zu denken. Wir sind schon ganz zufrieden, daß wir die Ausrüstung an Land haben. Dafür sind wir durchgeweicht, und das ganze Schiff ist mit Kleidung ausstaffiert, die zum Trocknen über den Öfen hängt. Auch das Skiteam, mit dem ich abends über Funk spreche, hat Probleme mit dem Wetter. Starke Sturmböen und besonders die schlechten Sichtbedingungen zwingen sie zum Abwarten. Inzwischen haben sie nach sorgfältigem Kartenstudium beschlossen, über den Mayerbreen in den Möllerfjord abzusteigen. Dorthin mit dem Schiff zu gelangen, ist für uns kein Problem. Vorerst aber liegen sowohl wir wie auch das Skiteam wegen des schlechten Wetters fest.

Auch am nächsten Tag bessert es sich nicht. Zusammen mit dem Kameramann Ralf unternehme ich einen Tauchgang, um zu sehen, ob sich unter Wasser noch Reste der alten Expeditionen befinden. Unnötig zu erwähnen, daß das Wasser kalt ist. Das mistige Wetter erleichtert einem nicht gerade den Entschluß, ins trübe Naß zu springen – wir tun es trotzdem. Außer dichten Tangwäldern, Sandboden und vereinzelten kleinen Garnelen bekommen wir nicht viel zu sehen. Dabei ist die Sicht unter Wasser ausgesprochen gut. Da Ralf nur einen Naßanzug anhat, kühlt er relativ schnell aus. Auch mich hält es nicht viel länger unter Wasser, trotzdem war der

Tauchgang interessant und lohnenswert – und wenn es nur der Gewißheit wegen ist, daß sich keine Ausrüstungsteile dort finden lassen.

Danach sitzen wir dichtgedrängt an Bord – anders läßt es sich nicht bewerkstelligen – und grübeln vor uns hin. „Hätten wir nur", ist der stumme Vorwurf von Franz und mir. Gemeint ist die ungenutzte Schönwetterperiode. Wir fühlen uns seelenverwandt mit Andrée, können mit einem Mal nachempfinden, wie ihm 1896 zumute gewesen sein muß, als er unverrichteter Dinge wieder abziehen mußte. Welche Sorge muß ihm ein Jahr später im Nacken gesessen haben, wieder am Wetter zu scheitern. Während es uns primär um eine Würdigung seiner Unternehmung geht, stand bei ihm alles auf dem Spiel: Glaubwürdigkeit, wirtschaftliche Existenz, nationales Prestige. Im Grunde genommen blieb ihm kaum eine andere Wahl, als zu starten. Die Zeiten waren damals anders. Aber auch wir wären nicht hier, wenn wir nicht ernsthaft Fahrten durchführen wollten. Auch wir haben unendlich viel Arbeit und auch Geld investiert. In dieser Nacht erreicht der Wind 50 Knoten und scheint uns zu verhöhnen. – Bekommen wir noch unsere Chance?

Erst am Nachmittag des 15. Juli läßt der Sturm plötzlich nach. Wir schleppen die Ballonausrüstung zu einem geeigneten Startplatz und legen die Ballonhülle aus. Immer wieder fallen Böen über uns herein, es ist noch zu früh – wir müssen wieder einmal abwarten. Gegen Abend gibt Franz dann das Kommando. Das motorgetriebene Gebläse wird angestellt. Falk und ich halten die Öffnung des Ballons in den Windstrahl, und langsam beginnt sich die Hülle mit kalter Luft zu füllen. Immer praller wird der Ballon und damit auch immer schwerer zu bändigen. 1300 m^2 Fläche hat die Hülle – das ist eine ganz stattliche Segelfläche. Wie ein Dinosaurier wälzt sich die halbaufgeblasene Hülle von einer Seite auf die andere, läßt keine auch noch so kleine Bö ungenutzt passieren und verhakt sich plötzlich in irgendeinem unter dem Schnee verborgenen Holzpfosten des Wellman-Schuppens. Ein kurzes Knirschen, dann ist Franz auch schon zur Stelle und stellt das Gebläse ab. Ein Riß im unteren Teil der Hülle ist entstanden. Ärgerlich zwar, wie Franz sagt, aber nicht gefährlich. Weiter oben sähe es anders aus, befindet er. Trotzdem, der Platz ist nicht sicher, also alles wieder zusammenpacken, die Hülle entleeren und weiter über Stock und Stein zu einem Schneefeld schleppen. Noch immer fallen gelegentlich Böen ein, obwohl sie schwächer und seltener werden. Der Himmel ist seit Tagen endlich wieder strahlendblau. Wir beschließen, an Bord zu fahren und ein paar Stunden abzuwarten. Tageslicht gibt es 24 Stunden lang, insofern spielt die Uhrzeit keine Rolle.

Gegen 23 Uhr versuchen wir es erneut. Es ist völlig windstill geworden, wir können unser Glück kaum fassen. Die mit Helium gefüllten Probeballons steigen nahezu senkrecht in den blauen Himmel – jetzt oder nie! Inzwischen sind wir ein gut eingespieltes Ballonteam. Franz ruft nur noch kurze Instruktionen, Falk und ich halten wieder die Öffnung des Ballons in den Windstrahl des Gebläses, während wieder andere die Kuppel des Ballons halten. Franz hantiert an den Brennern, erhöht die Drehzahl des Gebläses und wirkt seit langer Zeit mal wieder so richtig zufrieden.

Während ich die Ballonhülle halte, wandern meine Gedanken wieder einmal zurück zu Andrée. Was wir hier inszenieren, ist nicht vergleichbar. Angefangen bei der Technik bis hin zur Zielsetzung, aber das war von Anfang an klar. Und dennoch sind wir ihm und seinen Gedankengängen näher gerückt, als es uns ohne dieses Experiment jemals möglich gewesen wäre. Die Vorbereitungen zu diesem Start in der Virgobucht – 100 Jahre und 4 Tage nach Andrée – haben auch einen völlig anderen Stellenwert für uns als der erste Start in Longyearbyen. Zum einen sind wir genau für diesen Start den weiten Weg hierher gekommen, aber das ist es nicht allein. Irgendwie fühle ich die Jahrhundertkluft zwischen Andrée und uns schwinden. Seine Gedankengänge werden für mich transparenter, nachvollziehbarer. Sich hinzustellen, wie es einige immer wieder tun, und zu sagen: „Es ist tollkühn und äußerst leichtsinnig, zu versuchen, mit einem Ballon zum Nordpol zu fahren!" ist leicht. Zyniker und Besserwisser werden ihre berühmte „Siehst-du-wohl-hab-ich-ja-gleich-gesagt-Miene" aufgesetzt haben, als Andrée, Fraenkel und Strindberg nicht mehr auftauchten. Denn sie hatten es ja schließlich schon vorausgesagt. Aber was wären wir ohne Menschen wie die drei Schweden? Sobald jemand etwas Außergewöhnliches versucht, sind Einschüchterungsversuche die unvermeidliche Folge davon. Gewiß, es war ein Abenteuer, und ganz sicher bergen die auch Risiken. Doch nirgendwo in den aufgefundenen Tagebüchern ist davon zu lesen, daß sie lamentieren oder jemandem die Schuld an ihrer Lage zuschieben. Und letztlich ist ihnen nicht die Ballonfahrt zum Verhängnis geworden, sondern der Marsch über das Eis. Mit ein wenig mehr Glück und vielleicht etwas mehr Erfahrung im Umgang mit der Drift des Eises hätten sie eine gute Chance gehabt, heil wieder zurückzukommen.

Vergleicht man den langen Marsch der Andrée-Expedition mit der Wanderung Fridtjof Nansens und seines Begleiters Johannsons von der FRAM ausgehend, so haben die beiden Norweger zwar eine ungleich längere Strecke bewältigt und zugleich auch noch einen Winter im Norden Franz-Joseph-Lands in einer denkbar primitiven Erdhöhle verbracht. Doch die beiden waren auf derartige Situationen eingestellt und verfügten über umfangreiche Erfahrung mit dem Polareis. Sie hatten schlicht die besseren Voraussetzungen. Nicht die Ballonfahrt hat die drei Schweden umgebracht – es ist die Eisdrift gewesen. So gesehen hat Andrée keineswegs fahrlässig gehandelt, sondern sehr kalkuliert. Er hatte sich zudem einer neuen Technologie bedient, die ihre Tücken und Schwächen hatte. Andrée versuchte, diese zwar durch Nachbesserungen auszugleichen, wie etwa durch Verwendung von Schleppleinen und Segel, aber durch den Verlust der Seile und des Ballasts gleich beim Start war ihm diese Steuermöglichkeit von Anfang an genommen. Trotzdem war seine Expedition nicht mehr oder weniger wagemutig, als sich etwa mit einem Schiff im Polarmeer einfrieren zu lassen.

Und noch eines darf man nicht vergessen: Die drei Schweden sind durchaus nicht die einzigen Opfer in der Geschichte der Polarforschung. Im Verlauf der britischen Franklin-Expedition gingen mit den beiden Schiffen EREBUS und TERROR gleich 129 Mann zugrunde. Anderen Expeditionen erging es nicht viel besser. Nansens FRAM war wirklich das erste Schiff, das diesem enormen Eisdruck gewachsen war. Der Gedanke, mit einem Ballon die Eisbarrieren zu umgehen, war demnach keineswegs abwegig. Auch wenn wir heute wissen, daß eine Ballonfahrt zum Nordpol keine Aussicht auf Erfolg hat, so mußte man nach dem damaligen Kenntnisstand zumindest die Möglichkeit in Betracht ziehen. Genau das hatte

Andrée getan und nach bestem Wissen Vorkehrungen getroffen. Das Schicksal hat es nicht gut mit ihm und seinen Leuten gemeint. Ihnen ist das Glück der Tüchtigen versagt geblieben.

Fauchend schießen die Feuerlanzen des Brenners in die Ballonhülle. Die Auswirkung der plötzlichen Erwärmung im Inneren der Hülle ist sofort spürbar. Der Ballon scheint sich zu spannen. Abermals blitzen die Brenner auf, und mit einem Mal stellt sich der Ballon auf. Jetzt muß alles schnell gehen. Indem er sich aufrichtet, zieht der Ballon auch den Korb, der bislang flach auf dem Boden lag, in die aufrechte Position. Franz springt als erster hinein, ich folge ihm als zweiter, Ralf mit der Kamera als dritter. Ich blicke vom Korb aus in das Innere der Ballonhülle, die sich prall über unseren Köpfen ausbreitet. Für Dreharbeiten wollen wir einige „gefesselte" Fahrten durchführen – also nur so tun als ob, während eine Sicherungsleine am Korb und am Boden befestigt ist und uns nur einen geringen Radius zum Fahren läßt. Unter erneutem Fauchen der Brenner hebt sich der Ballon sachte ab und steigt langsam in die Höhe. Es ist mittlerweile weit nach Mitternacht, aber trotzdem liegt die gesamte Bucht im Sonnenlicht gebadet. Diese ersten Momente in der Luft sind unglaublich. Unter uns die Virgobucht mit der DAGMAR AAEN vor Anker, die von hier oben wie ein Spielzeug wirkt. Um uns herum die schroffen Felswände, denen wir nicht zu nahe kommen dürfen, und dann auch noch das absolute Glückseligkeit ausstrahlende Gesicht von Franz – Ballonfahren ist seine Welt!

Ich selbst stehe einfach andächtig da und nehme das Panorama in mich auf. Je höher wir steigen, desto mehr treten die Felswände zurück und geben den Blick frei auf die Gletscher und Schneefelder Spitzbergens. Irgendwo dort hinten, schießt es mir durch den Kopf, lagert jetzt unser Skiteam. Luftlinie sind wir vermutlich gar nicht so weit voneinander getrennt. Ralf filmt, aber trotz aller Professionalität ist ihm ebenfalls die Gelöstheit wie auch die Anspannung anzumerken. Wir haben es schließlich doch noch geschafft, und mit einem Mal sind die Sorgen und die Ungeduld, die wir noch vor wenigen Stunden verspürt haben, verflogen. Auch die Überlegung, ob sich dieser immense Aufwand für einige Ballonfahrten lohnt, verliert ihre Grundlage angesichts der Perspektive, die sich uns bietet. Wenn der Brenner ausgestellt ist, hört man jedes kleinste Geräusch vom Boden: Das Knistern des Eises, gedämpfte Stimmen, das Klappern der Töpfe an Bord der DAGMAR AAEN, wo Falk mit dem Vorbereiten eines Mitternachtssnacks beschäftigt ist. Wie aus heiterem Himmel taucht plötzlich die ORIGO auf, ein schwedisches Forschungsschiff. Ihnen müssen wohl die Ohren geklingelt haben. Sie fahren einige Runden um die DAGMAR AAEN und blicken dabei in den Himmel zu uns hinauf. Dreimal ertönt das Typhon, dann verlassen sie die Bucht so schnell, wie sie gekommen sind.

Wir landen wieder, die Fahrgäste wechseln, so daß möglichst jeder in den Genuß dieser Ballonfahrten kommt. Die absolute Windstille erlaubt es dem Ballon, in der Bucht zu manövrieren, ohne daß er Gefahr läuft, aufs Wasser oder in die Berge abgetrieben zu werden. Da die Wetterkarte bereits ein neues Tiefdrucksystem ankündigt, wissen wir, daß diese eine Nacht unsere Nacht ist. Eine weitere Chance werden wir zumindest hier nicht erhalten. Wir nutzen daher nahezu jede Sekunde. Es ist, als ob ein Knoten geplatzt wäre. Irgendwie löst sich die Anspannung der letzten Tage und Wochen. Die qualvolle Enge an Bord, die mörderische Aufgabe unseres Smuts, der zeitweise zwei Schiffe zu versorgen hatte und dabei kaum Zeit fand, etwas für sich selbst zu unternehmen. Ob es Falk, Achim, Torsten oder Rafa waren – alle hatten ihre eigenen Wünsche und Bedürfnisse hintenangestellt, wenn es um die gemeinsame Zielsetzung ging. So etwas ist nicht selbstverständlich! Und einmal mehr bin ich dankbar, mich auf eine so engagierte Crew stützen zu können. Die Fahrt mit dem Ballon wirkt wie Balsam auf unsere Seelen. Georg, Ralf und Alexander, die das Kamerateam bilden, sind begeistert von den Aufnahmen, und auch ihnen muß ich meine große Anerkennung aussprechen. Auch wenn sich anfänglich wegen der Abläufe und Wetterkonstellationen gewisse Interessengegensätze abzeichneten, so gab es doch keinen Konflikt, und sie waren stets bemüht, als Crewmitglieder am Bordgeschehen mitzuwirken. Auch Gerd, der unermüdlich als Katalysator zwischen Schiff und Filmcrew gewirkt hat, erscheint mit einem Mal entspannter. Mit diesen Ballonfahrten lösen wir uns gedanklich irgendwie auch von der Andrée-Expedition, mit der wir uns jetzt so lange beschäftigen. Gern wären wir zum Abschluß noch mit der Dagmar Aaen nach Kvitøya gesegelt, aber das Eis liegt undurchdringlich fest an der Küste.

Als Franz frühmorgens nach etlichen Fahrten mit wechselnden Crews schließlich das Ventil im Ballon öffnet, um die warme Luft zu entlassen, sind wieder Wolken aufgezogen. Das Fenster, das uns das Wetter gnädig eingeräumt hat, ist wieder geschlossen. Die Schönwetterperiode ist unwiderruflich vorbei. Aber wir sind vollauf zufrieden. Schließlich hätte es auch durchgehend stürmen können, ohne daß wir auch nur ein einziges Mal in die Luft gekommen wären. Es ist geglückt. Müde, aber auch euphorisch packen wir die Ausrüstung zusammen und machen uns dann auf den Weg zum Strand, wo uns das Dingi bereits erwartet. Wenig später sitzen wir heißhungrig über einer dampfenden Suppe, die Falk gekocht hat, um danach endlich einige wohlverdiente Stunden Schlaf in der Koje zu finden. Heute träumen wir alle von anderen Welten.

Im Möllerfjord

Einige Tage später verlassen uns Franz, Gerd sowie das Kamerateam in Ny-Ålesund. Ein Flugzeug, das Wissenschaftler eingeflogen hat, verfügt noch über freie Plätze, und wenige Stunden später sind die fünf auf dem Weg zurück nach Longyearbyen, von wo aus sich der Weiterflug anschließt. Eine letzte Ballonfahrt bei strahlendem Sonnenschein am Tag zuvor hatte einen Schlußpunkt unter das Kapitel ICEFLY, Andrée sowie unsere Ballonaktivitäten gesetzt. Diese abschließende Fahrt mit dem Ballon fand in entspannter und ruhiger Atmosphäre statt. Wir genossen es, in großer Höhe dahinzugleiten, während Franz mal die eine, mal die andere Luftströmung ausnutzte, um eine Richtungsänderung herbeizuführen. Summa summarum sind es weit weniger Ballonfahrten gewesen, als wir ursprünglich geplant hatten. Aber so ist das nun einmal in der Arktis. Durch unsere Versuche mit dem Ballon sind die Probleme der Andrée-Expedition transparenter geworden. Und die Fahrten, die wir durchführen konnten, waren an Eindrücken reich und wirken in uns nach. Deshalb sind wir mit dem Erreichten durchaus zufrieden – mehr war eben nicht möglich.

Dann geht irgendwie alles sehr schnell. Die Kameraausrüstung wird zum Flugzeug gebracht, wir verabschieden uns, und plötzlich ist es ungewohnt still und leer an Bord. Aber das soll nicht lange so bleiben, denn über Funk haben wir abends erfahren, daß unser Skiteam sich dem Fuß des Mayerbreen nähert und darum bittet, aufgenommen zu werden. Am 20. Juli laufen wir durch den Kross- und Möllerfjord Richtung Mayerbreen. Schon von weitem ist zu erkennen, daß der Abstieg alles andere als einfach ist. Der Gletscher besteht aus einer steilen, zerrissenen Eiszunge, die abrupt in einer etwa 50 Meter hohen Abbruchkante im Fjord endet. Die seitliche Begrenzung stellen steile Felswände dar, die mit Schuttablagerungen überzogen sind. Fast ständig lösen sich kleine und große Steinlawinen, die mit Getöse herabstürzen. Dort zu laufen ist lebensgefährlich. Also muß sich das Skiteam weiter in der Mitte halten, wo zugleich aber auch die größten Spalten anzutreffen sind. Aber irgendwie müssen sie schließlich auch zum Wasser absteigen – mit der gesamten Ausrüstung, den Pulkaschlitten und selbst dem Müll, den sie während ihrer Tour produziert und natürlich gesammelt haben.

Die einzige Stelle, an der sie den Gletscher verlassen können, um zum Fjord hinabzusteigen, ist so steil, daß die Schlitten dort nicht hinunter getragen werden können. Außerdem besteht hier eine permanente Steinschlaggefahr, so daß sich jeder einzelne möglichst nur einmal und dann so schnell wie möglich über diesen Hang begeben sollte. Die Ausrüstung kann auf keinen Fall dort transportiert werden. Frank und Elise haben eine Lösung für dieses Problem parat. Allerdings birgt sie einige Gefahren. Die beiden wollen so dicht wie möglich an die Abbruchkante des Gletschers herangehen, um von dort oben mit Bergseilen die fünf beladenen Pulkaschlitten abzuseilen. Da sie aber von ihrer Position nicht in die Abbruchkante einsehen können, müssen wir sie vom Schlauchboot aus über Funk dirigieren – eine heikle Aufgabe. Pablo als Leiter der Gruppe ist nicht glücklich mit dem Vorschlag, stimmt ihm aber schließlich zu.

Zusammen mit Falk fahre ich im Dingi so weit an den Gletscher heran, wie es uns gerade noch sicher erscheint. Dann warten wir ab und studieren die Abbruchkante. Die mögliche Abseilstelle ist schnell eingegrenzt. Während auf der südlichen Seite des Gletschers immer wieder große Eisbrocken abbrechen und ins Wasser stürzen, ist die nördliche Seite ruhig. Auch hier gibt es Überhänge und unsichere Eisformationen, aber eine Stelle können wir immerhin ausmachen, die uns für dieses Vorhaben vertretbar erscheint – mehr auch nicht! Die Frage ist nur, ob Frank und Elise dorthin gelangen können, denn von hier unten aus können wir natürlich nicht beurteilen, wie die Spalten auf dem Gletscher verlaufen. Sich gegenseitig sichernd kommen die beiden an die Stelle heran, die wir ihnen über Funk zuweisen. „Es sieht ganz passabel aus", kommt Franks Stimme über Funk, Pablo hingegen ist voller Sorge. Jetzt muß alles schnell gehen. Die Ausrüstung in den Pulkas ist in wasserdichten Säcken verpackt, in denen zum Auftrieb so viel Luft wie möglich mit „eingepackt“ worden ist. Der erste Pulka rutscht von oben gesichert über die Abbruchkante, verfängt sich kurz hinter einem Eisvorsprung, rutscht dann aber ohne weiteren Aufenthalt an der Kante hinab bis zum Wasser. Als er das Wasser berührt, fahren Falk und ich mit dem Schlauchboot heran, ziehen den Schlitten mit einem Bootshaken unter dem ausgewaschenen und überhängenden Gletscherfuß heraus, binden das Bergseil los und entfernen uns so schnell wie möglich aus der Gefahrenzone. Die Abbruchkante eines Gletschers ist nicht gerade der Ort, an dem man sich unnötig lange aufhalten sollte. Diese Prozedur wiederholt sich weitere vier Male, dann haben wir alle fünf Pulkas geborgen, und Frank und Elise können sich zurückziehen. Allen fällt ein Stein vom Herzen. Über die steile Geröllhalde laufen die fünf im Eiltempo hinunter zum Fjord. Dabei wartet der nächste immer so lange, bis der Vorläufer die Gefahrenstelle passiert hat, erst danach macht er sich in einem Tempo, das einer Gemse Achtung abverlangen würde, an den Spurt nach unten. Auch diese Aktion gelingt, und schließlich stehen alle fünf heil und gesund am Möllerfjord, wo Falk sie mit einem frischen Apfel in Empfang nimmt.

Achtzehn Tage sind Brigitte, Pablo, Sigga, Frank und Elise unterwegs gewesen. Nachdem wir abends in einer Bucht vor Anker gegangen sind und Falk ein Festmenü gezaubert hat, erzählen die Skiläufer von ihrem Abenteuer. Unter viel Gelächter – weil es jetzt Vergangenheit ist – wird von nassen Füßen, reißenden Schmelzwasserbächen und aufgeweichten Schneesümpfen berichtet. Frank, der als letzter ging, hat es besonders hart getroffen. Die Schneebrücken über die Bäche und Tümpel hielten meistens noch die vier Personen vor ihm, er selbst hingegen sackte dann immer wieder mit schöner Regelmäßigkeit bis zu den Knien ein und war am Abend pitschnaß. Es gehört schon die Gelassenheit von Frank dazu, dabei nicht den Humor zu verlieren. Nur einmal – als alle am Seil gingen – war selbst bei ihm das Maß voll. Ein ungeduldiger Ruck am Seil beförderte ihn bäuchlings ins Wasser, was bei den einen zu Heiterkeitsausbrüchen führte, bei Frank hingegen zu zähneknirschenden, völlig neuartigen Kombinationen von Flüchen.

Die Feuchtigkeit und das allgegenwärtige Schmelzwasser schien eines der Hauptprobleme zu sein und war zugleich auch mitbestimmend bei der Routenwahl. Das schlechte Wetter, das uns immer wieder in unseren Aktivitäten beeinträchtigt hatte, hat auch den Skiläufern zu schaffen gemacht. Tage im dichten Nebel oder auch bei prasselndem Regen wurden im Zelt verbracht, da es bei den äußerst schlechten Sichtbedingungen nicht möglich gewesen wäre, eine Route durch das Spaltenlabyrinth zu finden. Die fortgeschrittene Jahreszeit – darüber waren wir uns von Anfang an im klaren – hat diese Tour nicht leichter gemacht. Aber sie war deshalb bei weitem keine Verdrußtour. Anspruchsvoll in der Routenwahl und eindrucksvoll in der Landschaftsgestaltung. Die „Tre Kroner" sind die markantesten Berge gewesen, die sie in unmittelbarer Nähe passiert haben. Pablo und Sigga, die beide umfangreiche Erfahrung aus Patagonien besitzen, brachten die Routine in die Gruppe. Aber auch Frank, Elise und Brigitte waren der gestellten Aufgabe in jeder Hinsicht gewachsen, und so sind alle auf ihre Kosten gekommen. Elise schenkt mir als Erinnerung an diese Tour ein handschriftliches Tagebuch, in dem sie jeden Tag der Ski-Expedition kurz zusammengefaßt hat. Falk kramt aus irgendeiner versteckten Ecke einen Kasten Bier hervor, von einer CD röhrt Marius Müller-Westernhagen „Mir geht's gut", Sigga steuert isländischen Trockenfisch und eine besonders hinterhältige isländische Spezialität, die einen binnen kürzester Zeit an den Rand der Bewußtlosigkeit bringt, den hochprozentigen „Schwarzen Tod", dazu bei.

Spät abends, nachdem die unvermeidliche Bordparty, die bei der Wiedervereinigung des gesamten Teams nicht fehlen darf, ausgeklungen ist, liege ich in meiner Koje und lese in dem Tagebuch, das ich von Elise bekommen habe. Es hat auch Konflikte gegeben. Keine schlimmen, und es liegt wohl auch in der Natur der Sache, daß es bei der Routenwahl gelegentlich kontroverse Meinungen gibt. Jeder muß bereit sein, ein Stück von sich preiszugeben und zurückzustecken. Wer nichts zu geben hat, hat auch nichts zu sagen. Sonst klappt es in solch extremen Situationen nicht. Eine Gruppe von ausgeprägten Individualisten zu führen, ist nicht einfach, diese Erfahrung hat Pablo mir bestätigt, und ich selbst kann ein Lied davon singen. Und dennoch – eine bessere Schulung gibt es kaum, und wenn es klappt, auch kaum ein befriedigenderes Erlebnis. Denn all diese Erkenntnisse lassen sich auf den normalen Alltag zu Hause übertragen. Wer sich wie diese fünf zusammenrauft und das gemeinsame Ziel allen persönlichen Eitelkeiten voranstellt, ist effektiv und erfolgreich. Und wichtiger noch, nur dann bringt es auch Spaß! So war diese Skitour, wie mir auch von Brigitte bestätigt wird, in jeder Hinsicht ein voller Erfolg. Die Aufgabenstellung wurde erreicht, und jeder der Teilnehmer ist um eine eindrucksvolle Erfahrung reicher zurückgekehrt.

Nach einem gemeinsamen Frühstück fahren wir am nächsten Morgen an Land und sehen uns eine knallrote Hütte an, die einsam am Strand steht. Es ist die schon fast berühmte „Lloyd-Hütte". Der Norddeutsche Lloyd, eine Reederei, die später in die Hapag Lloyd Reederei eingegangen ist, hat diese Hütte bereits in den zwanziger Jahren errichtet, damals wohl mehr im Hinblick auf eine Schutzhütte, heute wird sie eher als Touristenattraktion erhalten. Und dennoch, die Funktion einer Schutzhütte hat sie natürlich auch heute noch, und so befinden sich dort auch immer ein paar Vorräte, die für einen gestrandeten Reisenden zur Verfügung stehen. Wir tragen uns in das Hüttenbuch ein, betrachten die Schilder, Fotos, Rettungsringe und andere Hinterlassenschaften von irgendwelchen Kreuzfahrtschiffen, die alljährlich bei dieser Hütte Station machen.

Etwa einen Kilometer von der Hütte entfernt liegt ein großer, weithin sichtbarer Felsbrocken, den irgendein Gletscher vor Urzeiten einmal dort abgelegt haben muß. Der englische Bergsteiger und Seefahrer H.W. Tilman war mit seinem Lotsenkutter BAROQUE 1974 nach Spitzbergen gesegelt und hatte unter anderem auch in dieser Bucht geankert. Während einer seiner Landausflüge malte die Crew den Namen des Schiffes in großen Buchstaben auf die Rückseite des Felsens, also so, daß man ihn von See aus nicht erkennen konnte. Da ich mich seit Jahren mit den Reisen Tilmans beschäftige, möchte ich gern wissen, ob die Schrift noch zu erkennen ist. Als wir um den Felsbrocken herumgehen, bin ich überrascht. In großen Lettern, als sei es erst im vergangenen Jahr drauf gemalt worden, steht dort zu lesen: „BAROQUE 1974".

H.W. Tilman ist ein bemerkenswerter Mann gewesen. Im Laufe seines Lebens hat er drei Lotsenkutter gehabt. Der erste war MISCHIEF, den er vierzehn Jahre lang fast ununterbrochen gesegelt hat und mit dem er auf einigen der Reisen bis in die Antarktis gelangt ist, bevor er ihn durch Eiseinwirkung vor Jan Mayen verlor. Der zweite Kutter war die SEA BREEZE, die er ebenfalls auf extremen Routen einsetzte, bevor er sie wiederum durch Eis an der Ostküste Grönlands verlor. Die BAROQUE war sein letztes Schiff, das er noch im Alter von 79 Jahren skipperte, es aber dann verkaufte, da er seine schwindenden Kräfte mehr und mehr zu spüren bekam. Die BAROQUE gibt es noch heute. Für Tilman stellte der Verkauf seines Schiffes aber nur eine Art Vorruhestand dar. Eines seiner ehemaligen Crewmitglieder, Simon Richardson, hatte einen alten Schlepper gekauft und ihn zu einem Segelschiff umgebaut. Damit wollte er nach Smith Island in die Antarktis segeln, einem Ziel, das Tilman bereits viele Jahre vorher mit MISCHIEF angesteuert hatte. Tilman wurde von ihm eingeladen, und selbstverständlich nahm er an – schließlich wollte er seinen 80. Geburtstag in der Antarktis feiern. Was immer auch die Ursache gewesen sein mag, die EN AVANT mit Tilman, Richardson und sieben weiteren Crewmitgliedern an Bord ist 1977 auf Höhe der Falklandinseln verschollen. Man hat nach dem Schiff gesucht, nie aber auch nur eine Spur davon entdecken können. Die EN AVANT ist einfach verschwunden und mit ihr die Crew. Colin Putt, ein langjähriger Freund und Begleiter von Tilman, schrieb später dazu: „They sleep upon the pathways of the sea“. – H.W. Tilman ist zu einer Art Legende geworden, und die Lektüre seiner Reiseberichte hatte mich auch damals inspiriert, mir ein Schiff wie die DAGMAR AAEN zuzulegen und Expeditionen durchzuführen, wie wir es heute machen. Ich versuche den Gedanken von Tilman ein wenig weiterzuspinnen, ihn aber auch zu kultivieren. Insofern begleitet und beschäftigt uns Tilman auf unseren Reisen, und eine solche Begegnung mit der Inschrift auf dem Felsen hat ihre besondere Bedeutung für uns.

Am 22. Juli laufen wir in den Isfjorden ein und erreichen morgens wieder Longyearbyen, für uns mittlerweile eine vertraute Kulisse. Es sind unsere letzten Tage auf Spitzbergen. Die Duschen werden von uns ausgiebig frequentiert, genauso die Waschmaschinen. Das Schiff wird mit Diesel und Wasser vollgebunkert, wir melden uns beim Sysselmann ab, wo man offenbar auch froh ist, daß unsere Expedition ohne Komplikationen verlaufen ist, und verabschieden schließlich Frank und Elise, die von hier aus nach Hause fliegen müssen, um wieder in den rauhen Berufsalltag einzusteigen. Wir sind jetzt noch neun Personen an Bord und haben plötzlich unheimlich viel Platz. Die Ballonausrüstung stellen wir in einem Lagerhaus unter, von wo aus sie mit dem nächsten Frachter nach Tromsø und weiter nach Hamburg gebracht wird. Als endlich die Propangastanks mit einem Kran von Deck gehoben werden, atme ich erleichtert auf – und die DAGMAR AAEN tut es auch. Jedenfalls hebt sie sich ein ganzes Stück aus dem Wasser. Wir schrubben das Deck, klarieren das Tauwerk und machen gründlich klarschiff. Zum Schluß werden die Rettungsmittel überprüft, die Wachen eingeteilt, die Wettervorhersage eingeholt – dann endlich steht dem Auslaufen nichts mehr im Wege. Am 26. Juli um 9.30 Uhr starte ich die Maschine, eine halbe Stunde später werfen wir los und verlassen Longyearbyen. Sobald wir aus der Landabdeckung herauskommen, setzen wir Segel, und der Motor wird abgestellt. Martin setzt den Kurs auf Jan Mayen ab, Spitzbergen wird langsam am Horizont immer kleiner.

Der erste Teil der ARCTIC-PASSAGES-Expedition liegt hinter uns. Ich schließe vorerst auch gedanklich damit ab. Das ist wohl auch wichtig, denn der zweite Teil unserer Expedition wird meine Aufmerksamkeit in einem noch viel höheren Maße erfordern als der erste Teil. Das gesteckte Ziel lautet nun Grönland, eine zumal in den kommenden Wintermonaten unkalkulierbare und nicht gerade ungefährliche Gegend. Gespannt blicke ich den nächsten Wochen und Monaten entgegen.

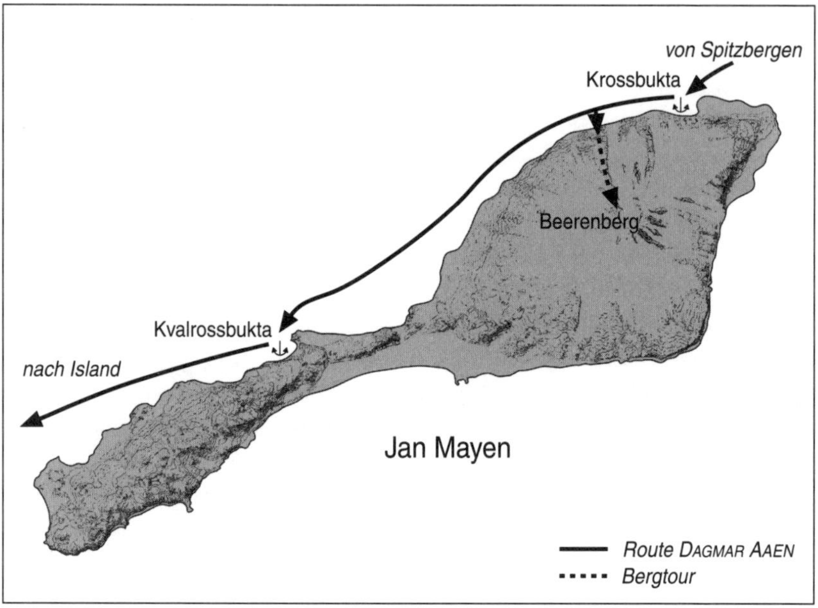
von Spitzbergen
Krossbukta
Beerenberg
Kvalrossbukta
nach Island
Jan Mayen
Route DAGMAR AAEN
Bergtour

Jan Mayen

Am 31. Juli taucht aus dem Dunst am Horizont die vertraute Silhouette von Jan Mayen auf. Bereits im April 1993 hatten wir die Insel angelaufen. Damals waren wir im Rahmen der ICESAIL-Expedition nach einer Überwinterung in Tromsø auf dem Weg nach Grönland und von dort weiter in die Nordwestpassage, die wir noch in dem gleichen Jahr passieren konnten. Das Wetter auf Jan Mayen soll mit zu den unangenehmsten im nordatlantischen Raum zählen, und der April 1993 entsprach genau diesen Vorstellungen. Es herrschte damals noch tiefer Winter, die Insel war verschneit, und es war schwer zu unterscheiden, ob während der einen Woche, die wir uns dort aufhielten, nur ein langer ununterbrochener Sturm tobte oder ob sich die einzelnen Stürme lediglich nahtlos aneinander reihten. Da die Insel nirgendwo eine wirklich geschützte Bucht anzubieten hat, befanden wir uns damals sozusagen ständig auf der Flucht vor Wind und Schwell. Vom 2277 m hohen Beerenberg, einem Vulkan, der in den siebziger Jahren zuletzt ausgebrochen ist, fielen katabatische Winde über uns herein, so daß uns Hören und Sehen verging. Wenn wir anlanden wollten, mußten wir unsere Survivalanzüge anziehen, ließen uns vom Schlauchboot bis kurz vor die Brandungszone bringen, um dort ins eiskalte Wasser zu springen und durch die Brandung an Land zu schwimmen. Auf die gleiche Art gelangten wir später wieder zurück zum Beiboot. Das Schlauchboot durch die Brandung anzulanden, wäre ein Ding der Unmöglichkeit gewesen. So nutzten wir diesen etwas unkonventionellen Weg, ansonsten hätten wir auf die Landgänge weitestgehend verzichten müssen.

Jan Mayen nimmt bis zum heutigen Tag eine etwas undurchsichtige Sonderstellung ein. Sie gehört zu Norwegen, und als wir uns 1993 erkundigten, hieß es, daß man für einen Besuch eine besondere Genehmigung benötigt. Die Jagd nach der Genehmigung war an Umständlichkeit kaum zu überbieten. Als wir schließlich alle erforderlichen Papiere zusammen hatten, die Insel erreichten und uns über Funk anmeldeten, teilte man uns barsch mit, daß man keine Zeit habe und wir weiterfahren sollten. Nach einigem Hin und Her durften wir bleiben oder besser gesagt, wir wurden geduldet. Der Grund für diese Geheimniskrämerei und den Formalismus besteht darin, daß es auf der Insel neben einer Loran- und Wetterstation auch eine Militärstation gibt, und letztere sieht Besucher offenbar nicht so gern.

Die Bestimmungen und auch der Tonfall haben sich glücklicherweise gelockert. Als wir uns dieses Mal wie vorgeschrieben über Funk anmelden, werden wir freundlich empfangen. Man teilt uns mit, daß wir für 24 Stunden willkommen seien, und wir dürften uns im übrigen auch frei auf der Insel bewegen. Man bedauert, uns nicht in die Station einladen zu können, da man dort gewisse Kapazitätsgrenzen habe – aber das erwarten wir ja auch gar nicht. Wir sind einfach froh, nicht gleich wieder fortgeschickt zu werden. Im übrigen interessiert uns die Station auch gar nicht. Zum einen waren wir 1993 bereits dort gewesen, zum anderen wollen wir lediglich die Insel einmal zu einer anderen, gemäßigteren Jahreszeit kennenlernen als letztes Mal im April. Doch auf das, was uns jetzt erwartet, waren wir nicht vorbereitet. Wie anders sich die Insel darstellt! Während wir uns unter Vollzeug von Norden her nähern, taucht der Beerenberg in seiner ganzen Größe und Schönheit aus der Wolkendecke auf. Gletscher ziehen von seinen Flanken bis hinunter ans Wasser und zeichnen sich markant von den schwarzen Lavahängen ab. Die Klippen sind voller Seevögel, die dort brüten und dabei einen Lärm und Gestank verbreiten, der sogar bis zum Schiff getragen wird. In den Niederungen und Hängen wachsen Gräser, Flechten und Blumen, so daß die Landschaft regelrecht gesprenkelt wirkt.

Kaum sind wir in den Windschatten der Insel gelangt, als der Wind schlagartig aufhört. Als habe jemand eine Windmaschine abgestellt. Wir bergen die schlaffen Segel und fahren unter Maschine langsam unter der Küste entlang Richtung Krossbukta. Während wir die im Sonnenschein liegende Insel bestaunen, kommt plötzlich von vorn eine Yacht auf. Sie hält genau auf uns zu. Als sie querab ist, erkennen wir sie als die MOBY DICK aus Hamburg. Ich spreche kurz mit dem Skipper Peter Maier, der mit seiner Crew von Island kommend Jan Mayen aufgesucht hat und jetzt weiter nach Norwegen segelt. Wir tauschen Adressen aus, später schickt mir die Crew ein Video sowie einige Fotos mit der DAGMAR AAEN vor dem Beerenberg. Wir revanchieren uns mit einem entsprechenden Video. Danach nimmt die MOBY DICK wieder Fahrt auf, und wir sind allein. Das heißt – ganz allein sind wir nicht. Lautes Prusten verrät Wale, die sich in der Nähe befinden, und da die See in Lee der Insel spiegelglatt ist, können wir die nassen, glänzenden Leiber beim Auf- und Abtauchen gut beobachten. Anhand der Finne glauben wir große Finnwale ausmachen zu können. Unbeirrt ziehen sie ihre Bahnen, die ganze Nacht durch hören wir ihren Blas. Offenbar muß es dort reichlich Nahrung für sie geben.

Mit Verschwörermiene setze ich mich mit Pablo und Sigga in einer ruhigen Ecke zusammen. Pablos ganze Leidenschaft ist das Bergsteigen, die Seefahrt ist nicht unbedingt seine Passion. Mit glänzenden Augen betrachtet er seit unserer Ankunft den Beerenberg, und auch Sigga schaut fasziniert dorthin. Da das Wetter für Jan Mayen ungewöhnlich gut und stabil scheint, mache ich den beiden den Vorschlag, in einer Blitzaktion, noch in dieser Nacht, den Berg zu besteigen. Die beiden blicken sich kurz an und sind sofort einverstanden. Die Nacht ist hell, und wer weiß, wie morgen das Wetter ist. Diese Chance kommt vielleicht nie wieder. Ich beschließe, daß wir für die Dauer der Besteigung in der Krossbukta vor Anker bleiben. Mit dem Schlauchboot setzen wir die beiden ein Stück westlich von unserer Position an Land ab, Rafa wird sie ein Stück begleiten, um den Aufstieg zu filmen.

Die Chance, daß der Coup gelingt, beträgt bestenfalls 50:50. Der Berg ist 2277 Meter hoch, und man beginnt tatsächlich auf 0 Meter Meereshöhe den Anstieg. Zudem ist der Aufstieg nicht einfach, und wir haben keinerlei Informationen oder topographische Karten von der Insel. Sigga und Pablo gehen den Berg nur mit ihrer Erfahrung und dem Gespür für die richtige Route an.

Während wir anderen am Strand laufen und die Vogelklippen bestaunen, blicken wir immer wieder verstohlen zu dem Gipfel des

Beerenbergs auf. Es hat sich eine kleine Wolkenkappe über dem Gipfel gebildet, das schöne Wetter scheint sich dem Ende zu nähern. Als mich die Ankerwache morgens früh weckt, ist der Gipfel dicht in Wolken gehüllt. Dort oben wird die Sicht entsprechend schlecht sein. Und so kommt es, wie es kommen muß: Um 9 Uhr meldet sich Sigga über Funk vom Strand aus und teilt mir mit, daß sie es nicht bis zum Gipfel geschafft haben. Das aufziehende schlechte Wetter und auch die schwierige Route erlaubten es nicht, den Berg sozusagen im Handstreich zu nehmen. Bis auf 1800 Meter sind sie gekommen, danach ging nichts mehr. Müde und schmutzig stehen sie am Strand, als wir sie mit dem Schlauchboot abholen. Sie sind rund 14 Stunden ununterbrochen auf den Beinen gewesen, entsprechend solide fällt ihr Appetit und der anschließende Schlaf aus. Pablo ist trotz des Mißerfolgs zufrieden. Und er zeigt sich auch beeindruckt von dem arktischen Berg. Für ihn als Chilenen war bislang Patagonien das Maß aller Dinge. Diese Reise scheint ihm einen neuen bergsteigerischen Horizont eröffnet zu haben.

Gegen Mittag hieven wir den Anker und segeln bei frischem Wind dicht unter Land weiter. Das Wetter verschlechtert sich jetzt rapide. Es gibt kurze Regenschauer, Böen treffen uns unvermittelt und schnell baut sich unangenehmer Seegang auf. Als wir die Kvalrossbukta erreichen, ist es kalt und grau, eben Jan Mayen-Wetter. In dieser Bucht hatten wir 1993 manchen stürmischen Tag abgewettert, heute liegen wir genau unter Landabdeckung, so daß wir mit dem Schlauchboot anlanden können. Das satte Grün, das wir an Land antreffen, steht in starkem Kontrast zu meiner Erinnerung. Damals herrschte Schneetreiben und eisige Kälte, heute wirkt die Bucht trotz des einsetzenden Nieselregens nicht so abweisend. Auf einer Anhöhe liegt das Grab der sieben holländischen Walfänger, die im 17. Jahrhundert versucht hatten zu überwintern. Sie waren alle vermutlich an Skorbut gestorben. Auch die Reste ihrer Hütte, die aus Walrippen gebaut war, kann man heute noch sehen. Die Enden der Rippen ragen ein wenig verloren aus dem Sand heraus. Eine weitere verfallene Hütte, Treibgut, die Reste einer toten Robbe, die sich in einem Netz verfangen hat sowie eine kleine Plakette an einer Felswand, die an die Holländer erinnern soll, vervollständigen das Strandinventar. Ein Feldweg führt über die Berge hinunter zum Wasser und zu einem Gebäude, das offenbar vom Militär als Unterkunft genutzt wird. In der Bucht wird scheinbar auch ein Teil des Nachschubs für die Stationen gelöscht, zwei große Tanks für Brennstoff stehen jedenfalls auf einer Anhöhe in unmittelbarer Nähe zum Strand. Wohl zufällig treffen wir auf den Kommandanten der Station, der mit einem Hund, der eher wie ein Wolf aussieht, am Strand entlangschlendert. Er heißt uns freundlich willkommen und erzählt uns, daß er gerade erst vor wenigen Tagen seinen Dienst hier angetreten hat, um jetzt ein ganzes Jahr lang zu bleiben. Dabei leuchten seine Augen, und ihm ist anzusehen, daß es ihn mit Macht auf diese abgelegene Insel gezogen hat. Man muß das rauhe Klima und die Einsamkeit schon mögen, um hier zu leben. Es ist nicht das erste Jahr, das er hier verbringt, und so wie er erzählt, wohl auch nicht sein letztes.

Jan Mayen liegt auf dem 71. Breitengrad. Im Winter reicht bisweilen das Packeis des Ostgrönlandstromes bis an die Küste, sogar Eisbären sollen gelegentlich auf diese Weise auf die Insel gelangt sein. Mich fasziniert diese rauhe und allen Annäherungsversuchen trotzende Insel genauso wie bei meinem ersten Besuch – nur jetzt im Sommer auf eine andere Art und Weise. Der Beerenberg lockt nach wie vor – wer weiß, vielleicht kommen wir bald wieder. Die bewilligten 24 Stunden haben wir ohnehin schon überschritten, zudem drängt unser Zeitplan – wir müssen weiter. Abends um 19 Uhr gehen wir ankerauf und segeln unter Vollzeug rechtweisend 220°. Sobald wir die Landabdeckung verlassen haben, macht sich der Seegang bemerkbar, doch als Routiniers gehen wir wieder unsere Wachen und beobachten, wie Jan Mayen langsam am Horizont verschwindet.

Wir halten Kurs auf Island und kommen damit in für unsere Verhältnisse relativ gemäßigte Zonen. Sogar den Polarkreis werden wir wieder überqueren. Dahinter wartet die zweitgrößte Stadt Islands, Akureyri, mit allen Möglichkeiten, die man braucht, um ein Schiff erneut auszurüsten. Die Reise dorthin ist alles andere als angenehm. Hart am Wind segelnd, teilweise – um Zeit zu sparen – auch unter Maschine gegenan dampfend, arbeiten wir uns nach Süden.

Zwei Crewmitglieder warten in Akureyri auf uns, und durch den ursprünglich nicht eingeplanten Aufenthalt auf Jan Mayen haben wir Zeit verloren. Der Himmel ist grau, es regnet, und Wind und Seegang lassen die Wache zu einer nassen und kalten Angelegenheit werden. Ein Tiefdrucksystem nach dem anderen scheint über uns hinweg zu ziehen, Winde mit wechselnden Stärken und Richtungen lassen uns ständig ein- oder ausreffen. Zeitweilig weht es mit 35 Knoten aus der einen Richtung, dann plötzlich aus der anderen. Die See scheint aus jeder Himmelsrichtung zu laufen. Eine der Gaffelgeien ist durchgescheuert und muß ersetzt werden, das ganze Rigg schlägt und schamfilt – kurzum, es ist eine jener Passagen, die so recht freudlos erscheint, weil nichts gelingen will und einem das Wetter ständig ein Schnippchen schlägt. Wir sind daher froh, als wir in der Ferne die Umrisse von Grimsey auftauchen sehen, einer kleinen zu Island gehörenden Insel.

Gegen Mittag erreichen wir den Fjord, der nach Akureyri führt. Sigga ist ganz kribbelig, daß wir mit der DAGMAR AAEN zu einer Stippvisite quasi vor ihre Haustür kommen. Über Funk meldet sie uns bei dem Hafenkapitän und der Immigration an. Auch hier ist die DAGMAR AAEN keine Unbekannte mehr. Bereits 1993 waren wir hier gewesen. Damals hatten wir in Zusammenarbeit mit dem Dreimastschoner FRIDTJOF NANSEN einen internationalen Jugendaustausch initiiert. Dreißig Jugendliche aus verschiedenen Nationen waren eingeladen worden, auf den beiden Schiffen zu segeln und gemeinschaftlich – über alle sprachlichen und kulturellen Barrieren hinweg – auch im übertragenen Sinne an einem Strang zu ziehen. Sigga Ragna war damals eine der beiden Isländerinnen, die an der Tour teilnahmen. Das Segeln faszinierte sie dermaßen, daß sie nach der Reise umgehend auf der FRIDTJOF NANSEN anmusterte und als Stammcrew eine Reise über Europa zu den Galapagosinseln und zurück unternahm. Noch während dieser Reise hatte sie sich mehrfach bei mir beworben und war nach einer kurzen Unterbrechung im Frühjahr 1995 an der amerikanischen Westküste zu uns gestoßen. Seither fährt sie fast ununterbrochen auf der DAGMAR AAEN und ist so etwas wie meine rechte Hand an Bord geworden.

Um 19 Uhr sind wir mit Backbordseite fest. Eine attraktive Zollbeamtin springt an Bord, um in Windeseile alle Formalitäten zu erledigen. Sie gibt uns noch Tips, wo wir günstig einkaufen können, wünscht uns einen schönen Aufenthalt und verschwindet genauso temperamentvoll, wie sie gekommen ist.

Das Timing hätte besser nicht sein können. Kaum sind wir fest, als ein Taxi an der Pier stoppt und Egon Fogtmann sowie Silke Karpus, die Frau von Achim, aus dem Auto steigen. Sie sind gerade mit dem Flugzeug aus Reykjavik eingetroffen. Silke kommt zu einer Stippvisite, um ihren vom Fluglotsen zum Seemann umgemusterten Ehemann wenigstens eine Woche lang zu sehen. Egons Bein ist nach dem Malheur auf den Shetlandinseln wieder soweit hergestellt, daß er den weiteren Teil der Reise mitfahren kann. Bei den steilen Niedergängen merke ich zwar, daß er noch einige Beschwerden hat, sein Knie durchzudrücken, aber wir freuen uns, daß er wieder mit dabei ist. Was soll jetzt noch passieren? Der „Grand Old Man" der DAGMAR AAEN ist wieder an Bord, und Silke fügt sich in die Crew, als wäre sie schon immer dabei gewesen.

Unser erster Weg am nächsten Morgen führt unweigerlich ins Freibad. Dort gibt es nicht nur heiße Duschen – viel besser! – es gibt aus heißen Quellen gespeiste und unterschiedlich temperierte Pools, in denen man sich nach eigenem Gusto so richtig durchweichen und -wärmen lassen kann. Wir machen davon reichlich Gebrauch. Aus jedem der dampfenden Becken ragen die glühenden Gesichter irgendwelcher Crewmitglieder hervor. In der Dampfsauna sehe ich durch Dampfschwaden hindurch die verschwommenen Umrisse von Egon, der es hier offenbar stundenlang aushalten kann. Ich selbst fühle mich in dem 40° heißen Pool am wohlsten, strecke mal ein Bein oder beide Arme aus dem Wasser, um mir ein wenig Abkühlung zu verschaffen, ansonsten sitze ich bis zum Hals im heißen Naß und grunze vor Vergnügen. Wenn es zu heiß wird, wechsele ich in einen etwas kühleren Pool um und kann dort sogar einige klare Gedanken fassen.

Akureyri ist im Verlauf unserer Reise ein zentraler Punkt. Hier beginnt sozusagen der zweite Teil der ARCTIC-PASSAGES-Expedition. Wenn wir die Stadt in etwa einer Woche mit Ziel Ostgrönland verlassen werden, wird es über ein Jahr dauern, bevor das Schiff wieder einen regulären Hafen anläuft. Mit anderen Worten: Die DAGMAR AAEN muß hier und jetzt für gut ein Jahr verproviantiert und ausgerüstet werden. Zudem muß die gesamte Technik überholt und geprüft werden. In den vergangenen Wochen haben wir eine Liste angefangen, auf der die einzelnen Punkte stehen, die in Akureyri erledigt werden müssen. Mit jedem Tag ist diese Liste lang und länger geworden. Was wir hier vergessen, wird gar nicht oder nur mit großen Mühen und Kosten an Bord geschafft werden können. In Island steht uns die große weite Welt der Supermärkte, Schiffshändler und Baumärkte offen – wir dürfen eben nichts vergessen!

In den folgenden Tagen wird das ganze Schiff vom Masttopp bis zur Bilge überprüft und überholt. Selbst die Ankerkette wird auf der Pier ausgelegt, mit Rosthammer und Drahtbürste entrostet sowie mit einem Spezialfett auf Lanolinbasis konserviert. Egon taucht regelmäßig aus der Dampfsauna in seine Maschine ab, um anschließend wieder in der Sauna zu verschwinden. Sigga turnt durch das Rigg und labsalt die Drähte, teert das stehende Gut, zieht Spannschrauben nach, sichert Schäkel mit Musingdraht, wechselt laufendes Gut aus und gibt der isländischen Presse zwischendurch Interviews. Falk fährt von einem Supermarkt zum anderen, holt Preise ein, feilscht wie ein persischer Teppichhändler und bereitet mich sensibel darauf vor, daß der Bordkasse eine „größere Ausgabe" bevorsteht. Ich ahne nichts Gutes! Wie bei einer Prozession fährt ein Lieferwagen nach dem anderen auf der Pier vor, reiht sich in die Schlange der vor ihm wartenden ein und entläßt weiß bekittelte Männer, die eilenden Schrittes mit Lieferscheinen an Bord zu mir kommen. Das Unvermeidliche nimmt seinen Lauf. Als ich die zahlreichen Rechnungen jedoch begleichen soll, schaue ich auf dem Lieferschein vorsichtshalber nach, ob das eine oder andere Auto nicht auch noch mit aufgelistet ist... Auf über 10.000 DM beläuft sich die Summe, die wir nur für Proviant ausgeben, dabei ist das Schiff bis zum Rand voll mit den gefriergetrockneten Trekkingmahlzeiten von Folker Schultheiss! Als Falk auch noch eine weiße Plastikbadewanne für den nun wirklich nicht zu beanstandenden Preis von umgerechnet 5 DM anschleppt, bekomme ich eine Krise. Falk, dem als Smut die undankbare Aufgabe zufällt, die Einkäufe zu tätigen, fühlt sich von mir zu Recht ungerecht behandelt und sitzt schmollend in seiner strahlend weißen Badewanne auf der Pier. Böse Blicke der Crew treffen mich, „Wat is dat blos für'n gräsigen Alten". Falk wird von allen verteidigt: „Schließlich brauchen wir das alles", und überhaupt, eine solche Badewanne wollten schließlich schon immer alle unbedingt haben – daß wir es überhaupt ohne sie so weit geschafft haben, grenzt an ein Wunder! Resigniert lenke ich ein, lasse mich überzeugen, daß zehntausend Mark nun wirklich nicht viel Geld ist und gehe mit Falk ein Bier trinken. Die dreizehn Mark, die es pro Glas auf Island kostet, fallen jetzt auch nicht mehr ins Gewicht. Um Falk Gerechtigkeit widerfahren zu lassen: Hätte ich den Einkauf getätigt, wäre es zum einen sicher teurer geworden, und zum anderen hätte die Überwinterungscrew vermutlich kaum noch ein Wort mit mir gewechselt, weil ich die Hälfte der wichtigen Dinge schlichtweg vergessen hätte. Es ist nämlich nicht einfach, ein Schiff von der Klobürste angefangen bis hin zum Wackelpudding auszurüsten. Falk ist darin Profi, er kann das, was ich nicht kann. Das wird sich im bevorstehenden Winter eindrucksvoll zeigen.

Neben uns liegt eine große, deutsche Stahlyacht. Die Mannschaft beobachtet mit Schmunzeln, wie Kisten und Kästen im Bauch der Dagmar Aaen verschwinden. Als schließlich nichts mehr unter Deck paßt, verstauen wir den Rest zwischen Mast und Niedergang, auf dem Maschinenraumaufbau, im Schlauchboot – heimlich beginne ich, inbrünstig für eine ruhige Überfahrt zu beten.

Gemeinsam mit Sigga besuche ich die isländische Fluggesellschaft, die mit zweimotorigen Twin Otter-Flugzeugen nahezu jeden Winkel in Ostgrönland anfliegen kann. Es ist eine Frage des Preises, versteht sich, auch eine der Genehmigungen und Logistik, aber insgesamt bin ich angenehm überrascht, wie unkompliziert die Gespräche verlaufen. „Flugfélag Íslands", allen voran ihr Chef Sigurdur Adalsteinsson, haben sich einen beinahe legendären Ruf sowohl auf Island wie auch insbesondere auf Grönland erworben. Ob es die Versorgung wissenschaftlicher oder touristisch orientierter Projekte ist, ob es um das Einrichten von Depots entlang der gesamten ostgrönländischen Küste für die dänische Sirius-Patrouille oder um Expeditionen wie wir sie durchführen geht – ohne Siggi und seine Fluggesellschaft läuft eigentlich gar nichts. Das ist ihm erfreulicherweise aber nicht zu Kopf gestiegen. Im Gegenteil.

Ruhig und zurückhaltend, immer aber hilfsbereit und freundlich berät er einen, nimmt schon mal das eine oder andere Päckchen umsonst mit, besorgt, wenn es nötig ist, auch bestimmte Gegenstände und hat immer ein offenes Ohr für die Nöte und Sorgen eines Expeditionsleiters. Deutlich spüre ich dieselbe Einstellung wie bei kanadischen Buschpiloten: Es geht hier nicht nur ums Flügeverkaufen, sondern man übernimmt gleichzeitig auch die Verantwortung für die zu betreuenden Kunden. Hier sind wir gut aufgehoben. Einige der Piloten besuchen uns an Bord, sie versprechen Päckchen und Zeitungen mitzubringen, wann immer sie in die Nähe des Schiffes kommen. Darüber hinaus erhalten wir viele wichtige Informationen.

Währenddessen holen Torsten und Achim mit unserer NOAA-Satellitenanlage täglich neue Eisbilder ein. Vorausgesetzt der Himmel ist klar, liefert uns diese Anlage wirklich fabelhafte Bilder. Die Auflösung beträgt bis zu einen Kilometer auf der Erdoberfläche, und wir können auf den im Rechner gespeicherten digitalen Bildern nicht nur Island und die Ostküste Grönlands erkennen, sondern auch die dichten Eisfelder, die dazwischen liegen. – Und davon gibt es eine Menge! Unterbrochen aber auch von schwarzen Rinnen und Flächen, die offenes Wasser darstellen. Auf dem Monitor sieht das alles irgendwie klar und überschaubar aus, in der Realität wird das ganz anders sein. Dieses schwere, mehrjährige Eis, das der Ostgrönlandstrom nach Süden führt, macht mir Sorgen. Wir werden sehr vorsichtig und umsichtig sein müssen. Vorsichtshalber holt Sigga auch noch Eiskarten von der isländischen Eiszentrale ein. Die Wettervorhersage sieht günstig aus, schon seit einer Woche herrscht sonniges und warmes Sommerwetter – wir sollten wirklich weitersegeln!

Am 12. August sitzen wir wie jeden Abend wie gesottene Hummer in den heißen Pools und gehen nochmals alles durch. Uns fällt nichts mehr ein, was wir noch vergessen haben könnten. Silke fliegt wieder zurück nach Deutschland, und am nächsten Morgen klarieren wir bei der netten Zöllnerin aus. Ganz Akureyri weiß, was wir vorhaben, die Presse hat ausgiebig darüber berichtet. Das Interesse der Isländer an unserer Reise ist groß, wohl auch deswegen, weil Sigga maßgeblich daran beteiligt ist. Darüber hinaus wissen gerade die isländischen Fischer um die Schwierigkeiten und die Gefahren der Eisfahrt. Fast jeden Winter driftet das Packeis, das vom Ostgrönlandstrom nach Süden geschoben wird, bis in die Nähe der Nordwestküste Islands. Dieses Eis, verbunden mit dem oftmals stürmischen Wetter und den schlechten Sichtverhältnissen sowie der drohenden Vereisung der Aufbauten und Masten lassen diese Region zu einem gefährlichen Arbeitsrevier werden. Die Menschen hier haben Respekt vor der Natur.

Die Crew der neben uns liegenden Yacht lädt uns zum Abschied noch auf einen Kaffee ein. Wir fachsimpeln ein wenig, dann aber drängt es uns zum Aufbruch. Nochmals gehe ich über das Deck und prüfe, ob alles richtig gelascht ist. Egon läßt den Motor zum Warmlaufen an, wenig später ist auch das letzte Crewmitglied an Bord. Unsere Segelnachbarn werfen los und wünschen uns eine gute Reise. Um Punkt 10 Uhr melde ich mich über Funk beim Hafenmeister ab, und wir dampfen schwerbeladen bei Windstille aus dem Hafen.

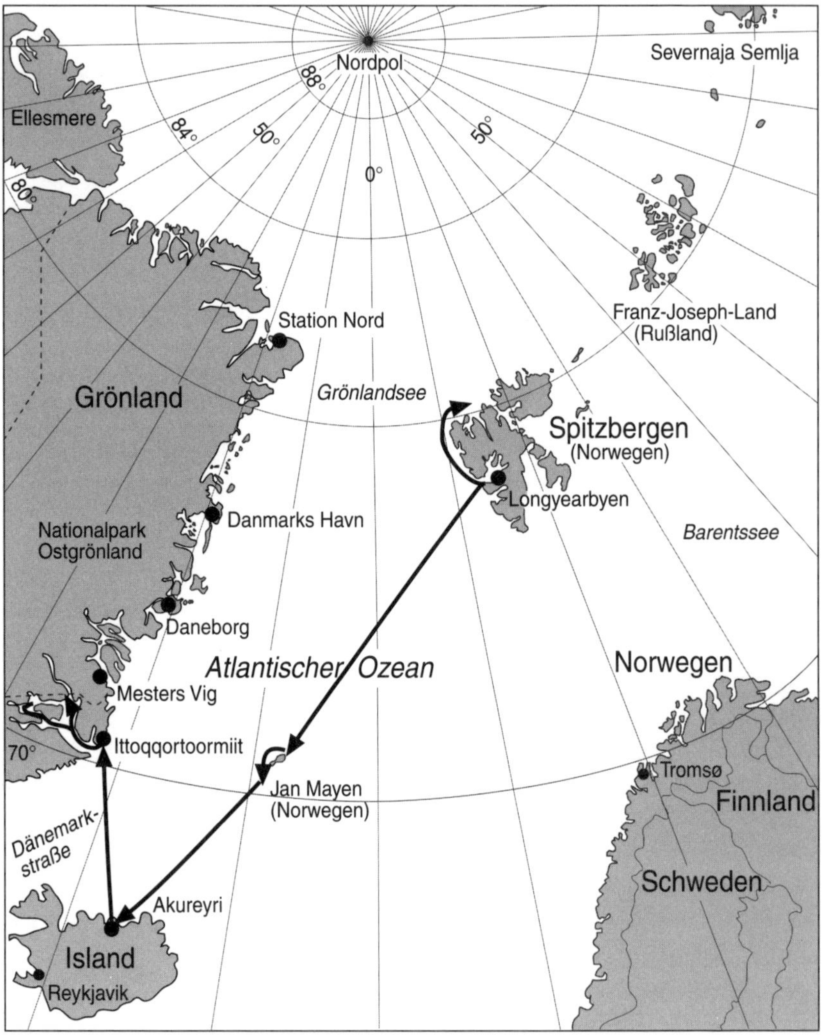

Nordpol
88°
84°
80°
70°
50°
50°
0°
Severnaja Semlja
Ellesmere
Franz-Joseph-Land
(Rußland)
Station Nord
Grönlandsee
Grönland
Spitzbergen
(Norwegen)
Longyearbyen
Barentssee
Nationalpark
Ostgrönland
Danmarks Havn
Daneborg
Atlantischer Ozean
Norwegen
Mesters Vig
Ittoqqortoormiit
Tromsø
Jan Mayen
(Norwegen)
Finnland
Dänemark-
straße
Schweden
Akureyri
Island
Reykjavik

Der Weg in die weiße Welt

Während die Hafenanlagen von Akureyri langsam kleiner werden, zeigt uns Sigga stolz den isländischen Wald, zumindest bezeichnet sie ihn als solchen. Sie weist dabei mit ausgestrecktem Arm auf einige kleinere Baumgruppierungen, die sich gegen den scharfen Wind in den Mulden der Berghänge zusammenkauern. Wir blicken sie erstaunt an, hat sie wirklich „Wald" gesagt? Brüllendes Gelächter. Das muß natürlich Kommentare provozieren – ob es Dschungelpfade dort hindurch gebe, wieviel wilde Tiere dort leben und wie man es bloß schafft, Herr über diesen Wildwuchs zu bleiben. Mit einem „Ihr seid alle doof" läßt Sigga uns stehen und wendet sich den Seekarten zu. Dort haben wir nicht nur unseren Kurs eingetragen, sondern auch die Lage der Eisfelder, wie wir sie aus den NOAA-Satellitenbildern sowie den Informationen der Eiszentrale ersehen konnten. Ein alter Fischer, der in seinem Boot steht und ein Netz einholt, winkt uns zu. Sigga wechselt einige Worte mit ihm, und Minuten später landen einige stattliche Dorsche bei uns an Deck. Er hat sie uns geschenkt. „So sind sie eben – die Isländer", läßt Sigga uns wissen. Falk rückt den Fischen mit einem scharfen Messer zu Leibe, und wir anderen freuen uns auf die frisch gebratenen Meerestiere.

Die See ist spiegelglatt, als wir aus dem Fjord und damit der Landabdeckung herauskommen. Kein Luftzug kräuselt die See, so daß wir zunächst unter Maschine weiterlaufen. Gegen Mitternacht erreichen wir den „Kolbeinsey", einen Felsen, der lediglich einige Meter mitten aus dem Meer ragt. Da die See absolut ruhig ist, können wir ihn deutlich sehen. Bei dem Seegang, der hier normalerweise herrscht, dürfte er ständig überspült und lediglich durch Brandungswellen zu erkennen sein. Deshalb gibt es auch kein Seezeichen – es würde vermutlich während des ersten Sturmes weggespült werden. Ein Kuriosum einerseits, ein Politikum andererseits. Während des sogenannten Kabeljau-Krieges wurde eben dieser Felsen auch als isländisches Territorium deklariert, wodurch sich die Fischereizone entsprechend zugunsten Islands verlagerte, ein nicht unwesentlicher wirtschaftlicher Zuwachs.

Morgens fällt die Seewassertemperatur von +7,5 °C plötzlich auf +4,5 °C. Über das NERA-Telefon sprechen wir mit der Eiszentrale in Narssarssuaq auf Grönland und erbitten neueste Eisinformationen. Wenige Minuten später erhalten wir über Fax die letzte Eiskarte, die allerdings schon einige Tage alt ist und daher Abweichungen von unserem NOAA-Bild zeigt, das Torsten und Achim kurz zuvor eingefangen haben. Wenig später entdecke ich am Himmel Eisblink, eine Reflektion des Eises am Himmel, das auf eine entsprechend hohe Eiskonzentration schließen läßt. Am 14. August um 12 Uhr erreichen wir die ersten Eisfelder. Das Radarbild zeigt deutlich den Verlauf der Eiskante, und ich klettere zum ersten Mal seit Spitzbergen wieder in die Eistonne im Mast, um mir einen Überblick zu verschaffen. Solange ich es vermeiden kann, gehe ich dem Eis aus dem Weg. Nebelbänke ziehen auf, es wird schlagartig und durchdringend kalt. Eingemummelt stehe ich in dickem Fleece und Jack Wolfskin-Jacke und halte Ausschau. Wir fahren jetzt nach Sicht und wählen den Kurs so, daß wir der Eiskante folgen, um möglichst weit im offenen Wasser Richtung Grönland vorzustoßen. Eine Zeitlang läßt sich das Eis noch umfahren, dann wenden wir den Bug in eine Schneise zwischen den Schollen und tasten uns langsam weiter voran. Um 12.45 Uhr trägt Brigitte „Beginn der Eisfahrt" ins Logbuch ein. Ich bleibe oben in der Masttonne und dirigiere den Rudergänger, aber vorerst haben wir nur etwa 4/10 Eisbedeckung, so daß es keine ernsten Engpässe gibt. Trotzdem ist dies der Beginn des eigentlichen Abenteuers Grönland.

Die Ostküste Grönlands zählt zu den gefährlichsten und am schwierigsten zu erreichenden Küsten in arktischen Gewässern. Anders als an der Westküste Grönlands, wo der mäßigende Golfstrom warme Wassermassen nach Norden schiebt und damit Teile der Küste sogar ganzjährig schiffbar macht, ist die Ostküste Grönlands von dem in Nord-Süd-Richtung verlaufenden Ostgrönlandstrom bestimmt. Diese Strömung bringt im Gefolge das nordpolare

Packeis mit sich, das zuweilen viele Jahre alt ist und zu dem schwersten gehört, was das Polarmeer zu bieten hat. Wie ein Riegel legt sich das Eis vor die Küste, dicht und zuweilen völlig undurchdringlich, mit starken Pressungen und darin eingeschlossenen Eisbergen. Für Seefahrer ist diese Küste eine Art Horrorszenarium. Die Blosseville Küste, das Liverpool Land – Namen, die mit Schiffsuntergängen durch Eispressungen untrennbar verbunden sind.

Ich bin 1983 zum ersten Mal an der Ostküste Grönlands gewesen. Damals hatte ich zusammen mit einem Begleiter das grönländische Inlandeis entlang des 71. Breitengrades von West nach Ost in siebzig Tagen mit zwei Hundeschlitten durchquert. Die kolossale Fjordlandschaft und das alpine Hochgebirge hatten mich damals nachhaltig beeindruckt. Im Gegensatz zu Westgrönland, wo es zahlreiche Siedlungen und Küstenschiffe gibt, ist die Ostküste nahezu unbewohnt. Öffentliche Transportmittel gibt es keine, wer dort reisen will, muß sein Fortbewegungsmittel selbst mitbringen. Neun Monate lang herrschen Eis und Schnee vor, und von den verbleibenden drei Monaten sind maximal sechs Wochen für die Schifffahrt nutzbar. Und selbst dann gibt es keine Gewähr für ein Durchkommen. In einigen Jahren bleibt das Eis einfach liegen. Es hat nie viele Schiffe gegeben, die sich durch den Ostgrönlandstrom an die Küste gewagt haben. Aber von denen, die es versucht haben, sind viele auf der Strecke geblieben. Die Liste der Schiffsverluste ist beängstigend lang, und jeder Seefahrer sollte mit dem größten Respekt an ein derartiges Vorhaben gehen.

Der Plan, mit der Dagmar Aaen dorthin zu segeln, ist mir vor einigen Jahren ganz profan im Helgoländer Hafen gekommen. Ich lag damals mit einer Yacht im Hafen, als die Grönland einlief. Ich hatte vage von dem Schiff gehört, wußte, daß es sehr alt, wunderbar restauriert worden und im Besitz des Deutschen Schiffahrtsmuseums Bremerhaven ist. Als das Schiff festgemacht hatte, schlenderte ich an der Pier entlang und betrachtete es in aller Ruhe. Im Mast die grüne Masttonne, eine Kuttertakelung im Stil der norwegischen Hardangerjagten, solide Holzarbeit – ein Schiff mit Geschichte und Ausstrahlung. Die Grönland war 1868 in der Nähe von Bergen in Norwegen vom Stapel gelaufen. Mit 19,6 Metern

Länge über Deck und 6,1 Metern Breite entsprach sie einem Schiffstyp, der zu der damaligen Zeit sehr häufig an den Küsten Norwegens anzutreffen war. Etwa zur gleichen Zeit plante der deutsche Geograph August Petermann eine Nordpolarexpedition. Leiter dieser Expedition sollte der Kapitän Carl Koldewey sein. Auf der Suche nach einem geeigneten Schiff entdeckte Koldewey kurz darauf in Norwegen den Neubau, und da er gleich erkannte, wie solide und gut der Rumpf gebaut war, kaufte er sie für das Bremer Comité für Nordpolarforschung. Koldewey ließ noch einige Eisverstärkungen und Veränderungen im Rigg vornehmen, und nur wenige Wochen nach dem Kauf brach er mit seiner Mannschaft zur sogenannten „1. deutschen Nordpolarexpedition" auf. Dieser Expedition, die so etwas wie die Initialzündung für die moderne deutsche Polarforschung wurde, folgte nur ein Jahr später die „2. deutsche Nordpolarexpedition", mit den größeren Schiffen GERMANIA und HANSA. Die GERMANIA wurde wiederum von Koldewey kommandiert, die HANSA von dem nicht minder erfahrenen Kapitän Hegemann. Da die HANSA aber nicht so stark gebaut worden war wie die GERMANIA und zudem über keine Dampfmaschine verfügte, wurde sie ein Opfer des Eises und erlitt Schiffbruch. Die Odyssee der Schiffbrüchigen ist beispiellos – und dennoch sollten alle von ihnen überleben.

Die GERMANIA und die HANSA gibt es heute nicht mehr, wohl aber die GRÖNLAND. Nach der Expedition wurde das Schiff wieder nach Norwegen verkauft und seiner ursprünglichen Bestimmung entsprechend als Frachtsegler und wohl auch als Robbenfänger eingesetzt. Anfang der siebziger Jahre hörte man in Deutschland, daß es die GRÖNLAND immer noch gibt. Zur Olympiade 1972 wurde das Schiff nach Kiel gebracht, später aufwendig restauriert und in den ursprünglichen Zustand zurückversetzt. Seither befindet es sich in Fahrt und dürfte damit das älteste Segelschiff unter deutscher Flagge und eines der ältesten überhaupt sein.

Dieses Zusammentreffen mit der GRÖNLAND auf Helgoland ließ in mir den Entschluß reifen, mich eingehender mit der Geschichte dieses Schiffes und der damit verbundenen Expedition zu beschäftigen. Die DAGMAR AAEN ist der GRÖNLAND in Größe und Bauart nicht unähnlich. Die GRÖNLAND ist fast zwei Meter länger und gut einen

Meter breiter, sie stellt auch einen anderen Schiffstyp dar als die dänischen Haikutter, zu denen die DAGMAR AAEN zählt. Dennoch sind es durchaus vergleichbare Schiffsgrößen und -typen.

Während in anderen Ländern die Geschichte der Polarforschung als ein kulturelles Erbe betrachtet wird, behandelt man das gleiche Thema in Deutschland eher stiefmütterlich. Die FRAM und die GJØA in Oslo sind für viele Norweger fast so etwas wie ein Wallfahrtsort, die Identifikation mit den Polarfahrten ist dort enorm. Bei uns wird dergleichen leider auch von zuständigen Instituten häufig als „alter Kram von gestern" belächelt, bisweilen bespöttelt. Hätte es nicht einige Historiker und Schiffsenthusiasten gegeben, die weder Mühen noch Geld scheuten – die GRÖNLAND wäre mit Sicherheit heute vom Wasser verschwunden. Sie ist dankenswerterweise erhalten geblieben. Das hat gar nichts mit nostalgischer Schwelgerei oder nationalem Pathos zu tun. Ich betrachte dergleichen schlicht als ein historisches Denkmal – ähnlich wie alte Gebäude, Kunstwerke oder Schriften –, das ein wenig mehr Aufmerksamkeit verdient. Zum modernen Eisbrecher POLARSTERN mag die GRÖNLAND einen merkwürdigen Kontrast darstellen. Aber dennoch sind die Menschen damals mit dem gleichen Ernst an die wissenschaftliche Arbeit gegangen, wie das heute geschieht, nur eben mit anderen Mitteln. Es ist also völlig unangebracht, die Wurzeln der modernen Polarforschung abzutun. Zudem sind die Geschichten der Polarfahrten auch immer mit Menschenschicksalen eng verbunden und daher meistens unglaublich spannend und packend in ihren Abläufen, bisweilen – wie am Beispiel der HANSA – an Dramatik kaum zu überbieten.

Das dichter werdende Packeis holt mich aus meinen Träumereien zurück. Gelegentlich poltern Eisbrocken gegen den gepanzerten Rumpf der DAGMAR AAEN. Auf dem Vorschiffpoller hat Achim Position eingenommen und zeigt mit ausgestrecktem Arm in die Richtung, in die der Rudergänger steuern soll. Für uns ist das mittlerweile Routine geworden, und so laufen diese Manöver ohne viel Reden ab. Ständig vergleichen wir die aktuelle Eislage mit unseren Eiskarten. Auf der Seekarte haben wir die angezeigten Eisfelder eingetragen und versuchen, unseren Kurs so zu legen, daß wir möglichst unbehelligt durchkommen. Wir haben Glück mit dem Wetter. Durch die schon seit Tagen anhaltende totale Flaute ist kaum Bewegung im Eis. Der Ostgrönlandstrom schiebt es zwar kontinuierlich nach Süden, aber das Eis driftet auch mit dem Wind, und da unterschiedlich große Schollen verschieden schnell treiben, kann man schnell in Bedrängnis geraten. Auch der Schwell ist gefährlich, weil er Eisschollen tanzen läßt und sie urplötzlich und schwer einschätzbar gegeneinander, oder schlimmer noch, gegen den Schiffsrumpf prallen läßt. Das alles bleibt uns momentan erspart. Wir haben einen günstigen Zeitpunkt erwischt. Um 21.30 Uhr sichten wir in 71 Meilen Abstand Land – die Blosseville Küste.

Auf 69° 03' N und 020° 20' W wird das Eis plötzlich dichter. Auch die Struktur des Eises hat sich verändert. Es handelt sich jetzt um schweres, zerborstenes und aufgetürmtes Eis. Die Eisfelder sind deutlich größer geworden, die Eisdichte beträgt etwa 6/10. Ununterbrochen schieben wir nun kleinere Eisschollen beiseite. Die zerrissenen Ränder der Eisfelder, die teilweise einen Meter und mehr aus dem Wasser herausragen, wirken in dem dämmrigen, nächtlichen Licht gespenstisch und furchteinflößend. Zu allem Überfluß hat sich der Himmel zugezogen, und Wind kommt auf. Die Eisbedeckung ist aber so groß, daß keinerlei Seegang zu spüren ist. Aber wir bemerken, daß Bewegung ins Eis kommt, gelegentlich schieben sich Schollen zusammen, reiben sich aneinander. Rinnen, die eben noch gut passierbar waren, schließen sich plötzlich hinter uns. Wir fahren ununterbrochen mit langsamer Fahrt weiter. Der Wind hat mittlerweile 25 Knoten erreicht, und da wir einen Generalkurs von 340° steuern, bekommen wir ihn fast direkt von vorn auf die Mütze.

Je dichter wir uns der Küste und dem Eingang zum Scoresby Sund nähern, desto schwerer wird das Eis. Einige der Eisfelder müssen mehrere Quadratkilometer groß sein. Dazwischen riesige Eisberge. Besonders am Kap Brewster, am Südeingang zum Scoresby Sund, liegt gleich eine ganze Armada von ihnen. Laut Seehandbuch stranden einige von ihnen dort, ein Grund, weshalb man sich von dem Kap gut klarhalten sollte. Der Ausstrom aus dem Sund sorgt in der Regel dafür, daß eine Passage in den Fjord möglich ist. Der vorherrschende Nordwind kann die Wirkung der Strömung aber schnell aufheben, deshalb habe ich es jetzt eilig, in den relativen Schutz des Meeresarms zu gelangen. Es dauert noch den ganzen Tag. Wir können die Umrisse von Kap Tobin, dem nördlichen Kap des Sundes erkennen, und wenig später mit dem Glas sogar die einzelnen Hütten, die dort stehen, ausmachen.

Kap Tobin – auch Unarteq genannt – ist von einer kleinen Gruppe Grönländer bewohnt, die zumeist Jäger geblieben sind. Die Hauptsiedlung, Ittoqqortoormiit, liegt ein Stück weiter in einer Bucht, die wir von hier aus nicht einsehen können. Schon jetzt ist deutlich zu erkennen, daß es auch im Sund viel Eis gibt. Über Funk rufen wir den Ort an, erhalten aber keine Antwort. Erst per Telefon erreicht Martin den örtlichen Polizisten. Es ist Freitag, in dem 500-Seelen-Dorf findet eine Hochzeit statt – mit anderen Worten, es wird gefeiert statt gearbeitet und vermutlich eine Menge alkoholischer Getränke verkonsumiert. Ob er mal aus dem Fenster schauen könne, um die Eislage in der Bucht zu beurteilen, bittet ihn Martin. „Da ist Eis draußen, eine ganze Menge, so weit ich sehen kann!" Mit dieser nüchternen Beurteilung beenden wir das Gespräch, widmen uns dem Eis und der Polizist sich den Feierlichkeiten. Ihn scheint es nicht weiter zu interessieren, daß wir zu Besuch kommen – obwohl hier außer dem Versorgungsschiff keine anderen Schiffe erwartet werden.

Als wir uns abends endlich durch die Eisfelder durchgearbeitet haben und auf Höhe der Siedlung sind, läßt der Wind nach. Keine Frage, Ittoqqortoormiit können wir nicht erreichen, eine undurchdringliche Eisbarriere riegelt die gesamte Bucht ab. Aber das stört uns nicht. Mit dem Telefonat haben wir uns ordnungsgemäß angemeldet und fahren jetzt weiter in den Fjord hinein, um in sicherer Entfernung vor dem schweren Eis die Nacht zu verbringen. Um 22 Uhr bringen wir eine Vorleine auf einer Eisscholle aus und machen daran fest. Langsam treiben wir mit unserer Scholle weiter in den Fjord hinein, die Ankerwache wird eingeteilt, und danach serviert Falk uns einen steifen Grog – wir sind angekommen. Der erste Schritt auf den Spuren der deutschen Nordpolarexpeditionen ist glücklich gelungen.

Der Traum vom offenen Polarmeer

Als August Petermann im Juli 1865 vor die deutsche Geographenversammlung in Frankfurt trat, wußte er, daß ihm ein schwerer Kampf bevorstand. Petermann war ein glänzender Rhetoriker und verstand es, Menschen in seinen Bann zu ziehen – aber dennoch, diesmal würde er es schwer haben. Das Projekt, das er den eher nüchternen Geographen ans Herz legen wollte, hatte es in sich. Es würde nicht leicht sein, sie auf seine Seite zu ziehen und die dafür notwendigen Mittel bewilligt zu bekommen. Aber es mußte getan werden, im Dienste der Wissenschaft, der nationalen Ehre und letztlich auch im wirtschaftlichen Interesse. „Der Weg zum Nordpol muß von einer deutschen Expedition entdeckt werden!“ Als er seine Rede begann, schilderte er zunächst den aktuellen Stand der Polarforschung und das Bild, das sich die Wissenschaft von den arktischen Regionen machte. Auch wenn es gegenteilige Stimmen von durchaus kompetenten Wissenschaftlern und vor allen Dingen Walfängern und Robbenschlägern gab – für Petermann stand fest, daß der Nordpol in einem schiffbaren Ozean lag. „Dieser Ozean ist lediglich von einem Packeisgürtel umgeben, den ein entsprechend ausgerüstetes Schiff mit einer zielstrebigen Mannschaft durchdringen kann. Wenn es bisher nicht gelungen ist, dann nur deshalb, weil keiner es ernsthaft versucht hat“, folgerte Petermann. „Das gesamte Eis bildet einen beweglichen Gürtel, auf dessen polarer Seite das Meer mehr oder weniger frei von Eis ist. Schiffe, welche diesen Eisgürtel durchbrechen, werden ein schiffbares Meer in den höchsten Breiten finden. Ein geeigneter Schraubendampfer könnte in der rechten Jahreszeit eine Reise zum Nordpol und zurück in zwei bis drei Monaten zurücklegen.“ Um auch den letzten Zweifler zu überzeugen, fügte er hinzu: „Die Erreichung des Nordpols mit einem Schraubendampfer würde heutzutage eine sehr leichte, geringfügige Sache sein!"

Selbst die optimistischsten Vertreter dieser Theorie wären nicht so weit in ihren Aussagen gegangen. Und damit nicht genug. Petermann verkündete lauthals die Existenz eines „arktischen Kontinents" und untermauerte seine Behauptung mit einer von ihm gefertigten Karte der Arktis. Grönland wird darauf als ein merkwürdiges, gurkenförmiges Gebilde dargestellt, das in seiner Verlängerung bis zur Wrangel Insel im Nordosten der sibirischen Arktis reicht und dabei den geographischen Nordpol nahezu berührt. Er begründete seine These vom schiffbaren Ozean mit dem Golfstrom, der so viel warmes Wasser in das Polarbecken bringt, daß sich nur in den Randzonen entlang der Küsten Eis bilden könne. Zudem glaubte er, daß Meerwasser nicht gefrieren könne und daß das meiste Eis von den großen Flüssen hinausgeschwemmt wird, um sich dann zu einem eisigen Ring um das Polarbecken zu vereinigen. Petermann war von seiner Idee derart durchdrungen, daß er offenbar nicht eine Sekunde lang an deren Richtigkeit zweifelte, obwohl es viele Stimmen gab, die ihn nachdenklich hätten stimmen müssen.

Der Wissenschaftler – auch international von Rang und Namen – hatte zeitweise in England gelebt, wo er sich eingehend mit den unterschiedlichen Theorien befaßt hatte. Darunter war auch das Gutachten des schottischen Walfangkapitäns David Gray, der der englischen Regierung empfohlen hatte, ein Basislager an der Ostküste Grönlands einzurichten, um von dort aus auf dem Landwege zum Pol zu gelangen. Petermanns Vision von einem schiffbaren polaren Ozean einerseits und einem polaren Kontinent andererseits ließ ihn den Plan fassen, zwei Fliegen mit einer Klappe zu schlagen: Eine Gruppe von polarerfahrenen Männern sollte an der Ostküste Grönlands abgesetzt werden, um dort zu überwintern und um anschließend auf dem Landwege zum Pol und zurück zu gelangen. Das Schiff sollte eigenständig operieren und versuchen, den polaren Ozean zu erreichen. Eine Nordpolexpedition auf dem Land- und dem Seewege also.

Um die Mittel für das Projekt aufzutreiben, wandte sich Petermann 1865 persönlich an die Staatsminister von Bismarck und den

Kriegs- und Marineminister von Roon. Die Pläne Petermanns wurden durchaus wohlwollend beurteilt; als jedoch 1866 der Krieg ausbrach, wurden die Mittel anderweitig verwendet. Doch Petermann blieb hartnäckig. Im Oktober 1867 trat in Gotha eine Gruppe von Freunden und Interessenten auf Einladung Petermanns zusammen, um den Plan einer Nordpolfahrt erneut zu beraten. Unter den Interessenten befanden sich auch der Bremer Reeder Albert Rosenthal sowie der Navigationsschuldirektor Breusing. Besonders dem Engagement Rosenthals ist es zu verdanken, daß Petermann finanzielle Unterstützung aus Reederkreisen für seine Idee erhielt. Für Petermann reduzierte sich das Problem einer Nordpolarexpedition auf die Beschaffung der erforderlichen finanziellen Mittel. Daran, daß sein Plan an den vorherrschenden Naturverhältnissen scheitern könnte, schien er nicht einen einzigen Moment gedacht zu haben. Dabei gab es auch damals schon warnende Stimmen.

Der Engländer Edward Parry war 1850 nördlich von Spitzbergen mit Schlitten bis auf 82° 07' Nord gelangt, bis ihn das Packeis schließlich stoppte. Zwar fand er offene Wasserstellen im Eis, aber von einem offenen Polarmeer konnte keine Rede sein. Fünf Jahre vor Parry, im Jahre 1845, war ein anderer Engländer, John Franklin, mit den beiden Schiffen EREBUS und TERROR und insgesamt 129 Mann Besatzung aufgebrochen, die legendäre Nordwestpassage zu entdecken. Seither hatte man von der Expedition trotz der über vierzig Suchexpeditionen, die aufgebrochen waren, um das Rätsel, das sich um die Franklin-Expedition verdichtet hatte, zu lüften, nichts mehr gehört. Die Suche nach Franklin fiel genau in die Zeit, in der Petermann sich zu wissenschaftlichen Studien zeitweise in England aufhielt und daher die Dramatik hautnah miterleben konnte. Auch Franklins Schiffe verfügten bereits über Dampfmaschinen und Schraubenantrieb – eben jene technische Neuerung, in der Petermann den Schlüssel zum Erfolg sah. Geholfen hat es Franklin und seinen Männern im Packeis offenbar nicht.

In England war man skeptisch geworden, was die Idee anging, mit einem Schiff ins Polarmeer vorzudringen. Vielmehr setzte man dort auf Schlittenreisende, die von einem möglichst weit vorgeschobenen Schiff am Rande des Packeises abgesetzt werden sollten. Die Westküste Grönlands schien hierfür die besten Voraussetzun-

DAGMAR

20

21

19 Bei Fahrten durchs Eis muß ständig jemand auf dem Vorschiff stehen, um dem Rudergänger Zeichen zu geben, wie er dem Eis auszuweichen hat.

20 Das Walroß ist nach Spitzbergen zurückgekehrt, nachdem es auf den Inseln jahrzehntelang als ausgerottet galt.

21 Das unbekannte Grab eines Walfängers im Norden Spitzbergens.

22

23

24

22 Die Filmaufnahmen im Packeis auf über 80° nördlicher Breite.

23 Das Kamerateam des ZDF sowie die rumänischen Schauspieler samt Requisiten auf einer Eisscholle im Polarmeer. Immer wieder brechen die Eisschollen auseinander, und wir müssen das Team eiligst abbergen.

24 Wunderschön: Regenbogen im Isfjorden.

25

26

25 Franz und Martin vergleichen im Buch über die Andrée-Expedition die darin enthaltenen Fotos mit der Landschaft.

26 Endlich wird das Wetter besser. Die Luft in der Ballonhülle wird mit Propangasbrennern erhitzt.

27

28

29

27 Spannungsreich: Die letzten Sekunden, bevor sich der Ballon aufrichtet.

28 Für uns ein historischer Moment: 100 Jahre nach dem Start des „Örnen“ steigt unser Ballon in der Virgobucht auf.

29 Ein überglücklicher Franz schaut aus luftiger Höhe über die polare Landschaft.

30

31

30 Dem Rentier ist es völlig egal, was wir dort treiben.

31 Der Ballon über dem Isfjorden.

32 Der „Örnen“ unmittelbar nach dem Start. Gut zu sehen die Schleppseile, die kurz danach abreißen.

32

33

34

33 Unsere Skiläufer auf dem Inlandeis Spitzbergens.

34 Der erste Start unseres Ballons in der Virgobucht. Im Hintergrund ankert die DAGMAR AAEN.

35 Der Abstieg vom Inlandeis Spitzbergens gestaltet sich schwierig. Gegenseitig müssen sich die Skiläufer mit Seilen sichern.

36 Der Gletscherbruch des Mayerbreen.

37 Abseilen der Pulkaschlitten über die Abbruchkante des Gletschers in den Möllerfjord. Falk und ich stehen mit dem Schlauchboot bereit.

35

36

37

gen zu bieten. Doch Petermann blieb unerschütterlich bei seiner Forderung, von dem „Spitzbergischen Meer“ heraus nach Norden vorzustoßen. Die von ihm skizzierte Expedition sollte aus zwei Dampfern bestehen, finanziert von Preußen und Österreich. Drei Jahre lang mühte er sich ab, aber die Zusammenarbeit zwischen Preußen und Österreich scheiterte genauso wie der Plan, die preußische Marine von der Idee zu überzeugen.

Um seine Pläne nicht vollends begraben zu müssen, veränderte Petermann sie geringfügig. Statt der zwei großen Schraubendampfer sollte es nun ein kleineres, eisgängiges Segelschiff sein. In Kapitän Carl Koldewey fand er einen kompetenten Seemann, der sich begeistern ließ und das Angebot, die „1. deutsche Nordpolarexpedition“ zu führen, sofort annahm. Auf den Gedanken, selbst an einer derartigen Expedition teilzunehmen, scheint Petermann nicht gekommen zu sein. Im Frühjahr 1868 reiste Koldewey nach Bergen und kaufte dort ein gerade vom Stapel gelaufenes Segelschiff, ließ es umbauen und eisverstärken und taufte es auf den Namen GRÖNLAND. Obwohl auch für dieses Projekt die Finanzierung zwischendurch unsicher war, gelang es Petermann, die notwendigen Mittel maßgeblich durch die Hilfe Bremer Reeder aufzutreiben. Aus der heutigen, wahrscheinlich aber auch aus der damaligen Sicht ist es schon verwunderlich, woher Petermann die Gewißheit eines schiffbaren Polarmeeres nahm. Auch Walfänger, allen voran der Engländer William Scoresby, waren weit in das von Petermann anvisierte Gebiet mit ihren Schiffen vorgedrungen, nur um immer wieder von den Packeisbarrieren aufgehalten zu werden. Die Praktiker unter den Polarfahrern glaubten nicht an das Märchen vom offenen Polarmeer. Es sollte der Wunschtraum einiger verbohrter Theoretiker bleiben, die von ihren Vorstellungen nicht abweichen wollten. Ein Umstand, der – wie man noch hören wird – vielen zum Verhängnis geworden ist.

Die Segelanweisung für die GRÖNLAND lautete, die „arktische Zentralregion nördlich von 75° Nord zu erforschen“. Entweder sollte die GRÖNLAND entlang der Ostküste Grönlands nach Norden vorstoßen oder aber östlich Spitzbergens ausweichen, wo man das sagenumwobene Giles-Land vermutete. Koldewey schien anfangs von dem Erfolg seiner Mission überzeugt gewesen zu sein. Am

24. Mai 1868 verließ die GRÖNLAND, für zwölf Monate verproviantiert, unter der Flagge des Norddeutschen Bundes Bergen in Richtung Norden. An Bord befanden sich acht Deutsche, zwei Norweger und ein Holländer – alles Seeleute. Ein Wissenschaftler war nicht dabei.

Bereits am 30. Mai geriet das Schiff in einen schweren Sturm, den man beigedreht abwetterte und der die Seetüchtigkeit und hohe Qualität des Schiffskörpers unter Beweis stellte. Am 1. Juni erreichte das Schiff das erste Treibeis, am 4. Juni befand man sich bereits auf 74° 52' Nord und 006° 07' westlicher Länge. Von hier aus versuchte Koldewey Westlänge zu gewinnen, da an ein Vordringen nach Norden wegen der zunehmenden Eisdichte nicht zu denken war. Am 9. Juni wurde das Schiff dennoch vom Eis eingeschlossen und trieb mit dem Packeis bis zum 22. Juni machtlos nach Süden. Immerhin konnten die Seeleute aus der Masttonne Land sehen. Es handelte sich dabei offenbar um die Pendulum Insel sowie das von Henry Hudson benannte „Hold with Hope". Man hatte also kein Neuland entdeckt. Das Land war zwar weitestgehend unerforscht, aber immerhin bekannt. Als sich das Schiff endlich wieder aus dem Eis befreien konnte, segelte Koldewey erneut an der Eiskante entlang nach Norden, gab aber vorerst den Plan auf, abermals ins Eis zu segeln, da vier zufällig angetroffene Walfangschiffe von einer sehr schwierigen Eissituation zu berichten wußten. Daraufhin setzte der Kapitän Kurs auf Spitzbergen, wo er im Hornsund Wasser und Ballast übernahm. Anschließend ging es weiter an der Westküste Spitzbergens nach Norden, bis ihm ein englischer Walfänger mitteilte, daß sich die Eisverhältnisse um Grönland gebessert hätten.

Am 28. Juli lag die GRÖNLAND erneut im Eis der Ostküste Grönlands fest. *„Ich ging"*, schrieb Koldewey später, *„in die Kajüte, um einige Stunden Ruhe zu genießen, indem ich Herrn Hildebrandt Order gab, scharf auszulugen und mich bei der geringsten Änderung zu wecken. Für diesmal sollte ich aber keinen Schlaf bekommen; ich hörte bald, daß die Mannschaft an Deck mit Tauen wirtschaftete und das Schiff in eine andere Lage brachte. Herr Hildebrandt kam auch bald herunter und kündigte mir an, daß einige große Eisblöcke direkt in den Wind auf uns zutrieben und uns zu zermalmen drohten. Ich* *sprang sofort an Deck. Eine große Scholle, die wohl zehn Fuß über Wasser hatte, trieb mit großer Geschwindigkeit gegen uns an. Wir hatten eben noch Zeit, das Schiff rasch etwas weiter nach hinten zu holen, als die Scholle gerade vor unserem Klüverbaum heftig mit dem Felde zusammenstieß. Hätte sie uns getroffen, wir wären sicherlich vollständig zu einem Pfannkuchen zusammengedrückt worden."*

Koldewey versuchte zwar weiterhin, an die grönländische Ostküste durchzudringen, mußte aber bald erkennen, daß die Chancen, einen Weg durch das Eis hindurch zu finden, sehr gering waren. Die Eisfelder waren derart massiv und kompakt, daß es keinen Sinn hatte, es weiter an dieser Küste zu versuchen. Statt dessen versegelte er erneut nach Spitzbergen. Aber auch der Versuch, das sagenumwobene Giles-Land zu erreichen, war vergeblich – kein Wunder, dieses Land existierte nie. Die GRÖNLAND verbrachte die Zeit in der Hinlopenstraße – im Widerspruch zu der Segelanweisung Petermanns, der Forschungen auf Spitzbergen ausdrücklich ausgeschlossen hatte. Die höchste erreichte Breite betrug 81° 01' Nord. Der einbrechende Winter in den hohen Breiten zwang die Mannschaft schließlich zur Umkehr. Am 10. Oktober 1868 erreichte die GRÖNLAND wohlbehalten Bremerhaven.

Obwohl den Polarfahrern ein herzlicher Empfang zuteil wurde, war Koldewey selbst nicht glücklich mit den Resultaten der Expedition. Petermann war über den Ausgang zutiefst enttäuscht und wohl auch verbittert. Zwischen ihm, dem Theoretiker, und dem Praktiker Koldewey kam es zu ersten Spannungen. Der Direktor der „Norddeutschen Seewarte" in Hamburg sah das Resultat der Expedition anders: Für ihn hatte die Expedition durchaus neue und verwertbare ozeanographische und atmosphärische Erkenntnisse sowie Daten gebracht. Ohne dem Umstand große Bedeutung beizumessen, hatte die Mannschaft auf der GRÖNLAND Grundlagenforschung betrieben, die wichtige Erkenntnisse über die Warmwasserausläufer des Golfstromes ergaben. Gemessen an den ehrgeizigen Plänen Petermanns mochte das wenig sein. Nach heutigem Verständnis ist das wissenschaftliche Ergebnis der Fahrt der GRÖNLAND vermutlich viel höher zu bewerten, als es damals getan wurde.

Petermann war verärgert, daß die Fahrt nicht die gewünschte Bestätigung seiner Theorien erbracht hatte. Nur drei Wochen nach der Rückkehr von Koldewey legte Petermann den Plan für eine neue Expedition vor. Von den noch übrig gebliebenen Geldern der ersten Expedition sollte ein Dampfer gebaut werden, dem die Aufgabe zufallen sollte, zunächst in die Zentralarktis vorzustoßen und weiter bis zur Beringstraße vorzudringen. Ein zweites Schiff war dafür eingeplant, eine Landexpedition an der Ostküste Grönlands abzusetzen, die das erste Schiff auf seiner Rückreise wieder aufnehmen und nach Hause bringen sollte. Das Ganze glaubte Petermann in einem Zeitraum von fünf Monaten, von Juni bis Oktober, durchführen zu können – als handele es sich bei dem Fahrtgebiet um die Ostsee und nicht um das Polarmeer. Die unter der Oberfläche schwelende Fehde zwischen Petermann und Koldewey spitzte sich im Laufe der nächsten Wochen und Monate zu. Während Petermann sich immer mehr in seinen utopischen Vorstellungen verstrickte, nahm Koldewey die praktische Planung in die Hand, entwarf ein neues Expeditionsschiff und konkretisierte und berichtigte die Zielsetzung. Petermann fühlte sich ausgegrenzt, intrigierte gegen Koldewey, hielt Spendengelder zurück, bis das Bremer Comité endlich seinen Plänen zustimmte. Das Scheitern der ersten Expedition lastete der verbohrte Wissenschaftler dem mangelnden Einsatzwillen Koldeweys und seiner Leute an. Petermann wörtlich zu Koldewey: „*Ist eine solche Sache nicht auch ein paar Menschenleben werth?*“ Eine bemerkenswerte Aussage für jemanden, der selbst die Annehmlichkeiten und Sicherheit der zivilisierten Zonen nie verlassen hatte. Schließlich ging es ja auch nicht um sein Leben.

Der Bruch zwischen den beiden Männern war perfekt, trotzdem gediehen die Vorbereitungen zu der „2. deutschen Nordpolarfahrt“ in Rekordzeit. Am 10. März 1869 wurde auf der Werft von Tecklenburg in Bremerhaven mit dem Bau der GERMANIA begonnen. Bereits am 16. April lief das rund dreißig Meter lange Schiff vom Stapel. Das Schiff war eigens für den Einsatz im Eis konstruiert und verstärkt worden und verfügte über eine 30 PS starke Dampfmaschine, die ihre Kraft auf eine zweiflügelige Schraube übertrug. Für die Schraube gab es Ersatz an Bord, bei schwerem Eisgang konnte sie zudem nach oben durch einen Schacht aus der Gefahrenzone gezogen werden.

Das Begleitschiff der Expedition wurde auf den Namen HANSA getauft. Die HANSA war 1863 ebenfalls an der Weser gebaut worden und hatte etwa die gleichen Abmessungen wie die GERMANIA, ohne aber eigens für den Einsatz im Eis konstruiert worden zu sein. Bei Tecklenburg wurde das Schiff daher einer gründlichen Inspektion unterworfen und soweit möglich für die Eisfahrt verstärkt. Dazu gehörten unter anderem das Anbringen einer Eishaut aus massiver Eiche, die zusätzlich noch mit dicken Eisenplatten gepanzert wurde. Die Decksbalken wurden mit eisernen Knien versehen, die Ruderanlage erhielt ein Gat, um sie bei schwerem Eis bergen zu können. Die Takelage wurde genauso überholt wie die Segel – alles in allem war die HANSA in einem sehr guten Zustand. Das Schiff war von dem Bremer Comité gebraucht gekauft worden. Der Nachteil war, daß es über keine Maschinenanlage verfügte und daher trotz aller Umbauten nur bedingt für den Einsatz im Eis geeignet war. Kapitän der HANSA wurde Paul Friedrich Hegemann. Hegemann, der gerade erst als Kapitän des Walfangschiffes JULIANE aus der Beringsee zurückgekehrt war, kannte die Schwierigkeiten der Eisnavigation bestens. Hätte er damals schon gewußt, was ihm auf dieser Fahrt bevorstand – er hätte auf dem Absatz kehrtgemacht und dem Vorhaben wohl Zeit seines Lebens keinen Gedanken mehr gewidmet.

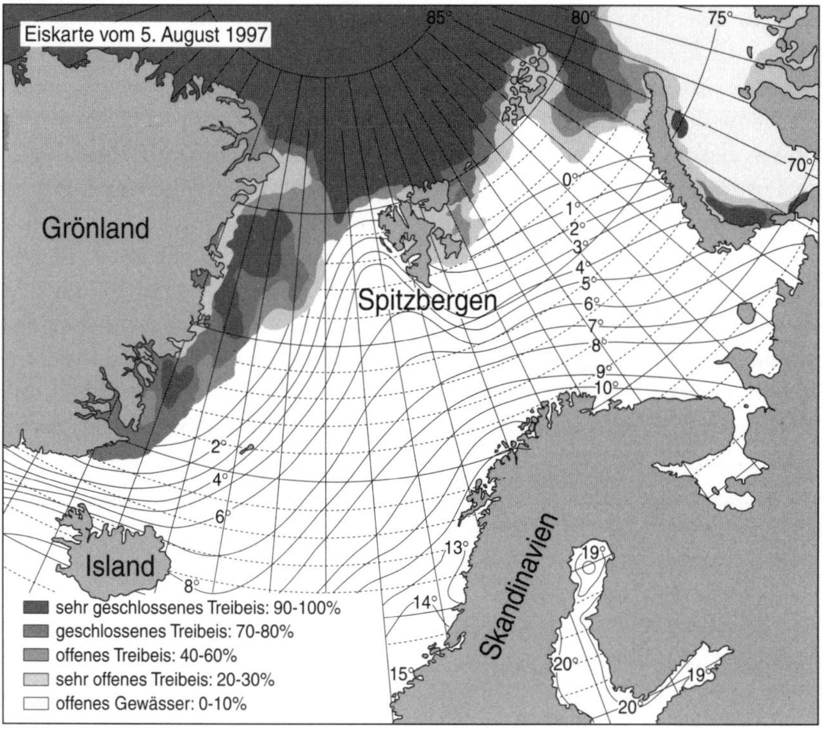
Eiskarte vom 5. August 1997
85°
80°
75°
70°
Grönland
Spitzbergen
Island
Skandinavien
0°
1°
2°
3°
4°
5°
6°
7°
8°
9°
10°
2°
4°
6°
8°
13°
14°
15°
19°
20°
19°
20°
sehr geschlossenes Treibeis: 90-100%
geschlossenes Treibeis: 70-80%
offenes Treibeis: 40-60%
sehr offenes Treibeis: 20-30%
offenes Gewässer: 0-10%

Im Scoresby Sund

Der britische Arctic Pilot, das Handbuch für Seefahrer, schreibt in seiner Einleitung unter der Rubrik „General Information“ folgendes über Ostgrönland: „Die Ostküste von Grönland reicht vom Kap Farvel 59° 46’ Nord im Süden bis zum Kap Morris Jesup auf 83° 40’ Nord – das sind weniger als 400 Meilen bis zum Nordpol. Die Fläche Gesamtgrönlands beträgt 840 000 Quadratmeilen, von denen weniger als ein Fünftel eisfrei sind.“ An anderer Stelle ist über die Ostküste zu lesen: „Es gibt immer noch große Bereiche der Küste, die noch niemals von einem Schiff erreicht worden sind. Das Wissen über diese Regionen stammt entweder von Reisen in kleinen Booten in den teilweise eisfreien Zonen, durch Flugerkundungen oder durch Schlittenreisen über das Eis.“

Ein Teil dieses riesigen Gebietes wurde in den siebziger Jahren zum Nationalpark erklärt. Mit rund 700.000 km^2 ist der „Nationalpark Ostgrönland“ der größte der Welt. Seine Grenze verläuft nördlich der Siedlung Ittoqqortoormiit in nordwestliche Richtung über das Inlandeis bis zur Naresstraße und umfaßt das gesamte Gebiet östlich dieser Grenze. Obwohl es noch im letzten Jahrhundert nachweislich Grönländer hier gegeben hat, ist das Gebiet heute unbewohnt. Lediglich vier Stationen werden ganzjährig entweder vom Militär, das zugleich die Polizeiaufsicht im Park wahrnimmt, oder von Meteorologen betrieben. Damit befinden sich etwa vierzig Personen in diesem riesigen Gebiet. Die Bevölkerungs„dichte“ liegt damit bei 17.500 km^2 pro Einwohner. Nur während der kurzen Sommermonate steigt die Zahl der Besucher kurzfristig an. Meistens sind es Wissenschaftler, die einige Wochen lang ihre Forschungsprojekte betreuen. Die festen Stationen sind Mesters Vig, Daneborg, Danmarks Havn und Station Nord.

Um den Nationalpark betreten zu dürfen, bedarf es einer besonderen Genehmigung, die das Dänische Polarcenter erteilt – oder auch nicht. Ausgenommen von dieser Regelung sind lediglich die Einwohner der Siedlungen Ittoqqortoormiit und Thule. Alle anderen Besucher müssen spätestens bis zum 31. Dezember des Vorjahres einen entsprechenden Antrag in neunfacher Ausfertigung beim Polarcenter stellen. Der Formalismus ist nicht unerheblich, und es wird dem Antragsteller alles andere als leicht gemacht, die Genehmigung zu erhalten. Die oberste Nationalparkbehörde ist die in Nuuk ansässige Selbstverwaltung (Hjemmestyre), das Polarcenter in Kopenhagen scheint mehr ausführendes Organ zu sein. Die Auflagen für einen Besuch im Nationalpark sind immens. Neben einer Search and Rescue-Versicherung müssen diverse andere Auflagen erfüllt werden, die allesamt meist kostenträchtig sind. So soll eine Waffe als Schutz gegen Eisbären mitgeführt werden, zugleich muß aber natürlich auch ein Waffenschein vorhanden sein, der in Nuuk bestätigt werden muß. Die Kommunikation über Funk oder Inmarsat muß sichergestellt sein, PLB's (Personal Locater Transmitter), die im Notfall aktiviert werden können, dürfen ebensowenig fehlen wie deren Registrierung bei den zuständigen Behörden. Nicht jedes PLB wird akzeptiert. Die vorgesehene Route muß detailliert eingereicht, jede geplante Aktivität schriftlich ausgeführt und erläutert werden. Wer plant, Hunde in den Park zu bringen, hat diese vorerst impfen und untersuchen zu lassen und ein entsprechendes tierärztliches Zeugnis vorzulegen.

Es gibt noch eine Menge anderer Dinge zu bedenken, und obgleich ich nicht ganz unerfahren im Einholen von Expeditionsgenehmigungen bin, war ich überrascht, wie umfangreich und langatmig sich das Procedere hinzog. Da wir mit einem Schiff in den Nationalpark wollen und sogar daran denken, im Park zu überwintern, haben wir zudem offenbar eine neue Dimension des Genehmigungsverfahrens eröffnet. Obwohl ich prompt und stets termingerecht alle Forderungen und Auflagen erfüllt hatte, haben wir im August noch immer keine schriftliche Genehmigung für den Nationalpark vorliegen. Diverse Male rufe ich in Kopenhagen an und werde immer wieder vertröstet. Die Mühlen der Bürokratie mahlen langsam, es wird schon rechtzeitig kommen. Das „rechtzeitig“ scheint ein dehnbarer und sehr relativer Begriff zu sein.

Wer anders als mit einem eigenen Schiff nach Ostgrönland will, dem bleibt nur das Flugzeug. Nach Ittoqqortoormiit gibt es zweimal wöchentlich – gutes Wetter vorausgesetzt – einen Linienflug von Island nach Constable Point, wo eine Landepiste angelegt ist, und von dort geht es mit dem Hubschrauber zur Siedlung weiter. Wer irgendwo anders hin möchte, muß chartern – und das kostet! Irgendwelche logistische Unterstützung seitens des Militärs zu bekommen, ist nahezu aussichtslos und wohl auch bewußt so gehalten. Man will es potentiellen Besuchern und besonders Expeditionen so schwer wie möglich machen. Kein Wunder, daß der Nationalpark Ostgrönland daher nur selten von privaten Expeditionen aufgesucht wird. Auch wenn es lästig ist, diese restriktive Haltung dient zuallererst dem Schutz der Landschaft, den dort lebenden Tieren, aber auch den archäologischen Stätten. Insofern stehe ich dazu und halte die Auflagen für begrüßenswert. Allerdings meine ich auch, daß man nach Erfüllung aller Auflagen – und wir haben sie zu 150% erfüllt – zügig die Genehmigung erteilen sollte. Ein paar Informationen über den Park wären wünschenswert, aber es geht auch ohne. Im Grunde genommen wissen wir im August immer noch nicht, ob wir überhaupt in den Nationalpark dürfen. Das Gebiet des Scoresby Sundes zählt nicht zum Nationalpark, aber wir wollen schließlich weiter nach Norden, sind einen weiten und schwierigen Weg gekommen und haben das ganze Schiff voller Ausrüstung – die Ungewißheit nervt!

Aber wir haben ja immer noch den Scoresby Sund, und der entschädigt für alles. Dem britischen Walfänger und Forscher William Scoresby Junior gelang es im Jahre 1822 erstmals, dieses Fjordsystem mit seinem Schiff Baffin zu erreichen. Als er in einem Nebenarm des Sundes, dem Hurry Fjord, auf das Schiff seines Vaters traf, der wie sein Sohn nicht nur vom Walfang, sondern im besonderen Maße vom Forschertum durchdrungen war, taufte er bei diesem Zusammentreffen den von ihm entdeckten Fjord nach seinem Vater. Scoresby Jun. entdeckte auch als erster Spuren von menschlicher Besiedlung, wenngleich er keine Menschen antraf. Das sollte erst ein Jahr später dem Briten Captain Clavering auf seinem Schiff Cripper gelingen, der sich ebenfalls zu Forschungszwecken an der Ostküste aufhielt und dabei auf eine kleine Gruppe Grönländer stieß. Aber nachdem er ihnen die Wirkung seiner Schußwaffen demonstrierte und einen der Grönländer sogar damit feuern ließ, zogen sich die bis dahin völlig isolierten Naturmenschen voller Schrecken zurück. Als Clavering am nächsten Morgen an Land ging, um sie erneut zu besuchen, fand er nur noch in aller Eile verlassene Sommerbehausungen vor. Seine Schießwut hatte die Ureinwohner nachhaltig beeindruckt – und vertrieben. Dies sollte das letzte Mal sein, daß im Gebiet des heutigen Nationalparks Grönländer angetroffen wurden, obwohl es viele Hinweise auf eine frühere Besiedelung gibt. Der nächste, der die Küste im Bereich des Scoresby Sundes erreichte, war 1833 der Franzose de Blosseville mit seinem Schiff LILLOISE. De Blosseville wurde ein Opfer des Eises, er ist seither mit seinem Schiff und Mann und Maus verschollen. Der Küstenstreifen, an dem er vermutlich Schiffbruch erlitt, trägt heute seinen Namen. Innerhalb von 11 Jahren wurde der Meeresarm von 4 Schiffen aufgesucht – eine beachtliche Anzahl, wenn man die Zeit – Anfang des 19. Jahrhunderts – bedenkt.

Die neuerliche Besiedelung des Scoresby Sundes ist gut sieben Jahrzehnte alt. Im Jahre 1925 wurden auf Veranlassung der dänischen Regierung zehn grönländische Familien, siebzig Personen insgesamt, mit ihrem gesamten Hab und Gut zum Scoresby Sund gebracht, um sie hier anzusiedeln. Die Familien stammten alle aus der Region Angmagssalik, weiter im Süden Ostgrönlands, der einzigen Siedlung Ostgrönlands zu der Zeit. Der Wildreichtum ließ die Grönländer heimisch werden, und die Siedlung wuchs in den folgenden Jahren schnell an. Die Hauptsiedlung mit dem unaussprechlichen Namen Ittoqqortoormiit liegt in der Rosenvinges Bugt, hinzu kommen zwei kleinere Siedlungen, in denen ausschließlich Jäger leben, Unarteq oder Kap Tobin und Kap Hope. Grönländer reisen immer nur dann, wenn es die Jagd erfordert. Befindet sich genug Wild, vor allem Robben, in der Nähe, vermeiden sie weite Reisen. Da in der Mündung des Scoresby Sundes eine sogenannte Polynia besteht, eine offene Wasserstelle im Eis, an der sich Robben, Walrosse und Eisbären aufhalten, sahen sie zu weiten Reisen in das Fjordsystem keine Veranlassung. Interesse an der Erforschung gänzlich unbekannter Gebiete haben die Inuit nie gehabt, wie man nachvollziehen kann. Einzige Ausnahme bildeten der dänische Leutnant C. Ryder, der mit seinem Schiff und der Besatzung bei der Danmarks Ø überwinterte – in einer Bucht, die heute Hekla Havn heißt –, und der Däne Alwin Pedersen, der das Innere dieses gewaltigen Fjordsystems erkundete. Im Verlauf zweier Expeditionen drang er mit Hundeschlitten tief in das System ein und durchstreifte die Fjordarme. Die bedeutendsten Seitenarme des Scoresby Sundes sind der Nordvestfjord, der Øfjord, der Fønfjord und der Gaase Fjord. Sie alle münden in das Hall Bredning, das quasi die Verbindung zum eigentlichen Scoresby Sund darstellt.

Siedlungen oder Forschungsstationen gibt es im Inneren des Fjordes keine. Die Wege dorthin sind weit und nicht ungefährlich, so ist die Landschaft auch heute noch so wie sie immer war – wild und unberührt.

Das Gebiet der „1.“ und „2. deutschen Nordpolarexpedition“ liegt im wesentlichen im Gebiet des heutigen Nationalparks. Wenn wir also an die Originalplätze wollen, müssen wir die Genehmigung haben. Die läßt aber, wie gesagt, auf sich warten. Dennoch bringt diese Verzögerung vorerst für uns keine Veränderung in der Expeditionsplanung. Das Innere des Scoresby Sundes war von Anfang an ein erklärtes Ziel der Expedition gewesen. Telefonisch angemeldet haben wir uns, insofern steht unserem Vorhaben, in den Fjord zu fahren, nichts mehr im Wege. Das ist nicht wörtlich zu nehmen, denn tatsächlich stehen uns eine ganze Menge Hindernisse im Wege: Eisberge! In allen Größen, Formen und Variationen bahnen sie sich majestätisch ihren Weg zur offenen See. Eisfelder werden von ihnen durchpflügt, als gäbe es sie gar nicht. Immer wieder stoßen sie tonnenschwere Brocken ab, deren Einzelteile sie wie eine Schleppe hinter sich herziehen. Kein Eisberg, der dem anderen ähnelt, alle sind sie unterschiedlich. Da gibt es welche, die glatt und ebenmäßig wie weißer Marmor wirken, andere, die zerrissen und voller Spalten und dunkler Einschlüsse sind. Einige wirken wie Festungsbauten oder Kathedralen, wieder andere wie eine kleine Insel mit Schmelzwassertümpeln, Wasserfällen und einzelnen Felsbrocken, die irgendein Gletscher dort abgelegt hat. Wir begegnen Eisbergen mit Torbögen, durch die die Dagmar Aaen mühelos hindurchfahren könnte – wäre es nicht zu gefährlich. Denn keiner weiß, wann und warum ein solcher Eisberg beschließt, sich plötzlich zu drehen. Irgendein Teil von ihm hat sich vielleicht unter Wasser gelöst, oder der Schwerpunkt hat sich durch das beständige Abtauen verändert – in jedem dieser Fälle ist das Resultat katastrophal. Urplötzlich, von einer Sekunde zur anderen, kann sich ein solcher Riese plötzlich zu drehen anfangen, oder er bricht auseinander. Er kann auch regelrecht explodieren. Wie auch immer der Vorgang aussehen mag, man sollte ihn aus sicherer Distanz verfolgen.

Im Øfjord wurde vor einigen Jahren einmal beobachtet, wie ein riesiger Eisberg förmlich explodierte. Die Flutwelle, die dadurch entstand, soll laut dänischem Seehandbuch zehn Meter hoch gewesen sein und hat in ihrem Gefolge tonnenschwere Eisbrocken mitgeschleppt, die ein Schiff mühelos hätten versenken können. Rund 1/9 der Eisbergmasse ragt an der Oberfläche heraus, der Rest ist unter Wasser verborgen. Einige von ihnen haben einen derart großen Tiefgang, daß sie an Stellen stranden, über die der Kapitän eines Supertankers vollbeladen, ohne auch nur mit der Wimper zu zucken, hinwegfahren würde. Wie in einer langen Prozession ziehen sie den Fjord seewärts. An einigen Stellen stehen sie derart dicht beieinander, daß wir uns überlegen müssen, an welcher Stelle wir eine einigermaßen sichere Durchfahrt finden, an anderer Stelle kommen wir gar nicht durch und müssen einen Umweg fahren. Martin nimmt den Sextanten zur Hand und mißt die Höhe der Eisberge, indem er den Winkel bestimmt, die Entfernung zum Berg dem Radar entnimmt und mit den Werten in einer einfachen Rechnung auf die exakte Höhe kommt. Das Mittel liegt zwischen achtzig bis hundert Metern, einige der Kolosse sind auch deutlich höher. Der Anblick ist einfach atemberaubend schön.

Der gleiche Eisberg sieht in der vergleichsweise hoch stehenden Mittagssonne völlig anders aus als im weichen Licht der Abendsonne. Es wirkt geradezu verlockend, bei ihnen längsseits zu gehen und über Eisrampen und Vorsprünge hinaufzuklettern, um dort oben herumzuspazieren. Die Vernunft gewinnt die Überhand, so bleibt es beim bloßen Bestaunen. Filmrolle auf Filmrolle wandert in die Kameras. Torsten und ich hantieren mit unseren Leicas, tauschen Brennweiten aus, während Rafa mit seiner Betacam dreht und Martin mit seiner zweiäugigen 6x6 Spiegelreflexkamera Aufstellung nimmt. Die Eisberge geben einen unerschöpflichen Fundus an Foto- und Filmmotiven ab. So gewaltig wie sie sind, so winzig wirken sie vor dem Hintergrund der über 2000 Meter hohen Berge, die den Fjord in weiten Bereichen säumen. Wie Spielzeuge, wie bunt durcheinander gewürfelte Bauklötze wirken sie, wenn man sich vom einzelnen Objekt losreißen kann und das gesamte Panorama betrachtet. Schwarze, massige Bollwerke aus Fels und Geröll, unterbrochen von blaugrün schimmernden Gletscherzungen, die von dem grönländischen Inlandeis zu Tal drängen und dabei die Eisberge abstoßen und sie auf ihre Reise nach Süden entlang der Ostküste schicken. Wie ein über den Tellerrand quellender Pudding sieht das Inlandeis von weitem aus. Überall lecken die Eiszungen hinunter aus über 2000 Metern Höhe, bis sie endlich die Wasserfront erreicht haben.

Unser erster Tag im Scoresby Sund hat uns gleich mit einer Fülle von Eindrücken überschüttet, daß wir aus dem Staunen gar nicht mehr herauskommen. Langsam fahren wir im Zickzack um diese Hindernisse herum. Spät am Abend erreichen wir Danmarks Ø, jene Insel, wo das Expeditionsschiff HEKLA unter dem Kommando von Leutnant Ryder im Jahre 1891/92 den Winter verbrachte. Hekla Havn ist eine Bucht, die durch eine Barriere vor schwerem Eis geschützt ist. Vorsichtig tasten wir uns über die Untiefe hinweg und befinden uns mit einem Mal in einer idyllischen Bucht. Der Anker fällt in den Grund, langsam schwoit die DAGMAR AAEN um die Kette, um schließlich bewegungslos in dieser hellen und lauen Nacht zu verharren. Wir sitzen noch lange an Deck und betrachten die Landschaft. Eigenartigerweise wird nicht viel geredet, wie es sonst in solchen Situationen meistens der Fall ist. Jeder genießt still den Anblick, ist sich irgendwie der Erhabenheit dieser Landschaft und wohl auch des Moments bewußt. Allein dieser Tag war die lange Reise wert. Wir spüren, daß es etwas ganz Besonderes ist, hier zu sein. Nichts ist selbstverständlich auf der Welt. Am wenigsten vielleicht der Umstand, mit einem Schiff in einem kleinen Naturhafen namens Hekla Havn mit der großartigsten Naturkulisse um uns herum zu liegen.

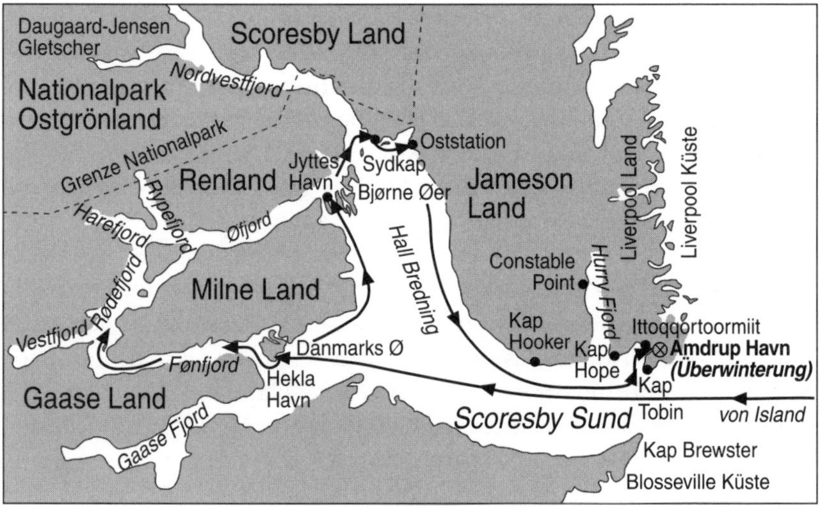
Daugaard-Jensen Gletscher
Scoresby Land
Nationalpark Ostgrönland
Nordvestfjord
Grenze Nationalpark
Oststation
Sydkap
Jyttes Havn
Renland
Bjørne Øer
Jameson Land
Liverpool Land
Liverpool Küste
Harefjord
Rypefjord
Øfjord
Hall Bredning
Hurry Fjord
Constable Point
Milne Land
Rødefjord
Vestfjord
Kap Hooker
Kap Hope
Ittoqqortoormiit
Amdrup Havn
(Überwinterung)
Danmarks Ø
Fønfjord
Hekla Havn
Gaase Land
Kap Tobin
Scoresby Sund
von Island
Gaase Fjord
Kap Brewster
Blosseville Küste

Arctic in the sun

Der Morgen beginnt so, wie der Abend ausgeklungen ist: sonnig, warm und voller Farben. So richtiges Geburtstagswetter – Torsten wird heute einunddreißig. Wir frühstücken alle gemeinsam, und zur Feier des Tages gibt es ein gekochtes Ei für jeden. Danach setzen wir mit dem Dingi über an Land. Schon von weitem haben wir eine recht gut erhaltene Hütte auf einer Anhöhe entdeckt, die wir uns genauer ansehen möchten. Ich bin erstaunt über diese Hütte. Sie ist in keiner Karte verzeichnet und liegt auch nicht im Gebiet der dänischen Sirius-Patrouille, einer Militäreinheit, die ganz traditionell mit Hundeschlitten den gesamten Nationalpark abfährt. Die Sirius-Patrouille hat zahlreiche Schutzhütten, in die sich die Schlittenbesatzung zurückziehen kann, aber diese Hütte hier liegt außerhalb ihres Wirkungsbereiches.

Eigentlich handelt es sich auch eher um ein Haus mit etwas antiquierter Funkanlage, Etagenbetten und Küche. Es wurde, wie sich herausstellt, vor einiger Zeit von einer Gesellschaft errichtet, die an der Ostküste Grönlands nach Bodenschätzen gesucht hat. Ende der achtziger Jahre und zu Beginn der neunziger gab es heftige Diskussionen, ob man Öl oder auch andere Bodenschätze an der Ostküste abbauen sollte. Im Januar 1985 wurde einem Konsortium verschiedener Gesellschaften die Genehmigung erteilt, in Ostgrönland, besonders im Gebiet des Jameson Landes nach Öl und möglichen anderen Bodenschätzen zu suchen. Aus diesem Grund, um die Exploration logistisch voranzutreiben, wurde Mitte der achtziger Jahre im Hurry Fjord am Constable Point eine großzügige Landepiste mit Unterkünften und einer Menge schwerem Gerät eingerichtet, um auch im Winter den Flugbetrieb aufrecht zu erhalten. Die Diskussion wurde intensiv und engagiert seitens der Wirtschaft und der Umweltschützer geführt. Die katastrophalen Erfahrungen mit der Exxon Valdez vor Alaska waren vermutlich ein Grund dafür, daß man die Pläne vorerst buchstäblich auf Eis gelegt hat. Aber auch wirtschaftliche Überlegungen mögen eine Rolle gespielt haben, denn teuer wird der Abbau und besonders der Abtransport in jedem Fall. Momentan scheint dies alles kein Thema zu sein, aber ich denke, es ist nur eine Frage der Zeit, bis erneut Überlegungen angestellt werden. Die Konzession lief jedenfalls 1996 aus.

So unberührt wie die Insel auf den ersten Blick wirkte, ist sie also gar nicht. Einige zurückgelassene Gerätschaften, ein vom Sturm zertrümmertes Klohäuschen, eine Winde und ein kleiner Müllhaufen sind die Hinterlassenschaften – ansonsten ist alles so geblieben, wie es mal war. Überall grünt und blüht es. Moose und Blumen bedecken den Boden wie ein Teppich, sogar Pilze gibt es, und um uns herum summt es von Moskitos und Fliegen. Im Inneren der Fjorde soll das Klima deutlich milder sein als an der Küste. Die Vegetation ist üppiger, und man ordnet daher diesen Teil der „Lower Arctic" zu, während die viel harscheren und kargeren Küstenregionen als „High Arctic" bezeichnet werden. Wir verteilen uns, streifen über die Insel, allein oder zu zweit, jeder ist froh, sich die Beine vertreten zu können. Ich schaue mir die Insel und die Bucht, in der die Dagmar Aaen liegt, sehr genau an. Dieser Platz wäre ideal für eine Überwinterung. Schweres Eis kann nicht hinein. Die Bucht ist so klein, daß keine großen Eisbewegungen und Pressungen entstehen können. Andererseits ist sie groß genug, um ein Schiff darin einfrieren und überwintern zu lassen. Die Hütte an Land würde quasi eine Rückversicherung sein, sollte das Schiff durch Eis oder Feuer zerstört werden.

Potentielle Überwinterungsplätze interessieren mich immer, nicht nur wegen zukünftiger Reisen, sondern auch als Alternativen zu den von uns eingeplanten. Es wäre unrealistisch zu glauben, daß man den angestrebten Winterhafen in jedem Fall erreicht. Das Eis und nur das Eis macht hier die Vorgaben – nicht irgendwelches Wunschdenken. Selbst wenn ein Überwinterungsplatz in dem einen Jahr gut zu erreichen ist, heißt das noch lange nicht, daß es im nächsten Jahr so bleiben muß. Die Eisfelder schmelzen nie gänzlich weg. Sie brechen auf und werden wie ein riesiges Puzzle vom Wind und von Strömungen hin und her geschoben. Aus diesem

Grunde halte ich rechtzeitig nach möglichen Alternativen Ausschau, für den Fall, daß wir nicht weiter in den Norden gelangen können. Hekla Havn wäre sicher eine gute Adresse!

Am Nachmittag hieven wir den Anker und segeln bei schwachem Wind in den Fønfjord ein. In einer davor liegenden Bucht treffen wir auf eine Ansammlung von Eisbergen, die hier offenbar gestrandet sind. Da wir alle Segel gesetzt haben, nutzen Torsten und Rafa die Gelegenheit, vom Schlauchboot und vom Land aus zu filmen und Fotos von der Dagmar Aaen zu machen, wie sie langsam an den majestätischen Eisbergen vorbeigleitet. Wir fahren eine Wende und passieren einen Torbogen im Eisberg, der das Schiff auf den Fotos winzig klein erscheinen läßt und einen eindrucksvollen Größenvergleich abgibt. Danach nehmen wir die beiden wieder an Bord und gleiten langsam in den Fønfjord ein.

Uns erwartet eine wundersame Welt. Der Wind ist schlagartig verschwunden, Wolken sind aufgezogen, und die Segel flappen kraftlos hin und her. Wir bergen sie, starten den Motor und tuckern durch den auf beiden Seiten von Gebirgsmassiven eingefaßten Fjord. Der Fønfjord wirkt auf den ersten Blick eng und schmal, ein Eindruck, der sich relativiert, wenn man die riesigen Eisberge darin sieht. Das Gefühl der Enge wird vielmehr durch die hohen und steilen Berge erwirkt, die schwarz und abweisend wirken. Zur einen Seite liegt das Milne Land, zur anderen das Gaase Land. Fünfunddreißig Meilen zieht sich der Fjord nach Westen, bevor er abknickt und etwa acht Meilen weiter in den Rødefjord übergeht. Theoretisch kann man über den Rødefjord den Øfjord erreichen und über ihn wieder in das Hall Bredning gelangen. Auf der Seekarte sieht das sehr einfach und plausibel aus, aber auf der Seekarte ist auch schließlich kein Eis verzeichnet. So tief wie die Berge zu beiden Seiten des Fjordes aufsteigen, so tief ist auch das Wasser. Knapp tausend Meter Wassertiefe, das ist selbst für die riesigen Eisberge reichlich bemessen, die wie die Perlen auf eine Schnur gezogen langsam durch den Fjord treiben. Dort, wo der Fønfjord einen scharfen Knick vollzieht und sich nach Norden wendet, liegt die Insel Røde Ø, und kurz dahinter mündet der Vestfjord ein. Dieser Fjord ist lediglich die Verlängerung eines Gletschers, der direkt vom Inlandeis kommt und große Mengen Eis entläßt.

Bis zur Røde Ø, der „roten Insel“, die ihrem Namen wahrhaftig gerecht wird, kommen wir noch problemlos voran. Danach geht es nur noch im Schrittempo vorwärts. Eisberge aller Größen und in jedem denkbaren Zustand der Auflösung begriffen, blockieren die Passage. Trümmereis verstopft die engen Kanäle, die zwischen den Eisbergen verbleiben. Aus dem Mastkorb erkenne ich nur eine einzige geschlossene Fläche. Und ich entdecke noch etwas anderes: Eine Herde Moschusochsen weidet unmittelbar am Ufer des Milne Landes, schaut gelegentlich verwundert und neugierig zu uns herüber, um dann friedlich weiterzugrasen. Sogar zwei Kälber sind dabei, ich staune immer wieder, daß diese stattlichen Tiere von dem kargen Pflanzenwuchs überleben können. Neun bis zehn Monate im Jahr ist das Land von Schnee bedeckt. Die brutale Kälte, die Dunkelheit der Polarnacht – das alles macht diesen Tieren nichts aus. Vor einigen Jahren habe ich in der kanadischen Arktis während des Sommers eine Herde Moschusochsen beobachtet. Obwohl es dort, wo sie sich befanden, regelrechte Wiesen gab, fraßen sie lediglich mal hier und mal dort, ohne aber die Grasnarbe nachhaltig abzuweiden. Instinktiv schützen sie die Vegetation und fressen nur an einzelnen Stellen, um dann weiterzuziehen und sich zwischen Geröll woanders Nahrung zu suchen. Obwohl die Moschusochsen im flachen Jameson Land von den Grönländern massiv bejagt werden – pro Jahr dürfen 250 der Tiere geschossen werden –, soll sich ihre Zahl angeblich weiterhin erhöhen. Auf jeden Fall wird wohl Buch geführt über die Abschüsse.

Wie schnell sich aber das Blatt wandeln kann, zeigt die Geschichte der Rentiere. Während der „2. deutschen Nordpolarexpedition“ wurden von den Expeditionsteilnehmern reichlich Rentiere geschossen. Überhaupt mutet der alte Expeditionsbericht zeitweilig wie die Beschreibung eines Jagdausfluges an. Seitenlang wird darin über Eisbär-, Moschusochsen-, Walroß- und Rentierjagden mit glühendem Eifer berichtet. Kein Tier war vor ihnen sicher, ganz gleich, ob man es essen konnte oder nicht. Was sich bewegte, wurde erlegt. Auch spätere Expeditionen bedienten sich dieses Tierbestandes. Und dann, offenbar von einem Jahr zum anderen, war der gesamte Bestand an Rentieren verschwunden. Keiner wußte warum. Offenbar hatten eine Vereisung des Untergrundes und ein besonders harter Winter dazu geführt, daß die Tiere nicht an die Pflanzen herankamen; mit dem Resultat, daß das Rentier in Ostgrönland im Winter 1899/1900 ausstarb. Noch heute findet man häufig Abwurfstangen, die Geweihe der Rentiere, die in dem kalten, trockenen Klima die Zeit überdauert haben, als wären sie gerade erst vor ein oder zwei Jahren dorthin gelangt.

Ein Stück nördlich der Røde Ø gibt es eine Bucht, durch die, wie wir hoffen, ein Fahrwasser durch das Eis führt. Aber wir werden enttäuscht. Genau auf Höhe der Einmündung des Vestfjordes hat sich das Eis zu einer undurchdringlichen Barriere zusammengeschoben. Hier gibt es kein Durchkommen. Der verstopfte Teil des Fjordes beträgt nur wenige Meilen, aber selbst fünfzig Meter wären für uns zu viel. Unser Schiff ist kein Eisbrecher. Nur etwa zwanzig Meilen weiter wären wir in den Harefjord gelangt, von dem aus ebenfalls ein Gletscher zum Inlandeis führt. Genau dort ist es gewesen, auf dem 71. Breitengrad, wo Rainer Neuber und ich 1983 nach unserer Inlandeis-Durchquerung abgestiegen sind. Irgendwo dort oben steht noch einsam und verlassen unser alter Hundeschlitten. Ich hätte ihn jetzt gern mitgenommen, aber daraus wird nichts. Der Abstieg gestaltete sich damals äußerst schwierig und gefährlich. Niemals zuvor hat jemand diese Route begangen, und ich bezweifle, daß irgend jemand sie in Zukunft wieder begehen wird. Rund achtzig Kilometer breit war die Spaltenregion, die wir mit unseren Hunden durchqueren mußten. Jeder Hund, der Schlitten, das Hundefutter, jeder Behälter mußte einzeln abgeseilt werden. Es war ein unglaubliches Unterfangen, und wir waren heilfroh, als wir nach siebzig Tagen wieder festen Boden unter den Füßen hatten. Damals ließen wir den Schlitten zurück, weil er nicht in den Hubschrauber paßte, der uns von dort ausflog. Mit den Hunden, der Ausrüstung und uns selbst war er bis zum Limit beladen.

Wir drehen also um und fahren denselben Weg zurück, den wir gekommen sind. Trotzdem wird es nicht eintönig. Ich überlege, ob wir irgendwo ankern können, aber in Anbetracht der Wassertiefe gibt es nur wenige Stellen, die in Frage kämen, und an denen liegt mir zuviel Eis. Also fahren wir weiter. Der nächste Morgen sieht uns wieder bei Danmarks Ø. Dichte Nebelschwaden liegen über dem Land und der Wasseroberfläche und geben unserer Umwelt ein geheimnisvolles, unwirkliches Flair. Doch über den wabernden Nebelschwaden ist der blaue Himmel zu erahnen, und tatsächlich brennt die Sonne wenig später den letzten Rest des Nebels fort. Langsam geht es an der Küste des Milne Landes in nordöstliche Richtung, dann am Kap Leslie direkt nach Norden, wo sich in der Ferne eine kleine Gruppe von Inseln abzeichnet, die Bjørne Øer.

Einer der ganz wenigen Segler, die im Inneren des Scoresby Sundes gewesen sind, ist der Norweger Carl Emil Petersen. Ich habe Carl Emil vor einigen Jahren in Hamburg kennengelernt. Obwohl er mittlerweile selbst weit in den Sechzigern sein dürfte, ist er ein unglaublich agiler und unternehmungslustiger Mann. Die Liste seiner Expeditionen ist lang und würde an dieser Stelle den Rahmen sprengen. Eine Solodurchquerung des grönländischen Inlandeises war dabei, in der Antarktis ist er gewesen und an vielen anderen abgelegenen Orten. Carl Emil besaß damals einen Colin Archer, die RUNDØ, mit der er zuvor unter anderem auch eine Weltumsegelung unternommen hatte. Mit diesem Schiff war er in den Scoresby Sund gesegelt und hatte, wie wir jetzt nach ihm, die entferntesten Ecken des Fjordes aufgesucht. Unter anderem war er auch auf den Bjørne Øern gewesen und hatte dort in einem kleinen Naturhafen namens Jyttes Havn geankert. Wir wollen ebenfalls dorthin, weil es ein guter und geschützter Ankerplatz zu werden verspricht. Nachdem Carl Emil Petersen damals den Scoresby Sund verlassen hatte, segelte er weiter nach Norden in den Kong Oskars Fjord, um von dort aus später die Heimreise anzutreten. Doch selbst dieser erfahrene Seemann konnte nicht die Tücken des Eises erkennen: Auf Höhe des Kap Brewster wurde die RUNDØ vom Packeis eingeschlossen, das Eis begann sich zu pressen, und obwohl das Schiff wie alle Colin Archer robust und überdimensioniert gebaut war, konnte es dem Druck nicht standhalten. Mit einem häßlichen Geräusch, das jedem, der sein Schiff liebt, durch Mark und Bein geht, wurden die untersten Kielplanken eingedrückt. Das Schiff lief voll Wasser, und Carl Emil und seine Mannschaft mußten sich von dem sinkenden Schiff aufs Eis retten. Glücklicherweise konnten sie über Funk Hilfe herbeiholen, so daß sie wenig später von einem Hubschrauber abgeborgen wurden. So schnell kann das gehen! Und Carl Emil Petersen verfügt wahrhaftig über einen großen Erfahrungsschatz.

Es bestätigt sich immer wieder: Man kann im Eis gar nicht vorsichtig genug sein. So tasten auch wir uns unter allen denkbaren Sicherheitsvorkehrungen langsam durch die engen Kanäle, die zwischen den Inseln hindurchführen. Es gibt hier keine Tiefenangaben in den Seekarten. Wir nehmen daher einen Lotstreifen mit unserem Echolot auf und tragen die Tiefen per Hand ein. Später werden wir diese mit anderen gesammelten nautischen Informationen an das Polarcenter weiterreichen, die es den nautischen Veröffentlichungen zuführen kann. Das Echolot zeigt einen zerklüfteten und mit Unterwasserfelsen gespickten Boden, der aber trotzdem gut zu passieren ist. Unser heutiger Ruheplatz, Jyttes Havn, liegt auf der südwestlichsten der Inseln und kann von Norden her angelaufen werden. Auf diesem Wege gelangt man in mehrere Buchten, von denen eine so flach ist, daß kein schweres Eis hineinkommt. Bei vier Metern Wassertiefe fällt der Anker, und mit einem Mal ist es totenstill. Wenn man die Augen schließen würde und nicht wüßte, wo man wäre – niemals würde man auf die Arktis tippen: Die Luft riecht schwer nach Erde und Pflanzen, überall summt es um uns herum, und die Sonne brennt auf uns herunter. Ich kann mir keinen schöneren Ankerplatz denken.

Auf der anderen Seite des Øfjordes liegt das Renland mit den höchsten und steilsten Bergen, die wir bis dahin auf unserer Reise gesehen haben. Namen wie die „Kathedrale“ lassen erahnen, wie gewaltig und fast theatralisch die zweitausend Meter hohen senkrechten Felswände wirken und wie sehr – schon lange vor uns – die Namensgeber von diesen Felsen beeindruckt waren. Der Platz ist so schön, daß wir beschließen, ein wenig hier zu verweilen. Am nächsten Morgen wandert jeder für sich über die Insel. Brigitte und ich klettern auf einen Berg und blicken von dort zum Milne Land und die davor liegenden Eisberge. Martin zeigt sich von dem hochsommerlichen Wetter derart beeindruckt, daß er beschließt, ein Bad zu nehmen. Gesagt, getan – wenig später watet er vom Strand ins Wasser, als sei es das Selbstverständlichste auf der Welt. Das Bad fällt zwar relativ kurz aus, aber immerhin – die Seewassertemperatur beträgt auch nur 6 °C! Martin wird zum Held des Tages gekürt – wahrscheinlich ist er überhaupt der erste Mensch, der freiwillig im Scoresby Sund badet. Wir anderen sind da etwas zaghafter und zurückhaltender. Dessen ungeachtet darf die Gelegenheit zu einer gründlichen Wäsche nicht ungenutzt bleiben. Seen und Tümpel mit klarem und von der Sonne gewärmtem Wasser gibt es jede Menge. Splitternackt stehen wir jeder vor unserem Privattümpel und waschen uns vom Scheitel bis zur Sohle. Das Wasser ist immerhin so warm, daß man sich durchaus für einen Moment in seine natürliche Badewanne setzen kann. Ich liebe Badewannen, speziell in der freien Natur – auch wenn die Temperatur nur zu einer kurzen Verweildauer einlädt. Die Luft hingegen ist so warm, daß wir danach in kurzen Hosen und T-Shirts herumlaufen.

Wir erleben derzeit die wärmsten Tage dieses Jahres. Jede Sekunde muß entsprechend gewürdigt und genossen werden. Bereits in knapp vier Wochen wird hier schon wieder Schnee liegen. Die Badetümpel werden dann bis auf den Boden durchgefroren und das Wasser in den Fjordarmen von einer ölig wirkenden, elastischen Eishaut überzogen sein. Unglaublich! Das scheint in so weiter Ferne und ist doch so nah. Die Sonne wird bereits deutlich niedriger stehen und nur noch wenig wärmende Energie freisetzen. Stürme von ungeahnter Heftigkeit brechen dann wieder regelmäßig über diese Landschaft herein und ersticken alles Leben. Es ist für uns unvorstellbar, bei diesem Wetter verstärkt an die Überwinterung zu denken, aber der Sommer läuft in diesen Breiten wie im Zeitraffer ab. Trödeln ist nicht angesagt! Trotzdem lassen wir uns nicht aus der Ruhe bringen und genießen diese Tage mit jeder Faser unseres Körpers. Wir liegen faul in der Sonne und betrachten das kolossale Amphitheater um uns herum. Auch als wir schließlich Jyttes Havn verlassen und im sicheren Abstand zu den Eisbergen Richtung Nordvestfjord fahren, lassen wir uns Zeit. Diese Phase der Expedition ist dem puren Genuß gewidmet. Wir brauchen nicht permanent Action, Nervenkitzel oder straffe Organisation – es muß auch mal Zeiten des Relaxens, des Genießens und vielleicht auch so etwas wie der Möglichkeit zur Andacht geben. Denn erst dann wird einem so richtig bewußt, daß unser Aufenthalt hier alles andere als selbstverständlich ist.

Wir versuchen, ein Stück in den Nordvestfjord einzufahren, werden aber gleich am Anfang von einer drohenden Ansammlung von Eisbergen gestoppt. Diese Berge stehen derart eng beieinander und sind von einer Größenordnung, daß es mir zu gefährlich erscheint, sich zwischen ihnen durchzuschlängeln. Wir sind hier schlicht gesagt deplaziert! Es ist ein anderer Typ von Eisberg als der, den wir bisher kennengelernt haben, der hier heraustreibt. Die Oberfläche ist abgeplattet, aber total zerklüftet und zerrissen. Während die anderen Eisberge, die wir bisher gesehen haben, scheinbar durch und durch solide mit den bizarrsten Formen ausgebildet sind, wirken diese Eisberge, als ob sie jeden Moment auseinanderbrechen könnten. Und genau das kann ja auch passieren. Sie sind zudem die größten, die wir auf unserer Fahrt durch den Scoresby Sund gesehen haben.

Tief im Inneren des Nordvestfjordes, wo bisher höchstens eine Handvoll Menschen gewesen ist, liegt der Daugaard-Jensen Gletscher, der unglaubliche Mengen Eis abstößt. Die größten grönländischen Gletscher stoßen pro Tag bis zu 25 Millionen Tonnen Eis ab – jeder von ihnen. Die Fließgeschwindigkeit beträgt bis zu dreißig Meter pro Tag. Schätzungen haben ergeben, daß es bis zu 16.000 Eisberge gibt, die ins offene Meer treiben, bevor sie irgendwann durch die Sonne und mildere Seewassertemperaturen aufgelöst werden. Der Scoresby Sund und besonders der Nordvestfjord sind zwei der größten Eisbergproduzenten der Ostküste – in dieses gewaltige „Geburtshaus" müssen wir nicht unbedingt hineinfahren!

Wir drehen ab und laufen eine kleine Bucht am sogenannten Sydkap an. Auch hier liegen gestrandete Eisberge, also sehen wir lieber zu, daß wir weiterkommen. Ein Stück unterhalb des Sydkaps steht eine Hütte, in der eine Zeitlang eine grönländische Familie während der Sommermonate gelebt hat. Das Haus ist in einem verhältnismäßig guten Zustand, wird aber offenbar seit langem nicht mehr genutzt. Wir stöbern im Inneren und dem verfallenen Schuppen herum, entdecken Reste eines völlig verrosteten Gewehres, Knochenreste von Moschusochsen und Robben, Töpfe, Pfannen, leere Kisten und andere Haushaltsgegenstände. Sie liegen verstreut herum, hier ist offenbar schon lange keiner mehr gewesen.

Auf der gegenüberliegenden Seite der Nordostbucht steht eine weitere Hütte, die eine interessante Geschichte hat. „Gurreholm" wird sie heute genannt, „Oststation" ist ihr ursprünglicher Name.

Im Verlauf der Alfred Wegener-Expedition in den Jahren 1930/31 errichtete man drei wissenschaftliche Forschungsstationen entlang des 71. Breitengrades. Die erste wurde auf dem Inlandeis an der Westküste, im sogenannten Quamarujuk Gletscher errichtet, die zweite genau in der Mitte des Inlandeises, daher auch „Eismitte“ genannt, und eine dritte an der Ostküste. Diese „Oststation“ wurde von einer eigenen Expedition, die mit einem dänischen Schiff in den Scoresby Sund gelangte, erstellt. Unter der Leitung von Professor Kopp überwinterte eine kleine Mannschaft in der Station und wartete darauf, daß im Frühjahr Wegener mit Hundeschlitten die Station erreichen würde und damit erstmals das Inlandeis entlang des 71. Breitengrades durchquert hätte. Aber daraus wurde nichts. Wegener war bereits im November 1930 zusammen mit seinem grönländischen Begleiter Rasmus Villumsen auf der Rückfahrt von „Eismitte“ zur Westküste ums Leben gekommen – ein Umstand, der erst 1931 entdeckt wurde, da die Funkverbindungen damals nicht funktionierten. Nach dem Tod Wegeners führte sein Bruder die Expedition zwar zu Ende, aber von der Durchquerung des Inlandeises nahm man Abstand. Dieser Gewaltmarsch gelang erst rund 50 Jahre später auf der bereits erwähnten Expedition von Rainer Neuber und mir 1983 mit Hundeschlitten. Damals hatten wir auch diese Station aufgesucht und sie als die „Oststation“ identifiziert. Darüber hinaus hatten wir auch Überreste der Wegener-Expedition an der Westküste entdeckt.

Die Hütte liegt im flachen Jameson Land, dem bevorzugten Revier der Moschusochsen. Darum kommen auch im Sommer die Jäger aus Ittoqqortoormiit mit kleinen Kunststoffbooten und Außenbordmotoren hierher. Überall liegen Reste von den unglücklichen Tieren herum und stinken in der Sonne. Als wir durch die Tür ins Innere des Hauses gehen, schlägt uns ein bestialischer Gestank entgegen. Tapfer arbeiten wir uns mit gerümpfter Nase weiter und entdecken schließlich die Ursache für diesen unerträglichen Geruch. Offenbar schien es einigen Jägern bequemer gewesen zu sein, zwei der erlegten Ochsen im Inneren der Hütte abzuziehen und zu zerlegen. Jedenfalls liegen in dem Zimmer grünlich bläulich schimmernde und von Schimmel überzogene Reste zweier Moschusochsen samt Kopf und Decke und was sonst noch alles dazu gehört. Angewidert ziehen wir uns zurück und inspizieren die anderen Räume. In der Küche wallt uns ein anderer, aber nicht weniger abstoßender Geruch entgegen. In einer großen Plastiktüte liegen Fische, die mal wie Lachse ausgesehen haben mögen, und gammeln still vor sich hin. Irgend jemand hat sie vergessen oder mußte in aller Eile aufbrechen – wie auch immer. Die Hütte, über der wir in einem Zimmer noch auf deutsch die Inschrift: „Wo man singt, da laß dich ruhig nieder, nervöse Menschen kennen keine Lieder", entdecken, wird von uns als unbewohnbar eingestuft.

Froh, wieder unter freiem Himmel zu sein, saugen wir gierig die frische Luft in unsere Lungen. „Da bekommen mich keine zehn Pferde mehr hinein", ist Brigittes abschließender Kommentar. Warum die Menschen hier so unachtsam mit Hütten umgehen, die letztlich ihr Überleben in bestimmten Situationen sicherstellen können, bleibt ein Rätsel. Später sprechen wir einige Grönländer daraufhin an, aber man lacht nur und sagt, daß irgendjemand das schon wieder forträumen wird. In der Nähe der alten Station treffen wir auch auf eine improvisierte Landepiste. Offenbar haben auch die Ölsucher, Geologen und Prospektoren diese Hütte genutzt und sie vermutlich mit den robusten Twin-Otter-Flugzeugen angeflogen.

Abends wird es trotz des schönen Wetters kühl. Verträumt beobachte ich, wie die Sonne um kurz nach zehn untergeht. Es wird schon wieder richtig dunkel in den Nächten. Aber am nächsten Tag scheint die Sonne, und es wird 15 °C warm. Ein leichter Nordwestwind ist aufgezogen, wir setzen alle Segel und laufen nachmittags unter Vollzeug an der Küste des Jameson Landes nach Süden. Nachts drehen wir bei und lassen uns treiben, da man im Dunkeln allzu leicht mit einem Eisbrocken kollidiert. Unser NOAA-Bild zeigt, daß sich die Eissituation im Eingang zum Scoresby Sund gebessert hat. Selbst die Bucht, in der die Siedlung liegt, können wir auf dem Satellitenfoto ausmachen und erkennen, daß sich das Eis auch hier gelockert hat. Bei Tagesanbruch gehen wir auf Kurs und laufen Richtung Ittoqqortoormiit.

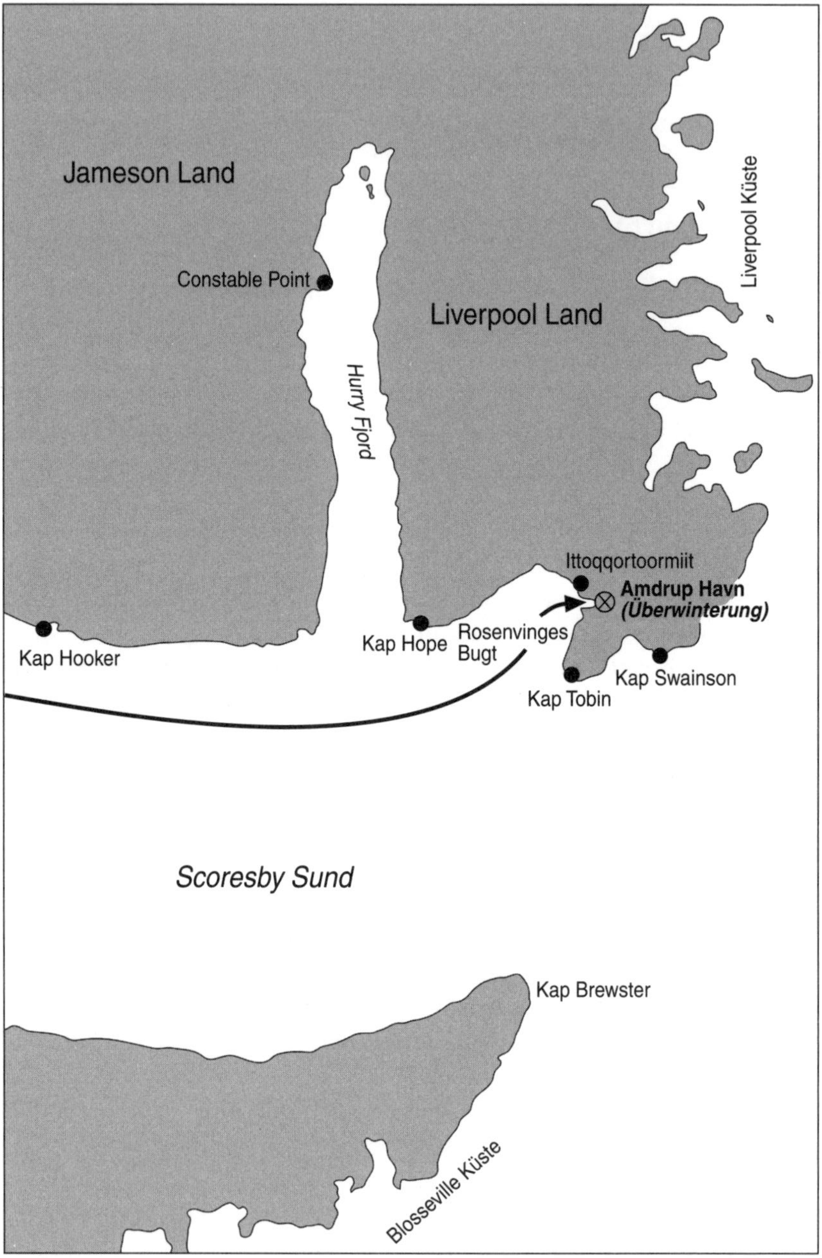

Jameson Land
Constable Point
Liverpool Land
Liverpool Küste
Hurry Fjord
Ittoqqortoormiit
Amdrup Havn
(Überwinterung)
Kap Hooker
Kap Hope
Rosenvinges
Bugt
Kap Tobin
Kap Swainson
Scoresby Sund
Kap Brewster
Blosseville Küste

Zwischen Internet und Hundeschlitten

Die Entscheidung, an dieser Stelle des Scoresby Sundes eine Siedlung aus dem Boden zu stampfen, fiel Anfang der zwanziger Jahre in Kopenhagen. Die Ostküste Grönlands war mit Ausnahme des Angmagssalik-Distrikts unbewohnt und galt bis dahin weitgehend als Niemandsland. Solange kein Land Anspruch auf diesen riesigen Küstenstreifen erhob, konnte es dabei bleiben. Doch die Zeiten änderten sich. Die wilde, unwegsame und äußerst schwer erreichbare Küste wurde zum Politikum. Norwegen, das rund 500 Jahre lang mit Dänemark einen politischen Verbund gebildet hatte, war unabhängig geworden. Die Norweger, die traditionell im Eismeer auf Robben- und Walfang gingen, waren seit Jahrzehnten nahezu die einzigen gewesen, die mit ihren Fangschiffen die gefährliche Fahrt durch den Ostgrönlandstrom wagten und an den Küsten auf Jagd gingen. Norwegische Fänger hatten Hütten errichtet, in denen sie überwinterten – Norwegen betrieb nahezu allein die wirtschaftliche Nutzung dieses grönländischen Gebietes. Das war den Dänen ein Dorn im Auge. 1920 beanspruchte daher Dänemark die Hoheit über ganz Grönland. Die Norweger konterten – wie erwartet – mit dem Argument, daß Dänemark bestenfalls die kolonisierten Gebiete beanspruchen könne, nicht aber Regionen, in denen weder Grönländer noch Dänen lebten. Lediglich den Angmagssalik-Distrikt sprachen die Norweger den Dänen zu und natürlich die Westküste, woran man in Norwegen ohnehin kein Interesse hatte.

Die beiden Länder versuchten, sich auf politischer Ebene zu einigen, indem Norwegen größere Nutzungsrechte zugesprochen wurden, aber der territoriale Anspruch Norwegens konnte offenbar nie ganz ausgeräumt werden. Daraufhin beschloß man in Dänemark, einen weiteren Teil Ostgrönlands zu kolonisieren. Die kleine Siedlung am Scoresby Sund war beschlossene Sache. Ohne Rücksicht auf Verluste wurden einige Familien aus dem Angmagssalik-Distrikt mit dem Hinweis auf die optimalen Jagdbedingungen überredet, nach Norden umzuziehen. Eine nicht ganz ungefährliche Reise, wie sich herausstellen sollte. Auf dem Weg dorthin machte das Schiff Station in Island, wo sich ein Teil der Grönländer eine Infektion einhandelte und daran starb. Trotzdem fuhr man weiter und hielt an dem Plan fest. Die Grönländer konnten weder lesen noch schreiben, Landkarten und die darauf verzeichneten Distanzen sagten ihnen gar nichts. Sie waren Jäger und lebten weitestgehend ihr traditionelles Leben. Wie mir eine Grönländerin erzählte, glaubten viele der Umsiedler, daß sich ihre neue Siedlung nur unwesentlich weiter im Norden befinden würde und sie daher Gelegenheit hätten, ihre Freunde und Verwandten in Angmagssalik zu besuchen. Auch heute leben noch einige alte Leute in Ittoqqortoormiit, die sich an den Umzug erinnern können – nur tun sie es aus verständlichen Gründen offenbar nicht gern. Jedenfalls reden sie nicht darüber.

Dennoch, die Jagd war besser als in Angmagssalik, Hunger brauchte keiner zu leiden, und jedes Jahr, mindestens jedes zweite, kam aus Dänemark ein Schiff mit den notwendigen Versorgungsgütern. Norwegen reagierte mit einer verstärkten Präsenz von Fängern an der Küste. Mehrere hundert Hütten wurden im Laufe der Jahre an der Küste und in den Fjorden aufgebaut. Einige von ihnen konnten schon nicht mehr als Hütten bezeichnet werden, sondern als solide Häuser mit Werkstätten etc., alles im norwegischen Stil. Es glich einer Okkupation dieses Landstriches. Als einige der Fänger sogar mit Polizeibefugnissen von der norwegischen Regierung ausgestattet wurden, rief die dänische Regierung im Einklang mit den grönländischen Vertretern den Internationalen Gerichtshof in Den Haag an, der Ostgrönland mit großer Mehrheit Dänemark zusprach. Die Norweger akzeptierten den Schiedsspruch, aber immer wieder flammte der Unmut darüber auf. Doch mit den Jahren glätteten sich die Wogen. Die norwegischen Fänger kamen noch bis in die sechziger Jahre zum Jagen an die Küste Ostgrönlands, wo sich mehr und mehr eine Koexistenz zwischen den dänischen und norwegischen Jägern entwickelte.

Ittoqqortoormiit wuchs im Laufe der Jahre an, bis sich die Einwohnerzahl auf etwa 500 Personen eingependelt hatte. Diese Zahl hält sich seit geraumer Zeit. Als wir in die Rosenvinges Bugt einfahren, sehen wir die einzelnen Häuser wie Farbtupfer und scheinbar willkürlich hingeworfen im Inneren der Bucht stehen. Aber es hat alles seine Ordnung. Kaum sind wir vor Anker gegangen, als der Bürgermeister Jens Napatoq mit einem Boot längsseits geht, an Bord kommt und uns willkommen heißt. Er weiß von unserem Vorhaben, da wir ihn lange vor Antritt der Fahrt über unsere Expedition informiert hatten und auch um seine Zustimmung gebeten hatten – schließlich ist er der Repräsentant dieses Ortes. Unser Besuch kommt also nicht überraschend, und das gesamte Dorf scheint gespannt zu sein, was für ein Schiff und noch mehr, was für Leute dort zu Besuch kommen. Wir haben Jens für den Abend zusammen mit seiner Frau und Kindern an Bord zum Essen eingeladen. Falk zaubert in seiner bewährten Art ein Menü – wir sind froh, so freundlich aufgenommen zu werden. Greta, eine attraktive Grönländerin, Jens und zwei ihrer zahlreichen Kinder scheinen den Abend zu genießen.

Die Vorstellung, daß Grönländer isoliert und fern jeglicher Zivilisation leben, ist Unsinn und gehört der Vergangenheit an. Jens spricht fließend Englisch und Dänisch, und Grönländisch ist schließlich seine Muttersprache. Dabei beherrscht er sowohl den ostgrönländischen wie den westgrönländischen Dialekt. Es gibt da offenbar eine Menge Unterschiede, die dem Besucher zunächst einmal verborgen sind. Greta spricht ebenfalls Englisch, beide kennen sie Kopenhagen und Dänemark bestens – von weltfremden „Eskimos" kann nun wirklich nicht die Rede sein. In seiner Eigenschaft als Bürgermeister reist Jens viel an die Westküste nach Nuuk. Die Flüge führen jedesmal über Island, und es gibt wohl keinen Bürger aus Ittoqqortoormiit, der nicht schon diverse Male in Akureyri oder Reykjavik gewesen wäre. Die Grenzen haben sich dank der Flugverbindungen verlagert.

Auf einer Anhöhe stehen mehrere große Antennen. Eine davon ist auf Fernsehsatelliten ausgerichtet, und stolz erzählt uns Jens, daß sie 42 Fernsehprogramme empfangen können. Das ist deutlich mehr als ich zu Hause habe. Auch deutsche Programme sind darunter – viele Dinge, denen ich glaubte, entkommen zu sein, holen mich hier plötzlich wieder ein. Selbst einen Internetanschluß gibt es mittlerweile im Ort. Er ist ganz neu, deshalb gibt es erst den einen, aber schon jetzt hat man interessiert verfolgt, was wir in unserer Homepage über unsere Reise zu berichten haben, und natürlich hat man unter anderem die Fotos von der DAGMAR AAEN in Spitzbergen gesehen. Wir leben in einer digitalen Welt der verschiedensten Kommunikationsebenen – Grönland mit eingeschlossen. Unsere eigene Geschichte eilt uns quasi voraus.

Am nächsten Tag fahren wir mit dem Schlauchboot an Land, binden es an einem Ponton fest und laufen durch den Ort. Überall dösen Hundegespanne träge in der Sonne. Der August ist nicht gerade ihr Monat, ihnen ist es spürbar zu warm, aber außer Schlafen und Fressen müssen sie im Sommer auch nichts leisten. Die Bestimmungen sehen vor, daß Motorschlitten lediglich als Transportmittel innerhalb des Dorfes sowie zur Fahrt nach Kap Tobin und Kap Hope, den Außenstellen der Siedlung, eingesetzt werden dürfen. Motorschlitten dürfen weder zur Jagd noch innerhalb des Scoresby Sundes verwendet werden. Zusätzlich wurde noch die Fahrt zum Flughafen Constable Point freigegeben, aber das ist auch alles. Ansonsten bleibt im Winter nur der Hundeschlitten, der hier ganz selbstverständlich als Verkehrsmittel Verwendung findet.

Am Strand liegen diverse Motorboote in unterschiedlichem Zustand der Auflösung begriffen. Nein, sorgfältig gehen die Grönländer nicht mit ihren technischen Errungenschaften um. Der Außenborder läuft sozusagen „digital“, es gibt nur die Stellung Vollgas oder Stopp, aber um ehrlich zu bleiben, bei uns ist das nicht viel anders. Daß das Eis härter ist als Kunststoff, zeigt sich an den Rümpfen, die notdürftig immer wieder mit Glasfasermatten und Polyester zugeklebt worden sind. In jedem Boot liegt irgendeine meist verrostete Büchse. Der Boden und – sofern vorhanden – die Aufbauten sind mit Blut verschmiert und verkrustet. Die Grönländer sind Jäger, und Robben gibt es in so großer Anzahl, daß sie ganzjährig gejagt werden dürfen.

Wenn man sich in Europa und anderswo in der Welt darüber aufregt, daß Grönländer Robben schießen, dann empfehle ich ihnen zunächst, vor der eigenen Tür zu kehren. Unsägliche Tiertransporte auf überfüllten Lkws quer durch Europa, Hühnerfarmen, das Elend der Schweine und Rinder, die zu Tausenden mit Stromzangen getötet werden, weil sich in der hypersensiblen und industrialisierten Zuchtfolge irgendeine meist von Menschen verursachte Seuche eingeschlichen hat... die Medien sind beinahe täglich voll davon. Nur sehen Hühner nicht so niedlich aus wie knopfäugige Robbenbabys! Um nicht mißverstanden zu werden: Ich bin durchaus kein Vegetarier und esse daher auch zu Hause Fleisch. Trotzdem bin ich der festen Überzeugung, daß es auch ohne qualvolle Tiertransporte geht und daß man in einem Tier nicht einen Gegenstand sehen darf, der wie ein Apfel am Baum wächst.

Grönländer sind gnadenlose Jäger. Sie schießen Robben und auch Eisbären sowie die gesamte Zahl an Moschusochsen, die zum Abschuß freigegeben ist. Auch Gänse und andere Vögel fallen ihren Schießkünsten zum Opfer – aber sie verwerten das Fleisch auch. Robbenfleisch ist stets so etwas wie das tägliche Brot für Grönländer gewesen, und für nicht wenige Familien ist es das noch heute. Es werden keine Jungtiere gejagt, wozu auch? Sie haben weder Fett noch genügend Fleisch, also läßt man sie noch wachsen, das nächste Mal sind sie vielleicht groß genug und haben ihrerseits schon Nachwuchs in die Welt gesetzt. Dieses Verhalten der Grönländer ist vermutlich weniger vom Umweltschutzgedanken bestimmt als vielmehr von der Überlegung „lohnt sich nicht!“ Der Robbenfang, wie er von Umweltschutzverbänden zu Recht angeprangert wurde, weil hierbei Jungtiere ihres weichen, weißen Pelzes wegen mit Knüppeln erschlagen werden, hat nichts mit der Jagd der Grönländer oder der Inuit insgesamt zu tun. Aber die Öffentlichkeitskampagne ist auf die Grönländer durchgeschlagen, die heute ihre Robbenfelle nur schwer verkaufen können – nachdem sie wohlgemerkt die Robbe entweder selbst gegessen oder an ihre Hunde verfüttert haben. Es soll sich doch mal einer trauen, durch eine deutsche Großstadt mit einem Anorak aus Seehundfell zu laufen. Es würde vermutlich einem Spießroutenlauf gleichkommen. Dabei ist dagegen ebensowenig einzuwenden wie gegen schicke Lederjacken oder Lederschuhe – von Pelzmänteln etc. ganz zu schweigen. Man hat den Grönländern aus Unwissenheit Unrecht getan und spielt sich ohne jede Ahnung der näheren Umstände als Richter auf. Darüber sind sie zu Recht verärgert. Verständlicherweise haben die Grönländer zu GREENPEACE und anderen Umweltschutzorganisationen eher ein gespanntes Verhältnis. Ich selbst esse auch mit Appetit und ohne schlechtes Gewissen Robbenfleisch – das uns in Norwegen angebotene Walfleisch lehne ich hingegen prinzipiell ab. Hier liegen die gewissen, manchmal feinen Unterschiede, wie ich finde.

Es gibt zwei eminent wichtige Stellen im Ort: Das eine ist der Supermarkt mit angeschlossenem Schnapsladen, und das andere ist die Post, die gleichzeitig Bank, Reisebüro, Abfertigungsschalter sowie Sitz des Handelschefs ist. Jens Bernlow, der Handelschef, ist Däne, lebt aber schon seit vielen Jahren hier. Die unvermeidliche Pfeife im Mund, an seiner Tür ein Schild „Raucherzone", obwohl in öffentlichen Gebäuden das Rauchen verboten ist, empfängt er uns in seinem Büro und fragt uns, ob er irgendwie helfen könne. Kurz darauf können wir Schecks einlösen, für Brigitte und Falk, die in wenigen Tagen von hier abfliegen müssen, Tickets kaufen und die auch noch mit Kreditkarte bezahlen – das ist nicht selbstverständlich in diesem Teil der Erde. Alle begegnen uns mit zurückhaltender Freundlichkeit. Hinter uns hören wir Kinder kichern. Jeder hier weiß, wer wir sind und was wir wollen, aber jeder wahrt eine höfliche Distanz.

Es gibt ein zentrales Bade- und Waschhaus, das wir auf Anregung vom Bürgermeister benutzen dürfen. In den Häusern gibt es kein fließendes Wasser – die Wassertanks werden mit Tankwagen aufgefüllt – genauso wie es keine Kanalisation gibt. Auch im Badehaus wird das Wasser angeliefert. Die Toiletten bestehen aus einer Brille mit strapazierfähigem Plastiksack als Auffangbehälter. Wenn er gefüllt ist, wird er an die Straße gestellt und von der „Schietgang", wie wir sie getauft haben, abgeholt. Eine Schotterstraße führt über eine Anhöhe zum Müllplatz, der einen unansehnlichen Anblick bildet – dorthin wandert auch der Lokussack und harrt der Dinge, die da kommen. Vor einigen Jahren ist eine kleine Müllverbrennungsanlage installiert worden, sie ist auch stetig in Betrieb und pustet Rauch in die Luft, kann aber offenbar nicht gegen die täglich anwachsenden Müllmengen gegenankommen. Ittoqqortoormiit produziert Müll aller Art mindestens im gleichem Umfang wie das ein Ort in Deutschland täte. Die Müllentsorgung hinkt dem Umfang noch ein wenig hinterher und scheint schlichtweg überfordert zu sein, aber man arbeitet daran.

Im Supermarkt gibt es nahezu alle Dinge zu kaufen, die das Leben angenehm und leichter machen: Stereoanlagen, Böklunder Würstchen in Gläsern, französischen Weichkäse, Q-Tips und Coca Cola – Alkohol gibt es wochentags nur von 15–17 Uhr gleich nebenan. Meist stehen schon vor der Zeit einige Frauen und Männer vor der Tür und warten darauf, eingelassen zu werden. Es ist ihnen anzusehen, daß Alkohol eine ungesund wichtige Rolle in ihrem Leben spielt.

Alkohol auf Grönland ist ein altes, aber leider immer wieder aktuelles Problem. Das ist auch hier in diesem Ort nicht anders. Im Suff passieren die unglaublichsten Dinge. Die ansonsten friedfertigen Menschen werden rabiat, schwermütig, unbeherrscht. Gewalttätigkeiten entfalten sich meist im familiären Bereich, aber dort traurigerweise oftmals mit ganzer Brutalität. Suizidfälle häufen sich, Kinder werden bei den ansonsten kinderlieben Menschen vernachlässigt. Dinge geschehen, die sonst undenkbar wären. Der Ausspruch „ich war damals betrunken“ entschuldigt hierzulande alles, und sei es noch so schlimm und abscheulich. Im Suff ist alles möglich – und nahezu alles entschuldigt. Der Polizist ist hier nur auf Urlaubsvertretung und freut sich schon wieder auf die Westküste, auch wenn es dort mit Sicherheit ähnliche Probleme gibt. Freitag nachmittags, das finden wir schnell raus, ist Zahltag, und damit steigt die Anzahl der Betrunkenen dramatisch an. Während wochentags Konflikte mit Nachbarn totgeschwiegen werden, ist es am Freitag, wenn es Geld gegeben hat und der Alkohol seine Wirkung verströmt, mit der Zurückhaltung vorbei. Dann und eigentlich nur dann werden Konflikte offen ausgetragen. Trotzdem werden wir nicht ein einziges Mal belästigt. Man bleibt lieber unter sich, aber wir vermeiden es auch, zur „Disko“ oder ähnlichen Veranstaltungen zu gehen. Es ist ungemein bedrückend, die zerstörerische Wirkung des Alkohols bei diesen Menschen zu beobachten. Wir halten uns fortan an diesen Tagen lieber von der Siedlung fern. Wenn wir uns einen Kasten Bier an Bord leisten, ziehen wir schon mit Büßermiene und schlechtem Gewissen zum Schnapsladen – und mit einem noch schlechteren Gewissen zurück an Bord. Nein, so bringt das Biertrinken eigentlich keinen Spaß, und Martin, der niemals auch nur einen Tropfen Alkohol anrührt, fühlt sich in seiner Abstinenz nur noch mehr bestätigt. Es gibt auch im Ort viele Grönländer, die keinen Tropfen Alkohol trinken, und wenn man oft genug am Schnapsladen vorbeigegangen ist, lernt man schnell, daß es tatsächlich fast immer die gleichen Gesichter sind, die vor der Tür warten.

Die Dänen im Ort sind in den verschiedensten Bereichen tätig: Sie arbeiten als Lehrer, in der Wetterstation, sie warten den Fuhrpark und die Dieselgeneratoren – keine Schlüsselstelle, in der nicht auch ein Däne vertreten wäre, und sie verdienen auch das meiste Geld. Jedes Jahr kostet der Komplex Grönland dem dänischen Steuerzahler 4,5 Milliarden Kronen, das entspricht etwa 1,1 Milliarden Mark. Trotzdem ist das Verhältnis zwischen den Grönländern und den Dänen nicht ungetrübt, was offenbar von dem über 200 Jahre dauernden Kolonialstatus mit all seinen Nachteilen abzuleiten ist.

Die Grönländer sind selbstbewußter und selbständiger geworden. Seit Grönland 1979 aus eigenem Antrieb die Selbstverwaltung und damit ein politisches Abnabeln von Dänemark erwirkt hatte, hat man mehr und mehr Schritte zur eigenen nationalen Identität entwickelt. Seit 1985 hat sich „Kalaallit Nunaat“, wie Grönland heißt, eine eigene Flagge gegeben und ist im gleichen Jahr aus der EG ausgetreten, um die Gewässer vor einer Überfischung ausländischer Trawler zu schützen. Die Fischerei ist heute Grönlands Haupterwerbszweig. Dennoch bleibt es auf die wirtschaftliche Unterstützung Dänemarks angewiesen. In Nuuk sind das Parlament und die Regierung angesiedelt, Dänemark ist weiterhin für die auswärtigen Angelegenheiten sowie die Landesverteidigung zuständig. Den Dänen wird zu verstehen gegeben, daß man durchaus in der Lage ist, seine Angelegenheiten selbst zu regeln, und man wacht sensibel darüber, daß ja kein Däne sich in die „inneren Angelegenheiten“ einmischt. Das führt – auch in einem Ort wie Ittoqqortoormiit – bisweilen zu Spannungen und Mißverständnissen. Junge, engagierte dänische Lehrer stoßen gelegentlich auf Unverständnis in den Familien und werden reglementiert. Dänischen Verwaltungsangestellten wird immer wieder deutlich gemacht, daß sie jederzeit entbehrlich seien. Die Toleranzschwelle gegenüber den Dänen ist deutlich geringer als bei Grönländern. Wenn ein dänischer Lehrer aus irgendeinem Grund dem Unterricht fernbleibt, braucht er schon eine triftige Begründung, es wird jedenfalls nicht einfach hingenommen. Bei seinem grönländischen Kollegen verhält sich das ein wenig anders. Wenn er nicht zum Dienst erscheint, wird er schon seine Gründe haben, man bohrt nicht weiter nach. Den Dänen hängt auf Grönland der Ruf der Zuverlässigkeit und Strebsamkeit an, aber irgendwie versucht man, ihnen das Gegenteil nachweisen zu wollen. In jedem Fall gelten für Dänen andere Maßstäbe als für Grönländer.

Wir finden es spannend, die Abläufe in einem so kleinen und abgelegenen Dorf zu beobachten. Da wir immer noch nicht die schriftliche Genehmigung für den Nationalpark vorliegen haben, erwäge ich als Alternative eine Überwinterung in der Nähe des Dorfes. Es würde in gewisser Weise eine interessantere Überwinterung geben als in totaler Isolation fernab jeder Siedlung. Ich führe zahlreiche Telefonate mit dem Polarcenter in Kopenhagen. Dort ist offenbar Urlaubszeit, die Sachbearbeiter sind nicht zu erreichen, und niemand weiß Bescheid. Erst nach weiteren Wartetagen erhalte ich endlich eine Auskunft. Die Genehmigung hätte schon längst überstellt werden sollen, man will sie mir jetzt durchfaxen. Mittlerweile haben wir den 28. August, vor 8 Monaten haben wir den Antrag gestellt. Endlich kommt das angekündigte Permit für den Nationalpark. – Zu spät! Auf unseren NOAA-Bildern sehen wir, daß sich das Eis an die Liverpool Küste herangeschoben hat und damit eine Passage unmöglich macht. Das Ende des Augusts bedeutet in aller Regel auch das Ende der Navigationsperiode, zumindest entlang der Küste. Anfang September legt die Strömungsgeschwindigkeit des Ostgrönlandstromes nämlich noch um einiges zu und bringt in ihrem Gefolge Packeis der allerschwersten Sorte nach Süden. Diese Eisschollen, die einen Durchmesser von mehreren Kilometern aufweisen können und dabei bisweilen vier bis fünf Meter stark sind, legen sich wie ein Bollwerk vor die Küste und die Fjordmündungen. Einmal davon abgesehen, daß bestenfalls eigens für derartige Verhältnisse konzipierte Schiffe eine Chance haben, den Eisriegel zu durchbrechen, ist die Schiffahrt vom Monat September an nochmals um einiges gefährlicher, als sie es ohnehin schon ist. Die meisten Schiffsverluste sind daher auch in diesem Zeitraum zu verzeichnen. Die Seehandbücher sind sich darin einig – ab September sollte sich jedes Schiff tunlichst aus dem Packeis zurückziehen, entweder in die relative Sicherheit der Fjorde hinein, oder besser noch die Küste ganz verlassen.

Folgerichtig ist es für uns an der Liverpool Küste zu gefährlich. Dort kommen wir jetzt nicht mehr durch, schon gar nicht zweimal, wir müssen für die Überwinterung zusätzliche Dieselfässer, Schlittenhunde und Hundefutter transportieren. Das wäre zuviel für nur eine Tour gewesen. Neben Germania Havn auf der Sabine Ø, dort, wo auch die „2. deutsche Nordpolarexpedition“ ihren Winterplatz gefunden hatte, haben wir als alternativen Winterhafen das Normt Inlet unmittelbar bei Mesters Vig gewählt. Aber auch dieser Platz entfällt, weil wir ganz einfach nicht mehr in den Kong Oskars Fjord gelangen können – zumindest in diesem Jahr nicht mehr. Ich bin darüber ein wenig verstimmt, da es vor zehn Tagen noch gegangen wäre, aber so ist es nun einmal mit dem Eis, lamentieren hilft da nicht weiter. Statt dessen müssen wir die Reise nach Norden auf das nächste Jahr verlegen und irgendwo in der Nähe einen geeigneten Winterhafen finden.

Die Zeit drängt mittlerweile, und Überwinterungsplätze sind nicht gerade zahlreich zu finden. Die Zeichen in der Natur stehen auf Herbst. Die Nächte werden länger und frostiger. Nachts bildet sich dünnes Neueis auf dem Wasser, die Blumen an Land sind verblüht, und die Pflanzen haben eine rötliche Farbe angenommen. Wie schnell das geht! Im Dorf ist eine hektische Betriebsamkeit zu spüren, weil demnächst das Versorgungsschiff aus Dänemark erwartet wird. Dieses Versorgungsschiff wird für rund ein Jahr das letzte sein.

Bereits Ende Juli war ein erster eisgehender Frachter hier gewesen und hatte neben den Versorgungsgütern für die Siedlung auch 1500 Kilogramm Hundefutter für uns mitgebracht. Wir hatten es in Dänemark rechtzeitig aufgegeben und hierher geschickt, damit wir in jeder Hinsicht autark sein würden. Diesel, hatte man uns gesagt, könnten wir problemlos im Ort kaufen. Mit einer Barge werden die Säcke mit Hundefutter – jeder Sack wiegt 25 Kilogramm – sowie zehn Fässer mit Diesel längsseits gebracht. Die Säcke werden per Hand entladen, die gefüllten Brennstoffässer heben wir mit unserer Backstagstalje an Deck, wo sie anschließend gelascht werden. 2000 Liter Diesel stehen an Deck, hinzu kommen die gut verteilten Säcke mit Hundefutter. In den Tanks der DAGMAR AAEN lagern weitere 4500 Liter Diesel. Für die Überwinterung werden wir mindestens nochmals 3000 Liter benötigen. Fragende Blicke treffen mich jetzt immer häufiger: Wohin mit dieser ganzen Last? Doch eindringlicher noch ist die Frage nach dem Überwinterungsplatz. Und diese Frage duldet keinen Aufschub mehr!

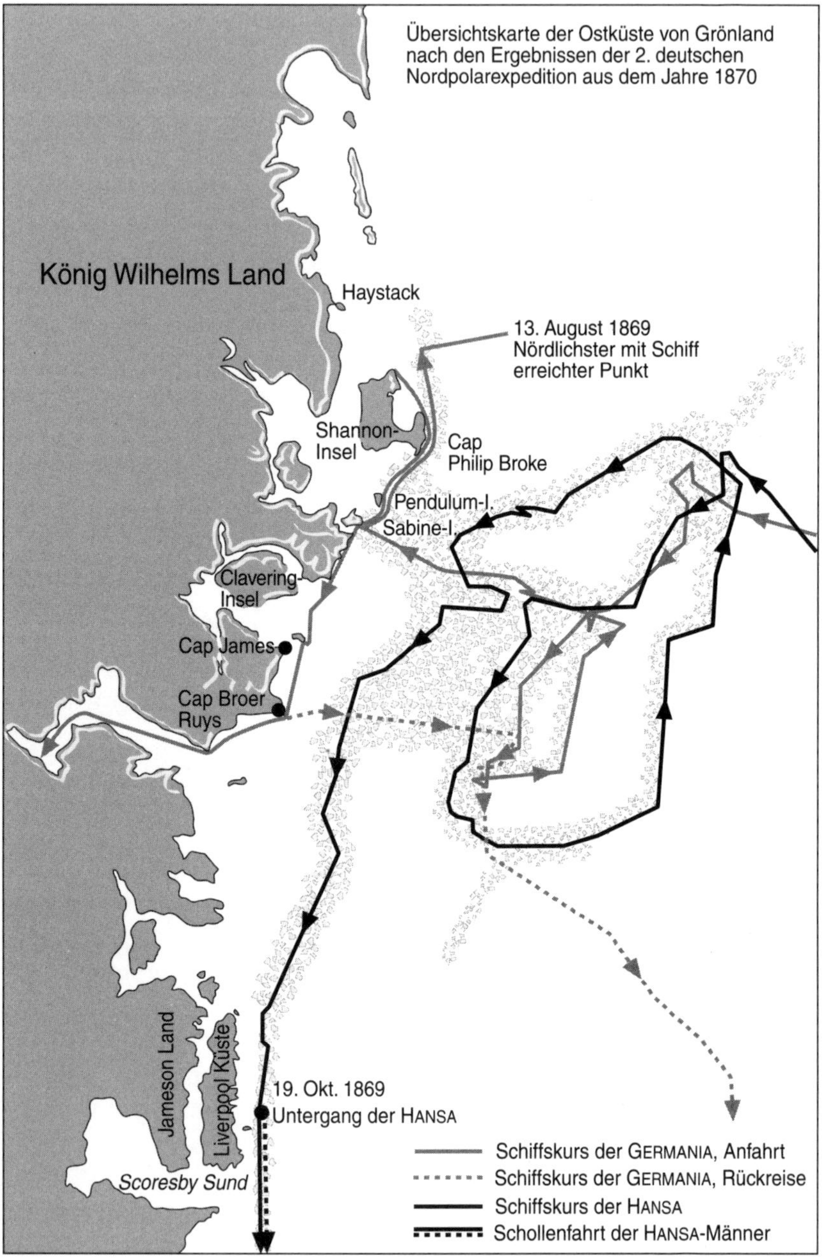
Übersichtskarte der Ostküste von Grönland nach den Ergebnissen der 2. deutschen Nordpolarexpedition aus dem Jahre 1870
König Wilhelms Land
Haystack
13. August 1869
Nördlichster mit Schiff erreichter Punkt
Shannon-Insel
Cap Philip Broke
Pendulum-I.
Sabine-I.
Clavering-Insel
Cap James
Cap Broer Ruys
Jameson Land
Liverpool Küste
19. Okt. 1869
Untergang der HANSA
Scoresby Sund
Schiffskurs der GERMANIA, Anfahrt
Schiffskurs der GERMANIA, Rückreise
Schiffskurs der HANSA
Schollenfahrt der HANSA-Männer

Die Fahrten der GERMANIA und der HANSA

„Ist eine solche Sache nicht auch ein paar Menschenleben werth?“ hatte Petermann dem wohl verdutzten Koldewey nach dem Scheitern der ersten Expedition entgegengeschleudert – keine gute Basis für die weitere Zusammenarbeit der beiden Männer. Und dennoch hatte Petermann in Rekordzeit eine zweite Expedition mit der gleichen Zielsetzung – dem Auffinden und Überqueren der „eisfreien Zone“ um den Nordpol – ausgerüstet. Und trotz seiner Verzweiflung angesichts der Starrköpfigkeit und menschenverachtenden Einstellung seines Chefs hatte Koldewey wieder die Leitung der Schiffe übernommen. Nun fuhr er erneut dem Eis entgegen.

Am 12. Juli 1869 wurde von den Bootsmännern auf der GERMANIA und der HANSA jeweils am Großmast das Krähennest, die Eistonne, angebracht. „Ein gutes Fernrohr und etwas Stroh am Boden bilden die nötigen Requisiten dieser originellen Schiffswarte, welche zuerst von Scoresby eingeführt wurde.“ Am 18. Juli trafen die beiden Schiffe an der Eiskante zusammen. Durch Flaggensignale verständigten sich die Kapitäne, und wenig später pullte Kapitän Hegemann zusammen mit Dr. Buchholz und Dr. Laube zur GERMANIA rüber. An Bord der GERMANIA setzten sich die Schiffsführungen zusammen und berieten über die weitere Vorgehensweise. Schließlich wurde beschlossen, nach Süden hin eine Öffnung im Eis zu suchen. Im Fall einer Trennung wollte man sich entsprechend der Instruktionen bei der Insel Sabine Ø wieder treffen.

Am Morgen des 20. Juli herrschte starker bis stürmischer Südwestwind. Die driftenden Eisfelder zwangen die beiden Schiffe immer wieder zu Manövern. Schließlich versuchten sie, aus dem Eis zu kommen, um auf besseres Wetter zu warten. Auch die Sichtverhältnisse hatten sich verschlechtert, so daß die Flaggensignale von einem Schiff zum anderen anfangs nur mit Mühe, später gar nicht mehr identifiziert werden konnten. Während Koldewey der Hansa signalisiert hatte: „Kommen Sie auf Rufweite heran“, hatte Hegemann das Signal dahingehend verstanden, daß beide Schiffe soweit wie möglich nach Westen segeln sollten. Es sollte die letzte Verbindung der beiden Expeditionsschiffe zueinander sein. Die Eisverhältnisse erlaubten keine weitere Annäherung. Die Germania traf noch am selben Tag zufällig auf die Bienenkorb, ein etwa fünfmal so großes Schiff, das dem Bremer Reeder Rosenthal gehörte und von Kapitän Hagens befehligt wurde. Hagens wußte Koldewey von sehr schwierigen Eisverhältnissen zu berichten – die Voraussetzungen zur Erreichung der Küste schienen wirklich nicht die besten zu sein –, doch Koldewey ließ sich nicht entmutigen und hielt weiter an seinem Plan fest.

Die Fahrt der maschinenlosen Hansa verlief fortan schleppend. Immer wieder saß sie im Eis fest, kam kurzfristig frei, nur um wenig später erneut von gewaltigen Brocken eingeschlossen zu werden. Am 28. Juli befand sich das Schiff in Sichtweite der Ostküste. Eindeutig konnte man die Küstenlinie von Kap Broer Ruys bis Kap James ausmachen. Inzwischen hatte die Eisdrift das Schiff so weit nach Süden gedrängt, daß Kapitän Hegemann beschloß, aus dem Eis herauszusegeln und außerhalb des Eisgürtels die Breite der Sabine Ø anzusteuern, um dann den Kurs erneut nach Westen zu ändern und direkt auf den vereinbarten Treffpunkt zuzusegeln. Während die Germania dank ihrer kombinierten Segel- und Dampfkraft bereits vor der Sabine Ø ankerte, segelte die Hansa an der Eiskante entlang nach Norden. Wenig später änderte sie ihren Kurs und steuerte in die Eisfelder hinein. Trotz aller Anstrengungen kam das Schiff nur langsam voran. Hegemann ließ die Mannschaft das Schiff sogar warpen – mit mäßigem Erfolg. Am 14. August schrieb er in sein Logbuch: „Im Eis fest. 13 Seemeilen in 48 Stunden gemacht.“ Und am 15. August: „Sind der Küste näher als je. Shannon 48 Seemeilen, Pendulum 59. Eis dicht.“ Es sind knappe Angaben, die aber deutlich machen, daß Hegemann alles darangesetzt hat, die Insel Sabine Ø zu erreichen.

Koldewey hatte derweil sein Schiff unter vorsichtigem Taktieren und auf Zickzackkurs dichter an die Küste herangebracht. Er vermied es, in dichtes Eis hineinzufahren, wartete lieber ab, um bei einer Änderung der Eislage weiter Richtung Küste zu dampfen. Am 5. August erreichte das Flaggschiff der „2. deutschen Nordpolarexpedition“ das offene Landwasser und ankerte wenig später in der Cripper Road vor der Sabine Ø. Die Ostküste Grönlands war an dem vorgesehenen Ort erreicht und damit auch die erste von Petermann formulierte Aufgabe erfüllt worden. Während auf der GERMANIA Jubel ausbrach und sich die Mannschaft zu ersten Erkundungen und Jagdausflügen an Land aufmachte, war die Lage auf der HANSA bedrohlicher denn je. Das Schiff lag weiterhin fest im Eis, und obwohl Hegemann die Besatzung weiterhin warpen – das Schiff mittels Trossen und Menschenkraft mühevoll durchs Eis ziehen ließ –, kam man nur unwesentlich voran. Statt dessen wurde das Schiff von dem Ostgrönlandstrom erfaßt und trieb fortan beständig weiter nach Süden. Am 25. August stand die HANSA nur noch 35 Seemeilen von der Sabine Ø entfernt, das war zugleich ihre größte Annäherung an die GERMANIA, deren Besatzung von den verzweifelten Anstrengungen ihrer Kollegen nichts ahnte. Am 6. September schrieb Hegemann ins Logbuch der HANSA: „Es begann die vollständige Besetzung unseres Schiffes im Eise.“ Jetzt half auch das mühselige Warpen nichts mehr.

Statt dessen wurde gejagt. In dem Expeditionsbericht der „2. deutschen Nordpolarexpedition“ gibt es seitenweise geradezu schwelgerische Berichte von Jagdausflügen. Es wurde auf alles geschossen, was sich irgendwie bewegte, ob es nun genießbar war oder nicht. Eine der seltenen Elfenbeinmöwen wurde mit Speck angeködert und dann mit einem Angelhaken und Schnur „gefischt“. Danach band man ihr eine Messingplakette mit dem Namen des Schiffes um den Hals und ließ sie wieder fliegen. Die Eisbärenjagden legen ein erschütterndes Zeugnis über den pervertierten Jagdeifer und die daraus resultierende Grausamkeit der Jäger ab.

Am 12. September hatte man eine Eisbärenmutter mit einem Jungtier geschossen. *„Das Junge wurde gefangen, entkam uns wieder und wurde dann schwimmend eingeholt und schließlich am Eisanker festgekettet. Es war sehr abgeängstigt, fraß aber sogleich gierig das ihm vorgeworfene Fleisch seiner Mutter. Einige Tage später war es* *samt der Kette, die sich vom Anker gelöst haben mußte, verschwunden. Bei dem Gewicht des Eisens wird das arme Tier bald im Wasser versunken sein.*" An anderer Stelle wird berichtet, wie abermals ein Muttertier geschossen wurde: „*Dem Jungen, welches bei der sterbenden Alten blieb, diese in rührender Weise leckend und liebkosend, wurde wiederholt eine Schlinge übergeworfen, die es indes immer wieder abstreifte, um endlich schreiend und jammernd davonzulaufen. Durch einen nachgesandten Schuß verwundet, entkam es uns dennoch, um am späten Abend sich durch sein klagendes Geheul von neuem bemerkbar zu machen. Das frische Bärenfleisch kam uns sehr gelegen und mundete als Braten oder Klopps vortrefflich.*" Ob Walrosse, Moschusochsen, Bären, Rentiere oder Füchse und Wölfe – kein Tier hatte die Chance, unbehelligt zu überleben. Gejagt wurde immer und überall, ob es erforderlich war oder nicht. Der Expeditionsbericht wirkt streckenweise wie eine einzige Schilderung einer Großwildjagd, wobei mit einer Herzlosigkeit und Roheit von dem Leiden der Tiere detailliert berichtet wird, als habe das Ganze einen ungeheuren Unterhaltungswert.

In der zweiten Septemberhälfte setzten vermehrt Eispressungen um die HANSA herum ein. Allen an Bord war inzwischen klar geworden, daß sie weder die GERMANIA noch die Küste Ostgrönlands mit dem Schiff erreichen würden. Es mußte Vorsorge für den Fall getroffen werden, daß die HANSA von den Eismassen zerdrückt würde. Improvisationsgabe ließ die Mannschaft auf einen geradezu genialen Einfall kommen: Die HANSA verfügte über eine große Ladung Briketts, die sie für die GERMANIA mitführen mußte. Diese Briketts hatten eine ähnliche Form wie Ziegelsteine – was lag also näher, als sich ein Haus auf der Eisscholle zu bauen? Gesagt, getan. Mit Feuereifer begannen sie damit, ein Fundament auf der solidesten Eisscholle zu errichten und darauf „Stein auf Stein" mit Wasser als Mörtel, das an der Luft sofort gefror, ein rabenschwarzes Haus zu bauen. Die Größe betrug „20 Fuß Länge und 14 Fuß Breite". Die Mauern wurden aus den etwa „9 Zoll breiten Steinen bis zur Höhe von 2 Fuß doppelt, im übrigen einfach aufgebaut." Der Dachstuhl wurde aus Leesegelspieren sowie Schilfmatten und Segeltuch gefertigt, und der Boden wurde mit Kohle isoliert, darauf wurden Bretter und Segeltuch gelegt. Niemals zuvor hat es ein solideres und komfortableres Haus auf einer driftenden Eisscholle gegeben. Das Gebäude sollte gleich nach der Fertigstellung seine Bewährungsprobe absolvieren. Ein heftiger Sturm brach unvermittelt los und hielt fünf Tage lang an. Als er sich ausgetobt hatte und die Sicht wieder besser wurde, entdeckte man, daß man mittlerweile auf Höhe der Liverpool Küste war. Eine Ortsbestimmung ergab, daß sie sich nur 16 Meilen vom Land entfernt befanden. Vom 5. bis zum 14. Oktober waren sie 72 Seemeilen nach Südsüdwest zurückgetrieben. Man trieb sogar noch dichter unter Land, und als sie nur noch etwa 10 Seemeilen entfernt waren, versuchten drei Leute, die Küste zu Fuß zu erreichen. Bis auf 4 Seemeilen kamen sie heran, mußten dann aber vor dem 2 Seemeilen breiten Landwasser kapitulieren.

Am Morgen des 19. Oktober kündigte sich weiteres Unheil an. Ein Nordweststurm zog auf, und in seinem Gefolge begann sich das Eis zu pressen. Die erste schwere Pressung erfolgte etwa um 10 Uhr morgens. Gegen Mittag wurde die Lage langsam bedrohlich. Die meterdicken Alteisfelder brachen das Neueis auf und drängten wie eine monströse Planierraupe an die Bordwand der bewegungslosen Hansa. Durch den sich stetig aufbauenden Druck hob sich das Vorschiff aus dem Eis empor – die einzige Chance, um dem zerstörerischen Druck zu entkommen. Aber hoch aufgetürmte Packeisfelder verhinderten, daß der gleiche Effekt das Heck ebenfalls anhob. Das Eis umklammerte das Achterschiff mit eisernem Griff, kletterte an Deck und besiegelte damit das Schicksal der Hansa. Der Druck war so enorm, daß kurz darauf die Decksnähte der Planken aufsprangen. Unter Deck konnte es jetzt keiner mehr aushalten. Das Schiff arbeitete, ächzte und stöhnte wie in tiefster Agonie. Holzschiffe sind lebendig – wer einmal erlebt hat, wie sie sich in Eispressungen bewegen, kreischen und stöhnen, kann diesen Augenblick nie mehr vergessen. Ich selbst habe es mehrfach auf der Dagmar Aaen miterlebt. – Die Eispressungen kamen und gingen in Intervallen und Schüben. Von einer Sekunde zur anderen konnten die Bewegungen im Eis aufhören, nur um eine Stunde später mit noch größerer Heftigkeit zurückzukehren. Jetzt wurden eiligst alle wertvollen Gegenstände von Bord geholt. Als die eisigen Umklammerungen endlich nachließen, war die Hansa nicht viel mehr als ein Wrack. Das Schiff machte mehr Wasser, als man auspumpen konnte, aber ein Leck war unter der mittlerweile unter Wasser liegenden Ladung nicht auszumachen. Vermutlich waren die untersten Planken im Bereich des Achterstevens gebrochen, vielleicht auch der Kiel – keiner konnte es mit Gewißheit sagen. *„Gefaßt, wenn auch tief erschüttert, standen wir vor dieser harten Tatsache. Das Kohlenhaus auf dem südwärts treibenden Eisfelde war fortan für die lange arktische Winternacht unsere einzige Zufluchtstätte, vielleicht auch – unser Sarg."*

Wenig später stand das Wasser bereits bis zum Tisch in der Kajüte, und alle beweglichen Teile schwammen darin. Zum ersten Mal verbrachte die Mannschaft die Nacht in ihrem neuen Asyl, dem Kohlenhaus. Am 21. Oktober versuchten die Seeleute, weiteres Brennmaterial aus dem Wrack zu bergen, aber der Laderaum stand schon unter Wasser. Daraufhin ließ Kapitän Hegemann die Masten kappen und sie samt der Takelung aufs Eis holen. Jetzt erst bot die HANSA endgültig den Anblick eines zerschlagenen und aufgegebenen Wracks. Noch ein letztes Mal begab sich Hegemann an Bord seines Schiffes. Als er wieder bei seiner Mannschaft ankam, wurden die Leinen gelöst, die das Wrack an der Eiskante festhielten, da man befürchtete, daß das Schiff beim Sinken die Eisscholle zerbrechen könnte. In der Nacht vom 21. zum 22. Oktober sank die HANSA auf der Position 70° 52' Nord und 021° 00' West in Sichtweite der Liverpool Küste. Die Holloway Bucht und die Glasgow Insel konnten deutlich ausgemacht werden wie auch die steilen Klippen der Küste, die, wie Dr. Laube fand, „den Kalkalpen bei München auffallend gleichen". Damit waren die Seeleute endgültig zu Schiffbrüchigen geworden. Vor ihnen lag die lange, stürmische und eisige Polarnacht. Jeder von ihnen wußte, daß die gesamte Küste unbewohnt war und daß sie nur dann auf Rettung hoffen durften, wenn es ihnen gelang, die Siedlungen im Süden Grönlands zu erreichen. Eine ungeheure Drift lag vor ihnen, und mit aller Energie bemühten sie sich, ihre künftige Wohnstatt zu ordnen und Vorbereitungen für den unmittelbar bevorstehenden Winter zu treffen.

Auf der GERMANIA lief hingegen alles nach Plan. Nachdem die Mannschaft und die Wissenschaftler die nähere Umgebung eingehend untersucht hatten, machte sich die GERMANIA am 10. August auf den Weg nach Norden. Die Insel Pendulum Ø wurde östlich umfahren, der Bass Rock passiert und schließlich die Insel Shannon mit dem Kap Philip Broke erreicht. Von dort an wurde das Eis immer dichter. Zwar gelang es ihnen, noch ein Stück an der Ostseite der Insel Shannon nach Norden zu segeln, aber unter dem Eindruck der vor ihnen liegenden schweren Eispressungen entschloß Koldewey sich, in diesem Jahr nicht weiter vorzudringen. Immerhin waren sie weiter nach Norden gekommen als der Brite Clavering 1823, das schien ihnen vorerst zu genügen. Bei einem Landausflug auf der flachen Insel Shannon trafen sie auf ein merkwürdig aussehendes Tier, „dem Iversen mit einigen gut gezielten Schüssen den Garaus machte". Sie hatten ihren ersten Moschusochsen entdeckt und erlegt – den ersten von vielen, die noch folgen sollten.

Neben ihren ausgedehnten Jagdausflügen begannen sie unmittelbar nach ihrer Ankunft auf der Insel Shannon mit Vermessungsaufgaben. Julius Payer, ein Alpinist, Maler und offenbar Allroundtalent, der einige Jahre später auf der Tegetthoff-Expedition die Inselgruppe Franz-Joseph-Land in der russischen Arktis entdecken sollte, kletterte auf die nur 200 Meter hohe Tellplatte, um von dort aus einen Überblick zu gewinnen. Vor ihm erstreckte sich die Festlandküste, und er entdeckte zahlreiche Ruinen sehr alter Eskimobehausungen. So gut wie möglich wurde das Land vermessen, kartographiert und Namen zugeteilt.

Währenddessen war Koldewey mit der GERMANIA zur Lille Pendulum Ø gefahren und hatte dort den 616 Meter hohen Sonnenkopf bestiegen. Vom Gipfel aus sah er, daß die Eislage ein weiteres Vorankommen nicht zuließ. Selbst die vor wenigen Tagen noch offenen Wasserflächen hatten sich zwischenzeitlich mit Eis gefüllt, und es erschien ihm nicht ratsam, noch länger hier zu verweilen, geschweige denn weiter nach Norden vorzustoßen. Angesichts der Verhältnisse rief er die Offiziere sowie die Wissenschaftler an Bord zusammen und beriet mit ihnen die Lage. Sie kamen einhellig zu dem Entschluß, zur Sabine Ø zurückzudampfen, um im sicheren „Germania Havn" vor Anker zu gehen. Von dort aus wollten sie eine Erkundungsexpedition zum Festland entsenden und Vorbereitungen für die Überwinterung treffen.

Sorge bereitete ihnen allerdings das Ausbleiben der HANSA. Nicht nur wegen der Kohle und der anderen für sie wichtigen Ausrüstungsgegenstände im Laderaum – was mochte dem Schiff und der Mannschaft zugestoßen sein, daß sie es nicht zur Sabine Ø geschafft hatten? Während sie über die möglichen Gründe debattierten, befand sich der Grund ihrer sorgenvollen Überlegungen nur wenige Meilen von ihnen entfernt. – Ein zumindest für die Besatzung der HANSA grausamer, weil nicht entdeckter Zufall.

Am 1. September erreichte die GERMANIA wieder den Naturhafen an der Südostseite der Sabine Ø. Immer dunkler und länger wurden die Nächte. Nachts bildete sich bereits eine dichte Neueisdecke, und am 2. und 3. September erlebten sie ihren ersten heftigen Herbststurm. Dichtes Schneetreiben setzte ein – ein erster Vorgeschmack auf die Heftigkeit der aus Nordwest auftretenden Stürme. Schlagartig war die Zeit der milden Spätsommertage vorbei. Noch ein letztes Mal lief Koldewey mit der GERMANIA aus dem sicheren Hafen aus, um das südlich gelegene Festland zu erkunden. Oberleutnant Payer und Dr. Copeland bestiegen von der Flade Bucht aus – ausgerüstet mit einem Theodolit zum Vermessen von Höhen- und horizontalen Winkeln sowie einem Barometer – den 1147 Meter hohen Sattelberg. Vom Gipfel aus hatten sie einen völlig ungehinderten Ausblick nach Westen in die Fjordlandschaft. Pläne wurden geschmiedet für Schlittenexpeditionen, die der Erforschung dieser unbekannten Fjorde dienen sollten und die sie noch in diesem Jahr durchführen wollten.

Am 13. September erreichte die GERMANIA wieder den kleinen Naturhafen auf der Sabine Ø, der für die nächsten zehn Monate ihr Liegeplatz bleiben sollte. Und während die Besatzung der HANSA zur gleichen Zeit mit dem Wrack und im Packeis nach Süden einer ungewissen Zukunft entgegendriftete, richtete sich die Mannschaft der GERMANIA in aller Ruhe auf den bevorstehenden Winter ein. Ihr Winterhafen schien alle Voraussetzungen zu erfüllen – einen besseren Platz hätten sie schwerlich finden können. Am 24. September, zwei Tage nach dem Untergang der HANSA, wurde die GERMANIA dreihundert Schritt von der westlichen Landzunge entfernt für den Winter ins mittlerweile zehn Zentimeter starke Eis gelegt, wobei der Bug nach Nordwest wies, um den Winterstürmen besser trotzen zu können. Zum letzten Mal wurde an diesem Morgen das allen bekannte Kommando „Hiev Anker" gegeben, gefolgt von dem gleichmäßigen Klappern des Ankerspills. Die Segel wurden abgeschlagen, das laufende Gut ausgeschoren sowie die Rahen und die Stenge gefiert. Als nächstes errichtete man an Land ein großes Depot sowie zwei Observatorien. Das eine führte den Namen „Sternwarte" und war astronomischen Beobachtungen zugedacht, das andere sollte die magnetischen Instrumente aufnehmen. Beide Gebäude waren aus soliden Steinen und Felsbrocken gefertigt, wie sie vor Ort zu finden waren. Auch das Deck der Germania wurde mit Holz und Segeltuch verkleidet, um den Schnee und Sturm so gut wie möglich abzuhalten – der Winter konnte kommen.

Der Winter kommt

Seit 9 Tagen liegt die Dagmar Aaen in der Bucht vor Ittoqqortoormiit und wartet auf eine Besserung der Eislage.

Am 30. August klärt sich die Situation ein wenig. Die letzten Tage sind nervig gewesen. Ständig waren wir auf der Flucht vor Eisfeldern, mußten Anker hieven oder ließen uns mit dem Eis treiben, aber obwohl es darüber hinaus nicht viel zu tun gab, zehrte die Warterei an den Nerven. Das Eis hat uns voll im Griff, scheint mit uns zu spielen und bestimmt fortan kompromißlos unseren Tagesablauf. Nicht wir machen die Vorgaben, das Eis macht sie für uns – ob es uns recht ist oder nicht. Unsere tüchtige alte Dame ist wieder einmal schwerbeladen mit dem Hundefutter, den sperrigen Dieselfässern und dem ganzen Rest der Ausrüstung. Vor einigen Tagen haben wir uns alle zusammengesetzt, um die Lage zu besprechen. Eine Überwinterung auf der Sabine Ø oder im Kong Oskars Fjord kommt wegen der schwierigen Eislage nicht in Frage. Als Alternativen bleiben uns Hekla Havn, Jyttes Havn oder Amdrup Havn. Letzterer ist nur wenige Kilometer von der Siedlung entfernt. Ich frage die drei Überwinterer Sigga, Torsten und Rafa nach ihren Einschätzungen bzw. Wünschen. Rafa scheint der Platz egal zu sein – solange er mit Hunden arbeiten und seine eigenen Wege gehen kann. Das ist eine Entwicklung, die mir im stillen Sorge bereitet, da ich bei ihm eine Tendenz des sich Isolierens feststellen kann. Dabei hat der Winter noch gar nicht angefangen... Sigga und Torsten sind sich einig: Sie möchten gern abseits jeder Siedlung völlig auf sich allein gestellt den Winter verbringen. Aber auch hier bin ich ein wenig skeptisch, ob sie sich des vollen Ausmaßes ihres Entschlusses bewußt sind. Trotzdem willige ich ein, mache die endgültige Entscheidung jedoch von der weiteren Entwicklung der Eissituation abhängig. Das NOAA-Bild sieht nicht sonderlich vielversprechend aus. Der Scoresby Sund ist voller Packeis, das wie ein Korken auf einer Flasche sitzt. Die Jäger im Ort sind selbst überrascht über die diesjährige Eislage. Ihre kleinen Boote liegen am Strand, und die Rümpfe sind vom Eis gezeichnet. „Ein schlechtes Jahr", sagen sie, aber das hilft uns auch nicht weiter.

Am Nachmittag des 30. August gehen wir ankerauf und versuchen unser Glück. Bereits um 20 Uhr sitzen wir wieder im Eis fest. Wind und Strömung treiben die Eisfelder fjordeinwärts, und vor der Küste liegt ein unerschöpfliches Reservoir an Packeis. Wir laufen einige Meilen zurück ins offene Wasser und machen für die Nacht an einer Eisscholle fest. Auf diese Art und Weise treiben wir mehr oder weniger mit der gleichen Geschwindigkeit wie das Eisfeld, und tatsächlich müssen wir nur einmal nachts loswerfen und uns eine andere Scholle suchen, da wir sonst mit einem Eisberg kollidiert wären. Die Nächte sind dunkel, es ist aussichtslos, eine Passage zu finden. Am nächsten Morgen wird die Lage problematisch. Wir kommen bis auf Höhe von Kap Hooker, dann treffen wir auf eine Eisbarriere, die bis auf den Strand liegt. Wir kehren um und versuchen, den Hurry Fjord zu erreichen, um dort auf eine Besserung der Eislage zu warten. Zu allem Überfluß zieht dichter Nebel auf. Der Wind weht mit 12 Knoten aus Südost und schiebt dadurch weiteres Eis in die Fjordöffnung hinein. Um 10.40 Uhr stoßen wir kurz vor dem Hurry Fjord auf 9/10 Eis. Wir sitzen in der Falle. Da uns die Einfahrt in den Hurry Fjord versperrt ist, drehen wir erneut um und laufen tiefer in den Sund. Das Radar ist bei der hohen Eisbedeckung nutzlos. Der Ausguck in der Eistonne ist durch den Nebel geblendet, wir können immer nur wenige Meter weiter als bis zu der Nock des Klüverbaums sehen. Vorsichtig und äußerst angespannt tasten und raten wir uns vorwärts, ständig darauf bedacht, den Eisbergen auszuweichen. Aber das ist nicht immer möglich. Die Eisfelder drängen uns mal in diese, mal in jene Richtung ab und nehmen dabei überhaupt keine Rücksicht auf unsere Wünsche. Eine Ungeheuerlichkeit, wie wir zwischendurch witzelnd feststellen. Die Eisberge werden von der Strömung auch gegen den Wind und die Drift des Eises zum Fjordausgang getrieben. Wie ein Eisbrecher bahnen sie sich ihren Weg, und die DAGMAR AAEN wäre für sie das geringste Hindernis. Also müssen wir Abstand halten, koste was es wolle. Den ganzen Tag fahren wir im Scoresby Sund auf und ab. Es ist naß und kalt, und das trübe, neblige Wetter legt sich auf unser Gemüt.

Gegen Abend hebt sich der Nebel etwas, so daß wir aus der Masttonne einen Überblick gewinnen können. Um uns herum ist überall dichtes Eis. Die Fläche offenen Wassers, in der wir bislang gefahren sind, hat sich mit Eis gefüllt, so daß es kein Durchkommen zu geben scheint. Mit Sorge betrachte ich, daß ein unaufhaltsamer Eisstrom weiter in die Meerenge und damit auf uns zu drängt. An einigen Stellen, wo das Eis auf Land gelaufen ist, gibt es erste Pressungen. Während Martin in der Eistonne steht und angestrengt nach einem möglichen Durchschlupf forscht, stehe ich in den Wanten neben ihm. Zum wiederholten Mal bin ich froh, Martin an Bord zu haben. Mit seiner Ruhe, seinem fachlichen Können und seiner uneingeschränkten Einsatzfreude wirkt er unerschütterlich wie ein Fels in der Brandung. Wir beraten uns wie immer in schwierigen Situationen. Es gibt nur eine Stelle, an der der Eisgürtel etwas dünner wirkt. Dahinter gibt es tatsächlich größere Stellen offenen Wassers. Wir sind uns schnell einig, und eigentlich haben wir auch gar keine andere Wahl: Dort müssen wir durch. Es wird zwar schwierig werden, und die Dagmar Aaen wird einmal mehr ihre Solidität und die Qualität der letzten Werftarbeiten unter Beweis stellen müssen, aber es könnte klappen. Wenn wir diese Chance nicht nutzen, werden wir endgültig eingeschlossen – vielleicht sogar für die Dauer des Winters.

„Alle Mann an Deck!" rufe ich in den Niedergang. Während ich das Steuer übernehme, dirigiert mich Martin aus der Tonne, Achim steht vorn auf dem Poller, gibt mir Zeichen und hält sich dabei am Fockstag fest, das Egon vorsorglich mit einem Stück Schlauch umwickelt hat, damit der Ausguck am kalten Metall keine Eisfinger bekommt. Wieder andere stehen mit Bootshaken bewaffnet auf Standby, um gegebenenfalls Eisbrocken abzudrücken. Die Stelle, die wir uns ausgesucht haben, besteht aus massiven und meterdicken Eisschollen, die aber insgesamt von der Flächenausdehnung her nicht so groß sind wie die angrenzenden Felder. Mit anderen Worten, wir haben eine Chance, mittels Motorkraft die Eisschollen zu bewegen, sie zu schieben, zu drücken und uns auf diese Art und

Weise zwischen sie hindurch zu lavieren. Das geht nicht ohne harte Stöße für das Schiff ab, das Eis gibt sich nicht freiwillig geschlagen.

Der Callesen Motor ist ein gediegener Langsamläufer, der für das Trawlen von Netzen ausgelegt ist. Seine 180 Pferdestärken mögen nicht nach viel Power klingen – doch davon hat er mehr als jeder vermuten würde. Normalerweise verlangen wir dem Motor nur 350 Umdrehungen ab. Da wir zudem einen Verstellpropeller haben, können wir die Steigung der Schraube auf einer Skala von 0 bis 6 nach Belieben justieren. Mehr als Steigung 4 ist die Ausnahme. Bei dieser Steigung und 350 Umdrehungen würde das Schiff bei ruhiger See sechs bis sieben Knoten Fahrt machen. Als ich jetzt den Steven sachte gegen die Eisbarriere anlaufen lasse, gehe ich auf 400 Umdrehungen und Steigung 5. Mit einer unglaublich bulligen Kraft schiebt der Callesen das Schiff voran. Eine erste Eisscholle kippt zur Seite, der aluminiumverstärkte Rumpf nutzt die Lücke und zwängt sich hinein. Das Vorderschiff hebt sich, der mit drei Zentimetern Stahl gepanzerte Kiel schiebt sich auf eine davorliegende Scholle und zwingt sie ebenfalls zur Seite. Dann sitzen wir fest. Ich nehme die Drehzahl zurück, lasse das Schiff ein Stück zurücksacken und versuche es erneut. Durch das aufgewühlte Schraubenwasser schießen kleinere Eisbrocken wie Korken an die Oberfläche. Die Schraube spült Freiräume, die sich aber schon nach kürzester Zeit wieder schließen. Zitternd und in allen Verbänden bebend schiebt sich die Dagmar Aaen erneut ins Eis. Kurzfristig gehe ich auf 500 Umdrehungen und bin selbst über die Kraftreserve überrascht. Wie von einer unsichtbaren Faust geschoben, drängt der Rumpf voran, schiebt und bricht dabei Eisschollen auseinander, um dann wiederum zum Stehen zu kommen.

So geht es weiter, immer und immer wieder die gleiche Prozedur. Stundenlang mühen wir uns ab, um wenige Meter voranzukommen. Aber ein Blick zurück gibt uns die Gewißheit, daß unsere Entscheidung richtig war: Dort, wo wir vorhin noch im offenen Wasser gelegen haben, zieht sich das Eis ebenfalls zusammen. Es gibt keine Alternative, außer der, sich vom Eis besetzen zu lassen. Wir müssen hier durch, und nur an dieser einzigen Stelle besteht dafür für uns die Möglichkeit. Die einsetzende Dämmerung drängt zur Eile. Mit dem letzten Licht zwängen wir die letzten Eisschollen zur Seite und laufen in offeneres Wasser ein. Wir haben es geschafft – für dieses Mal.

Trotz der Dunkelheit fahren wir noch ein Stück von der Eiskante weg und legen dann an einer einzelnen, treibenden Eisscholle an. Um 24 Uhr lege ich mich erschöpft und müde in meine Koje, um 2 Uhr werde ich von der Wache geweckt, da Eis auf uns zutreibt. Losschmeißen und weiterfahren ist eins, mit dem Handscheinwerfer suchen wir uns einen Weg und machen schließlich an einer anderen Eisscholle fest. Torsten und Achim holen am nächsten Morgen ein neues NOAA-Bild ein, das wenig Freude aufkommen läßt. Hier gibt es nicht viel zu interpretieren – der gesamte Sund ist mit Eis verstopft. Den folgenden Tag fahren wir durch unterschiedlich starke Eisfelder weiter in den Scoresby Sund hinein. Es gibt zwar immer wieder Engpässe, aber je weiter wir in die Meerenge gelangen, desto weiter öffnet sich das „Hall Bredning". Dadurch hat das Eis Platz, sich zu verteilen, und wir können leichter ausweichen. Nachts legen wir uns dicht unter die Küste, wo es einen flachen Uferstreifen gibt, der das schwere Eis abhält. Wir genießen eine relativ ruhige Nacht – und erleben das erste Polarlicht in diesem Jahr. Auch am 2. und 3. September ändert sich die Eislage nicht.

Langsam arbeiten wir uns weiter in den Fjord hinein, aber schon jetzt wird deutlich, daß wir unser Ziel Hekla Havn kaum werden erreichen können. Nicht weit von der alten Oststation der Wegener-Expedition legen wir uns in flachem Wasser vor Anker und warten auf eine Besserung der Eislage. Etwas anderes können wir auch kaum tun, denn der Weg ist uns nicht nur nach Hekla Havn versperrt, sondern auch nach Jyttes Havn – und nach Ittoqqortoormiit ebenfalls.

Geduld ist eine der entscheidendsten Merkmale eines Polarreisenden. Wir nutzen die Zeit und machen Ausflüge im flachen Jameson Land. Obwohl wir es verstandesmäßig wußten, sind wir doch erstaunt, wie sich die Natur innerhalb weniger Tage verändert hat. Die Blumen sind verschwunden, nur an wenigen geschützten Stellen trifft man noch auf einige vom Frost verdorrte Blüten. Trotzdem ist die Luft tagsüber mild, viel milder als auf dem Wasser, wo das Eis seine Kälte abstrahlt und auf das Schiff und die Menschen überträgt. Treibholz liegt am Strand. Woher mögen diese Stämme kommen? Wie lange sind sie mit dem Eis und der Strömung unterwegs gewesen? Wahrscheinlich stammen sie aus einem der großen sibirischen Ströme, vielleicht aber aus Alaska – in jedem Fall haben sie eine lange Reise hinter sich. Wir sammeln einige Hölzer zusammen, hacken mit der Axt von einem Stamm ein Stück ab und machen ganz respektlos daraus ein Lagerfeuer am Strand. Würstchen aus Dosen werden auf alle möglichen Stöcke und Grillvorrichtungen gespießt, Kartoffeln in Alufolie gewickelt und in die Glut gelegt. Sigga hat Tortillas vorbereitet, die wir auf einem Stein backen, und Egon bringt Thermoskannen mit Tee von Bord. Die Welt ist wieder in Ordnung und das Eis vergessen.

Die Sonne geht derart malerisch unter, daß jedes Foto kitschig wirken muß. Diese Art von Beleuchtung gibt es nur in den Polarregionen, sie ist einzigartig und atemberaubend. Die soviel gepriesenen Sonnenuntergänge in den Tropen verblassen im wahrsten Sinne des Wortes dagegen. Stundenlang dauert dieses himmlische Spektakel, als ob die Sonne sich dagegen sperrt, hinter dem Horizont zu versinken. In den Tropen ist das meist nur eine Angelegenheit von Minuten. Unsere Würstchen und die Kartoffeln sind längst gegessen, da steht die Sonne immer noch ein wenig verlaufen und aus der Form geraten über den Bergen. Irgendwann ist sie weg, hinter einem Berg verschwunden, aber das Licht bleibt. Aus der orangenen Färbung wird schließlich eine violette, dann eine bläuliche, die immer mehr ins Schwarze übergeht. Als das letzte Licht erloschen ist, tauchen Sterne auf und wenig später das erste flackernde Polarlicht. Als ob jemand mit einem riesigen Suchscheinwerfer den Himmel ableuchtet, so wirkt es auf uns. Dann entfaltet sich das grünliche Licht immer intensiver. Es wandert in Impulsen und Wellen von einer Himmelsseite zur anderen. Es leuchtet so hell, daß wir trotz der Dunkelheit Umrisse an Land erkennen können. Es entsteht und löst sich auf, um neuen Erscheinungen Platz zu machen. Ich weiß, es klingt pathetisch, aber in solchen Momenten fühlen wir uns eins mit der Natur. Es ist, als ob einen dieses Himmelsfeuer in eine andere Dimension entführen würde. Ich habe es schon oft gesehen, und jedesmal bin ich aufs neue fasziniert.

Es ist die Kälte, die uns schließlich aus den Träumereien holt, auf den Boden der Tatsache zurückstellt und uns wieder an Bord treibt. Wir bleiben bis zum 6. September hier liegen. In diesen Tagen hat sich die Eislage nur unwesentlich verändert, in jedem Fall aber nicht verbessert. Am 7. zeigt das NOAA-Bild, daß das Eis sich unter dem Jameson Land ein wenig zurückgezogen hat. Wir laufen daher dicht unter Land so weit zurück, wie es uns vertretbar erscheint. Hekla Havn, das eigentliche Ziel dieser Fahrt, ist nach wie vor unerreichbar, und meine Zweifel, ob wir dort überwintern können, wachsen mit jedem Tag. Zwar haben wir das Hundefutter und zehn Fässer Diesel für die Überwinterung an Bord, aber das reicht noch nicht aus. Wir müssen mindestens ein weiteres Mal zur Siedlung und zurück, um weiteren Brennstoff und auch die Hunde zu holen. Selbst wenn sich das Eis wider Erwarten jetzt noch einmal lockern sollte und wir nach Hekla Havn kommen – dann heißt es noch lange nicht, daß es uns auch ein zweites Mal gelingen wird. Im ungünstigen Fall hätten wir Hundefutter und Diesel in Hekla Havn, aber das Schiff und die Hunde in Ittoqqortoormiit. Kein schöner Gedanke!

Ein weiteres Problem zeichnet sich ab, dieses Mal ein technisches. Unsere vier großen mit je 225 Ampèrestunden ausgelegten Akkus gehen plötzlich in die Knie. Als erstes hat sich das Ladegerät verabschiedet, wenig später brechen die Batterien nachhaltig zusammen. Für das Ladegerät haben wir Ersatz, für die Akkus nicht. Beides, Ladegerät wie Akkus, sind nach dem letzten Werftaufenthalt neu an Bord gekommen – jetzt sind sie defekt. Das bedeutet im Klartext, daß die Überwinterer nicht nur sparsam mit dem Strom umgehen müssen, sondern vermutlich täglich die Akkus laden müssen, was den Dieselverbrauch über den Winter gerechnet enorm in die Höhe treiben wird. Wir werden versuchen müssen, das rechnerisch in den Griff zu bekommen.

Am 8. September treibt ein frischer Nordwest das Eis von der Küste fort und öffnet eine Schneise. Wir zögern nicht lange, hieven den Anker und machen uns auf den Weg. Mit einem Mal geht es ganz leicht. Zwar ist das Eis allgegenwärtig, aber wir können fahren und erreichen am Nachmittag Kap Hope. Eine heulende Hundemeute, Robbenfelle auf Trockengestellen, einzelne Häuser und eine Menge Unrat liegen verstreut herum. Bevor wir die Rosenvinges Bugt erreichen und vor Ittoqqortoormiit vor Anker gehen, steuern wir eine weitere Bucht an, die den Namen Fox Havn trägt. Laut Seehandbuch soll sie ein geschützter Liegeplatz sein – auch zum Überwintern. Diese Meinung teilen wir nach unserem Besuch nicht. Die Bucht ist extrem flach und voller Felsen und Untiefen. Zudem kommt eine Menge Treibeis hinein, und sie ist allen Stürmen gegenüber exponiert. Diese Bucht kommt für uns jedenfalls nicht in Frage. Mit Jens Napatoq, der uns abends besuchen kommt, beraten wir uns. Er lädt uns nochmals ein, in Amdrup Havn zu überwintern. Die Bucht sei zwar nicht optimal, aber das beste, was wir unter den derzeit herrschenden Eisverhältnissen finden können. Zudem würde Amdrup Havn als erstes zufrieren und als letztes im nächsten Sommer wieder aufgehen – das hat den enormen Vorteil, daß das Neueis uns vor dem alten Treibeis schützt.

Am nächsten Morgen ist die Dagmar Aaen in einer wenige Zentimeter starken Eisdecke eingefroren. Der Nordwestwind ist zu einer sanften Brise abgeflaut, und wie wir vom Mastkorb aus sehen können, schwappt das Eis im Scoresby Sund zurück an die Küste. Der Weg, den wir gestern gekommen sind, ist wieder versperrt.

Knirschend schiebt sich der Rumpf des Schiffes durch das dünne Neueis, das sich links und rechts des Rumpfes zu kleinen Wülsten auftürmt. In Amdrup Havn ist das Neueis bereits deutlich stärker, der Widerstand des Eises steigt spürbar an. Wir beobachten die Bucht mit Argusaugen. Das Wasser ist tief, aber nicht tief genug, um Eisberge einzulassen. Im Norden ziehen sich Berge hin, im Süden ist das Land flach. Wir fahren kreuz und quer und haben schließlich nach einer Stunde jede Ecke ausgelotet und nach möglichen Winterplätzen sondiert. Dann treffe ich die Entscheidung: Die Dagmar Aaen wird in Amdrup Havn überwintern! Die Bucht ist besser, als sie mir bei unserem ersten Besuch vor einigen Wochen erschien, und selbst wenn sie auch nicht optimal ist, so ist sie dennoch das beste, was wir bekommen können. Hekla Havn noch in diesem Jahr zu erreichen, halte ich für nahezu ausgeschlossen, zumindest für so unwahrscheinlich und risikobehaftet, daß ich es nicht vertreten kann. Ich spreche mit der Crew und sehe Siggas und Torstens Gesicht an, daß sie nicht begeistert sind von meiner Entscheidung. Rafa ist es egal. Ich diskutiere ausgiebig mit ihnen, und sie verstehen schließlich meine Entscheidung. Sie haben auch nichts gegen den Platz einzuwenden, nur hatten sie sich gedanklich auf einen völlig isolierten Winterhafen eingeschossen. Jetzt würde es Nachbarn geben, wenn auch in drei bis vier Kilometern Entfernung. Sie müssen sich mit diesem Gedanken vertraut machen, und ich beschließe, später noch einmal in Ruhe mit ihnen darüber zu reden. Ich selbst bin erleichtert, daß die Entscheidung gefallen ist. Jetzt können wir uns mit Hochdruck den Wintervorbereitungen widmen.

Das Eis schließt sich

Die Reihen an Bord der DAGMAR AAEN beginnen sich zu lichten. Brigitte, Falk und Martin sind bereits vor einigen Tagen nach Hause geflogen – die heimischen Pflichten rufen. Das Ende der Navigationsperiode ist gekommen. Die freistehenden Kojen werden als Stauraum genutzt, damit gibt es endlich mehr Platz an Bord, und das Schiff wirkt mit einem Mal größer und aufgeräumter. Aber trotzdem – das Auseinandergehen der Crew, die Aufzählungen von dem, „was man alles macht", wenn man erst einmal zu Hause ist, Visionen vom stundenlangen Duschen, von frischem Obst und Gemüse, von frisch gezapften Bieren, von Kinobesuchen und anderen angenehmen Dingen belasten besonders diejenigen, für die es keine Unterbrechung der Reise geben wird: Sigga, Torsten und Rafa. Die drei bleiben auf der DAGMAR AAEN, sozusagen als letzte Bastion. Dabei sind sie schon seit Hamburg an Bord – das ist eine lange Zeit. Die Expedition rutscht deutlich spürbar in einen neuen Abschnitt hinein.

Die Überwinterung, von der man vorher ein wenig geheimnisvoll und schwärmerisch gesprochen hat, bekommt plötzlich etwas ernüchternd Reales. Da ist nichts mehr vom verklärten Abenteuertum zu spüren. Ein sehr, sehr langer, dunkler, stürmischer und eiskalter Winter steht den dreien bevor. Meine Sorge um das Schiff hält sich in Grenzen. Die DAGMAR AAEN hat bereits einen polaren Winter problemlos absolviert, bei Temperaturen, die bis auf –58 °C gefallen waren. Es ist alles an Bord, was benötigt wird, und die abschließenden Vorbereitungen für den Winter werde ich selbst mit einleiten und überwachen. Das Schiff ist technisch für eine Überwinterung bestens gewappnet – sieht man einmal von dem Dilemma mit unseren Batterien ab. Aber auch das ist kein unlösbares Problem – die Generatorstunden werden entsprechend ansteigen. Die „Hardware“ für die Überwinterung steht und ist unserer aller Meinung nach bestens für das Vorhaben geeignet.

Wie sieht es mit der „Software“, den Menschen, aus, die an Bord den Winter verbringen sollen?

Tatsächlich ist die Auswahl der Überwinterungscrew keine leichte Entscheidung. Welche Kriterien sollte der ideale Überwinterer erfüllen? Dürfen es nur Männer oder nur Frauen sein, oder vielleicht besser eine gemischte Gruppe? Wie viele Personen benötigt man überhaupt? Welche fachlichen Qualifikationen müssen an Bord vertreten sein? Und das vielleicht wichtigste von allen Kriterien – wie sieht es mit der sozialen Verträglichkeit aus? Sind die einzelnen Individuen der Isolation gewachsen? Wie werden sie mit unweigerlich auftretenden Spannungen im Team fertig werden? Es gibt diesbezüglich eine Menge Fragen.

Als Sigga mir frühzeitig mitteilte, daß sie den Winter über an Bord bleiben möchte, war mir ein Problem von den Schultern genommen: Sigga, selbstbewußt, resolut und fachlich kompetent, würde die Überwinterung leiten. Sie verfügt zudem über die nötige Sensibilität, um Spannungen im Team zu spüren und ihnen gegebenenfalls entgegenzuwirken. Sie ist auch robust genug und innerlich gefestigt, um nicht gleich bei jeder Kleinigkeit oder Kritik an ihrer Person beleidigt zu sein. Kurzum: Sigga wird der Dreh- und Angelpunkt der Überwinterung sein. Aber wie jeder Mensch, der seine Aufgabe nüchtern betrachtet und sie bis in kleinste Detail ernst nimmt, fühlt auch Sigga den Druck der übernommenen Aufgabe wachsen und auf sich lasten. Sie wirkt ernster als sonst, und man hört sie auch nicht mehr so oft lachen wie früher. Wir beiden sitzen jetzt häufiger zusammen und sprechen in aller Ruhe die einzelnen Positionen durch. „Was passiert, wenn?“, diese Frage findet auf die unterschiedlichsten Bereiche Anwendung. In diesen Gesprächen merke ich nicht nur, daß Sigga die Verantwortung zu hundert Prozent ernst nimmt, sondern daß sie für sich selbst einen ganz besonderen Sinn in dieser Überwinterung sieht. Ihr Credo: „Wenn ich das geschafft habe, werde ich stärker sein denn je.“ Und damit hat sie wohl auch recht. Zugleich stellt die Überwinterung für Sigga so etwas wie den Kulminationspunkt auf der DAGMAR AAEN dar. Sigga ist 26 Jahre alt. Seit 1993 fährt sie nur mit kurzen Unterbrechungen auf Segelschiffen über die Weltmeere, davon einen großen Teil auf unserer alten Haikutterdame. Ein kurzer und offenbar unbefriedigender Abstecher zur Universität, ein weiterer als Aushilfe bei Ausrüstungsfirmen – ihre berufliche Heimat hat Sigga noch nicht gefunden. Sie lebt bescheiden, aber trotzdem, der Wunsch nach einer eigenen Wohnung und vielleicht irgendwann das eigene Boot – Sigga ist viel zu zielstrebig, als daß sie ihre weitere Entwicklung dem Zufall überlassen würde. „Nach der Überwinterung, wenn du wieder an Bord bist", so vertraut sie mir in einem unserer Gespräche an, „fahre ich nach Hause nach Island zurück." Ursprünglich hatte sie zwar vorgehabt, bis nach Hamburg mitzufahren, aber jetzt betreibt sie so etwas wie Lebensplanung. Sie will einen Job, der sie nicht nur ernährt, sondern ihr Spaß bringt. Sie möchte Unabhängigkeit von zu Hause, aber auch von der DAGMAR AAEN. Sigga hat erkannt, daß ein Schiff wie die DAGMAR AAEN auch eine gewisse Gefahr birgt. Das Schiff mit dem interessanten Fahrtgebiet, mit den vielleicht nicht immer einfachen, aber interessanten Lebensbedingungen und Menschen an Bord kann auch schnell so etwas wie ein Fluchtpunkt werden. Es ist eine eigene kleine Welt mit eigenen Gesetzmäßigkeiten, und indem man sich dieser Welt auf Dauer anvertraut, unterliegt man auch einer gewissen latenten Gefahr – nämlich der Flucht vor der übrigen Welt. Das hat Sigga erkannt. Sie will eigene Ideen entwickeln, will ihre Handlungsweise nicht auf Dauer mit dem Schiff und den daraus resultierenden Interessen abstimmen müssen. Sigga möchte Eigenständigkeit in jeder Hinsicht, und sie spürt, daß die Zeit dazu reif ist. Ich kann das nur zu gut verstehen. Die Überwinterung auf der DAGMAR AAEN wird sozusagen ihr Meisterstück an Bord werden und ihr Einsatz vielleicht auch so etwas wie eine Hommage an das alte Esbjerger Schiff. Ich bin Sigga sehr dankbar dafür.

Torsten ist ein völlig anderer Charakter als Sigga. Ich habe Torsten 1992 kennengelernt, als er sich für die Überwinterung im Verlauf der ICESAIL-Expedition im sibirischen Igarka bewarb. Überwinterungen scheinen ihn schon immer fasziniert zu haben. Damals blieb Torsten etwa drei Monate zusammen mit Alex, einem Russen, an Bord. Der Winter in Igarka auf dem Jenissei-Fluß ist vielleicht noch ungewöhnlicher gewesen als die anstehende Überwinterung hier in Grönland. Dreizehn Stunden sind wir damals mit einem zweimotorigen Charterflugzeug von Moskau nach Igarka geflogen. Dreizehn Stunden Flug, und unter uns nichts als verschneite Tundra, Wälder und menschenleere Landschaften. Der politische Umbruch damals, die völlig zusammengebrochene Versorgungslage der Bevölkerung, die Korruption und die überschäumende russische Gastfreundschaft waren in vielerlei Hinsicht exotischer als das ein wenig europäisch wirkende Grönland. Selbst in einem Dorf wie Ittoqqortoormiit können wir CDs, Weingummis oder – wenn wir wollen – seidene Unterwäsche kaufen. In Igarka gab es nichts – sogar Klopapier haben wir von Deutschland aus einfliegen lassen. Für Torsten ist es folglich der zweite Winter auf der DAGMAR AAEN, und der erste, den er in voller Länge absolvieren möchte. Und nicht nur das. Schließlich ist Torsten ebenfalls seit Hamburg an Bord und will – komme was da wolle – auch bis Hamburg durchhalten. Das sind immerhin rund achtzehn Monate. Eben weil Torsten schon in unmittelbarer Nähe zu einer Stadt überwintert hat, reizt ihn dieses Mal besonders die Vorstellung, völlig isoliert und fernab jeglicher Zivilisation zu leben. „Going to extremes", so könnte man diese Einstellung bezeichnen, und heimlich habe ich den Verdacht, daß er diese Aufgabe auch als eine Art selbstgestellte Prüfung an sich versteht.

Auf der Vortragsreise, die dieser Expedition vorangegangen war, hat mich Torsten als Techniker begleitet. Während der Fahrt im Auto hatten wir viel Gelegenheit, über die bevorstehende Reise zu sprechen. Als ich hörte, daß Torsten diese Reise als eine Art Auszeit für seine weitere Berufs- und Lebensplanung ansah, zögerte ich zunächst, ihm den Zuschlag zu geben. Sein Elektrotechnikstudium an der Uni nahm er schon seit längerer Zeit nicht mehr richtig wahr. Statt dessen jobte er. Eigentlich würde Torsten gern als Fotograf arbeiten. Das Talent und das Know-how hat er allemal. Aber als freier Fotograf und damit als selbständig tätiger Mensch benötigt er auch eine gewisse Ellenbogenmentalität. Torsten ist viel zu höflich und zu bescheiden, als daß er in diesem Verdrängungswettbewerb bestehen könnte. Aber vielleicht kann er ja auch diese etwas unangenehmeren Eigenschaften lernen. Torsten ist ein

Mensch, der, wie Sigga, dem Projekt, dem Schiff und auch meiner Person gegenüber rückhaltlos und hundertprozentige Loyalität beweist. So gesehen, und unter Berücksichtigung seiner „sibirischen“ Erfahrung, ist er eine Idealbesetzung. Insbesondere auch deshalb, weil er bescheiden in seinen Ansprüchen ist. Torsten braucht keine aufwendige Unterhaltung, er wirkt bisweilen auf mich sogar ein wenig zu zurückhaltend.

Während unserer Gespräche im Auto sagte ich ihm, daß er während der Expedition sicher Perspektiven entwickeln und vielleicht auch für sich eine geistige Standortbestimmung vollziehen kann – er wird aber nicht den Stein des Weisen finden und solle sich hüten, eine zu große Erwartungshaltung in die Reise zu legen. Wer glaubt, bei Erreichen von Elbe I die Lösung seiner beruflichen Pläne gefunden zu haben, stellt sich unter einen gewaltigen Erwartungsdruck und bringt sich damit um das unbefangene Erlebnis einer solchen Reise. Zeit zum Nachdenken – ja! Zeit auch, um gewisse Wertigkeiten für sich selbst zu definieren, zum Perspektivengewinnen und Pläneschmieden. Aber nicht, um zurückzukehren mit der Erwartung, eine Lösung für alle anstehenden Probleme gefunden zu haben. Letzteres ist auch nicht seine Intention, wie er mir glaubhaft versicherte. Aber dieser Break wäre ihm sehr wichtig, und darüber hinaus reizt ihn zuallererst einfach die Reise, der gesamte Komplex Dagmar Aaen. Ich gab ihm damals den Zuschlag und war erleichtert, einen Mann wie ihn gefunden zu haben, der – so unterschiedlich er in seinem Wesen auch sein mag – zusammen mit Sigga geradezu ideal sein würde. Die quirlige, energische und omnipotente Sigga auf der einen Seite und der stille, gewissenhafte und kameradschaftliche Torsten auf der anderen Seite. Hinzu kommt seine Ausbildung als Elektriker. Eine Tätigkeit, die ihn an Bord ständig in Trab hält und ihn unentbehrlich macht. Torsten ist 31 Jahre alt, und ich bin mir sicher, daß er der gestellten Aufgabe gewachsen ist.

Rafa habe ich 1993 bei unserem Besuch in Nuuk, der Hauptstadt von Grönland, kennengelernt. Er kam damals an Bord der Dagmar Aaen, um etwas über das Schiff, die Reise und die Leute an Bord zu erfahren. Er sei Kameramann, wie er uns damals erzählte, lebe in

Grönland, um die grönländische Sprache zu lernen und hätte sein Herz an die Arktis verloren. Er war als Kameramann Teilnehmer einer spanischen Expedition gewesen, die mit Kajaks und Hundeschlitten weite Teile der grönländischen und kanadischen Arktis bereist hatten. Damals war der sprichwörtliche Arktisbazillus auf ihn übergesprungen. Seit dem Treffen in Nuuk hatte Rafa regelmäßig Kontakt zu mir gehalten. Es kam eine Karte, ein kurzer Brief, ein Fax oder auch ein Anruf – immer brachte er sich in gewissen Abständen in Erinnerung mit der Bitte, irgendwann eine Reise der DAGMAR AAEN begleiten zu können. Gesegelt war Rafa noch nicht, dafür hatte er eine eigene Betacam-Videoausrüstung und verstand, wie er selbst sagte, eine ganze Menge vom Hundeschlittenfahren. Im Sommer 1996 stand Rafa plötzlich vor der Haustür. Er hatte sich kurzfristig angemeldet und wollte hören, was es für neue Pläne gab. Er erzählte mir von seinen Reisen, kochte zwischendurch bei uns zu Hause die leckersten spanischen Gerichte und bekam glänzende Augen, wann immer das Gespräch auf Grönland, die Arktis und Hunde kam. Rafa machte von Anfang an klar, daß er die gesamte Expedition begleiten wollte – die Dauer, die Enge an Bord und die Abwesenheit von Freundin und Familie wären kein Problem. Er sagte das mit einer derartigen Überzeugung und Inbrunst, daß es mich schon wieder nachdenklich stimmte. Ich zögerte zunächst, ihm eine Zusage zu geben, versprach ihm aber, ihn auf dem laufenden zu halten.

In Spanien arbeitete Rafa als freier Kameramann. Seine Berufung für die Arktis hat er ganz unvermittelt gespürt, sagte er mir. Eigentlich sei er eine „City Rat" gewesen, hätte eine „wilde und nicht immer erfreuliche Jugend" hinter sich – was immer das heißen mag, ich habe nicht weiter nachgebohrt. Die Kontinuität, mit der er sich um das Projekt bemüht hatte, seine Erfahrung mit polarer Kälte und mit Hunden sowie der Umstand, daß er eine eigene professionelle Videoausrüstung hatte, prädestinierten ihn für eine Überwinterung. Aber würde er auch wirklich der Enge an Bord und der Zeitdauer gewachsen sein? Bei einem Besuch, wie er bei uns zu Hause erfolgt war, oder auch in Briefen kann sich jemand völlig anders geben oder verhalten als in einer langen, dunklen Polarnacht an Bord eines Schiffes. Wie sein soziales Verhalten aussehen würde, ob er gruppenfähig war, konnte ich nur raten. Als ich ihm den Zuschlag gab, war ich mir über das Risiko bewußt. Aber wie oft schon hatte ich Crewmitglieder gewonnen, von denen ich wenig mehr als die Namen wußte und die sich noch heute an Bord des Schiffes regelmäßig treffen... Sigga ist so ein Beispiel. Also ging ich das Wagnis ein. Und meine Befürchtungen schienen auch unbegründet zu sein. Rafa war unermüdlich mit der Kamera beschäftigt, gelegentliche Diskrepanzen schrieb ich seinem spanischen Temperament zu.

Pablo, der sich als Chilene mit Rafa auf spanisch unterhalten konnte, wurde indessen nicht schlau aus ihm. Je länger die Reise dauerte, desto stiller und zurückgezogener wirkte Rafa, teilweise schien er am Bordleben und der Mannschaft nicht das geringste Interesse zu haben. Ihm war wichtig, in Grönland zu sein, das Schiff und alles, was damit zusammenhing, schien ihn plötzlich kaum noch zu interessieren. Auch die Wahl des Winterplatzes war ihm egal – solange er nur seine Ruhe hätte und seine eigenen Dinge tun könnte. Außerdem bemerkte ich eine zunehmende Aggressivität gegenüber einigen Crewmitgliedern, allen voran ausgerechnet gegen Torsten, mit dem er schließlich den Winter verbringen sollte. Mehrfach sitze ich deshalb mit Rafa im Vorschiff zusammen und rede mit ihm darüber. Er ist eloquent, spricht fließend Englisch und hat daher auch keine Probleme, sich in einer anderen Sprache auszudrücken. Nein, ihm ginge es gut, und das sei doch alles nur als Spaß gemeint... Ich versuche ihm das zu glauben, mache ihm aber auch deutlich, daß andere diese Art von Humor nicht verstehen würden und er sich deshalb damit zurückhalten müsse. Mehr und mehr beschleicht mich das Gefühl, daß Rafa mit dieser Expedition über seine Verhältnisse lebt. Der psychische Druck ist bisweilen größer, als man sich daheim vorstellen kann. Ich spreche auch mit den beiden, die es zuallererst angeht, mit Sigga und Torsten. Beide zeigen sich überrascht über diese Entwicklung und seine Verhaltensweise, aber beide wollen ihr möglichstes geben, um ihn zu integrieren und eventuelle Konflikte konstruktiv zu klären. Noch bin ich selbst an Bord und kann die Situation beobachten. Und es gibt noch lange genug zu tun, um das Schiff auf den Winter vorzubereiten.

Zunächst beginnen wir damit, unser schwimmendes Zuhause abzutakeln. Die Segel werden abgeschlagen, das laufende Gut ausgeschoren, Blöcke unter Deck gepackt. Egon widmet sich derweil den Heizungen, der Hauptmaschine und den beiden Generatoren. Unsere Eberspächer Heißluftheizung wird erstmals in Betrieb genommen. Sie ist in der Navigation installiert und heizt über einen Schlauch gleichzeitig auch den Maschinenraum. Das gesamte Schiff soll während des Winters auf einer bewohnbaren Temperatur gehalten werden. Ich bin angenehm überrascht über die Leistung dieser Heizung. Die Skylights werden von innen mit dickem Styropor verkleidet und von draußen mit Seeschlagklappen zugedeckt, um keine Kältebrücken entstehen zu lassen. Die Windhutzen haben wir demontiert und Stopfen darauf gesetzt. Der Dickinson Dieselherd wird im Mittschiff zerlegt und gereinigt, das gleiche passiert mit dem Reflexofen im Vorschiff. Die Reserveheizung wird parat gelegt, für den Fall, daß eine der installierten Anlagen ausfällt. Die Petromax Lampen sind mit neuen Glühstrümpfen versehen, an Deck steht ein 200 Liter Faß Petroleum, aus dem mittels einer Faßpumpe in eine 5 Liter Messingkanne abgepumpt werden kann, um die Lampen zu füllen. Vor die Niedergänge werden Vorhänge aus Persenning gehängt, um die eisige Luft abzuhalten, und die Schiebeluken erhalten aus Steinwolle von innen eine zusätzliche Isolierung. Das Deck oder die Bordwände werden nicht isoliert – die dicke Holzbeplankung der DAGMAR AAEN schützt das Schiff bestens.

Zur gleichen Zeit gehen Achim und Sigga die Proviantlisten durch. Ersatzteile werden neu sortiert und aufgelistet, und immer und überall müssen die drei Überwinterer gegenwärtig sein, um genau zu wissen, wo sich welcher Gegenstand an Bord befindet. Kurzum, es wird eine gründliche Inventur gehalten und das Schiff auf die langen Wintermonate vorbereitet. Der Großbaum liegt auf zwei Baumstützen, die wir aus einigen angeschwemmten Planken gebaut haben. Nachdem er darauf gesichert ist, werden die beiden Dirken gefiert und eine Plane über den Baum gespannt. Die Gaffel drehen wir zum Vorschiff um und lagern sie ebenfalls auf einem Bock, so daß wir gegebenenfalls eine weitere Plane darüber spannen können.

38

39

Annäherung an die Küste Ostgrönlands. Der Ausguck gibt dem Rudergänger Zeichen, wie er zu steuern hat.

39 Die Dimensionen eines Eisberges werden erst durch einen Größenvergleich deutlich. Dabei ragt etwa nur 1/9 der Eisbergmasse aus dem Wasser heraus.

40

41

40 Segeln im Reich der Giganten.

41 Die Farbe der Eisberge verändert sich stündlich. Wir werden nicht müde, diesem spektakulären Schauspiel beizuwohnen.

42 Jyttes Havn im Inneren des Scoresby Sundes. Der flache Naturhafen bietet Schutz vor dem Eis und ein unvergleichliches Panorama.

42

43

44

43 2 000 Meter hohe Berge auf der Nordseite des Øfjordes im Inneren des Scoresby Sundes umrahmen unser Schiff.

44 Gurreholm, die alte Oststation im Jameson Land.

45

46

47

45 Aus Treibholz entfachen wir ein Lagerfeuer am Strand von Jameson Land. Die Nächte werden langsam wieder dunkler und kälter.

46 Ständig beobachten ein bis zwei Leute aus dem Rigg den Verlauf der Eisfelder und halten nach offenen Wasserrinnen Ausschau.

47 Angeblich soll es über 20 000 Moschusochsen in Ostgrönland geben. Trotzdem gehört Glück dazu, in der weitläufigen Landschaft auf die Tiere zu stoßen.

48 Die Farbe des Eises bezaubert uns immer wieder.

48

49

50

51

49 Das Eis vor Ittoqqortoormiit macht jede Annäherung an die Siedlung zu einem schwierigen Unterfangen.

50 Innerhalb weniger Tage bildet sich Neueis auf dem Wasser. Anfangs können wir das Eis noch mühelos brechen, wenige Tage später kommen wir kaum noch von der Stelle.

51 Neulinge an Bord: Das Hundegespann tritt die Reise zum Winterlager an.

52

53

54

52 Solange es geht, halten wir das Eis um unseren Winterliegeplatz offen, um manövrierfähig zu bleiben

53 Die Heftigkeit der Stürme überrascht uns, obwohl wir einiges gewohnt sind. Der September ist der schlimmste Monat. Wir stecken soviel Kette wie möglich, um das Schiff auf Position zu halten.

54 Der Übergang vom September zum Oktober ist von heftigen Schneefällen begleitet. Die Witterung ist kalt und naß, es ist ungemütlich.

55

56

57

58

56 Leben mit der Dunkelheit, mit -30 °C und Schneetreiben. Eine Überwinterung stellt ganz besondere physische und psychische Anforderungen an die Crew.

57 Mitten im Winter taucht eine Robbe neben dem Schiff auf. Sie ist durch die Flutspalte, die das Eis vom Festland trennt, aufgetaucht.

58 Eishacken bei -40 °C und finsterer Polarnacht. Eine Lawine hat das Heck der Dagmar Aaen heruntergedrückt. Sigga, Torsten und Margret müssen in tagelanger Arbeit das Eis aufbrechen, um das Schiff zu entlasten.

In den eisigen, klaren Winternächten flammt das Polarlicht und taucht den Winterhafen in ein gespenstisches Licht.

59

60

61

62

59 Die Sonne kehrt zurück. Es ist ein neuer Anfang, wie ein Aufatmen nach der langen Zeit der Dunkelheit.

60 Das neue Jahr beginnt mit heftigen Stürmen. Unmengen von Schnee werden herangewirbelt.

61 Kinder aus dem Dorf sind häufige Besucher an Bord. Bei Keksen und heißer Schokolade wärmen sie sich auf, bevor sie ihren Rückweg antreten.

62 Die DAGMAR AAEN im Winterhafen. Obwohl die Temperaturen milder werden und die Sonne scheint, dauert es noch Monate, bevor der Schnee schmilzt und das Eis endlich aufbricht.

Währenddessen wird das Eis zunehmend stärker. Am 16. September bricht sich die Dagmar Aaen erneut eine Rinne in dem mittlerweile fünf Zentimeter starken Neueis. Knirschend und vibrierend schiebt sich der rote Rumpf durch das milchige Eis, bis wir auf der Nordseite der Amdrup Bucht eine flache Felsnase erreicht haben. Diese Felsnase verfügt über einige große Findlinge, zu denen wir Festmacherleinen ausbringen können. Zugleich glauben wir, durch einen dahinter liegenden steilen Berg gegen die Nordweststürme geschützt zu sein – eine Annahme, die sich später noch relativieren wird. An Land richten wir aus Sicherheitsgründen ein Depot ein. Es ist zwar gar nicht einfach, mit dem Schlauchboot ans Ufer zu kommen, und es gelingt erst, als die Dagmar Aaen mit ihrem kräftigen Steven das Eis bis kurz unter Land gebrochen hat, aber diese Sicherheitsvorkehrung ist zu wichtig, als sie aus Gründen der Bequemlichkeit zu vernachlässigen. Danach werden zwei Schlitten mit Zelt und Notausrüstung sturmsicher deponiert, um gegebenenfalls auch unabhängig vom Schiff überleben zu können.

Am nächsten Tag ist die Fahrrinne von gestern wieder zugefroren. Erneut brechen wir das Neueis und fahren zur Siedlung, um unsere Hunde zu übernehmen. Wir haben mit einem Grönländer eine Vereinbarung getroffen: Für die Dauer unseres Aufenthaltes mieten wir sein achtköpfiges Hundegespann samt Schlitten und aller dazugehörenden Ausrüstungsteile. Das erforderliche Hundefutter haben wir bereits an Land deponiert. Über den Preis sind wir uns schnell einig geworden. Das hat für uns den Vorteil, daß wir keine Hunde kaufen müssen und der Sorge ledig sind, wem wir sie nach dem Winter wieder verkaufen können. Für den Hundehalter, der momentan kein Interesse an seinen Hunden hat, ist es vorteilig, daß er sich um die Nahrungsbeschaffung nicht zu kümmern braucht und gleichzeitig ein gutes Geschäft macht. So sind alle Beteiligten zufrieden. Rafa, dem derzeit nichts wichtiger ist, als sich mit den Hunden zu beschäftigen, hat die Tiere in der letzten Woche schon regelmäßig gefüttert, so daß sie sich an ihn gewöhnt haben. Willig folgen sie ihm an den Strand, wo das Schlauchboot wartet. Dann kündigen sie ihm die Gefolgschaft. Eine Bootstour ist nicht nach ihrem Geschmack, und sie demonstrieren eindrucksvoll, über wieviel Kraft sie verfügen. Zu zweit heben wir sie ins Schlauchboot und stoßen schnell von Land ab, damit sie nicht in letzter Sekunde wieder über Bord springen. Einmal unterwegs, ergeben sie sich in ihr Schicksal und lassen sich wenig später willig an Deck der DAGMAR AAEN heben. Dort bekommt jeder der vierbeinigen Gäste einen Platz zugewiesen. Die Leine wird an einem Belegnagel festgemacht, so daß sie sich natürlich gegenseitig sehen und riechen können, aber eben nicht beißen! Die Aufregung scheint ihnen gewaltig auf den Darm zu schlagen. Respektlos hockt einer nach dem anderen mit gekrümmten Rücken an Deck und entleert sich auf die geheiligten Planken der DAGMAR AAEN. Egon läuft mit einer Schaufel bewaffnet von einem zum anderen, um mit gerümpfter Nase die Hinterlassenschaften schleunigst wieder über Bord zu befördern.

Nachdem auf diese Art und Weise alle acht Hunde an Bord gekommen sind, folgt als letztes der schwere Schlitten, der von unseren Gästen mit einem ohrenbetäubenden, offenbar als Zustimmung gemeinten Geheul begrüßt wird. Jedenfalls wedeln sie dabei mit den Schwänzen. Die Bootsfahrt finden die Hunde aufregend. Solange sie zusammen sind, fühlen sie sich unbändig stark, sobald man aber einen von ihnen isoliert, merkt man ihnen an, daß sie unglücklich und verunsichert sind. Die Schlittenhunde sind Rudeltiere. Zeit ihres Lebens bleiben sie draußen unter freiem Himmel. Wenn die Hundemütter niederkommen, gönnt man ihnen bestenfalls einen Karton oder einen Holzkasten, wo sie die ersten Wochen verbringen dürfen, aber ins Haus kommen sie nicht. Einem Europäer mag das hartherzig vorkommen, die Tiere sind aber optimal an diese Klimazone angepaßt. Sie würden sich in festen Gebäuden beengt und unwohl fühlen. Allzu gern stellen sich die europäischen Besucher mit gerümpften Nasen vor die aus Blubber und Unrat bestehenden Abfallhaufen, die zahlreiche Hauseingänge zieren, und denken im stillen: „diese Ferkel". Ein Grönländer hingegen kam einmal völlig konsterniert aus Europa zurück und sagte: „Die Europäer sind Schweine – die nehmen ihre Hunde mit ins Haus!" So einfach ist das. Andere Länder, andere Sitten – man sollte vorsichtig mit voreiligen Beurteilungen sein!

So rauhbeinig und rauflustig die Tiere untereinander sind, so liebenswürdig sind sie normalerweise den Menschen gegenüber.

Schlittenhunde, die beißen – auch solche gibt es gelegentlich –, sind von ihren Herren meist geschlagen und mißhandelt worden. Ich habe noch nie einen Schlittenhund erlebt, der vom Naturell her aggressiv gegenüber Menschen wäre. Aber wenn sie es durch schlechte Behandlung erst einmal sind, können sie gefährlich werden, und in der Regel müssen sie dann erschossen werden. Unsere Leihhunde wurden offenbar gut behandelt. Sie sind scheu, aber freundlich, und nachdem wir für jeden Hund ein Crewmitglied zum Streicheln und Kraulen abgestellt haben, schauen sie uns mit leuchtenden Augen an und scheinen sogar die Scheu über die ungewohnte Umgebung zu verlieren. Die Bootsfahrt dauert ohnehin nicht lange. Am Südufer des Amdrup Havn gibt es eine flache Landzunge, auf der Rafa gern sein Hundelager aufschlagen möchte, denn fortan wird ständig einer von uns bei den Hunden bleiben müssen. Dieses Lager ist nur als Interimslösung gedacht. Solange das Eis in der Bucht noch nicht fest genug ist und vor allen Dingen keine isolierende Schneeschicht darauf liegt, müssen die Tiere an Land bleiben. Trotzdem bin ich mit der Wahl des Platzes nicht glücklich. Unserer einhelligen Einschätzung nach ist das Nordufer deutlich besser gegen Stürme geschützt, es gibt dort außerdem Moos und genügend Platz, um die Hunde sicher unterzubringen. Zugleich würde die räumliche Trennung entfallen. Da das Eis in der Bucht noch nicht sicher ist, muß Rafa, wenn er an Bord kommen will, über die Berge um die gesamte Bucht herumgehen – ein Marsch von mindestens drei Stunden. Bei schlechtem Wetter, mit dem wir zu dieser Jahreszeit immer rechnen müssen, geht es gar nicht. Ich rede mit Rafa darüber, es kommt sogar zu einem ersten kleinen Streit zwischen ihm und mir. Mir will es partout nicht in den Kopf, was gegen unseren Platz auf der Nordseite spricht und andererseits, was für die Südseite spricht. Er kann mich zwar nicht überzeugen, dennoch lenke ich ein. Wenn sein Seelenfrieden davon abhängt, soll er dort drüben lagern. Mal sehen, was die nächste Zeit bringt und wie sich das Lager am Südufer bei Sturm bewährt.

Wir schlagen zwei Zelte für ihn auf, bringen Kocher, Proviant und Ausrüstung an Land und zum Schluß drei Hunde, die sich widerwillig in das Schicksal einer erneuten Schlauchbootfahrt ergeben. Rafa spannt eine lange Kette zwischen zwei Felsbrocken, und daran werden die Hunde festgemacht. Die Kette war ebenfalls im Lieferumfang des Grönländers enthalten. Die Fahrt mit dem Dingi zwischen den massiven Alteisfeldern und dem dazwischen liegenden Neueis gestaltet sich immer schwieriger, und ich bin froh, als wir alles an Land haben und wir auf die gegenüberliegende Seite fahren können. Dort gibt es zwar ebenfalls Neueis, aber keine schweren, letztjährigen Schollen.

Wir messen das Eis jetzt jeden Tag. Am 18. September hat es bereits eine Stärke von acht Zentimetern erlangt. Jeden Tag brechen wir unsere Rinne wieder auf, die über Nacht zugefroren ist, um beweglich zu bleiben. Die Tage sind grau und düster geworden. Nur selten hebt sich die Wolkendecke, und die Sonne dringt zu uns durch. Dann liegt das ganze Land in einem weichen Pastellton ausgebreitet vor uns. Die Eisberge draußen im Fjord scheinen zu glühen, um wenig später im kalten Kobaltblau zu erstrahlen. Aber diese Momente sind selten geworden, und wir können es uns kaum vorstellen, daß wir noch vor knapp vier Wochen im Inneren des Scoresby Sundes unter freiem Himmel ein Bad genommen haben.

Auch in der Siedlung stehen alle Zeichen auf Winter. Der Ponton wird von einem Schaufellader hoch auf den Strand gezogen, die kleinen Motorkutter, die die Bargen zum Entladen des Versorgungsschiffes bugsieren, folgen auf dem gleichen Weg. Vereinzelt sieht man Grönländer an ihren Schlitten werkeln. Offenbar führen sie Reparaturen durch und bereiten sich auf die neue, bevorstehende Schlittensaison vor.

Am 19. September hat das Eis eine Stärke von zehn Zentimetern. Es wird jetzt immer schwieriger für uns, es zu brechen. Unsere freigehaltene Rinne – mit dem über Nacht gewachsenen Eis – läßt sich ziemlich leicht offenhalten. Aber neue Rinnen erfordern schon den ganzen Einsatz unseres Callesen Diesels. Mit Rafa stehen wir über Funk in Verbindung. Er scheint glücklich an seinem Lagerplatz zu sein, und wir haben auch selbst genug zu tun, als uns lange den Kopf darüber zu zerbrechen.

Am Nachmittag lege ich das Schiff mit dem Heck zum Land, nachdem wir zuvor den Steuerbordanker ausgebracht haben, und bringen eine Trosse an Land. Noch rechnen wir nicht damit, daß dies unsere endgültige Winterposition bleiben wird. Stürme können das Eis jederzeit wieder aufbrechen, wir müssen daher in der Lage sein, die Trosse schnell zu slippen, um mit dem Schiff zu manövrieren. Wir haben viel über die verheerende Gewalt der Herbststürme gehört. Wie immer versuche ich, aus solchen Berichten ein für uns verwertbares Informationskonzentrat zu ziehen. Stürme haben wir auf unseren Reisen viele erlebt – auch welche der heftigsten Art und zudem an unangenehmsten Orten. Mich schreckt die Vision eines heftigen Sturmes nicht, aber ich bin aufs höchste alarmiert. Warnungen zu ignorieren, hieße leichtsinnig zu sein und Unheil heraufzubeschwören. Vorerst wird das Wetter aber besser. Endlich kommt die Sonne durch, und ich nutze die Gelegenheit zu einer längeren Wanderung ins bergige Hinterland unseres neuen Zuhauses. Die Moose und verkrüppelten Polarweiden, die sich flach am Boden winden, sind vor Frost erstarrt. Nicht lange, und sie werden unter der Schneedecke verschwinden. Es ist wie ein Abschiednehmen vom Sommer. Aber ich werde hier sein, wenn im nächsten Jahr die Sonne die Landschaft wieder erwärmt und sie aus ihrem Dornröschenschlaf erweckt.

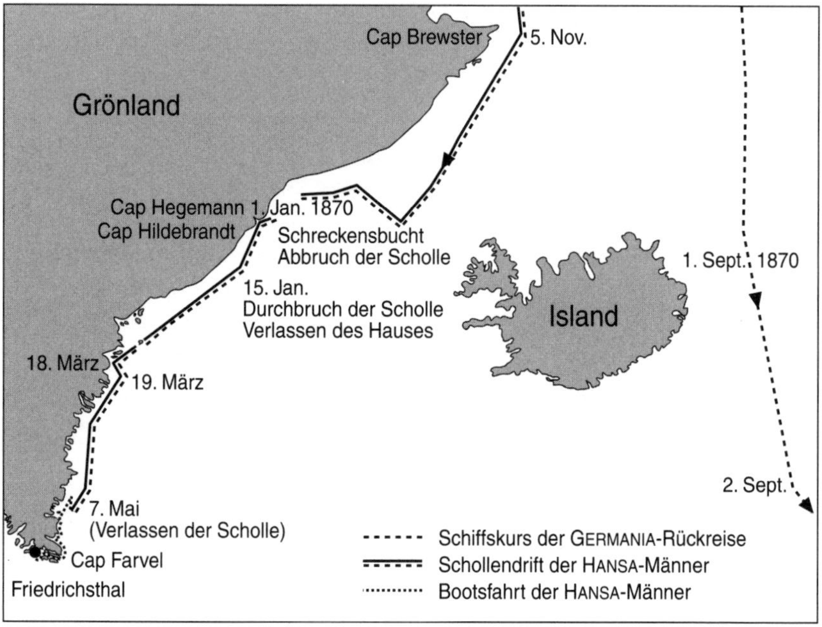
Cap Brewster
5. Nov.
Grönland
Cap Hegemann 1. Jan. 1870
Cap Hildebrandt
Schreckensbucht
Abbruch der Scholle
1. Sept. 1870
15. Jan.
Durchbruch der Scholle
Verlassen des Hauses
Island
18. März
19. März
2. Sept.
7. Mai
(Verlassen der Scholle)
Cap Farvel
Friedrichsthal
Schiffskurs der GERMANIA-Rückreise
Schollendrift der HANSA-Männer
Bootsfahrt der HANSA-Männer

Im Kampf mit den Elementen

Langsam, aber stetig trieb die Eisscholle mit dem Kohlenhaus und den Schiffbrüchigen der HANSA nach Süden. Anfang November 1869 hatten sie die Mündung des Scoresby Sundes erreicht. Deutlich konnten sie Kap Tobin und das markante Kap Brewster ausmachen. Zum ersten Mal, seit ihre Drift begonnen hatte, begegneten sie riesigen Eisbergen, die von einer starken Strömung getrieben aus dem Sund herausdrifteten. So stark war die Strömung, daß sie samt ihrer Scholle 10 bis 15 Seemeilen von der Küste abgetrieben wurden. Ansonsten blieb das Eis ruhig. Sie drifteten mit einer Geschwindigkeit von etwa 6 Seemeilen pro Tag die Küste entlang nach Süden. Seit dem Untergang der HANSA hatte es keine Eispressungen mehr gegeben, und sie hatten sich, so gut es ging, in ihrem „Schwarzen Haus" eingerichtet. An den mit Segeltuch bespannten Wänden wurden Regale für persönliche Dinge angebracht, zwei Schiffsöfen dienten als Kochstelle und sorgten gleichzeitig für Wärme – Brennmaterial gab es ja genug. Jeder der Seeleute hatte, wie es damals üblich war, seine Habseligkeiten in einer eigenen Seekiste untergebracht. Diese Kisten waren rechtzeitig aus dem Wrack der HANSA geborgen worden und standen jetzt vor den einzelnen Schlafstellen. Man fuhr schließlich weiterhin zur See – wenn auch nicht auf einem Schiff, so doch auf einer Eisscholle. Das Wachsystem wurde beibehalten, morgens um 7 Uhr wurden alle mit Ausnahme der Nachtwache geweckt, und man nahm das aus frischem Kaffee und Hartbrot bestehende Frühstück zu sich. Ein goldener Spiegel aus dem Salon der HANSA prangte an der einen Wand, darunter hing das Barometer und ein Stück weiter die Uhr. Der Koch werkelte wie gewohnt in seiner Kombüse. Aus den Fleischkonserven bereitete er kräftige Brühen, es gab insgesamt keinen Mangel an Nahrungsmitteln, da sie fast alles aus dem Wrack geborgen hatten. Der latent vorhandene Druck der Lebensgefahr wich langsam von den Männern, und sie fühlten sich heimisch und wohl auf ihrer Scholle. Abends spielten sie Whist und „fühlten sich wieder frei und gedachten selbst mancher komischen Szenen aus den Erlebnissen unter Lachen und Scherzen“. Die Beiboote der HANSA lagen neben der Hütte für den Fall bereit, daß die Scholle zerbrechen sollte. Während draußen die Temperatur auf –20 °C sank, herrschten in der Hütte +18 °C. Der Gesundheitszustand der Leute war gut. Statt, wie damals üblich, fast ausschließlich von Salzfleisch und Speck zu leben, aßen die Männer überwiegend Fleischbrühe und eingelegtes Gemüse – am Sonntag gab es für jeden „ein Glas stärkenden Portwein“. Nachdem es ihnen im November zudem gelungen war, an einem einzigen Tag ein großes Walroß und einen Eisbären zu schießen, hatten sie Frischfleisch in Hülle und Fülle. Der Speck der Tiere diente als zusätzlicher Brennstoff, und die gebratene Zunge des Walrosses galt unter ihnen als Delikatesse und schmeckte ihnen „vortrefflich“.

Die Eisscholle wurde in alle Himmelsrichtungen erforscht. Man ebnete Wege und Pfade und setzte Zielpunkte für Ausflüge fest. Insgesamt hatte ihre Eisscholle einen Durchmesser von ungefähr zwei Seemeilen. Vermehrt setzten jetzt heftige Schneefälle ein, die das Kohlenhaus bis zum Dach im Schnee versinken ließen. Die Nächte waren prachtvoll hell. Der Sternenhimmel und die reflektierende Schneelandschaft strahlten soviel Helligkeit ab, „daß man die feinste Schrift ohne Mühe lesen und weit hinaus in die Ferne spähen konnte“. Kaskaden von Nordlichtern, „wie die Falten eines riesigen Vorhanges, der vom Wind in Bewegung gesetzt wird“, überfluteten den nächtlichen Himmel, so daß sie trotz der Dunkelheit die Küste in allen Einzelheiten erkennen konnten. Lediglich zur Zeit der Springfluten setzten Eispressungen ein. Im Verlauf einer dieser Pressungen verloren sie einen ihrer Ausflugsberge, den von ihnen getauften „Sinai“.

Weihnachten kam heran, und da es seit dem Untergang des Schiffes keine gefährliche Situation mehr gegeben hatte und man auch keinen Mangel an Nahrung verspürte, wurde der Tag festlich und in bester Stimmung begangen. Während es draußen schneite, bauten die Zimmerleute im Haus aus Tannenholz und alten Besen einen Weihnachtsbaum, der von den anderen festlich geschmückt wurde. Danach wurden die mitgeführten Geschenke verteilt und geöffnet. Es gab ein Festessen, dazu Portwein sowie Schokolade und Pfeffernüsse. Auch der Jahreswechsel wurde ordentlich gefeiert. Zu diesem Zeitpunkt befand sich das Eisfloß bereits in der Dänemarkstraße. Mit Gewehrsalven und Punsch wurde fröhlich das neue Jahr begrüßt, denn die Männer ahnten nicht, daß mit der Jahreswende auch gleichzeitig das Ende der bis dahin eher geruhsamen Eisdrift gekommen war.

Bereits am 2. Januar brach ein furchtbares Unwetter über die Männer herein. Am Vormittag dieses Tages vermeinten sie, ein eigenartiges Geräusch zu vernehmen, so als wenn jemand mit dem Fuß auf dem Boden scharrt. Nachmittags wurde das Geräusch stärker, hörte sich jetzt wie Poltern, Knarren, Ächzen und Stöhnen an. Betroffen sprangen sie auf und stürmten nach draußen, da sie glaubten, ihre Scholle würde zerbrechen. Dort schien jedoch alles ruhig und unverändert. Abwechselnd legten sie sich auf den Boden der Hütte und preßten ihr Ohr gegen die Bodenbretter. Da war es wieder. Eine Art Singen im Eis, ein feines Knistern, als ob das ganze Eisfeld unter enormer Spannung stand. Das Vorspiel zu einem größeren Unheil. Tagelang hielt der schwere Sturm an. Als er sich endlich legte, stellten die Männer mit Schrecken fest, daß von ihrer Eisscholle nur knapp die Hälfte übriggeblieben war. Durch den Sturm war sie in mehrere Teile zerbrochen, und mit einem Mal wurde ihnen die Gefährlichkeit ihrer Situation wieder bewußt. Nur ein bis zwei Seemeilen befanden sie sich vom Land entfernt. Aber selbst wenn sie es mit ihren Booten erreichen könnten, was hätte es ihnen genützt? Es wäre nur eine Frage der Zeit gewesen, bis der Proviant ausgegangen wäre, und mit irgendwelchen Schiffen zur Sommerzeit war an dieser Küste nicht zu rechnen. Nein, ihre einzige Hoffnung bestand darin, so weit wie möglich mit dem Eisstrom nach Süden zu driften, um dort irgendwo auf eine Siedlung zu treffen. Spontan tauften sie die Bucht, in der ihre Eisscholle zerbrochen war, auf den Namen „Schreckensbucht". Doch mit den Schrecken war es noch lange nicht vorbei. Zwischen dem 11. und 15. Januar traten neue dramatische Ereignisse ein, die die vorangegangenen Erlebnisse sogar noch in den Schatten stellten.

Am 11. Januar hatte ein weiterer schwerer Nordoststurm eingesetzt. Morgens um 6 Uhr stürzte der Wachhabende in die Hütte mit dem Alarmruf: „Alle Mann klar!“ Innerhalb kürzester Zeit drängten sie in voller Polarkleidung nach draußen, aber der Schnee war mittlerweile so dicht geworden, daß ihr Eingang zugeweht war. Der einzige Ausstieg war durchs Dach. Der Aufruhr, der sie dort erwartete, übertraf alle bisher erlebten. „Ein unbeschreibliches Getöse wütet in nächster Nähe.“ Durch den Sturm wurde das Eisfeld auseinander getrieben – mit dem Resultat, daß plötzlich Seegang aufkam und ihre Eisscholle zu überspülen begann. Auf und nieder ging die Scholle, bis plötzlich zwischen dem Haus und ihrem Holzvorrat eine Spalte auftrat. Durch den Seegang wurde der abgespaltene Teil der Eisscholle hoch emporgehoben und drohte, sich für Momente auf die Männer zu stürzen. Schließlich wurde der Abstand größer, und mit dem abgebrochenen Eis verschwand auch ihr Brennstoffvorrat in der Nacht. Beinahe verloren sie auf die gleiche Weise ihre Boote. Gerade noch rechtzeitig gelang es ihnen, sie in Sicherheit zu bringen. Ihre Lage war mit einem Mal völlig verändert. Die bis dahin als sicher geltende Eisscholle war unaufhörlich in Auflösung begriffen. Sicherheit – wenn es so etwas gab – konnten sie fortan nur bei den Booten finden. Sie teilten sich in zwei Gruppen auf, für den Fall, daß ihre Scholle endgültig zerbrechen sollte. Doch dazu kam es vorerst noch nicht. Abends legten sich Sturm und Seegang, und sie konnten ins Haus zurückkehren, das immer noch nahezu unversehrt auf der nur noch 150 Fuß großen Eisscholle stand. In voller Montur lagen sie auf ihren Kojen, als sie nachts erneut durch einen Warnruf hochgeschreckt wurden. Alle stürzten zum Ausgang. Der Anblick, der sich ihnen bot, ließ ihnen das Blut in den Adern gefrieren. Die Strömung trieb sie direkt auf einen riesigen Eisberg zu, der von so gigantischen Ausmaßen war, daß er teilweise schon über ihren Köpfen zu hängen schien. Selbst der nüchterne Kapitän Hegemann schien geschockt: „Es ist vorüber“, war sein knapper Kommentar. Aber wie durch ein Wunder änderte die Drift ihre Richtung, und ehe sie sich versahen, waren sie unversehrt an dem Koloß vorbeigerutscht.

Am 14. Januar setzte ein erneuter schwerer Sturm ein. Um 22 Uhr meldete die Wache, daß das Eis wieder in Bewegung gekommen sei – alle rechneten mit dem Schlimmsten. Kurz darauf brach die Scholle in unmittelbarer Nähe zum Haus. Wieder wurden die Boote klargemacht. Der Wind war von einer derartigen Heftigkeit, „daß uns der Sturm das Atmen fast unmöglich machte“. Eine Stunde später brach die Scholle erneut auseinander, dieses Mal zog sich der Riß genau unter ihrem Haus hindurch. Die Spalte wurde zwar zunächst nicht größer, aber dennoch war klar, daß sie ihre Behausung endgültig verloren hatten. Während einige von ihnen trotz der gefahrvollen Situation im Haus Schutz vor dem Sturm suchten, verbrachten die anderen die Nacht in den offenen Booten – bei −10 °C, dichtem Schneetreiben und fürchterlichem Sturm. „Diese Nacht war die schrecklichste unserer abenteuerlichen Schollenfahrt.“ Auch am nächsten Tag tobte das Unwetter unvermindert heftig. Teils in den Booten liegend, vor Frost und Feuchtigkeit nahezu erstarrt, dämmerten die Männer am Rande der Erschöpfung dahin. Erst am 16. Januar besserte sich das Wetter. Froh, sich endlich wieder bewegen zu können, fertigten sie aus den mittlerweile eingestürzten Trümmern ihres Kohlenhauses eine notdürftige Unterkunft auf dem verbliebenen Rest der Eisscholle. Geschlafen wurde fortan nur noch in den Booten. Schließlich gelang es ihnen sogar, ein neues Haus zu bauen, das zwar nur halb so groß wie das erste, aber immerhin geschlossen und mit ihren Öfen zu beheizen war. Als die erste Wärme und der Duft von frischem Kaffee durch den engen Raum zog, stieg das Stimmungsbarometer wieder. Der Koch versorgte die Männer so gut es ging, und mit seinem unerschütterlichen Humor steckte er die ganze Gruppe an. „Solange er Tabak habe, mache er sich aus allem gar nichts!“

Je weiter sie nach Süden kamen, desto stärker wurde die Drift. Eine Seemeile pro Stunde betrug sie fortan. Immer wieder liefen sie Gefahr, mit Eisbergen zu kollidieren. Aber bevor es zum fatalen Zusammenstoß kam, wurde das Eisfeld von dem Strom jedesmal abgedrängt und zog unbehelligt weiter – dem Nervenkostüm der Männer taten diese Erlebnisse sicher weniger gut. In der zweiten Februarhälfte gewann die Sonne spürbar an Kraft. Akklimatisiert, wie sie waren, entledigten sie sich der schweren und stinkenden Pelzkleidung und liefen in Hemdsärmeln herum. Tag für Tag, Woche für Woche und Monat für Monat trieben die Männer auf ihrer mittlerweile winzigen Eisscholle nach Süden – eine unglaubliche Reise. Im gleichen Maße, wie sie nach Süden trieben und die Sonne höher stieg, nahm auch ihre Zuversicht zu, eine Siedlung und damit Rettung zu finden.

Anfang Mai trieben sie immer noch auf dem Eis. Es war mittlerweile warm geworden, und Regenfälle hatten die Eisscholle in einen Schnee- und Eismorast verwandelt. Am 7. Mai wurden sie plötzlich durch einen Blick auf nahezu völlig eisfreies Wasser überrascht. Die Sicht war gut, und das Wetter schien sich zu stabilisieren. Um 11.30 Uhr teilte Kapitän Hegemann den Männern mit, nachdem er zuvor unablässig die See und das Wetter beobachtet hatte, daß seiner Meinung nach der Moment gekommen sei, in die Boote zu gehen und die Eisscholle zu verlassen, um zu versuchen, an der Küste entlang zu segeln. Eine so wichtige Entscheidung wollte er aber von allen getragen wissen. Deshalb ließ er darüber abstimmen, mit dem Erfolg, daß alle einhellig dafür waren. Als der Entschluß gefaßt war, gingen sie sofort an die Vorbereitungen. Nach einer letzten gemeinsamen Mahlzeit auf ihrem bisherigen Domizil verteilten sie sich auf die drei Boote, und um 16 Uhr des gleichen Tages setzten sie Segel und kamen in Fahrt. Es war genau der 200. Tag ihrer Eisdrift. Um nicht voneinander getrennt zu werden, liefen sie bei Anbruch der Dunkelheit eine Eisscholle an und zogen die Boote hinauf, um dort zu lagern. Die anfängliche Begeisterung, wieder in Fahrt zu sein, wich einer gewissen Ernüchterung. Anhaltend schlechtes Wetter, die alles durchdringende Feuchtigkeit und der sich langsam dem Ende neigende Proviant forderten die letzten Reserven. Einigen machte die Schneeblindheit schwer zu schaffen, und Dr. Buchholz schien seit geraumer Zeit in eine tiefe Depression gefallen zu sein, so daß er kaum ansprechbar war. Da Hegemann fürchtete, er würde Selbstmord begehen wollen, ließ er ihn zeitweise sogar an Händen und Füßen fesseln. Die Stimmung unter den Männern im Mai scheint am ehesten mit den stürmischen Tagen im Januar vergleichbar zu sein. Das Wetter blieb fast ununterbrochen stürmisch und naß, und sie kamen nur schleppend langsam voran. – Lohnten sich der harte Weg und die Entbehrungen überhaupt noch? Konnten sie den Kampf gegen das Wetter in ihren kleinen Booten gewinnen?

Am 24. Mai gelang es dem 1. Offizier Hildebrandt zusammen mit den Matrosen Philipp und Paul, über das Eis die Insel Iluiteq zu erreichen. Zwar war es gut, festen Boden unter den Füßen zu spüren, aber ein Ort zum Verweilen war die Insel nicht. Trotzdem beschlossen sie, den Versuch zu unternehmen, samt den Booten die Insel zu erreichen.

Es sollte bis zum 4. Juni dauern, ehe sie die wenigen Kilometer mit der schweren Ausrüstung bewältigt hatten. Zwei Tage pausierten sie auf der unbewohnten und kargen Insel und schossen einige Seevögel, um ihren Proviant aufzubessern. Zwei Wochen reichte ihr Vorrat noch, und allen war bewußt, daß sie keine Zeit zu verlieren hatten. Endlich schien aber auch das schlechte Wetter gebrochen zu sein. Dicht unter Land segelnd, gelegentlich auch anlandend, kamen sie immer zügiger voran.

Am 13. Juni brachen sie um 4 Uhr morgens auf. Sie hatten inzwischen den Südzipfel von Grönland gerundet und befanden sich auf einem nördlichen Kurs. Mit höchster Spannung hielten sie Ausschau nach einer menschlichen Besiedlung. Die kleine Herrnhuter Mission Friedrichsthal mußte irgendwo in dieser Bucht liegen. Als sie eine Landzunge gerundet hatten, entdeckten sie plötzlich ein rotes Haus, kurz darauf weitere Gebäude und schließlich Menschen.

Nach einer bis dahin beispiellosen Odyssee, die in der gesamten Erforschung der Arktis und Antarktis in einer Reihe mit der späteren ENDURANCE-Expedition Shackletons oder der ähnlich verlaufenen Driftfahrt von Francis Hall zu sehen ist, war es den Männern der HANSA gelungen, im äußersten Süden Grönlands eine Siedlung zu erreichen. Sie waren gerettet!

Auf einigen Umwegen gelangten sie mit einem Schiff nach Kopenhagen und von dort schließlich nach Deutschland zurück, wo sie unter dem Jubel der Bevölkerung vollzählig am 3. September 1870 eintrafen.

Orkan

„Katabatic winds are a marked feature along the fjords and in coastal waters. They usually reach maximum strength during the latter part of the night. Violent squalls of hurricane force are a common occurrence at the entrance of deep ravines in the mountainious hinterland.“ *(ARCTIC PILOT, VOL. II)*

Pünktlich zur Tag- und Nachtgleiche am 23. September fallen die ersten schweren Sturmböen ein. Sie kommen unvermittelt und ohne Warnung und scheinen die Äquinoktialstürme ankünden zu wollen. Der Luftdruck ist seit Tagen niedrig und hat sich auf 988 hPa eingependelt. Nachts setzt erst Eisregen und dann Schneefall ein. Das gesamte Schiff sieht am Morgen wie mit Zuckerguß überzogen aus. Im fahlen Licht der aufgehenden Sonne wirkt die Bucht abweisend und fremdartig. Kaum zu glauben, wie schnell die Landschaft ihr Gesicht verändern kann – von einer trotz aller Kargheit doch irgendwie lieblich anmutenden Umgebung hin zu einer eindeutig lebensfeindlichen. Sie läßt keinen Spielraum mehr zu. Es geht zur Sache, und wer meint, wie wir hierbleiben zu müssen, der wird schon sehen, was er davon hat. Die Ernsthaftigkeit der bevorstehenden Überwinterung ist noch nie so deutlich geworden wie in diesen Septembertagen. Wir haben inzwischen aufgehört, die Rinne im Eis freizuhalten. Mit dem Heck zum Land liegen wir durch eine Achtertrosse gesichert im Eis. Der Anker hängt klar zum Fallen, das Eis ist inzwischen mit rund 10 Zentimetern Stärke begehbar geworden – wenngleich nur mit größter Vorsicht, da sich immer wieder dünnere Stellen zeigen. Ich habe das Schiff bewußt mit dem Heck zum Land und damit auch zu der Hauptwindrichtung gelegt. Die Stürme kommen immer aus nördlicher Richtung, meistens aus Nordwest. Sollte es aus irgendwelchen Gründen erforderlich sein, unseren Platz zu verlassen – und sei es erst im Sommer nächsten Jahres –, liegt das Schiff mit dem Vordersteven in Fahrtrichtung. Ich will das Manövrieren mit dem empfindlichen Ruder und der Schraube gegen das Eis verhindern. Dem stahlbewehrten Bug machen die eisigen Hindernisse dagegen nur wenig aus. Der Landabstand beträgt etwa 30 bis 40 Meter, und das Wasser ist selbst so dicht unter Land 25 Meter tief. Das Eis zwischen dem Heck und dem Land wird im kommenden Sommer als erstes schmelzen und aufbrechen. Zum einen gibt es die durch Ebbe und Flut bedingte Flutspalte, in der das Eis durch den Gezeitenunterschied immer in Bewegung ist und regelmäßig aufbricht, und zum anderen wird die Wärmestrahlung des Rumpfes und des Landes ein Auftauen des gefrorenen Seewassers beschleunigen. Es ist also damit zu rechnen, daß das Eis zwischen Schiff und Land vergleichsweise frühzeitig aufbricht. Ob unsere derzeitige Position allerdings die endgültige für den Winter sein wird, vermag ich derzeit noch nicht zu sagen. Schließlich haben wir erst Ende September. Stürme können das Eis immer noch aufbrechen und aus der Bucht und dem Sund treiben. Deshalb beobachten wir das Wetter weiterhin genau, um jederzeit reagieren zu können.

Am 25. September laufe ich über die Berge in den Ort. Für den Weg benötige ich zwei Stunden. Durch den Neuschnee sind die Unebenheiten im Geröll verdeckt, Löcher zugeweht und Felsen rutschig und eisig geworden. Es ist kein angenehmer Marsch. Bis das Eis dick genug ist, um sicher zu tragen, werden wir aber den Weg über die Berge kaum vermeiden können. Der kleine Ort wirkt jetzt winterlich. Kinder ziehen unverdrossen Schlitten hinter sich her, erste Motorschlitten knattern qualmend und lärmend die leicht verschneiten Hänge empor, und die angeketteten Hunde veranstalten ein Höllenkonzert, als ahnten sie, daß ihre Zeit jetzt wieder gekommen ist. Ich besuche Jens, den Bürgermeister, in seinem Büro und trinke mit ihm Kaffee. Er hält den Platz, an den wir die Dagmar Aaen hingelegt haben, für ideal. Allerdings, so warnt er uns, müßten wir mit schweren Sturmböen rechnen, die um diese Jahreszeit mit einer geradezu beängstigenden Regelmäßigkeit einfallen. Sobald das Eis fest genug ist, würde er uns besuchen kommen. Als ich später durch das Dorf laufe, grüßen mich die Menschen, denen ich begegne. Jeder kennt uns, jeder weiß, was wir vorhaben und wo wir leben. Wir sind als Nachbarn akzeptiert, und mit ein wenig gespannter Neugierde beobachtet man, wie wir wohl mit den Unbilden des arktischen Winters fertig werden. Aber sie trauen uns die Überwinterung auch zu, haben keine Sorge, daß sie Kindermädchen spielen müssen. Auch das wird aus den Aussagen von Jens deutlich.

Auf meinem Rückweg über die Berge bleibe ich am höchsten Punkt stehen und blicke über Amdrup Havn hinweg, wo in der Ferne die Häuser Kap Tobins als kleine Punkte erkennbar sind. Dahinter liegt offenes Wasser, der Scoresby Sund ist noch nicht vollständig zugefroren. Auf der Südseite von Amdrup Havn stehen die beiden Zelte von Rafa. Die Hunde scheinen zu schlafen, ansonsten ist nicht viel auszumachen. Seit Rafa dort drüben sein Lager aufgeschlagen hat, ist er erst einmal den Weg über die Berge gekommen, um einige Dinge vom Schiff zu holen. Da der Funkkontakt mit ihm einige Male nicht geklappt hatte, stellte ich ihn zur Rede. Wie sich zeigte, hat er keine Uhr dabei und kann daher, wie er mir sagte, die Zeit nur nach dem Sonnenstand ablesen. Kein Wunder also, daß ich umsonst zu den verabredeten Zeiten gerufen hatte. Es gehört wohl schon eine göttliche Gabe dazu, die minutengenaue Uhrzeit an der Sonne abzulesen – und wer hat die schon!

Nur selten reißt die bleierne Bewölkung noch auf. Wenn man nicht aufpaßt, kann das leicht aufs Gemüt schlagen. An Deck mag sich keiner lange aufhalten. Die Temperatur liegt um den oder kurz unterhalb des Gefrierpunktes, nachts sinkt sie auf –10 °C ab. Wir versinken in unseren Büchern, genießen die kuschelige Wärme unserer Kojen und feiern ausgelassen Achims Geburtstag am 27. September. Die Stimmung an Bord ist gelöst und entspannt. Die stets allgegenwärtige Frage nach dem Überwinterungsplatz ist gelöst, und die Vorbereitungen für den Winter sind abgeschlossen. Sigga und Torsten haben ihre Fragen gestellt, und ich habe ihnen alles an Ratschlägen und Tips vermittelt, die für sie auch nur im entferntesten von Bedeutung sein könnten. Die Antenne des NERA Telefons steht sturmsicher gelascht auf dem Vorschiffpoller, genau auf den AOR-W-Satelliten ausgerichtet. Die Telefon- und Faxverbindung klappt außerordentlich gut. Dagegen wirkt unsere Funkanlage schon fast ein wenig nostalgisch. Kaum einer an Bord rechnet jetzt noch ernsthaft damit, daß das Eis in unserem Winterquartier noch einmal aufbrechen könnte. Es ist durchgehärtet. Zwar ist es nur etwa 12 bis 15 Zentimeter stark, aber eben hart, und es trägt uns jetzt ohne Probleme.

Am 28. beginnt der Luftdruck plötzlich alarmierend zu fallen. Unsere Meteobox fängt an zu piepen, das tut sie immer, wenn der Luftdruck um mehr als 1 hPa pro Stunde steigt oder fällt. Heute fällt er – und wie! Die Wetterkarte, die wir mit unserem Wetterfax immer noch vom Deutschen Wetterdienst empfangen, zeigt ein ausgeprägtes Sturmtief, das durch die Dänemarkstraße zwischen Island und Grönland nach Norden zieht. Keine Frage, alle Zeichen stehen auf Sturm. Ich spreche mit den anderen und teile gleichzeitig Wachen ein – man kann nie wissen. Am Nachmittag fällt der Luftdruck mit 2,5 hPa pro Stunde – und immer noch ist es totenstill draußen. Der Himmel ist vom dichtesten Grau durchwoben, und die Landschaft wirkt noch abweisender als sie es schon die letzten Tage ohnehin getan hat. Sicherheitshalber bergen wir die Persenning, die wir über Baum und Gaffel gespannt hatten. Das Schlauchboot, das wir achtern aufs Eis gefiert hatten, wird wieder ins Davit gehängt und gesichert.

Wir sitzen gerade unter Deck und trinken Kaffee, als ein Rauschen in der Luft ertönt und das Schiff wie von einer riesigen Faust gepackt plötzlich weit überholt. Im Nu bin ich an Deck. Ich kann die Bö noch sehen, wie sie Schnee aufwirbelnd ihre Bahn über das Eis in Richtung Hundelager zieht. Keiner von uns war bei dem Durchgang der Bö oben, aber das Brausen und die Krängung des Schiffes, das immerhin im Eis liegt, kann nur von einem ungewöhnlich starken Wind verursacht worden sein. Die folgende Stille wirkt unheilvoll. Sigga und ich bereiten uns auf Schlimmeres vor und ziehen unsere Jack Wolfskin Anzüge an. Wir brauchen nicht lange zu warten. Es ist, als wenn zwei Hochgeschwindigkeitszüge sich auf einem zweigleisigen Streckenabschnitt begegnen. Das Rauschen eines herannahenden ICE wird immer stärker, noch kann man ihn nicht sehen, und wenn er unvermittelt vor einem ist, wird man vom Sog mit Urgewalt gepackt. So unvermittelt und heftig bricht die Bö über uns herein, daß Sigga und mir nichts übrig bleibt, als uns an der Seereling festzuhalten, den Kopf zu senken und die Augen zu schließen.

Windstärken zu taxieren, ist schwierig. Ich schätze die Bö auf mindestens 50 Knoten. Die Abstände zwischen den einzelnen Böen werden jetzt kürzer, und rund fünfzehn Minuten später haben wir ein Prachtexemplar von einem Sturm. Heulend und kreischend wirft sich der Wind ins Rigg der Dagmar Aaen, läßt sie sich immer wieder weit überholen, und der einsetzende Schneefall raubt uns jede Sicht. Die Luft ist dick wie Watte, man meint fast ersticken zu müssen, so heftig fallen die Böen über uns herein. Es wird heute früher dunkel als zu erwarten gewesen wäre.

Um 20 Uhr zeigt das Barometer 987 hPa mit fallender Tendenz. Immer noch steigt die Windgeschwindigkeit an. Ich mache mir Sorgen um Rafa. Sein Lager ist der vollen Wucht des Sturmes ausgesetzt. Den Hunden mag das egal sein, sie werden sich einfach zusammenrollen, die Nase unter den Schwanz stecken und den ganzen Sturm verschlafen. Die beiden Jack Wolfskin Zelte, die Rafa aufgebaut hat, sind sturmerprobt. Während eines neuntägigen Orkans auf dem Patagonischen Inlandeis hat dieser Zelttyp ohne Murren standgehalten. Aber dort hatten wir auch Schutzwälle aus Schnee aufbauen können, zudem waren wir zu mehreren Personen gewesen, die das Zelt und die Gestänge mit dem Rücken zur Windrichtung stützen konnten. Trotzdem – ich kenne kein anderes Zelt, das diesem Sturm standgehalten hätte. Rafa sitzt dort drüben allein und kann nicht viel machen – aber wir können von hier aus noch viel weniger für ihn tun. Ich ärgere mich jetzt selbst darüber, daß ich ihm gegenüber in dieser Frage nachgegeben habe. Und der Höhepunkt des Sturmes ist noch lange nicht gekommen!

Von Stunde zu Stunde wächst die Windgeschwindigkeit. Durch den Chill Faktor, dem Auskühlungseffekt des Windes, ist es brutal kalt an Deck. Mit dem Handscheinwerfer versuche ich, das Land abzuleuchten, aber der starke Lichtstrahl prallt von der wirbelnden Schneewand nur ab. Das dumpfe Brausen der Böen, das Heulen und Kreischen des Windes in der Takelage, das alles wirkt, als wären tausend Teufel losgelassen. Das ganze Schiff scheint zu vibrieren, und um den Rumpf herum hat sich schwarzes Wasser gebildet. Die Achterleine ist zum Zerreißen gespannt. Und immer noch fällt der

Luftdruck. Gegen 23 Uhr hat der Sturm eine derartige Gewalt angenommen, daß man sich nur noch an Deck bewegen kann, wenn man sich irgendwo festklammert. Ich kann mich daran entsinnen, bisher nur ein einziges Mal einen ähnlichen Sturm erlebt zu haben. Das war in Patagonien bei der Ansteuerung des Hafens Chacabuco. Damals hatten wir 90 Knoten Wind gemessen in einer vergleichbar rabenschwarzen Nacht – nur daß es in Strömen regnete, statt zu schneien wie hier. Unmöglich, die Windgeschwindigkeit zu schätzen und auch unmöglich, ein Wort miteinander zu wechseln, ohne sich gegenseitig in die Ohren zu brüllen. Das Eis macht mir Sorge. Immer mehr Risse bilden sich, und der Sturm scheint noch weiter zuzulegen.

Um Mitternacht erreicht er eine von mir bis dahin noch nie erlebte Stärke. Da unser Windmesser defekt ist, können wir nicht sagen, mit wieviel Knoten es weht – vielleicht ist die Unwissenheit auch besser für uns. Auf der kleinen Wetterstation in Ittoqqortoormiit bleibt die Analoganzeige des Windmessers wie angenagelt bei 100 Knoten stehen – weiter reicht die Skala nicht. Das ist zuviel für die Trosse! Irgendwie und irgendwo ist sie gebrochen, und damit kommt das Schiff in Fahrt. Den Knall, mit dem das straff gespannte Tau nachgegeben hat, konnten wir durch das Orgeln des Windes nicht hören. Die Takelage bietet dem Sturm Angriffsfläche genug. Das stehende Gut wirkt wie ein aufgespanntes Segel, und es gibt nichts, was wir dagegen machen können. Ich rufe in den Niedergang hinunter, daß sich alle bereit halten, und lasse Egon die Maschine anwerfen. Dann holen wir die gebrochene Trosse ein. Ich kämpfe mich unter Deck und beobachte das Echolot sowie das Radar und GPS. Keine Frage, wir machen langsam, aber sicher Fahrt, und zwar genau auf das gegenüberliegende Ufer des Amdrup Havn zu. An Deck zurückgekehrt, kuppele ich die Schraube ein und versuche, das Schiff aufzustoppen und in den Wind zu drehen. Aber der Rumpf liegt wie festgenagelt im Eis. Ich gebe voll voraus und drehe dabei nach Steuerbord, aber das Eis ist mittlerweile so verdichtet und zu Schichten übereinandergeschoben, daß wir wie einbetoniert festliegen. Jetzt wird die Situation langsam bedrohlich. Wir liegen auf Legerwall und treiben unablässig mit dem Eis, das uns jegliche Manövrierfähigkeit nimmt, auf die nahe Küste zu. Torsten steht am Radar und mißt den schwindenden Landabstand. Ich greife zum letzten Mittel. Ich arbeite mit der Maschine so lange, bis sich eine kleine Wasserfläche im Vorschiffbereich zeigt. Genau dort hinein lassen wir den Anker fallen. Die Wassertiefe beträgt hier nur noch 10 Meter. Ich weiß, daß hier guter, lehmiger Ankergrund herrscht, und tatsächlich greift der Bügelanker beim ersten Mal. Langsam, fünfmeterweise, lassen wir die Kette nach, bis wir 90 Meter gesteckt haben. Dann ziehen wir die Bremse an und sichern die Kette am Poller, während ich gleichzeitig mit der Maschine die Drehbewegung des Schiffes unterstütze. Dieses Mal klappt es. Der Anker verbeißt sich derart, daß sich das Schiff gegen den Eisstrom und den Sturm, der nach wie vor unvermindert tobt, dreht. Die Kette scheint zum Zerreißen gespannt zu sein, aber sie hält, und ich danke dem Himmel für unser solides Ankergeschirr!

Im Laufe der Nacht treibt der Sturm nahezu das gesamte Eis aus der Bucht. Hinter uns liegt es dicht gepackt an der Küste, vor dem Bug nach Norden liegt offenes, eisfreies Wasser. Selbst wenn der Anker jetzt noch slippen sollte, könnten wir uns unter Maschine im offenen Wasser halten, aber der Anker gibt keinen Meter preis. Die ganze Aktion hat nahezu zwei Stunden gedauert. Derweil haben wir keine Zeit gehabt, dem Wetter irgendwelche Aufmerksamkeit zu widmen. Wir sind einfach mit uns und dem Schiff beschäftigt gewesen. Erst jetzt, nachdem die Anspannung ein wenig nachläßt, bleibt uns wieder Zeit zum Beobachten. Es ist gigantisch. Der Wind orgelt über das Wasser und durch unser Rigg, daß einem Hören und Sehen vergeht. Das Schlauchboot tanzt im Davit wie ein loses Blatt in einem Herbststurm, und wir haben keine Chance, es irgendwie zusätzlich zu sichern. Obwohl in der engen Bucht kaum Seegang herrscht, stehen wir mit Schwimmwesten und eingepickten Sicherheitsgurten an Deck und hoffen inbrünstig darauf, daß der Sturm endlich nachläßt. Aber das dauert!

Erst am nächsten Nachmittag gegen 16 Uhr läßt die Wut des Windes plötzlich nach. Und dann, fast so schnell wie er gekommen ist, ist alles vorbei. Um 17 Uhr stellt Egon bereits die Maschine ab, die sicherheitshalber auf Standby mitgelaufen war. Wir können aufatmen!

Und Rafa? Endlich meldet er sich über Funk – mir fällt ein weiterer Stein vom Herzen. Er klingt ein wenig verstört und kleinlaut. Die beiden Zelte hat es buchstäblich in Fetzen gerissen. Er liegt im Schlafsack unter den Resten begraben und bittet, daß wir ihn abholen. Das ist leichter gesagt als getan. Sigga und Pablo wagen einen Versuch. Mit dem Schlauchboot stakend und über das zerbrochene Eis in ihren Survivalanzügen kletternd, versuchen sie, an Land zu kommen, aber es gelingt nicht. Der Eisbrei vor seinem Lager ist unpassierbar. Unverrichteter Dinge kommen sie wieder zurück. Da sich Rafa nach seinen eigenen Aussagen zwar in einer unbequemen, aber nicht bedrohlichen Situation befindet, will ich keine weiteren Personen einem Risiko aussetzen. Es wird zudem schon wieder dämmrig, und so teile ich Rafa mit, daß er wohl oder übel noch eine weitere Nacht ausharren muß. Er ist nicht begeistert, sieht die Entscheidung aber ein. Bevor es endgültig dunkel wird, laufen wir zu unserem Winterliegeplatz zurück und gehen in dem dort nunmehr völlig eisfreien Wasser vor Anker. Die Wachen werden eingeteilt, ich ziehe mich in meine Koje zurück und falle in einen bodenlosen Tiefschlaf.

Am nächsten Morgen ist es klar und sonnig. Die Landschaft sieht plötzlich schön und freundlich aus, alles Bedrohliche ist spurlos verschwunden. Wäre da nicht das eisfreie Wasser und der Neuschnee – es gäbe keinen Hinweis auf das zurückliegende Unwetter. Noch immer sind wir sprachlos über die unglaubliche Gewalt des Windes. Nach dem Frühstück gehen wir ankerauf und fahren über die Bucht zum Hundelager. Rafa hat sich aus seinem Schlafsack, dem zerfetzten Zelt und dem Schnee herausgearbeitet und winkt uns vom Strand aus zu. Eine halbe Stunde später steht er mit den Überresten an Deck der Dagmar Aaen, woraus ich schließe, daß er es vorzieht, nicht mehr an den Ort des Geschehens zurückzukehren. Blaß, durchgefroren und verstört sitzt er in der Messe und trinkt eine Tasse heißer Schokolade nach der anderen. Und dann erzählt er:

„Als die erste schwere Sturmbö mein Lager erreichte, saß ich gerade im Zelt beim Kochen. Das Fauchen des MSR-Kochers ließ mich kein anderes Geräusch wahrnehmen. Die Bö war unvermittelt und plötzlich über mir. Für Sekunden bogen sich die Zeltstangen bis zum Bersten, dann war der Ansturm vorbei. Aus meinem gemütlichen Abendbrot wurde nichts, das war klar. Unmittelbar nach dem Durchzug der Bö war ich draußen, um weitere Abspannungen am Zelt anzubringen. Doch der Boden war gefroren und felsig, ich hatte keine Chance, irgendwelche Heringe in den Boden zu treiben. Ich begann damit, ununterbrochen Felsbrocken heranzuschleppen, um die Zeltleinen zu sichern – ein Wettlauf mit der Zeit, denn ein neuer Ansturm war bereits im Anmarsch. Fieberhaft suchte ich die herumliegenden Ausrüstungsgegenstände zusammen und packte sie in das Proviantzelt. Als die zweite Bö kam, riß sie mich fast von den Füßen. Und trotzdem hielten die Zelte noch stand. Mehr gab es für mich nicht zu tun. Schnee, um eine Schutzmauer zu bauen, gab es an dieser Stelle nicht. Der Lagerplatz lag auf einer kleinen Anhöhe, blank gefegt vom Wind und nur von Felsbrocken gesäumt. Selbst die Hunde waren unruhig geworden. Sie hatten sich aufgesetzt und immer wieder witternd ihre Nasen in die Richtung gehalten, aus der der Sturm kam. Dann hatten sie sich hingelegt und sich zusammengerollt – jetzt konnte kommen, was wollte."

Ich weiß bis heute nicht, was in Rafa vorging, als der Sturm mit ganzer Macht über ihn hereinbrach. Er spricht nicht über seine Empfindungen, dafür um so mehr über die mechanischen Abläufe. Hilflos mußte er miterleben, wie die Verspannungen der Zelte an den scharfkantigen Steinen eine nach der anderen durchzuscheuern und plötzlich nachzugeben begannen. Mit den Händen versuchte er, im Zelt sitzend, die Gestängebögen zu stützen, aber bei der Gewalt des Orkans hätte er genausogut versuchen können, einen Fallschirm festzuhalten. Der Rest spielte sich innerhalb weniger Sekunden ab. In rascher Folge knickten die Zeltbögen ein, und Rafa blieb nur die Flucht in seinen Schlafsack, auf den sich die Reste des Zeltes legten. Das Proviantzelt, daß er nicht beobachten und stützen konnte, war, wie sich später zeigte, ebenfalls zerstört worden. Es gibt eben Situationen, da hält kein Zelt mehr, egal, wie stark es gebaut ist. Das heftige Schneetreiben legte sich bald auf die Überreste des Lagers und bildete eine schützende Schicht. Der Sturm fand schließlich keinen Angriffspunkt mehr und fegte über das Lager und den im Schlafsack liegenden Rafa hinweg. Zum

Glück blieb er, wo er war. Die ganze Nacht hindurch und den folgenden Tag lag er fast bewegungslos in seiner feuchten, aber immer noch wärmenden Schlafstatt. Erst am folgenden Nachmittag traute er sich aus seiner Schneehöhle heraus. Als unser Versuch, ihn abzuholen, scheiterte, war er für einen Moment verzweifelt, richtete sich aber aus den Resten, so gut es ging, ein Lager und konnte diese Nacht sogar durchschlafen.

Das Thema Hundelager auf der Südseite von Amdrup Havn ist nach diesem Erlebnis für ihn erledigt. Die Hunde müssen wohl oder übel eine erneute Bootsfahrt in Kauf nehmen, was sie mittlerweile mit stoischer Ruhe über sich ergehen lassen. Torsten hilft Rafa beim Hundetransport und dem Festmachen der Kette. Die Tiere erhalten eine Extraration Futter, danach begibt Rafa sich in seine Koje und schläft zum ersten Mal seit zwei Tagen sorgenfrei ein. Die Arktis hat uns einen nachhaltig wirkenden Denkzettel verpaßt. Nun ahnen wir, was es heißt, hier zu überwintern. Weitere Stürme werden kommen – wir werden versuchen, noch besser vorbereitet zu sein.

Die Überwinterung beginnt

Durch den vorangegangenen Orkan ist nicht nur Amdrup Havn vom Eis wie leergefegt, auch die Rosenvinges Bugt vor der Siedlung hat so weit das Auge reicht ihr Gesicht verändert. Der Sturm hat ganze Arbeit geleistet, und so hat er auch sein Gutes gehabt. Dadurch, daß das gesamte alte wie auch das neue Eis fortgeweht worden ist, bildet sich jetzt frisches Eis, das so eben und gleichmäßig ist wie ein zugefrorener Mühlenteich in Schleswig-Holstein. Die harten, meterhoch aufgetürmten, gefährlichen Alteisfelder sind verschwunden. Hätten wir doch bloß unsere Schlittschuhe dabei, wir könnten uns auf der größten Eisbahn der Welt austoben.

Da das Eis noch dünn ist, nehmen wir wieder den „Eisbrecherdienst" auf und halten uns eine Rinne frei. Die zweite Septemberhälfte und die ersten Tage im Oktober sind eine Aneinanderreihung von orkanartigen Stürmen, von nieseligen Nebeln und insgesamt nassen und schneereichen Tagen. Der Schneeräumdienst an Bord der DAGMAR AAEN hat gut zu tun. Das Wetter ist unangenehm, auch wenn es für diese Gegend und Jahreszeit völlig normal ist. Wer nicht unbedingt muß, hält sich nicht an Deck auf, wo der schneidende Wind durch Mark und Bein dringt. Unter Deck ist es hingegen warm und gemütlich. Die Dieselöfen verströmen ihre mollige Wärme, das sanfte Licht der Petroleumlampen spiegelt sich auf dem lackierten Holz, und auf dem Herd steht immer ein Kessel mit kochendem Wasser, um sich jederzeit einen Tee, Kaffee oder eine heiße Schokolade zu bereiten. Die Bücherregale des Schiffes sind bis zum Bersten gefüllt. Da jedes Crewmitglied angehalten wird, möglichst viele Bücher mitzubringen, ist nicht nur für die Quantität gesorgt, sondern auch für unterschiedliche Geschmäcker und Sprachen. Von Tolstois „Krieg und Frieden" über den isländischen Nobelpreisträger Laxness bis hin zu Krimis von Agatha Christie ist alles vertreten. Spanische, englische, isländische und dänische Bücher dürfen neben den deutschen ebensowenig fehlen wie eine umfangreiche Auswahl an historischen Expeditionsberichten und natürlich seefahrtsbezogene Fachliteratur. Kurzum, es gibt für jeden Geschmack etwas, und zwar in ausreichender Menge. Lesen an Bord ist immer etwas ganz Intensives. Hier habe ich mehr Zeit und Muße als zu Hause, und darüber hinaus lesen andere Leute dasselbe Buch, insofern knüpfen sich unweigerlich auch Gespräche über den Lesestoff an – was zur intensiven gedanklichen Nachbearbeitung führt. Ein rundherum tolles Leseerlebnis! Außerdem haben wir ein Radio mit Kassettendeck und CD-Player sowie eine entsprechend den Geschmäckern gestaffelte Auswahl an Tonträgern an Bord. Einen Fernseher, wie einige vermuten, gibt es hingegen nicht. Darüber sind die Grönländer am meisten verwundert. Über eine kleine Satellitenschüssel wäre der Empfang zwar keinerlei Problem – aber wir wollen das ganz einfach nicht. Dieses ist unsere Welt des aktiven Erlebens und nicht des Konsumierens von irgendwelchen flüchtigen Eindrücken. Überhaupt scheint die übrige Welt weitab zu sein. Ein Fernseher würde da nur stören, keiner an Bord will ihn – ich am allerwenigsten.

Mit dem Ende der ersten Oktoberwoche scheint sich das Wetter langsam zu beruhigen. Es wird klar und kalt. Jede Nacht züngelt das Polarlicht über den Himmel, die Temperaturen liegen nachts bei –8 °C. Wir sind noch nicht endgültig an unseren Winterplatz zurückgekehrt, da in wenigen Tagen Achim, Egon und Pablo abfliegen werden und ich versuchen will, mit dem Schiff noch einmal zur Siedlung zu kommen, um sie an Land zu setzen. Am 9. Oktober gibt es ein Abschiedsessen, und am 10. brechen wir uns eine Rinne bis zur Siedlung. Wir fahren so dicht unter Land, wie es geht. Unmittelbar vor der Küste hält ein immer noch fließender Bach das Wasser offen, so daß wir mit dem Schlauchboot anlanden können. Die drei schleppen ihre Rucksäcke und Taschen zur Handelsstation und checken ein. Einige letzte, gut und nicht immer ganz ernst gemeinte Ratschläge an die Überwinterer, dann müssen wir zurück an Bord. Während die drei mit dem Hubschrauber eine Ehrenrunde über der Dagmar Aaen drehen, machen wir uns auf den Weg zu unserem Winterplatz.

Es soll die letzte Fahrt der DAGMAR AAEN in diesem Jahr sein. Wir kommen nur langsam voran, das Eis ist mittlerweile wieder gut durchgehärtet. Vor unserem Liegeplatz angelangt, gehen wir zunächst daran, das gesamte Eis in unmittelbarer Nähe zum Schiff aufzubrechen, um besser manövrieren zu können. Aufgrund der Erfahrungen im letzten Sturm will ich das Schiff noch besser sichern. Zum einen will ich zwei starke Achtertrossen an Land geben, zum anderen das Schiff vor Backbord- und Steuerbordanker legen. Ein dritter Anker hängt klar zum Fallen. Üblicherweise hievt man die Anker, kurz bevor das Eis sich endgültig schließt, um im Frühjahr nicht der Gefahr ausgesetzt zu sein, bei abgehendem Eis eventuell einen Anker zu verlieren. Doch ich nehme nach den gemachten Erfahrungen dieses Risiko gern in Kauf, versuche es aber zu mindern, indem ich keine Kette, sondern lange Trossen stecke, die wir zur Not einfach loswerfen können. An den beiden Ankern sind Schwimmer befestigt, die zwei Meter unter der Wasseroberfläche schweben. Bei dem klaren Wasser dürfte man sie leicht wiederfinden, und ansonsten würde ich tauchen und nach den auch nicht gerade billigen Ausrüstungsgegenständen suchen. Bei dreißig Metern Wassertiefe stecke ich gut 100 Meter Trosse. Um ein erneutes Durchscheuern der Achtertrossen zu verhindern, haben wir um zwei abgerundete Felsen mehrfach alte Festmacherleinen geschlungen und darin die Trossen eingebunden. Nachdem dies geschehen ist, werden alle Trossen durchgeholt, bis das Schiff nahezu bewegungslos zwischen ihnen hängt – mehr können wir nicht tun. Sigga ist die Erleichterung über diese Maßnahme deutlich anzumerken. Wie ernst sie ihre Aufgabe nimmt, merke ich immer wieder in den Gesprächen mit ihr. Die unfreiwillige Drift während des Orkans hat ihr merklich zu denken gegeben. „Was ist, wenn dasselbe noch einmal passiert?" Jetzt hat sie die Gewißheit, daß das gleiche in dieser Form nicht noch einmal passieren wird – dafür ganz sicher irgend etwas anderes –, man wird sehen.

Die ersten Besucher kommen über das Eis gelaufen. Es sind drei Jungen, der jüngste vielleicht 5 Jahre und der älteste 8 Jahre alt. Sie scheinen sich ihrer Sache sehr sicher zu sein, obwohl wir uns Gedanken machen, daß sie so allein über das neue Eis laufen. An Bord werden sie mit heißer Schokolade und Keksen bewirtet. Die

Qualität der Bewirtung auf der DAGMAR AAEN wird als Geheimtip unter den Kindern gehandelt – es soll nicht der letzte Besuch des Winters bleiben.

Meine Abreise rückt näher. Die technische Seite der Überwinterung bereitet mir derzeit keine große Sorge, insbesondere deshalb, weil ich glaube, daß Sigga und Torsten das Schiff gut im Griff haben und die Zeit der schweren Herbststürme vorbei zu sein scheint. Ist das Schiff erst einmal eingefroren, kann soviel Wind kommen, wie will. Unruhe bereitet mir vielmehr das Verhältnis der drei Überwinterer untereinander. Rafa ist nach seinem Sturmerlebnis noch zugeknöpfter, als er es ohnehin schon war. Wenn er nicht bei den Hunden ist, liegt er in der Koje oder läuft umher, nimmt aber am gemeinschaftlichen Bordleben kaum teil. Zudem reagiert er in zunehmendem Maße aggressiv, so daß ich ihn mir zwei Tage vor meiner Abreise schnappe und ein sehr langes und intensives Gespräch mit ihm führe. Ich versuche, die Gründe für seine veränderte Verhaltensweise herauszufinden, und ich spreche ganz offen über meine Bedenken in Anbetracht der bevorstehenden dunklen Monate. „Möchtest du nach Hause?" frage ich ihn ganz offen. Die Antwort kommt prompt: „Nein, auf keinen Fall, mir geht es gut, und ihr versteht mich offenbar nur falsch." Das Gespräch stellt mich nur mäßig zufrieden. Offenbar kann oder will er nicht über persönliche Dinge sprechen.

Als sein aggressives Verhalten Torsten gegenüber nicht abnimmt, setze ich mich mit den dreien zusammen und fordere sie auf, offen über eventuelle Probleme oder „Leichen im Keller" zu sprechen. Rafa bagatellisiert, er habe „no problem" und sei absolut zufrieden, das Mißverständnis läge wie üblich bei uns. Mir reicht es! Ich sage ihm im Beisein der beiden anderen, daß er eine letzte Chance bekommt. Wenn sich sein Verhalten innerhalb der Bordgemeinschaft nicht ändert, werde ich ihn ohne Rücksicht auf Kosten und Unannehmlichkeiten umgehend ablösen. Er versucht erneut, zu diskutieren, scheint ein wenig perplex über die Bestimmtheit meiner Worte zu sein, aber ich winke ab – „that's it!" Von jetzt an sind die Spielregeln klar, es gibt hier keine Interpretationsfreiräume mehr. Sigga wird ab morgen der Kapitän des Schiffes mit allen Vollmachten, aber auch Verpflichtungen sein. Wenn sie das Gefühl hat, daß Rafa nach meiner Abreise in das alte Verhaltensmuster abrutscht, wird sie die Entscheidung treffen. Ich kenne Sigga gut genug, um zu wissen, daß sie alles tun wird, um Rafa goldene Brücken zu bauen. Sie ist da sicherlich sehr viel toleranter als ich es bin. Trotzdem bleibt bei mir ein schaler Nachgeschmack. Zum einen, weil ich die Verantwortung auf Sigga abwälze, zum anderen, weil diese Situation völlig ungewöhnlich für die Dagmar Aaen ist. Nur einmal, im ersten Jahr der ICESAIL-Expedition, hatte es Schwierigkeiten mit einigen Crewmitgliedern gegeben. Damals hatte ich zu lange gewartet, nicht rechtzeitig reagiert. Ich habe daraus gelernt und daher die Positionen abgesteckt.

Am 15. Oktober morgens um 8 Uhr breche ich mit Rafa und Sigga erstmals zu Fuß über das Eis auf, um in die Siedlung zum Hubschrauberlandeplatz zu gehen. Ich verabschiede mich von Torsten, der einen gut gelaunten Eindruck macht. Er freut sich auf den bevorstehenden Winter, auch wenn er nach wie vor keinen Hehl daraus macht, daß er lieber in Hekla Havn überwintert hätte. Dann machen wir uns auf den Weg. Das Eis ist spiegelglatt, mehrfach haut es uns um Haaresbreite die Beine weg. Eine kurze, aber herzliche Verabschiedung von Sigga und Rafa, der heute wie ausgewechselt wirkt, dann klettere ich neben dem Hubschrauberpiloten auf den Sitz. Sekunden später laufen die Turbinen an. Der Pilot fliegt seine „Pflichtrunde“ über das Schiff und dann weiter nach Constable Point – das Schiff, die drei Überwinterer und Grönland bleiben schließlich zurück.

Für mich beginnt eine Überwinterung der anderen Art, mit vollem Terminkalender, Vortragstournee, Pressearbeit und tausend anderen Dingen, ohne die eine solche Expedition heutzutage einfach nicht möglich wäre. So wie Sigga, Torsten und Rafa ihre Verpflichtung gegenüber dem Projekt wahrnehmen und ihre Rolle ausfüllen, so muß ich dasselbe mit der meinigen tun. Es ist für mich wie immer ein Eintauchen in eine andere Welt!

* * *

„Arved ist heute morgen abgeflogen. Rafa und ich haben ihn in die Stadt gebracht. Wir sind alle mit Schlitten über das Eis gelaufen,

nachher hat Arved uns aus dem Hubschrauber zugewunken, als er im Kreis um uns herumflog auf dem Weg nach Constable Point." So beginnt die erste Logbucheintragung am 15. Oktober von Sigga. Es ist der erste Tag ihrer Überwinterung. Jetzt, nachdem Ruhe an Bord eingekehrt ist, finden die drei zu ihrem Rhythmus. Rafa kümmert sich intensiv um die Hunde. Das Eis ist stark genug für erste Trainingsrunden, und bereits am nächsten Tag fahren er und Sigga in der Bucht auf und ab, um die Tiere an die Kommandos zu gewöhnen und ihnen nach der faulen Sommerpause ein wenig körperliches Training angedeihen zu lassen. So richtig fit und willig sind sie denn auch noch nicht, aber das wird in den nächsten Tagen immer besser. Rafa scheint glücklich zu sein, endlich mit den Hunden Touren durchführen zu können. Mal begleitet ihn Sigga, mal Torsten. Einer muß ständig an Bord bleiben, um auf das Schiff und insbesondere auf die Öfen aufzupassen.

Das Schiff – so eine Vorgabe von mir – darf zu keinem Zeitpunkt unbeaufsichtigt bleiben. Die größte Gefahr einer Überwinterung liegt nicht darin, wie man erwarten sollte, zu erfrieren, sondern in einer Feuersbrunst. Da die Luft so trocken wie in der Wüste ist, trocknet das Holz nachhaltig aus. Mitunter reicht ein Funke, und der Schwelbrand ist da. Aus diesem ersten Glimmen wird in Minutenschnelle ein offener Brandherd, den man nur dann noch erfolgreich bekämpfen kann, wenn jemand sofort mit geeignetem Gerät zur Stelle ist. Feuerlöscher stehen überall auf dem Schiff griffbereit verteilt. Solange die Öfen brennen, und das wird den ganzen Winter über der Fall sein, muß ständig jemand an Bord sein. So können immer maximal zwei Personen von Bord gehen. Und auch dafür gibt es schriftlich im Logbuch verzeichnet Verhaltensregeln, die sich aber als überflüssig erweisen, da Sigga und Torsten von sich aus die Aufgaben mehr als gewissenhaft und aus eigenem Antrieb heraus erfüllen. Wer das Schiff verläßt, meldet sich ab, gibt Ziel und Zeitdauer seiner Abwesenheit an und meldet sich anschließend zurück. Es kann einem leicht irgend etwas passieren. Hilfe kann nur dann kommen, wenn jemand weiß, wo und wann er zu suchen hat. Sigga hat die Entscheidungsbefugnis, auch „Nein" zu sagen, wenn sie der Meinung ist, daß das Wetter zu schlecht ist oder sie andere Gründe hat. Außerdem muß jeder, der das Schiff verläßt, eine Waffe mitführen. Wie sinnvoll diese Anordnung ist, zeigt sich in den ersten Novembertagen, als zwei Eisbären in unmittelbarer Nähe der Siedlung geschossen werden. Im vergangenen Jahr war ein Bär über die Berge direkt in den Ort gekommen, wo er vor der Schule von einem Jäger erlegt worden war. Vorsicht ist also immer geboten.

Dann erwischt es Rafa. Eine schwere Bronchitis und eine schmerzhafte Ohrenentzündung werfen ihn in seine Koje. Weiß der Teufel, wo er sich das geholt hat. Sigga studiert die gut sortierte Bordapotheke und verabreicht ihm schließlich ein Antibiotikum. Das wirkt zwar auch, aber es dauert eine ganze Reihe von Tagen, bis Rafa wiederhergestellt ist, die Infektion hat ihn spürbar geschwächt.

Im November taucht plötzlich der Grönländer auf, von dem wir die Hunde für die Dauer unseres Aufenthaltes gemietet haben. Vorsichtig fragt er nach, ob er die Hunde samt Schlitten für eine Woche ausleihen kann, um zur Jagd hinaus zu fahren. Da Rafa ohnehin noch an den Folgen seiner Infektion laboriert, haben die drei nichts dagegen, und so zieht er zufrieden mit seinen Hunden ab. Er will mit anderen zur Moschusochsenjagd fahren und das Gespann anschließend zurückbringen. Während die Hunde unterwegs sind, läßt Rafa seine Kochkünste spielen. Um Trinkwasser zu bekommen, laufen sie mit einem Pulkaschlitten zu einem nahegelegenen Eisberg und hacken dort Stücke ab, die anschließend auf dem Herd geschmolzen und dann in den Tank gegeben werden. Als ausreichend Schnee auf dem Eis liegt, gehen sie dazu über, den zu schmelzen – Mangel an Trinkwasser gibt es nicht. Der nahe gelegene Bach, der uns die letzten Wochen mit Frischwasser versorgt hatte, ist mittlerweile längst zugefroren.

Für die drei Überwinterer hat die Routine eingesetzt: Täglich müssen sie Schnee oder Eis zum Schmelzen holen, die Niedergänge vom Neuschnee freischaufeln, die Tagestanks für die Öfen auffüllen, Petroleum aus dem Faß in die Messingkanne umpumpen und anschließend die Lampen auffüllen. Brot wird gebacken, Batterien geladen – Aufgaben, die sie sorgfältig und gewissenhaft ausführen. Auch wenn die einzelne Aktion nicht viel Zeit erfordert; die

Summe aller Dinge, die bewältigt sein wollen, füllt einen guten Teil des Tages aus. Außerdem dauern alle Arbeiten, die unter freiem Himmel stattfinden, länger als bei gewöhnlichen klimatischen Verhältnissen. Die Tage werden jetzt schnell immer kürzer und dunkler, so daß sie sich draußen nur noch begrenzt aufhalten mögen. Zudem wird es immer kälter. Um einen gewissen Rhythmus beizubehalten, haben sie sich darauf geeinigt, gemeinsam aufzustehen und zu frühstücken und nach Möglichkeit auch die anderen Mahlzeiten gemeinsam einzunehmen. Das Kochen wird zelebriert, aus dem Fundus der gefriergetrockneten Nahrungsmittel zaubert jeder die unterschiedlichsten Menüs.

Bei der zunehmenden Dunkelheit liegt die Gefahr nahe, daß man zuviel und zulange schläft. Tatsächlich nimmt das Schlafbedürfnis während des Polarwinters zu, so wie es während des Sommers abnimmt. Selbstdisziplin ist gefordert, um sich an einen Tagesablauf zu halten und das gemeinschaftliche Leben an Bord zu pflegen.

Bei allen Arbeiten, die draußen außerhalb des Schiffes stattfinden, lauert die latente Gefahr, Besuch von einem Eisbären zu bekommen. Ganz gleich wohin man geht, ständig und immer muß eine Waffe mitgeführt werden. „Eisbären“, so sagt ein altes Sprichwort, „kommen immer dann, wenn man sie am wenigsten erwartet.“

Die Überwinterung stellt in vielerlei Hinsicht ein Abenteuer dar. Vielleicht ist aber das, was in den Köpfen abläuft, das größte aller Erlebnisse.

Lange, dunkle Nächte

Am 9. November kommen Jens Napatoq und seine Frau Grethe zu Besuch. Sie sind erstaunt, wie warm und gemütlich es unter Deck der DAGMAR AAEN ist. Die Petroleumlampen verströmen einen weichen Glanz, der Herd bullert still vor sich hin, und aus den Wasserkesseln zieht eine feine Dampfsäule an die Decke – fast könnte man vergessen, an welchem Teil der Erde man sich befindet. Draußen kann es schneien und stürmen, soviel es will, kaum ein Geräusch dringt noch nach unten. Der Rumpf ist mittlerweile zu einer einzigen Schneewehe geworden. Auch an Deck bleibt der Schnee mit Ausnahme der Eingangsbereiche liegen, um eine weitere Isolation gegen die Kälte zu bekommen. Die Seewassereinlässe und auch der WC-Auslaß liegen mehr als zwei Meter unter Wasser und damit auch unter dem Eis, so daß der Betrieb des Generators sowie des Bordklos sichergestellt ist. Sieht man einmal von der Notwendigkeit ab, ständig Schnee und Eis für Trinkwasser zu schmelzen, ist der Bordbetrieb genauso normal wie im Sommer – zumindest unter Deck. Ein Umstand, der auch von den Gästen freudig wahrgenommen wird – wer geht schon gern bei –25 °C Kälte und Schneetreiben unter freiem Himmel aufs Klo...

Jens und Grethe machen einen etwas betretenen Eindruck. Ihnen ist zu Ohren gekommen, daß der Grönländer, von dem wir die Hunde gemietet haben, gar nicht vorhat, sie uns nach seinem Jagdausflug zurückzugeben. Mit einem Mal hat er offenbar seine Leidenschaft für die Jagd und den Hundeschlitten wiederentdeckt, jetzt mag er nicht mehr darauf verzichten. Allen voran ist Rafa darüber verständlicherweise verdrossen. Solange keine tragende Schnee- und Eisdecke vorhanden war, durfte er sich um die Tiere kümmern, sie täglich mit unserem Hundefutter füttern, ihre Zuggeschirre reparieren und kleinere Blessuren nach Beißereien verarzten. Auch die erste Fitneß nach dem Sommer haben die Tiere ihm zu verdanken, außerdem haben wir für die Hunde bezahlt und brauchen sie insbesondere im Frühjahr, um Nahrungsmitteldepots für eine geplante Ski-Expedition einzurichten. Die Lage ist verworren und ein wenig sensibel. Auf der einen Seite wollen die drei es natürlich nicht mit dem Grönländer auf einen Konflikt ankommen lassen, aber trotzdem. Abgemacht ist schließlich abgemacht. Jens empfiehlt den dreien, sich mit dem Hundebesitzer zu unterhalten. Sigga achtet sehr auf die vorsichtige Wortwahl des Bürgermeisters und beschließt genauso zu handeln, wie er es empfiehlt. Aufzutrumpfen und zu sagen, wir haben schließlich einen Vertrag, würde hier gar nichts bewirken, außer daß man sich unbeliebt macht. Zu Geschäften nach unseren Maßstäben hat man ein anderes Verhältnis hier. Und schließlich sind wir die Gäste. Wir sind hierher in ihre Heimat gekommen und nicht die Grönländer zu uns.

Einige Tage später läuft Sigga in den Ort und trifft den Hundebesitzer vor dem Handelskontor. Ihm ist die Sache spürbar unangenehm. Sigga, die Dänisch spricht, handelt sehr diplomatisch. Sie lädt ihn ein, an Bord zum Kaffee zu kommen, forscht auch nicht weiter nach den Gründen und überläßt ihm die Initiative. Nachdem sie einige Sätze gewechselt haben, richtet er sich plötzlich auf und sagt, daß er sie besuchen kommt und das Geld zurückgeben will – ihm ist die ganze Angelegenheit offensichtlich zutiefst unangenehm. Tatsächlich kommt er einige Tage später auf das Schiff, trinkt Kaffee, überreicht Sigga ohne große Worte das Geld und versucht kurz, sein Verhalten zu rechtfertigen. Einer der Hunde sei krank gewesen, er macht sich Sorgen um sie und überhaupt, jetzt sei schließlich die Zeit, wo er sie braucht... Wie wahr! Sigga akzeptiert, das Problem ist aus der Welt, und der Hundebesitzer fühlt sich offensichtlich erleichtert. Einige andere Dorfbewohner hatten ihn offenbar auch etwas unter Druck gesetzt. Die Sache ist jedenfalls aus der Welt – dafür sitzen wir immer noch auf fast 1400 Kilogramm Hundefutter – ohne Hunde versteht sich. Aber bis zum Frühjahr, wo wir ein Gespann brauchen, ist noch viel Zeit. Wir werden schon eine Lösung finden. Rafa ist von dieser Entwicklung am meisten betroffen. Für ihn war die Arbeit mit den Tieren zentraler

Punkt seiner Überwinterung. Mit einem Mal sind seine Hunde fort, diese Lücke ist nur schwer zu schließen. Als Ausgleich geht er jetzt häufiger in den Ort, um Grönländisch zu lernen. Rafa ist ein ausgesprochenes Sprachtalent. Sein Englisch ist ausgezeichnet, er spricht ein wenig Russisch (was ihm kurioserweise bei einigen Grönländern den Ruf eines russischen Spions eingebracht hat), und seine Kenntnisse in Grönländisch sind ebenfalls beachtlich. Er macht rasch Fortschritte in der Sprache.

Eines Tages, als Sigga, Torsten und Rafa an Bord gemeinsam essen, erzählt er, daß einige Jäger aus dem Ort mit Hundeschlitten zur Moschusochsenjagd fahren wollen und etwa zwei Wochen unterwegs sein werden. Das wäre eine tolle Sache, aber Arved habe ja gesagt, daß wir nicht länger als vierundzwanzig Stunden von Bord dürfen. Die Regelung besteht in der Tat, allerdings mit der Ergänzung, daß Sigga nach eigenem Ermessen Ausnahmen treffen kann. Sigga hat gegen diese sicherlich interessante Tour nichts einzuwenden, und Torsten, der nach wie vor ein sehr gespanntes Verhältnis zu Rafa hat, ist nur froh drüber. Also abgemacht! Rafa ist vor Freude ganz aus dem Häuschen und packt seine Ausrüstung für die Tour zusammen. Einer der alten, erfahrenen Jäger, Jonas, hat sich bereit erklärt, Rafa als „Kiffa" – als Helfer – auf seinem Schlitten mitfahren zu lassen.

Draußen ist es eisigkalt. Die Temperatur liegt bei –30 °C, und seit dem 21. November ist die Sonne endgültig für dieses Jahr untergegangen. Rein optisch war sie es sogar schon Wochen vorher, da sie so niedrig über dem Horizont ihre Bahn zog, daß die Berge sie abdeckten. Trotz des fehlenden Sonnenlichts ist es eigentlich nie völlig dunkel. Die Schnee- und Eisflächen reflektieren das Restlicht. Der sternklare Himmel, das Polarlicht oder gar der Mond erhellen die Landschaft bisweilen derart, daß man an Deck lesen könnte – wäre es nicht zu kalt. Die Zeit der polaren Nacht ist anders als eine dunkle, wolkenverhangene Nacht, wie wir sie von zu Hause kennen. Die Finsternis ist da, aber sie ist für die Sicht durchdringbar. Deshalb fahren die Grönländer zur Jagd auf Moschusochsen, die sie im Scoresby Sund anzutreffen hoffen. Sigga und Torsten hoffen, daß dieser Ausflug Rafa über den vorläufigen Verlust der Hunde hinwegtröstet. Die Abwesenheit vom Schiff, die Jagd der

Grönländer und das Reisen in der polaren Nacht ist schon ein ganz besonderes Erlebnis. Rafa ist hochmotiviert.

Das plötzliche Knattern der Rotorblätter eines Hubschraubers läßt die beiden an Bord Verbliebenen aufhorchen. Schon mehrere Male war der Hubschrauber über das Schiff geflogen und hatte bereits einmal sogar zur Landung angesetzt. Damals war das Eis noch zu dünn, heute trägt es den Helikopter problemlos. Nachdem der Pilot unmittelbar neben dem Schiff gelandet ist, erstirbt der Lärm der Turbinen, und ein in einem dicken Winteroverall verpackter Pilot steigt aus. Es ist der Schwede Göran Lindmark, der für Grönlandsfly zweimal die Woche den Shuttle von Constable Point nach Ittoqqortoormiit übernimmt – sofern das Wetter mitspielt. Soeben hat er einige Passagiere in der Siedlung abgesetzt. Außer zurück nach Constable Point zu fliegen, gibt es für ihn heute nichts mehr zu tun. Torsten hatte Göran vor einigen Tagen im Dorf getroffen und ihn an Bord eingeladen, aber nicht damit gerechnet, daß er seinen Hubschrauber gleich mitbringt. Ein Pilot, der was auf sich hält, der fliegt – und sei es zu einer Einladung zum Kaffeetrinken. „Coffee break“, sagt er schmunzelnd, holt dabei eine dicke Packung Zeitungen hervor, die er unter den Arm geklemmt hat, und überreicht sie den beiden: neue isländische Zeitungen für Sigga sowie die ZEIT und die WELT für Torsten. Die beiden sind völlig baff! Damit haben sie nun wirklich nicht gerechnet. Es kommt sogar noch besser: Als sie mit Göran unter Deck sind, fallen ihnen noch Schokoladenbonbons entgegen – Göran hat das alles bei dem isländischen Kollegen bestellt, der es ihm von Reykjavik mitgebracht hat – und nun haben Sigga und Torsten die „Goodies“ erhalten.

Göran ist der typische Vertreter eines Buschpiloten. Souverän, selbstbewußt und absoluter Könner, was die Fliegerei betrifft – auf der anderen Seite einfühlsam und offenherzig gegenüber anderen Menschen, insbesondere solchen, die ein wenig einsam leben. Es ist natürlich verboten, hier auf dem Eis zu landen. Aber auf Grönland gelten auch hierfür offenbar eigene Regeln, keiner wird ihn deswegen zur Verantwortung ziehen. Während die drei Kaffee trinken und Göran die neuesten Nachrichten ausplaudert, knackt plötzlich das Eis. Als Sigga sicherheitshalber draußen nachsieht, bleibt

Göran cool. „Eef the helicopter sinns down I will bäh not vera populär at the base“, ist sein einziger, trockener Kommentar dazu. Danach trinkt er unverdrossen seinen Kaffee weiter, als sei nichts passiert. Göran fliegt seit 14 Jahren auf Grönland. Interessiert verfolgt er die Überwinterung der DAGMAR AAEN. Er hat in Schweden selbst ein altes Holzschiff und daher ein besonderes Verhältnis zu Schiffen dieser Bauart. Es soll nicht das letzte Mal sein, daß Göran mit seinem „Chopper“ zu Besuch kommt. Mitunter hat er keine Zeit zum Landen, dann „hovert“ er wenige Meter neben dem Schiff über dem Eis und gibt Handzeichen. Sigga und Torsten wissen dann, was anliegt: Göran hat wieder einmal eine Ladung Zeitungen dabei, die er – gut in einer Plastiktüte verpackt – aus der Tür aufs Eis wirft. Danach legt er den Hubschrauber in eine steile Kurve, winkt noch einmal – und weg ist er. Auf dem Eis die Tüte mit Zeitungen – Torsten und Sigga sind verständlicherweise immer ganz aufgeregt, wenn sie den Hubschrauber hören.

Am 3. Dezember kommt Rafa von seinem Jagdausflug zurück. Die Jagd ist für die Grönländer gut gelaufen. Die Route führte von Ittoqqortoormiit bis zum Ende des Hurry Fjords und von dort einem Flußtal folgend in das hügelige Jameson Land, in dem sich die Moschusochsen aufhalten. 20 000 Tiere soll es angeblich in ganz Ostgrönland geben. Daran gemessen werden die Quoten für die Jäger jedes Jahr neu festgelegt. Die Schlittenfahrt verlief, wie erwartet, nicht ohne Härten. Die niedrigen Temperaturen und der teilweise meterhohe Neuschnee ließen die Hunde und die Schlitten bisweilen tief einsinken. Hindernisse wie Schluchten und Abgründe waren in dem diffusen Zwielicht nur schwer zu erkennen. Untereinander verständigten sich die Schlittenfahrer mit Taschenlampensignalen. Und dann stießen sie plötzlich auf eine Herde Moschusochsen, die in dem schummrigen Licht erst kurz vorher zu sehen waren. Die Hunde hatten jedoch schon seit langem die Witterung aufgenommen. Anstatt ihr Heil in der Flucht zu suchen, bleiben Moschusochsen bei Gefahr stehen und bilden einen Kreis, in dem sie ihre Jungtiere in die Mitte nehmen und die großen wehrhaften Tiere sich mit gesenkten Hörnern dem Angreifer entgegenstellen. Gegen Wölfe und Bären mag das eine eindrucksvolle und wirksame Strategie sein. Gegen eine Kugel nützt das leider gar nichts. Im Gegenteil! Befinden sich die Tiere erst einmal in ihrer Verteidigungsstellung, kann man sich ihnen nähern, sie vertrauen voll und ganz auf ihre Abwehr. So erklärt es sich, daß die Tiere leicht zu jagen sind – man muß sie nur finden, und darin liegt wohl das Geschick und die größte Kunst der Jäger.

Die Grönländer haben insgesamt sechzehn Moschusochsen erlegt – mehr gestattete ihnen ihre Quote nicht. Das Abziehen der schweren Häute und das Zerlegen der Tiere unter freiem Himmel bei –30 °C und ohne Handschuhe ist eine Erfahrung für sich. Anschließend wurde das Fleisch auf ihre sechs Hundeschlitten verladen und zurück ins Dorf gebracht. Die Jagd als solche dauerte einige Stunden, die An- und Abreise mit Hundeschlitten viele Tage. Eine eindrucksvolle und abenteuerliche Tour, die zudem einen Einblick in das traditionelle Leben dieser Menschen gewährte.

Rafa macht dennoch entgegen aller Erwartungen und Hoffnungen seitens Sigga und Torsten keinen frohgelaunten Eindruck bei seiner Rückkehr. Im Gegenteil. Mit Jonas, dem erfahrenen Jäger, scheint er überhaupt nicht klargekommen zu sein, versteigt sich sogar in der Behauptung, daß er – Jonas – keine Ahnung habe. Was genau auf dem Jagdausflug vorgefallen ist, bleibt im dunkeln. Rafa fühlt sich wieder einmal falsch behandelt und mißverstanden, sein Verhalten gegenüber Torsten und Sigga wird immer problematischer. Zum Abschluß der Jagd hatte Rafa ein kleines Stück Fleisch geschenkt bekommen (von einem zähen, alten Ochsen, laut Torstens Aussage). Um die Stimmung aufzubessern, die in den Keller zu rutschen droht, spendiert Sigga eine Flasche Rotwein – den Moschusochsen wollen sie zu dritt feierlich genießen. Es soll anders kommen. Statt, wie geplant, ein gemeinsames Abendessen zu zelebrieren, fängt Rafa zwei Stunden nach dem Mittag an, das Fleisch zu braten. So richtig Appetit hat da noch keiner. Seinen Anteil vom Wein kippt er schnell herunter und meldet sich dann bei Sigga ab, weil er jemanden im Dorf besuchen will, und er würde auch erst am nächsten Tag wiederkommen. Die beiden anderen bleiben wie benommen zurück. Wie selbstverständlich haben sie die Arbeiten von Rafa während seines Ausfluges mit übernommen. Jetzt ist er wieder weg und kommt auch erst kurz nach Mitternacht des nächsten Tages zurück. Die Stimmung ist auf einen neuen Tiefpunkt gesunken. Rafa tut nichts, um dieses Stimmungstief zu heben. Im Gegenteil, psychologische Kriegführung ist angesagt. Während die anderen essen, rülpst er lauthals in der Pantry, auch andere, noch weniger feine Körpergeräusche sind nicht zu überhören. Auf die Bitte hin, dieses zu unterlassen, reagiert er nicht. Morgens um 6 Uhr, als die anderen beiden noch schlafen, beginnt er zu kochen und zu backen, bis alle wach sind. Dann geht er fort, um erst um Mitternacht wiederzukommen. Sein Ton wird zunehmend aggressiver und provokanter. Zu einer Kooperation in irgendeiner Form ist er überhaupt nicht mehr zu bewegen. Das ist der Punkt, an dem es Sigga schließlich reicht. Am 5. Dezember schreibt sie ins Logbuch:

„Rafa ist erst um Mitternacht wieder an Bord gekommen. Er macht sich keine Gedanken über das Schiff oder über seine ‚Mitbewohner'. Sein einziger Respekt gilt ihm selbst. Er achtet nur auf seinen eigenen Vorteil. Es sind vielleicht kleine Dinge, aber ganz viele kleine Dinge können ganz große machen. Das Leben besteht ja aus Details. Diese Situation kann ich nicht länger dulden. Ich habe mir (und ihm) Zeit gelassen und bin zu dem Entschluß gekommen, daß wir dieses Verhalten einfach nicht mehr tolerieren können. Rafa muß sich selbst helfen, dafür ist eine Überwinterung und das Schiff nicht der richtige Platz."

Am Samstag, den 6. Dezember klingelt bei mir zu Hause das „Rote Telefon". Krisensitzung ist angesagt! Ich höre Entschlossenheit, aber auch Verzweiflung in Siggas Stimme. Sie selbst ist offenbar am unglücklichsten über ihre Entscheidung, die sie mit mir nochmals besprechen und abgleichen möchte. Ich stelle mich rückhaltlos hinter meine isländische Kameradin. Das australische Polarforschungsinstitut ANARE hat den Begriff des „Misfit" geprägt, das, bezogen auf eine Person, bedeutet, daß jemand aus irgendwelchen Gründen nicht in eine Gruppe hineinpaßt. Immer wieder werden bei wissenschaftlichen Stationen Leute abgelöst, die, obwohl sie psychologischen Tests unterworfen worden sind, aus unterschiedlichen, meist aber persönlichen Gründen nicht in die Mannschaft hineinpassen und deshalb abgelöst werden müssen. Rafa ist ein solcher Fall. Er ist der Belastung einer Überwinterung, der Enge an Bord und dem Ausgesetztsein gegenüber der Bordgemeinschaft offenbar nicht gewachsen. Ihm fehlt aber auch einfach der Wille, sich zu arrangieren. Alle haben versucht, ihm einen Weg zu ebnen, aber jetzt ist eine Grenze erreicht. Trotz der Distanz, die ich aufgrund der räumlichen Trennung habe, treffe ich eine spontane Entscheidung, die ich Sigga gleich mitteile: Rafa wird von mir ein Fax erhalten, indem ich ihm mitteile, daß er die Expedition verlassen muß. Im gleichen Zuge werde ich für ihn in Reykjavik ein Flugticket nach Madrid hinterlegen und von Sigga eines von Ittoqqortoormiit nach Reykjavik aus der Bordkasse kaufen lassen. Es wird der nächst mögliche Flugtermin, bereits am Mittwoch, vereinbart. Überzähliges Gepäck kann er an Bord lassen und es bei Ankunft des Schiffes im Oktober nächsten Jahres dort abholen. Die Würfel sind gefallen. Nach dem Telefonat setze ich mich hin und schreibe das besagte Fax an Rafa – es fällt mir trotz allem nicht leicht. Am nächsten Tag faxe ich das Schreiben an Sigga, die es mit einer entsprechenden Erklärung Rafa übergibt. Ins Logbuch trägt sie später ein:

„Heute morgen kam das Fax von Arved, die endgültige Kündigung Rafas. Ich habe erst mit ihm gesprochen und versucht, ihm die Lage zu erklären, aber er sieht nicht ein, daß irgend etwas in seinem Verhalten falsch sein könnte. Er nimmt das sehr ruhig an, was mich selbst beruhigt. Später gehe ich mit ihm nach Ittoqqortoormiit und besorge ihm ein Flugticket nach Island. Er spricht von der Station auch telefonisch mit Arved. Rafa nimmt die Entscheidung an, obwohl er sie nicht verstehen kann oder will.“

Zwei Tage später befindet sich Rafa auf dem Rückweg nach Spanien. Die Wartetage bis zum Abflug waren für alle drei an Bord nahezu unerträglich geworden, obwohl jeder so tat, als sei alles kein Problem. Die letzte Nacht schläft Rafa im Dorf, bittet aber darum, daß Sigga zu seinem Abflug zum Heliport kommt. Sigga ist, wie verabredet, vor Ort. Als der Hubschrauber abhebt, scheint es Sigga, als würde ihr jemand eine tonnenschwere Last von den Schultern heben. Zurück an Bord, ruft sie mich an und teilt mir den Abflug mit. Danach sitzt sie mit Torsten zusammen und spricht zum ungezählten Mal über diese Entwicklung. Anschließend machen sie das Schiff gründlich sauber und diskutieren die anstehenden Arbeiten und die kommende, „bessere“ Zeit. Im Logbuch schreibt sie am 12. Dezember:

„Ich fühle mich ziemlich müde. Diese ganze Sache hat mich sehr belastet, und ich habe versucht, Torsten da raus zu halten.“

Und einen Tag später, am 13. Dezember:

„Wir genießen noch die plötzlich veränderte Bordstimmung, und wir sind beide noch ziemlich erschöpft. Heute backen wir unsere erste Sorte Weihnachtsgebäck, leckere Marmeladentaschen. Wir haben beide sehr wenig Erfahrung beim Backen, aber es klappt! Die sehen zwar nicht sonderlich gut aus, aber sie schmecken.“

Wie nachhaltig eine angespannte Atmosphäre sich auf das Wohlbefinden auswirken kann, verspüren die beiden erst, als sie allein sind und der Druck von ihnen genommen ist. Die Müdigkeit, die beide befallen hat, ist dafür kennzeichnend. Jetzt plötzlich leben sie wieder auf. Das Stimmungsbarometer ist am oberen Anschlag, und die Vorbereitungen für Weihnachten laufen auf Hochtouren.

Die Lawine

An Deck der Dagmar Aaen stehen diverse 200-Liter-Fässer mit Diesel und Petroleum, die bei Bedarf in die Brennstofftanks umgepumpt werden können. Da der Schlauch der Pumpe nicht lang genug ist, müssen die Fässer teilweise auf dem Deck bewegt werden, und dabei passiert es: Beim gemeinsamen Anheben eines der Fässer mittels einer Talje knallt der rostige Stahlrand der Tonne Torsten gegen die Oberlippe. Es gibt zwar keine Platzwunde, dafür schwillt die Lippe so stark an, daß er einem See-Elefanten alle Ehre erweisen würde. Das sieht zwar komisch aus – ist es aber nicht. Zum einen tut es höllisch weh, zum anderen haben sich die Zähne dabei ein wenig gelockert. Schlimmer noch, einer der Zähne entzündet sich an der Wurzel, eine vertrackte Kettenreaktion. So schnell kann es gehen! Als die Schmerzen unerträglich werden, geht Torsten sicherheitshalber ins Dorf zur Krankenstation, doch da kann man auch nicht viel machen. Es gibt zwar eine Zahnarzthelferin, aber keinen Zahnarzt im Ort. Der Arzt schaut in gewissen Abständen immer nur mal vorbei. Sollte sich der Zahn verschlimmern, müßte Torsten nach Island ausfliegen, um sich dort behandeln zu lassen. „Alles, nur das nicht“, sagt er später zu Sigga. Das Ausfliegen nach Island würde für Torsten mental einen gewaltigen Bruch in seiner Überwinterung bedeuten. Er will den ganzen Winter, ja die gesamte Expedition zusammenhängend erleben – ohne die geringste Unterbrechung! Die Vorstellung, plötzlich im vorweihnachtlichen Akureyri herumzulaufen, behagt ihm überhaupt nicht. Statt dessen greift er zu Antibiotika, die schließlich auch die gewünschte Wirkung erzielen. Aber das Beispiel zeigt, wie leicht etwas passieren kann. Das einsame Leben auf dem Schiff ist immer eine Gratwanderung.

Zu Weihnachten wird gründlich reinschiff gemacht, das Klo an Bord neu gemalt, ein Tannenbaum aus Plastik in der Messe aufgestellt und weiter emsig Weihnachtsgebäck fabriziert. Wenige Tage vor Weihnachten läuft Sigga mit dem Schlitten zur Siedlung, um bei der Post zu fragen, ob irgend etwas für die beiden angekommen ist. Im Büro von Jens Bernlow fragt sie nach und muß zu ihrer großen Enttäuschung hören, daß nichts für sie mitgekommen ist. Siggas Gesicht muß Bände gesprochen haben. Was sollen sie nun an Weihnachten auspacken? So ganz ohne Geschenke wird es doch ein etwas fader und trostloser Heiligabend. Betroffen zieht sie mit ihrem leeren Schlitten wieder über das Eis Richtung Amdrup Havn, um Torsten die schlechte Botschaft zu bringen. Jens und dem Grönländer Frederick muß der Anblick offenbar einen Stich versetzt haben. Jens stellt Nachforschungen an, und tatsächlich liegt eine größere Sendung für die DAGMAR AAEN in Constable Point – mit dem nächsten Flug soll sie mitkommen. Am Samstagnachmittag, obwohl es Fredericks freier Tag ist, schwingt er sich auf seinen Motorschlitten und fährt mit einer Ladung Geschenke raus zum Schiff – Nachbarschaftshilfe. Damit ist das Fest gerettet. Am gleichen Tag landet auch der Hubschrauber wieder einmal neben dem Schiff mit neuen Zeitungen im Gepäck. Grönländer wie auch im Ort ansässige Dänen unternehmen Ausflüge zum Schiff, irgendwie macht sich jeder im Dorf Gedanken, wie es den beiden an Bord ihres inzwischen fest eingefrorenen Zuhauses geht. Jeder Besucher ist willkommen. Unter Deck duftet es nach frischen Plätzchen und heißem Kaffee, Weihnachten ist auch in Ittoqqortoormiit ein wichtiges Fest.

Heiligabend stellen die beiden Überwinterer sich ein richtiges Menü zusammen: Es werden Moschusochsenbraten, Schnittbohnen, Erbsen und Kartoffeln sowie als Dessert Mousse au Chocolat serviert. Dazu gibt es Rotwein – und draußen die weiße Weihnacht, die wir uns zu Hause immer wünschen! Die Geschenke werden ausgepackt, und Sigga schreibt später ins Logbuch:

„Es war schön und friedlich. Am Abend kamen viele Anrufe von zu Hause, aber wir haben auch Zeit gefunden, die zahlreichen Pakete auszupacken. So viele Geschenke haben wir seit der Kindheit nicht mehr bekommen.“

Am 2. Weihnachtstag trifft Margret, eine langjährige Freundin von Sigga, aus Island ein. Margret ist Mitte zwanzig, verfügt wie Sigga über ein ähnlich robustes Naturell und zudem über umfangreiche Outdoor-Erfahrung. Als sie von Sigga hörte, daß wir noch jemanden für die zweite Hälfte der Überwinterung an Bord suchen, war sie sofort bereit. Ihren Job wollte sie ohnehin kündigen, jetzt fiel ihr der Entschluß dazu noch leichter. Damit sind zwei Frauen und ein Mann an Bord der Dagmar Aaen. Dieses Dreigespann von Sigga, Torsten und Margret erweist sich als ideal. Die drei verstehen sich gut, teilen sich die Aufgaben, und es können auf diese Art und Weise auch jeweils zwei Personen das Schiff gleichzeitig verlassen, während eine Person Wache hält. Damit ist das Winterteam wieder vollzählig und mir im regnerisch-trüben Bad Bramstedt etwas wohler.

Das Wetter bleibt die Feiertage über klar und kalt. Die Temperatur liegt bei –30 °C, aber es ist dabei windstill und schön. Die drei durchleben zugleich die dunkelste Phase ihrer Überwinterung. Langsam, für sie noch nicht spürbar, werden die Tage von jetzt an wieder länger. Das ist, wie sie freimütig sagen, ein gutes Gefühl, wenngleich auch ein wenig Wehmut mitschwingt. Ein entscheidender Teil der Überwinterung ist damit schon abgeschlossen. Sie haben sozusagen die Talsenke durchwandert und befinden sich jetzt wieder auf dem Weg zum Licht.

Der Jahreswechsel macht diesen Neubeginn auch kalendarisch deutlich, und er leitet zugleich eine drastische Veränderung des Wetters ein. War das Wetter bislang eher ruhig, kalt und konstant gewesen, wird es jetzt zunehmend wechselhafter und schlechter. Während sich die drei ihr Silvestermenü – es gibt Schneehuhn – zubereiten, beginnt der Luftdruck rasant zu fallen, und im gleichen Maße steigt die Temperatur. Von –30 °C klettert das Thermometer auf –5 °C, um später sogar den Gefrierpunkt zu erreichen. Dieser Temperatursprung fühlt sich an wie ein Sommereinbruch. Aber er ist nicht nur ungewöhnlich, sondern wirkt auch deplaziert und ungesund. Irgend etwas scheint sich zusammenzubrauen.

Sigga und Margret haben sich vorgenommen, eine Skitour zu den Jägern am Kap Tobin zu machen, das etwa elf Kilometer vom Schiff entfernt liegt. Auf halbem Weg stoppen sie, naßgeschwitzt von den ungewöhnlich milden Temperaturen, und prüfen das Wetter. Ihnen ist die Sache nicht geheuer. Auf dieser Strecke von einem Schneesturm überrascht zu werden, wäre lebensbedrohlich. Sigga hat die Gewalt des Herbststurmes noch zu gut in Erinnerung. Vernünftigerweise kehren sie um. Obwohl es draußen weiterhin noch ruhig bleibt, spürt jeder der drei, daß irgend etwas in der Luft liegt. Es ist schon eigenartig, wie die domestizierten und degenerierten Sinne eines Menschen wieder sensibilisiert und aktiviert werden, wenn er lange genug in der freien Natur lebt und letztlich von ihnen abhängig ist. Wie ein Tier Wetteränderungen spürt, so kann der Mensch ebenfalls seine Instinkte wiedergewinnen und dergleichen spüren. Unheil liegt in der Luft. Der Tag, das Wetter, die Temperatur – alles ist irgendwie anders, als sie es gewohnt sind. Das Silvesteressen findet daher zwar immer noch ungestört, dafür aber unverhältnismäßig ruhig statt.

In den frühen Morgenstunden des 1. Januar bricht es unvermittelt über sie herein. Wie im Herbst kündigen einige schwere Sturmböen das nahende Unwetter an, und wenig später ist die Hölle los. Obwohl das Schiff eingeschneit und eingefroren ist, bewegt es sich in seinem eisigen Bett. Der Schnee ist naß und klebrig. Er fällt derart dicht, daß man fast seine Hand vor Augen nicht sehen kann. Jede Stunde müssen sie an Deck, um die Schornsteine der Öfen freizuschaufeln. Obwohl die Abgasrohre glühend heiß sind, werden sie von dem Schnee zugemauert und die Öfen erstickt. Zwischen 50 bis 70 Knoten beträgt die Windgeschwindigkeit, der Luftdruck ist auf 966 hPa gefallen. Aber das Eis hält. Auch der Kühlwasserauslaß des Generators muß ständig freigeschaufelt werden. Das ganze Schiff erstickt in den Schneemassen. Und dennoch haben es die drei relativ bequem. – Hatten nicht auch die Männer der HANSA nach Jahreswechsel auf ihrer Scholle einen schweren Sturm zu überstehen?

Der Sturm hält auch am 2. Januar unvermindert stark an. Am späten Nachmittag geht dann plötzlich ein heftiger Ruck durch das Schiff, das daraufhin schlagartig seine Lage verändert. Irgendwie scheint sich das Vorschiff zu heben, so als ob das Schiff bergauf fahren würde – das kann ja nicht sein – oder doch? An Deck bietet sich ihnen ein eindringliches Bild. Schemenhaft können sie durch das dichte Schneetreiben unseren „Hausberg“ sehen, der sich hinter dem Schiff erhebt. Der Sturm hat Wächten am Gipfelgrad aufgebaut, und eine dieser Wächten scheint abgebrochen zu sein und hat auf ihrem Weg nach unten eine Lawine aus nassem, klebrigem Schnee ausgelöst. Bis auf knapp drei Meter schiebt sich die Lawine an das Heck des Schiffes heran, dann stoppt sie, Gott sei Dank!

Das Gewicht der Schneemassen muß unglaublich sein. Es ist jedenfalls so groß, daß es die gesamte Eisfläche, in der die Dagmar Aaen eingefroren ist, unter Wasser gedrückt hat. Da das Schiff im Eis eingeschlossen ist, wird es von dem Eis nach unten gezogen, lediglich der Bug hat sich im gleichen Zuge emporgehoben. Die Neigung des Decks beträgt etwa 20 Grad. Als erstes fiert Sigga die Festmachertrossen, die jetzt unter der Lawine begraben irgendwohin an Land führen und die zum Bersten gespannt sind. Dennoch verändert sich die Lage des Schiffes nicht. Das Ruderblatt und die Schraube, schießt es den dreien durch den Kopf. Der ganze Druck lastet auf Schraube und Ruder! Aber bei diesem Wetter gibt es nichts, was sie dagegen tun könnten. Unvermindert heult der Sturm über die Bucht und über das Schiff hinweg. Regelmäßig wechseln sich die drei mit dem Freischaufeln der Ofenrohre ab. Mit einem Mal ist die Überwinterung wieder bitterer Ernst geworden, alle machen sich Sorgen um das Schiff. Torsten beschreibt den Unterschied zwischen der warmen, sicheren und ruhigen Atmosphäre unter Deck und dem Chaos aus Sturm und fliegendem Schnee an Deck wie zwei voneinander getrennte Welten: „*Man tritt durch eine Tür (die des Niederganges) und befindet sich unvermittelt in einer Welt der Zerstörung, in der alles in blendendes Weiß gehüllt ist, das einem Sicht und schier den Atem nimmt.*“ Das Ende der Welt ist plötzlich ein realer Begriff geworden. Die Landschaft, das Wetter, der Boden, auf dem man steht – alles scheint sich in heilloser Auflösung zu befinden. Es ist wie eine Art arktischer Urknall, in dem alles voneinander zu fliehen scheint. Der Mensch läßt es mit sich geschehen, weil er der Urgewalt nichts entgegenzusetzen hat. Aber der Anblick der unmittelbaren Gefahr kann auch faszinierend wirken, insbesondere dann, wenn man weiß, daß nur wenige Schritte von einem entfernt die Schleuse zu einer sicheren und gewohnten Umgebung steht. Der Weg dort hindurch ist genauso einschneidend wie der umgekehrte. Die Tür schließt sich hinter einem, und damit schließt man das Brausen des Sturmes, diese angreifende und feindliche Welt aus. Befreit schält man sich aus seinen diversen Jacken und Fleecepullovern, hängt Handschuhe, Gesichtsmasken und Mützen zum Trocknen über den Herd und hört bei einer dampfenden Tasse Tee vielleicht ein wenig leise Musik aus dem CD-Player. Es ist wie das Leben eines Höhlenmenschen, die Gegensätze könnten kaum größer sein.

Auch am 3. Januar stürmt es unvermindert weiter. Die Böen sind so stark, daß immer wieder die Schiffsglocke am Mast ertönt. Das ist unheimlich und wirkt bedrohlich, Torsten bindet den Klöppel schließlich fest. Und wenn eine weitere Lawine abgeht? Wird sie gar das Schiff erreichen? Sigga ordnet an, daß keiner das Achterschiff betreten soll, geschweige denn, ums Achterschiff herumgeht, solange das Wetter bleibt, wie es ist. Torsten merkt bei seinem Rundgang durchs Schiff, daß im Maschinenraum plötzlich mehr Wasser in der Bilge steht als gewöhnlich. Wo kommt es her? Sie suchen, können aber keine Leckage entdecken. Sigga beschließt, mich vom Bordtelefon aus anzurufen und mir die Lage zu schildern.

Für mich, der ich in einem verregneten Bad Bramstedt sitze, ist das Gespräch mit Sigga wie ein Kontakt mit einem anderen Stern. Ich lasse mir die Situation schildern und sage ihr, daß ich die Lage kurz überdenke und sie dann zurückrufe. Danach setze ich mich hin und denke konzentriert nach, was die drei machen können. Auch für mich ist das eine neue Situation. Ein Schiff, das beinahe von einer Lawine verschüttet wird, kommt jedenfalls in den Analen der Schiffahrt nicht häufig vor. Ich empfehle Sigga folgende Maßnahmen: Zum einen müssen sie, sobald das Wetter besser wird, das Eis um das Heck des Schiffes freihacken. Das läßt sich leicht dahinsagen, immerhin dürfte das Eis mittlerweile 1,80 Meter stark sein. Die Dagmar Aaen muß sich wieder ausrichten können; so wie sie jetzt liegt, ist sie ungewöhnlichen Druckverhältnissen ausgesetzt, die nicht gut sein können für das Schiff. Das wird eine Knochenarbeit werden, aber eine andere Lösung gibt es nicht. Auf die mögliche Ursache für den Wassereinbruch komme ich ziemlich schnell: Sofern kein Leck entstanden ist, was ich für sehr unwahrscheinlich halte, muß es die Stopfbuchse des Ruderkokers sein. Der Druck des

Eises auf das Ruderblatt, die Trockenheit des Winters, die ungewohnte Neigung des Schiffes, das alles kann dazu geführt haben, daß sich die Verschraubung der Stopfbuchse gelockert hat und plötzlich Wasser durchläßt. Ich rufe Sigga an, die offenbar neben dem Telefon sitzt, und schildere ihr meine Meinung. Zu dem Schluß, das Heck freizuhacken, sind die drei schon selbst gekommen – sobald das Wetter es zuläßt. Die Inspektion der Stopfbuchse ergibt, daß sie tatsächlich der Anlaß für die volle Bilge ist. Zu zweit, mit dem nötigen Werkzeug ausgerüstet, liegen Torsten und Sigga bäuchlings in der Rudermaschine und ziehen die Überwurfmutter mit aller Kraft nach – danach ist Schluß mit dem Wassereinbruch. Das Schiff ist wieder trocken wie eh und je.

Während Sigga und Torsten unter Deck arbeiten, gräbt und schaufelt Margret auf Teufel komm raus den Schnee vom Deck. Es ist eine nicht enden wollende Flut. Erst am 4. Januar beginnt der Luftdruck wieder kräftig zu steigen. In der Nacht zum 5. lassen Sturm und Schneefall endlich nach.

Am nächsten Morgen machen sie sich gleich nach dem Frühstück daran, das Heck freizugraben. Obwohl wir einen guten Sicherheitsabstand von unserem Hausberg haben, der gerade mal hundert Meter hoch ist, hat die Lawine fast das Schiff erreicht. Wir hätten keinen Meter dichter unter Land liegen dürfen.

Das Werkzeug der Grönländer, mit dem sie Löcher ins Eis hacken, heißt „Tuk". Der Tuk ist eine Art Meißel, der an einem langen, soliden Stiel aus Eschenholz befestigt ist und mit dem man solange die Eisoberfläche bearbeitet, bis sie schließlich nachgibt und sich Vertiefungen oder Löcher bilden. Die Grönländer hacken damit ihre Löcher ins Eis, um zu angeln oder um Netze zu setzen. Die drei Überwinterer sollen mit diesem Werkzeug das ganze Achterschiff freigraben! Zunächst stoßen sie ein schmales, langes Loch hinter dem Ruderblatt ins Eis. Sie können zwar bis zum Wasser durchbrechen, aber an der Lage des Schiffes verändert das gar nichts. Schließlich bricht einer der Stiele ab, zudem wird es bitterkalt. Die Temperatur ist wieder auf unter –30 °C abgesunken. Der Atem steigt wie Rauch empor, setzt sich auf Kapuzen und Gesichtsmasken und bildet dort eine feste Eiskruste. Soviel Schnee auch gefallen ist, soviel hat der Wind auch wieder fortgeblasen. An Deck, wo sich der Schnee verfangen konnte, ist alles zugeweht, genauso dicht gepackt ist der Berghang hinter dem Schiff. Um die Dagmar Aaen herum aber ist das Eis spiegelglatt. Während sich einer der dreien unter Deck immer ausruhen und aufwärmen kann, schuften die beiden anderen an den Tuks, Äxten und Sägen. Die Arbeit ist unendlich mühsam und geht nur schleppend voran. Ohnehin können sie nur bei Halogenlicht, das Torsten extra draußen montiert hat, werkeln. Nur bei Kunstlicht, ansonsten bei völliger Dunkelheit, hacken, graben, sägen und buddeln die drei unverdrossen im Eis. Tagelang. Abends fallen sie erschöpft in ihre Kojen.

Am 7. Januar schreibt Sigga:

„Wir hacken weiter am Eis. Es ist mühsam, weil man schlecht unter dem ausladenden Heck arbeiten kann. Wir müssen in der Hocke sitzen, um weit unter dem Heck arbeiten zu können. Wir haben Lampen aufgestellt, damit wir überhaupt etwas sehen können. Der Mond ist fast voll, so daß es nachts heller als tagsüber ist. Spät nachmittags (18 Uhr) hebt die alte Dame endlich ihren ‚königlichen Hintern' und damit zugleich einen ganzen Berg Sorgen von meinen Schultern. Wir haben in den letzten paar Tagen sehr hart daran gearbeitet, und es hat auch ein bißchen Streß gegeben. Aber jetzt hat sich das alles gelohnt! Es zeigt nur wieder, was eine gute, gezielte Zusammenarbeit zu leisten vermag. Wir haben unsere Dagmar nicht im Stich gelassen! Wir machen viele Fotos, klaren auf und melden die gute Nachricht dem Chef. Danach machen wir uns ein gutes Essen und gönnen uns eine Flasche Wein dazu. Diese Nacht können wir und ein paar Bad Bramstedter gut und ruhig schlafen."

Und wie! Brigitte und mir fällt auch eine Lawine von den Schultern, einmal mehr werden wir uns bewußt, was für ein großartiges Team wir an Bord haben.

Von diesem Tag an für den Rest des Winters wird das Loch im Eis für das Achterschiff jeden Tag freigehalten. Nachts friert es wieder zu, aber die Eisdecke beträgt morgens nur ca. zehn Zentimeter, und die lassen sich leicht wieder aufbrechen. Erst jetzt zeigt sich, daß das Schiff unter Deck völlig verrußt ist. Der Sturm und der Schnee haben die Abgase offenbar immer wieder zurückgedrängt, so daß sich über alles eine dichte Rußschicht gezogen hat. Reinschiff ist angesagt. Danach kehrt der Alltag wieder ein. Sigga und Margret unternehmen endlich ihre Skitour nach Kap Tobin, während Torsten das Schiff hütet. Die Temperatur sinkt im Januar immer tiefer. Zunächst fällt sie auf –38 °C, später sogar auf –43 °C. Das ist der Kälterekord in diesem Winter. Selbst die kleinste Arbeit an Deck kostet bei diesen Temperaturbereichen enorme Überwindung. Jeder Handgriff will wohl überlegt sein, er dauert entsprechend lange. Jede Unachtsamkeit rächt sich postwendend und meist schmerzhaft. An einem dieser Tage will Torsten die Petroleumkanne für die Lampen aus einem der Fässer an Deck füllen. Die Kanne und das Petroleum werden durch die Außentemperatur dabei auf –40 °C heruntergekühlt. Unter Deck stellt Torsten die gefüllte Kanne ab, zieht seine Daunenjacke, Gesichtsmaske und Handschuhe aus und greift mit bloßen Händen die Petroleumkanne, um die bereitstehenden Lampen aufzufüllen. 37° warme Finger treffen auf –40 °C kaltes Metall. Torsten beschreibt das Ereignis wie eine Art Zischen, gerade so, als wenn man sich die Finger verbrennt. Einige Fingerkuppen sind bläulich verfärbt, Haut bleibt am Metall kleben, und Torsten hat für die nächste Zeit ein schmerzliches Andenken an diese Unachtsamkeit. Die Arktis ist ein gnadenloser Lehrmeister, jeder auch noch so kleine Fehler rächt sich umgehend.

Die Öfen heizen das Schiff auch bei diesen extremen Temperaturen auf. Lediglich die Kojen, die durch Schiebetüren verschlossen sind, bleiben eisig kalt. Die großen Köpfe der Schiffsnägel, mit denen die Innenbeplankung an die Spanten genagelt ist, sind von glitzernden Eiskristallen bedeckt. Die Kojen sind wie Kühlräume. Nur in dem dicken Polarschlafsack, der den bezeichnenden Namen „The Fridge“, der Eisschrank, trägt, wird es kuschelig warm. Der Atem zieht in Dampfschwaden empor, und morgens hat sich Rauhreif um die Kapuzenumrandung abgesetzt.

Der 15. Januar ist der Tag, an dem die Sonne zum ersten Mal wieder aufgehen soll. Da Berge davor liegen, können unsere drei diesem Schauspiel leider nicht beiwohnen. Aber die Lichtverhältnisse werden anders. Um die Mittagszeit wirkt die Landschaft wie in tiefes Kobaltblau gehüllt. Dieses Blau wird langsam dichter und intensiver, um schließlich in ein warmes, volles Violett überzugehen –

ein gewaltiges Farbspektakel. Am 22. Januar klettern Margret und Sigga auf einen Berg, von dem aus man die Sonne an diesem Tag erstmals sehen soll. Im Logbuch steht später zu lesen:

„Wir sind auf den Berg südöstlich von unserem Winterplatz gestiegen, und auf halber Höhe konnten wir die Sonne schon sehen, wie sie über den Horizont blickte. Die Sonne nicht aus den Augen lassend, sind wir bis zum Gipfel gelaufen und haben es gerade geschafft, den Gipfel zu erreichen, bevor sie wieder unterging. Für Torsten, der aufs Schiff aufpaßt, bringen wir eine Mütze voll Sonnenstrahlen mit zurück. Danach gibt es einen „Sonnenkaffee" mit Pfannkuchen und echter Sahne von Mutti aus Island – das ist in Island Tradition!"

Die Wiederkehr des Lichts, der Wärme, des Lebens – wofür steht die Sonne nicht alles. Sie ist zumindest in den hohen Breiten Sinnbild des Lebens. Und nur, wer sie einmal über einen längeren Zeitraum entbehrt hat, weiß um ihren Stellenwert im täglichen Dasein. Am 30. Januar ist die Sonne erstmals vom Schiff aus zu sehen. Damit ist die dunkle Phase der Überwinterung beendet. Jeden Tag wird es jetzt heller – wenngleich nicht wärmer. Die Zeit der Wiederkehr der Sonne ist erfahrungsgemäß die kälteste Jahreszeit. So auch dieses Mal.

Ende des Monats erleben die drei einen weiteren schweren Sturm, vermutlich den schwersten bisher überhaupt. Auf der Wetterstation steht die Analoganzeige wieder bei 100 Knoten Windgeschwindigkeit, wobei der Zeiger wie festgenagelt am Anschlag kleben bleibt. Der Sturm tobt und heult, aber dieses Mal passiert nichts. Keine weitere Lawine, die Tieffrostperiode hat das Eis weiter gefestigt, so daß das Schiff bewegungslos daliegt und ihm der Sturm nichts anhaben kann. Die Wucht der Böen läßt den Überwinterern die Ohren dröhnen. Die Dichte der Luft ist in den Polarregionen höher als in den gemäßigten Breiten, in solchen Orkanen wird es spürbar. Dies soll der letzte schwere Sturm in diesem Frühjahr sein. Von jetzt an bleibt es überwiegend still.

Die Aufmerksamkeit an Bord richtet sich in zunehmendem Maße auf die geplanten Frühjahrsaktivitäten. Langsam beginnen die Vorbereitungen für die Ski-Expedition nach Norden. Proviantlisten werden erstellt, Ausrüstungen gecheckt und lange Listen nach Bad Bramstedt durchgefaxt. Es gibt eine Menge zu planen. Dadurch, daß wir nicht mehr wie ursprünglich gedacht ein eigenes Hundegespann zur Verfügung haben, müssen wir nach alternativen Transportmöglichkeiten für unsere Depotfahrten suchen. Sigga und Torsten sprechen mit Jens Napatoq darüber, und er verspricht, sich nach Ersatz umzuhören. Wir haben uns den Gedanken abgeschminkt, über einen längeren Zeitraum ein Hundegespann zu mieten. Es herrscht Hauptsaison für Hundeschlitten, und da würde sich kaum ein Jäger bereit erklären, seine Tiere samt Schlitten über mehrere Tage oder gar Wochen auszuleihen. Andererseits lohnt es sich für uns nicht mehr, eigene Hunde zu kaufen. Aber für die kürzere Zeitspanne, die eine Depotfahrt in Anspruch nimmt, wird sich bestimmt etwas arrangieren lassen.

Wieder hat ein neuer Abschnitt begonnen.

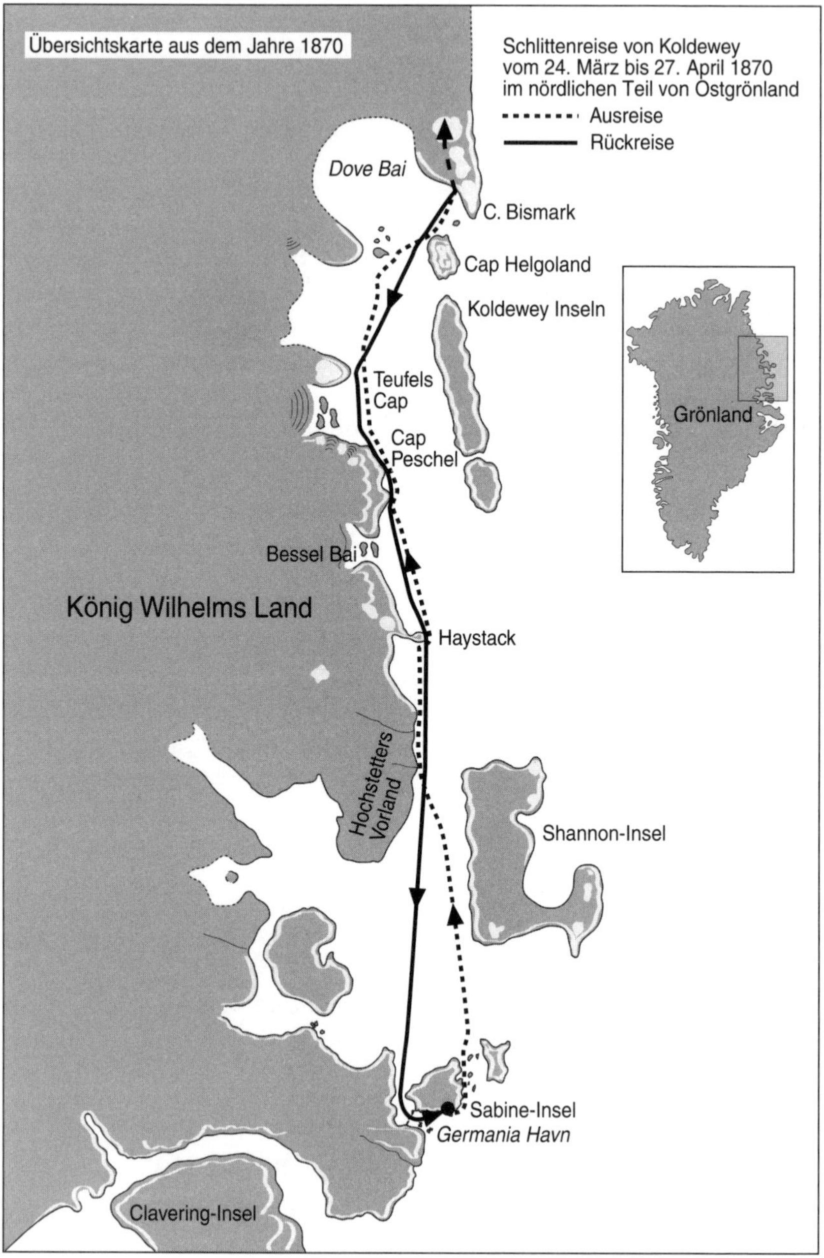
Übersichtskarte aus dem Jahre 1870
Schlittenreise von Koldewey
vom 24. März bis 27. April 1870
im nördlichen Teil von Ostgrönland
Ausreise
Rückreise
Dove Bai
C. Bismark
Cap Helgoland
Koldewey Inseln
Teufels Cap
Cap Peschel
Bessel Bai
König Wilhelms Land
Haystack
Hochstetters Vorland
Shannon-Insel
Sabine-Insel
Germania Havn
Clavering-Insel
Grönland

Die Überwinterung der Germania

Während die Männer der Hansa in ihrem Kohlenhaus einer ungewissen Zukunft entgegen drifteten, verlief die Überwinterung der Germania genau nach Plan. Das Schiff lag fest und sicher im Eis, Nahrung und Brennstoff waren in ausreichender Menge vorhanden. Die wissenschaftlichen Arbeiten wurden permanent fortgesetzt und am 27. Oktober 1869 eine erste Schlittenexpedition unter der Leitung von Julius Payer zur Insel Clavering Ø losgeschickt. Auf dem Südende der Insel hatte der Engländer Clavering 1823 eine Gruppe von Eskimos getroffen. Das war zugleich das erste und letzte Mal, daß Grönländer in diesen Breiten Ostgrönlands gesichtet wurden. Die Schlittenreise diente primär der Erkundung und Kartographie dieser Region. Die gebirgige Clavering Ø erinnerte Payer offensichtlich an seine alpine Heimat. Namen wie Tiroler Fjord, Großglockner und Eiger haben sich bis zum heutigen Tag gehalten. Neben Payer nahmen an der Expedition noch Dr. Copeland sowie die Matrosen Iversen, Wagner und Herzberg teil. Trotz einer Ausrüstung, die noch in vielen Punkten verbesserungswürdig war, kamen die fünf Männer recht zügig voran. Ihre Ausrüstung zogen sie gemeinsam auf einem einzigen Schlitten hinter sich her. Abends im Zelt wurde löffelweise Cognac oder Rum ausgeteilt, die laut Payer *„eine unvergleichliche Wonne für die Beteiligten darstellte. Auf allen Schlittenreisen konnte man die Beobachtung machen, daß diese geringe Quantität geistiger Getränke zufolge der sich steigernden Abnahme der Körperkraft und des zunehmenden Hungers sofort eine Art fröhlichen Wahnsinns erzeugt, dem Betäubung folgt. Für einige Minuten flammt die Unterhaltung in ausgelassener Heiterkeit auf, dann wird die Pfeife ausgeklopft und nun jeder mit seemännischem Singsang an seinen Platz gedrängt und an seinen Nachbarn* *dicht möglichst angeschoben. Mehrtöniges Schnarchen folgt bei den Glücklichen, peinliches Wachen bei den minder Begünstigten.*"

Die Größe der Löffel für die Rumration wird nicht näher beschrieben...

Der Herbst, auch wenn er sich von den Temperaturen milder darstellt als das Frühjahr, ist nicht ideal für Schlittenexpeditionen. Das Eis ist noch sehr dünn und unsicher, und die Schneeauflage fehlt fast völlig. Trotzdem ist diese erste Tour sehr erfolgreich und zeigt, wie effektiv die Mannschaft um Koldewey an die gestellten Aufgaben heranging.

Kein Herbst an der grönländischen Ostküste ohne schwere Stürme – auch die GERMANIA erhielt ihren Anteil davon. Am 7. und 8. November raste ein Orkan über ihren Winterplatz auf der Sabine Ø hinweg, der alle bisherigen an Stärke weit übertraf.

„*Die Gewalt der arktischen Stürme ist ungeheuer, nicht bloß weil die Geschwindigkeit, mit der sich die Luft fortbewegt, eine so große ist, wie sie in Europa selten vorkommt, sondern auch, weil der Druck, den die Luft auf eine gewisse Fläche ausübt, im Vergleich zu dem in mittleren Breiten stattfindenden durch die Vergrößerung des spezifischen Gewichts bei der Kälte und durch die größere Nähe der Oberfläche an den Mittelpunkt der Erde erheblich vermehrt wird. Wagte man sich aus der sorgsam geschlossenen Kappe aufs Verdeck heraus, so wurde man fast betäubt von dem sausenden und brausenden Getöse, mit dem der Wind sich am Schiff brach und um dasselbe herumhängte. An Unterhaltung war kaum zu denken: Der stärkste Commandoruf wäre nicht über das ganze Schiff hin vernehmbar gewesen.*"

Auch unter Deck waren die Auswirkungen des Sturmes zu spüren: „*Man setzt sich um den Tisch und nimmt ein Buch zur Hand. Aber mit Lesen will's nicht. Es ist auch schon spät abends, und man kann sich füglich zur Koje begeben. Aber der Schlaf will sich nicht einstellen: Unsere Umgebung ist ja in stetem Zittern, der Ofen und die Gläser klappern, und aus dem Halbschlummer schreckt uns von Zeit zu Zeit eine stärkere Erschütterung.*"

Die plötzliche Ruhe und Stille, die einem solchen Orkan folgt, wirkt regelrecht unheimlich: „*Wir hatten das Gefühl, als wenn man lange an einem Wasserfall oder einem tosenden Gletscherbach gestanden hat, und dann plötzlich um die Felsecke biegend, das*

Geräusch nicht mehr hört – so wunderbar still und ruhig erschien alles um uns her."

Die heftigen Herbststürme brachen das Eis im Germania Havn immer wieder auf. *„Wäre die Walross-Insel nicht gewesen, oder hätte die GERMANIA auch nur 2–3 Fuß mehr Tiefgang gehabt, so wären wir wohl hinausgetrieben und das Schiff unrettbar an der Felsküste zerschellt.*"

Die Schilderungen und Erlebnisse der GERMANIA und der DAGMAR AAEN weisen viele Parallelen auf. Glücklicherweise erstrecken sich diese Gemeinsamkeiten nicht auf die Erfahrungen mit Eisbären. Der Wissenschaftler Dr. Börgen sollte eine Begegnung mit einem Bären haben, die er Zeit seines Lebens nie vergessen haben wird. Am Abend war Dr. Börgen vom Schiff aus über das Eis zum Observatorium gegangen. Auf dem kurzen Weg dorthin hatte er noch Koldewey getroffen, der seinerseits auf dem Rückweg zum Schiff war. Kurz vor Erreichen der Steinhütte hörte Börgen plötzlich ein Geräusch neben sich. Noch bevor er sein Gewehr, das er geladen mit sich führte, gebrauchen konnte, war der Bär über ihm. Was dann genau geschah, vermochte Börgen, der diesen Angriff wie durch ein Wunder schwerverletzt überlebte, später nicht mehr genau zu schildern. Das nächste, was er definitiv spürte, war das Eindringen der Zähne in die Kopfhaut, die nur mit einer dünnen Mütze bedeckt war. Eisbären töten Robben meistens durch einen Biß in den Schädel. Offenbar ist der menschliche Schädel, ganz sicher aber der von Dr. Börgen, härter gewesen als der eines Seehundes. Jedenfalls glitten die Zähne des Bären knirschend an den Schädelknochen ab und gaben Börgen somit die Gelegenheit zu einem lauten Hilferuf. Dieser Ruf ließ den Bären für einen Moment innehalten, danach machte er sich um so bestimmter an die Arbeit und biß mehrere Male in Börgens Kopf, der diesen Attacken immer noch standhielt. Börgen selbst stellte später die Theorie auf, daß es sich bei dem Bären nur um ein Jungtier gehandelt haben konnte. Ein ausgewachsener Bär hätte mit Sicherheit keine Probleme gehabt, den Schädel zu knacken. Koldewey, der sich noch an Deck der GERMANIA befand, hörte den Hilferuf. Die Mannschaft zu alarmieren und aufs Eis zu springen, war eins. Der dabei entstandene Aufruhr veranlaßte den Bären, den Kopf seines Opfers mit den Zähnen zu packen und ihn fortzuschleifen, um ihn irgendwo ungestört zu verspeisen. Börgen, der immer noch bei Bewußtsein war, versuchte, den Bären durch Schläge in die Rippen von seinem Vorhaben abzubringen. Ein erster Schuß der Hilfsmannschaft traf zwar nicht den Bären, veranlaßte ihn aber, für einen Moment von seinem Opfer abzulassen, nur um ihn danach am Arm und an der Hand zu packen und weiter fortzuschleifen. Die dicken Pelzstulpen verhinderten Schlimmeres. Auf diese Art und Weise zog der Bär Börgen gut 100 Meter durch das Packeis, und fast wäre Börgen nicht durch den Rachen des Bären gestorben, sondern durch seinen langen roten Schal, der sich wie eine Schlinge um seinen Hals gelegt hatte und immer wieder hinter Eisvorsprüngen hängenblieb und ihn langsam aber sicher zu erdrosseln drohte. Da die Verfolger schneller unterwegs waren als der Bär mit seinem Opfer, ließ dieser schließlich von dem Wissenschaftler ab.

Als Koldewey und die Mannschaft endlich bei dem schwerverletzten, aber lebenden Dr. Börgen eintrafen, stand der Bär nur einige Meter abseits und überlegte, was zu tun sei. So einfach wollte er sich nicht um seine Beute bringen lassen. Erst ein in der Aufregung schlecht gezielter Schuß belehrte ihn eines Besseren. Der Schuß ging vorbei, und so konnte der Bär offenbar unverletzt im Schutze der Dunkelheit und der Packeisfelder entschwinden. Börgen überlebte schwerverletzt diesen Überfall, wenngleich er lange zur Genesung brauchte. Insgesamt zählte Dr. Pansch bei der späteren Verarztung an Bord der GERMANIA zwanzig Bißwunden. „Der Eisbär kommt immer dann, wenn man nicht mit ihm rechnet“, ist eine alte Fängerregel.

Börgen hatte Glück im Unglück, noch glimpflicher ging die Begegnung des Matrosen Theodor Klentzer mit einem Eisbären aus. Klentzer hatte bei schönem Wetter einen Spaziergang auf den Germania-Berg unternommen, sozusagen den Hausberg der Expedition. Als er oben angelangt war, setzte er sich hin, betrachtete die Landschaft in dem diffusen Licht und begann lauthals ein Lied in die klare, kalte Luft zu schmettern. Als er sich einmal umblickte, stand unmittelbar hinter ihm ein Eisbär, der offenbar andächtig diesem ungewöhnlichen Konzert zuhörte und ihn dabei mit ernster Miene betrachtete. Theodor war als ruhiger, entschlossener und sehr kräftiger Mann an Bord bekannt. An sich wäre diese Situation nicht weiter bedrohlich gewesen – hätte der Matrose, wie es eigentlich Vorschrift war, ein Gewehr dabei gehabt. Aber er war völlig unbewaffnet, hatte nicht einmal sein Matrosenmesser dabei. Payer, der immer vor solcher Sorglosigkeit gewarnt hatte, sagte später dazu: *„Es läßt sich auch nur durch jene fatalistische Sorglosigkeit erklären, die nun einmal den Matrosen eigen, durch jenen im übrigen nicht zu verachtenden gänzlichen Mangel an Bangigkeit, sowie durch den Umstand, daß bis jetzt fast alle Bären vor uns ohne weiteres geflohen waren und den Matrosen noch keinen rechten Respekt eingeflößt hatten.“*

Payer war Alpenländer und konnte nicht wissen, daß das Dasein eines Matrosen zu jener Zeit nur dann auszuhalten war, wenn, wie er sich ausdrückte, ein „völliger Mangel an Bangigkeit“ vorherrschte. Das Matrosenleben war eines der härtesten, entbehrungsreichsten und gefährlichsten, das man sich vorstellen kann. Auf einem gut ausgerüsteten Expeditionsschiff wie der GERMANIA müssen für die Matrosen geradezu paradiesische Verhältnisse geherrscht haben. Auf einem normalen Handelsschiff oder gar Robben- und Walfänger sah das ganz anders aus.

Theodor Klentzer überdachte kurz seine Möglichkeiten und stellte schnell fest, daß ihm nur eine blieb – die Flucht. Einen Moment überlegte er sich, den steilen Gletscherabfall hinunterzustürzen, aber dabei hätte er sich vermutlich das Genick gebrochen – das konnte also nicht die Lösung sein. Statt dessen begann er, den sanft geneigten Abhang, so schnell er konnte, hinunterzulaufen. Als er sich nach einer Weile schwer atmend umdrehte, gewahrte er den Bären, der über diesen Fluchtversuch offenbar amüsiert war, wie einen großen, zotteligen Hund hinter sich hertrotten, ohne jedes Anzeichen von Eile. Eisbären hat man mit 66 Stundenkilometern gestoppt – unser Matrose hätte, gelinde gesagt, schlechte Karten gehabt, wenn der Bär etwas größeren Hunger gehabt hätte. Er schien sich seiner Beute aber so sicher zu sein, daß er keinerlei Eile an den Tag legte. Klentzer rannte weiter, der Bär hinter ihm her. Blieb Klentzer stehen, verharrte auch der Bär, lief er weiter, trottete der Bär ebenfalls wieder los. Auf diese Weise hatten sie schon ein gutes Stück des Weges zum Schiff zurückgelegt, als es dem Bären langsam zu dumm wurde. Laut schreiend rannte Klentzer um sein Leben, wobei der Bär gemächlich sein eigenes Tempo erhöhte und schließlich nur noch wenige Meter hinter dem rennenden und schreienden Matrosen hertrottete. Klentzer tat in dieser Situation das einzig richtige: Um den Bären von ihm abzulenken, zog er während des Laufens seine Jacke aus und warf sie hinter sich, dem Bären vor die Nase. Das wirkte, zumindest kurzfristig, eben so lange, bis der Bär merkte, daß man ihm einen „Dummy" vorgeworfen hatte. Um so eiliger setzte er die Verfolgung Klentzers fort. Als dieser schon den heißen Atem des Ungetüms hinter sich spürte, warf er das nächste Kleidungsstück fort, gewann dadurch einen kleinen Vorsprung, wurde eingeholt, warf ein weiteres Kleidungsstück fort usw. Durch die Hilferufe alarmiert, stürzten jetzt vom Schiff aus eine Gruppe schwerbewaffneter Männer los, um Klentzer beizustehen. Völlig außer Atem und die Sinnlosigkeit seines Tuns erkennend, blieb Klentzer schließlich schwer atmend stehen, nur mit einem Ledergürtel in der Hand, den er dem Bären in seiner Verzweiflung notfalls um den Rachen wickeln wollte. Es muß ein denkbarer Moment gewesen sein, als sich der Matrose halbnackt, bei froststarrender Kälte, dem Eisbären gegenüber stehen sah. Auge in Auge mit einem zu allem entschlossenen Bären, der gut und gern 800 Kilogramm wiegen kann, da hört jeder Spaß auf! Erst das Geschrei und Gezeter der anrückenden Hilfsmannschaft rettete dem Matrosen den Hals. Der Bär stutzte im letzten Moment, warf sich dann herum und rannte im gestreckten Galopp in die andere Richtung davon. Klentzer war gerettet und soll später nie wieder draußen ohne Gewehr gesehen worden sein. Verletzungen erlitten bei dieser Aktion lediglich Prof. Sengstacke und Paul Iversen, die in Strumpfsocken zu Hilfe geeilt waren und sich dabei Erfrierungen an den Füßen zugezogen hatten.

Der Winter an Bord der GERMANIA wurde zum großen Teil damit verbracht, die Ausrüstung für die bevorstehende Schlittenexpedition nach Norden vorzubereiten. Bereits im Herbst hatte man festgestellt, daß die von Deutschland mitgeführte Polarkleidung ungeeignet und unzureichend war. Fast alles mußte umgearbeitet werden. Die Schlittenkufen hatten sich bei der Herbstreise als zu schmal erwiesen und wurden vom Schiffszimmermann verbreitert. Die langen Pelzmäntel waren zu schwer und unbequem, die Stiefel froren durch die Feuchtigkeit nach kürzester Zeit steinhart, und auch das Zelt wurde vollkommen vom Segelmacher umgearbeitet. Die Männer lernten schnell. Lange bevor Fridtjof Nansen als erster das grönländische Inlandeis überquerte und dabei erfolgreich Segel auf seinem Schlitten verwendete, experimentierten schon Koldewey und seine Leute ihrerseits mit Segeln, die sie auf dem Schlitten befestigten. Sie waren – soweit ich weiß – die ersten, die das versuchten. Es funktionierte ganz gut, allerdings nur dann, wenn der Wind genau von hinten kam. Alle anderen Windrichtungen brachten den Schlitten schnell zum Kippen. Auch die Schlitten, die sie entworfen und gebaut hatten, ähnelten denen, die Nansen später optimierte und die noch heute seinen Namen tragen. Die Kufen waren beidseitig hochgebogen, und das Gefährt wurde so leicht und flexibel wie möglich gehalten. *„Die Konstruktion von Schlitten und Zelt bedingt daher sehr wesentlich den Erfolg einer solchen Expedition und erfordert bei der Ausrüstung die größte Aufmerksamkeit“*, schrieb Koldewey später.

Wolle und Fell waren die Grundstoffe, aus denen die Polarkleidung jener Zeit gefertigt wurde. Die steif gefrorenen Lederstiefel wurden durch selbstgefertigte Segeltuchstiefel ersetzt, in denen man Fell- und Wollsocken nach Belieben anziehen konnte – die Kamiks der Eskimos sind im Prinzip nichts anderes, nur daß sie gänzlich aus Robbenleder gefertigt werden. Die Nutzlast des Schlittens bestimmt die mögliche Reichweite einer Expedition. Daran hat sich bis heute nichts geändert. Das sogenannte „tote Gewicht“, wie Schlafsack, Zelt, Waffen und alle anderen Teile, die sich im Verlauf der Expedition nicht reduzieren, war ein Teil der Nutzlast, der zu der damaligen Zeit mangels moderner Materialien entsprechend schwer ausfiel. Der andere Teil bestand aus dem Proviant sowie dem Spiritus als Brennstoff. Beides würde sich täglich reduzieren. Die Verpflegung bestand aus Kaffee, Schokolade, gekochtem Rindfleisch, Schinken, Butter, Schmalz, Salz, schwarzem Hartbrot, Pemmikan, Fleischextrakt, Bohnen, Linsen, Erbsen, Mehl und 20

Flaschen Cognac. Die Hülsenfrüchte wurden an Bord vorgekocht, danach ließ man sie draußen frieren und hackte sie anschließend in Portionen, so daß man sie später im Zelt nur aufzuwärmen brauchte; das sparte Spiritus und damit Gewicht.

Ziel der „Großen Schlittenreise nach Norden", wie sie offiziell hieß, sollte die Erkundung und Erforschung der bis dahin unbekannten Küste sein. Wenn möglich, wollte man das Nordende Grönlands erreichen. Schon durch diese Zielsetzung wird deutlich, daß es, vorsichtig ausgedrückt, Zweifel an der Petermannschen Theorie gab, nach der sich Grönland über den Nordpol hinweg bis zur Insel Wrangel Ø erstrecken sollte. Zumindest hoffte man, Aufschluß über die mögliche Existenz eines offenen Polarmeeres zu finden.

Der erste Versuch nach Norden zu kommen, mußte bereits am zweiten Tag abgebrochen werden, weil die Schneeverhältnisse „unüberwindlich" waren. Am 24. März 1870 starteten sie zum zweiten Mal. Insgesamt waren es zehn Mann, von denen sechs den großen Schlitten und die anderen vier den kleineren zogen. Um 9 Uhr morgens verabschiedeten sie sich von der an Bord des Schiffes zurückbleibenden Wachmannschaft und machten sich auf den Weg. Zunächst querten sie die Bucht Germania Havn nach Osten, rundeten das Kap und folgten dann dem weiteren Küstenverlauf Richtung Norden. Sengstacke erfror sich noch am gleichen Tag einen Fuß. Da man damals noch glaubte, Erfrierungen durch Einreiben mit Schnee behandeln zu müssen, wurde alles noch schlimmer. Nachdem der erfrorene Fuß auf diese Art zusätzlich malträtiert worden war, ging es dem armen Sengstacke natürlich um so schlechter. So beschloß man, den kleineren Schlitten samt Mannschaft und dem kranken Sengstacke zurück zum Schiff zu senden. Einige als notwendig erachtete Ausrüstungsgegenstände sowie Proviant wurden zusätzlich auf den großen Schlitten gepackt, mit dem Resultat, daß einige Tage später eine der Kufen zerbrach. Nur mit Mühe konnte sie repariert werden. Schwere Schneestürme und bittere Kälte hielten sie mitunter tagelang im Zelt fest. Durch die Zeltnähte drang der feine Schnee ins Innere und legte sich über den Schlafsack, den sie alle miteinander gemeinsam teilten. So eng war es in dem nach wenigen Tagen durchweichten und übelriechenden Fellsack, daß sie alle auf der Seite darin liegen mußten. Den einen Tag wurde die rechte Seite gewählt, den nächsten Tag die linke. Während der Nacht war es unmöglich, sich umzudrehen oder sich gar auf den Rücken zu legen.

„Mit einem an Stumpfsinn grenzenden Gleichmuth wartet man in dieser Situation, dicht gedrängt. Und wie das Fell eines aus dem Wasser tauchenden Seehundes, so waren auch die Kleider der sich aus dem Sack erhebenden völlig durchnäßt", vermerkt Koldewey später zu dieser Situation.

Trotz der Kälte, des schlechten Wetters, der schweren und stets klammen und daher gefrorenen Kleidung kamen die sechs Männer zügig voran. Das ist um so erstaunlicher, als sie eigentlich keinerlei Erfahrung im winterlichen Reisen über das Packeis hatten. Sie waren Seeleute und Wissenschaftler. Julius Payer war zwar Bergsteiger, hatte aber bis auf die während der Herbstreise gemachten Erfahrungen noch an keiner Schlittenexpedition teilgenommen. Erschwerend kam hinzu, daß sie keine Ski mitführten. Ski wurden bei Polarexpeditionen erst von Nansen mit großem Erfolg eingeführt. Das Stapfen durch Tiefschnee mit einem schweren Schlitten im Schlepp ist unglaublich kräftezehrend. Trotz der Kälte, der andauernden Müdigkeit und des harten körperlichen Einsatzes stellten sie Vermessungen an, kartographierten die Landschaft, bestiegen Berge und dokumentierten die dadurch gewonnenen Daten mit klammen und frostigen Fingern im engen Zelt. Die Leistung dieser Expedition, die Effektivität, mit der sie allen Widrigkeiten zum Trotz durchgeführt wurde, setzte für die damalige Zeit neue Maßstäbe. Grund genug für uns, dieser Schlittenexpedition einmal nachzugehen.

Durch Schnee und Eis

Dadurch, daß wir nicht, wie ursprünglich geplant, im Germania Havn auf der viel weiter nördlich gelegenen Insel Sabine Ø überwintern konnten, hatten sich die Voraussetzungen für unsere Ski-Expedition auf den Spuren der Koldewey-Gruppe völlig verändert. Wenn wir, was unsere Absicht ist, vom Schiff aus starten wollen, würde sich die von uns zurückzulegende Distanz mehr als verdoppeln. Germania Havn liegt auf 74° 32' Nord, Amdrup Havn auf 70° 28' Nord. Zwischen diesen beiden Positionen gibt es nichts als das zusammengeschobene Packeis des Ostgrönlandstromes, unwegsame Gebirge, zugefrorene Fjorde, offenes Wasser und eine Menge Eisbären. Insgesamt gibt es heute zwei Stationen auf dieser Strecke: Die eine, Daneborg, liegt etwa 30 Meilen südwestlich der Sabine Ø. Sie ist das Hauptquartier der dänischen Sirius-Patrouille auf Grönland, einer Militäreinheit, die mit Hundeschlitten die Ostküste patrouilliert und gleichzeitig die Einhaltung der Schutzbestimmungen des Nationalparks überwacht. Da die Station dem Militär gehört, darf Daneborg nur mit besonderer Genehmigung betreten werden. Die zweite Station ist der zivilen Nutzung vorbehalten. Sie liegt am nördlichsten Punkt der Koldewey-Route in einer geschützten Bucht und trägt den Namen Danmarks Havn. ICAO (International Civil Aviation Organisation), eine Unterabteilung der UNO, betreibt hier eine Wetterstation. Täglich zweimal werden Wetterballons mit Meßsonden gestartet, die bis in 36 Kilometer Höhe aufsteigen und dabei kontinuierlich Daten zur Bodenstation funken. Diese Daten werden zusammen mit denen ähnlicher Stationen ausgewertet und den Fluggesellschaften zugänglich gemacht, die daraufhin entsprechend dem Verlauf der Jet Streams ihre Flugrouten festlegen. Zehn Millionen Kronen kostet der Unterhalt dieser Station jährlich. Nördlich von Danmarks Havn gibt es noch eine dritte und letzte Station an der Nordostküste – Station Nord. Letztere ist wieder militärisch und wird von der dänischen Luftwaffe betrieben. Drei Stationen, die zeitweilig insgesamt nur von einer Handvoll Männer besetzt sind – dazwischen liegen verstreut und meist verfallen alte Hütten aus der Zeit, wo die Jäger und Fänger regelmäßig nach Grönland kamen. Einige dieser Hütten werden von der Sirius-Patrouille unterhalten, doch kann man nie wissen, in welchem Zustand der Auflösung sich die mittlerweile sehr alten Hütten befinden. Die drei Stationen werden – sofern die Eisverhältnisse es gestatten – einmal im Jahr mit einem Versorgungsschiff angelaufen. Ansonsten muß alles durch die Luft transportiert werden, was entsprechend aufwendig und teuer ist.

Nachdem wir uns entschlossen haben, die gesamte Strecke zu laufen, überlege ich, inwieweit wir die Stationen in unsere Route einbinden können. Danmarks Havn, der nördlichste Punkt der Koldewey-Expedition, soll auch unser Zielpunkt sein. Da es dort eine Landepiste gibt, würden wir uns von dort mit einer gecharterten Twin Otter abholen lassen. Dieser Flugzeugtyp wird überall dort eingesetzt, wo es holprige und improvisierte Landepisten und unberechenbares Wetter gibt. Die Twin Otter gelten seit Jahrzehnten in den Polarregionen als „Arbeitspferde". In der Hand eines versierten Piloten vermögen sie Unglaubliches zu leisten.

Bei der Station Daneborg, ungefähr auf halbem Weg, würden wir gern ein Nahrungsmitteldepot einrichten. Die Sirius-Patrouille erteilt uns dafür die Genehmigung und damit auch gleichzeitig das „Go ahead" für einen Besuch der Station. Bei einem der Versorgungsflüge der Station können wir zwei Pakete mit gefriergetrockneten Trekkingmahlzeiten, Power Bars und Brennstoff für die Kocher mitgeben – ein Problem wäre damit aus der Welt.

Ein weiteres, erstes Depot würden wir selbst einrichten. Falk Mahnke, unser im Umgang mit Hundeschlitten erfahrener Smut, wird zusammen mit zwei Grönländern und zwei Hundegespannen vom Schiff aus Richtung Norden fahren und an einer vorher vereinbarten Stelle am Davy Sund, dem Eingang zum Kong Oskars Fjord, ein Depot für uns einrichten. Durch diese beiden Depots können wir unsere Schlittenlast reduzieren. Insgesamt haben wir 60 Tage für die Expedition eingeplant, notfalls ließe sich der Proviant aber auch strecken – manche Dinge lassen sich nicht vorhersehen. Anders als die Sirius-Patrouille, die mit ihren Hundeschlitten überwiegend das Fjordsystem befährt, wollen wir einen möglichst direkten Nordkurs entlang der Küste einschlagen. Der Weg ist direkter und damit kürzer, dafür aber auch sehr viel schwieriger, da wir uns streckenweise im Packeisgürtel des Ostgrönlandstromes bewegen müssen. Schwere Eispressungen, offenes Wasser und dünnes Neueis sowie Nebel werden unser Vorankommen erschweren. Doch diese Unannehmlichkeiten nehmen wir gerne auf uns, denn dafür ist diese Route streckenweise so gut wie unbegangen und eröffnet damit völlig neue Perspektiven. In jedem Fall wird es die erste Ski-Expedition an dieser Küste sein. Die Skigruppe wird aus Brigitte Ellerbrock, Frank Mertens, Armin Wirth und mir selbst bestehen. Zu viert, jeder einen Pulkaschlitten im Schlepp, wollen wir uns an diese Aufgabe machen. Das Polarcenter in Kopenhagen hatte sein Okay für dieses Projekt gegeben, der Starttermin wird auf den 2. April festgelegt.

Am 12. März ist endlich der Zeitpunkt gekommen, an dem ich mich auf den Weg zurück zum Schiff nach Grönland machen kann. Zusammen mit unserem Freund Folker Schultheiss, der jedes Jahr einmal zum Schiff kommt, wo immer es sich auch gerade aufhält, fliege ich über Kopenhagen nach Island und – nach einer Übernachtung bei den Eltern von Sigga in Reykjavik – weiter nach Grönland. Das Wetter ist nicht nur auf Island schlecht, auch Constable Point meldet schlechte Sicht. Wir können dort zwar landen, aber das ist auch schon alles. Der Hubschrauber nach Ittoqqortoormiit kann bei den herrschenden Sichtverhältnissen nicht fliegen. Wir werden in der Basis untergebracht und üben uns in „arktischer Geduld“ – ein ungewohntes Kontrastprogramm zu der für uns beide aus unterschiedlichen Gründen hektischen Zeit, die der Abreise vorausgegangen war. Außer dem kurzen Fußweg von unserer Unterkunft zu der Kantine gibt es kein Ziel, wo wir uns hinwenden könnten, denn neben der geräumten Landepiste liegt die gesamte Landschaft meterdick verschneit da.

Endlich! Am 16. März bessert sich das Wetter, und schließlich willigt der Pilot ein, uns zum Schiff zu bringen. Um 15.30 Uhr

63

64

Frank, Armin, Brigitte und Arved beim Start zu der 60tägigen Ski-Expedition nach Norden.

64 Wir überqueren eine Landbrücke, um vom Carlsberg Fjord zum Nathorst Fjord zu gelangen – auf der Suche nach unserem ersten Depot.

65 Das Ziehen der schweren Pulkaschlitten durch das zerklüftete Packeis ist harte Arbeit.

66 Wind und Strömungen schieben die Eisfelder gewaltsam zusammen und bilden Presseisrücken, die wir entweder umgehen oder überqueren müssen.

67 Zufällig treffen wir auf ein Hundeschlittengespann der Sirius-Patrouille.

66

67

68

69

70

68 Offenes Wasser am Kap Arnakke zwingt uns, mühselig jeden einzelnen Schlitten um den Steilhang des Kaps herumzuwuchten.

69 Auch nach dem Kap bleibt der Weg schwierig. Blankeis und Eispressungen lassen uns nur langsam vorankommen.

70 Schwarzes Eis ist dünnes Eis. Nur einer zur Zeit darf passieren. Frank zieht seinen Schlitten an einer zuvor ausgekundschafteten Stelle über wenige Zentimeter dickes Eis.

72

73

71 Die Reste des alten Observatoriums der „2. deutschen Nordpolarexpedition“ auf der Insel Sabine Ø.

72 Die Schneehasen sind recht sorglos und lassen uns dicht herankommen.

73 Nach dem Sturm. Armin beginnt damit, seinen Schlitten vom Schnee zu befreien und seine Ausrüstung zu sortieren.

74 Endlich ein Tag, an dem wir unsere Parawings einsetzen können. Da der Wind meistens aus Norden bläst, können wir sie sonst selten verwenden.

75 Der Frühling kommt. Die Sonne gewinnt an Kraft, und in wenigen Wochen wird dieser Koloß seine Reise ins offen Meer fortsetzen.

76 Anders als zu Koldeweys Zeiten ist die Navigation heute, dank GPS, ein Kinderspiel geworden.

74

75

76

77

77 Nanok, der König der Arktis, hinterläßt eine deutliche Spur im Tiefschnee.

79

80

78 Nach unserer Rückkehr zum Schiff. Erste Schmelzwassertümpel bilden sich um den Rumpf.

79 Endlich können wir das Schiff wieder auftakeln. Martin längt das neue Tauwerk ab.

82

83

80 Ein luftiger Arbeitsplatz: Martin und Katja halten nach den günstigsten Passagen im Eis Ausschau

81 Nach dem ersten mißlungenen Ausbruchsversuch reagieren wir uns bei einer Runde Fußball auf einer Eisscholle ab.

82 Warten, warten und noch einmal warten, doch das Eis will und will nicht weichen. Die Arktis fordert ein Höchstmaß an Geduld und Ausdauer.

83 Das Eis wird immer dichter. Vergeblich halte ich nach offenen Rinnen Ausschau. Wir sind vom Eis besetzt, die Situation wird bedrohlich.

84 Unglaublich, was die DAGMAR AAEN auszuhalten vermag. Der bullige Motor schiebt den gepanzerten Rumpf mit Gewalt durch die meterdicken Eisschollen.

85 Endlich – wir haben es geschafft! Der Scoresby Sund liegt hinter uns, vor uns breitet sich die offene See aus – es geht nach Hause.

85

84

überfliegen wir die Häuser von Kap Hope, und wenige Minuten später setzt der Helikopter zur Landung auf der zugefrorenen Bucht vor Ittoqqortoormiit an. Trotz des aufwirbelnden Schnees erkenne ich Sigga und Torsten, die mit Schlitten gekommen sind, um uns abzuholen. Mit einem Mal ist es plötzlich wie selbstverständlich, daß ich wieder hier bin und die beiden dort gesund und munter stehen – dabei ist es alles andere als das! Kaum sind wir draußen, lasse ich alles stehen und liegen und nehme Sigga in den Arm. Ich glaube, ihr muß in diesem Moment ein riesengroßer Stein vom Herzen gefallen sein. Mit meiner Rückkehr ist sie von der Verantwortung über das Schiff und deren Besatzung entbunden. Aber davon abgesehen freuen wir uns einfach, uns wiederzusehen. Danach kommt Torsten an die Reihe. Auch er strahlt über das ganze Gesicht und hat, dem ersten Eindruck nach zu urteilen, die Überwinterung bestens überstanden. Wir packen die Ausrüstung auf die Schlitten und stapfen dann durch den Schnee Richtung Amdrup Havn. Endlich kommt die Sonne durch, wir holen unsere Sonnenbrillen hervor, da das Licht gleißend hell wird, und beginnen trotz der Kälte zu schwitzen.

Nach etwa zwanzig Minuten taucht hinter einer Landzunge zuerst der Mast und dann der Rest der Dagmar Aaen auf. Sigga blickt mich triumphierend an: „Da hast du sie wieder, deine alte Dagmar“, ein wenig berechtigter Stolz klingt in diesen Worten mit. Schließlich ist es primär ihr und Torstens Verdienst, daß das Schiff heil den Polarwinter überstanden hat. Nach weiteren zehn Minuten lassen sich schon Einzelheiten erkennen. Der Rumpf ist tief verschneit, und der Lawinenkegel tritt deutlich am Heck hervor. Wieder fünfzehn Minuten später erreichen wir das Schiff. Margret steht an Deck und winkt uns zu. Ich klettere über die Reling und stehe nicht etwa auf den gewohnten Planken, sondern auf der etwa vierzig Zentimeter hohen Schneeauflage, die zur Isolation an Deck verblieben ist. Aus den Schornsteinen steigen in der Kälte Dampfschwaden auf, Schnee- und Eiskristalle hängen an Wanten, und aus dem Mittschiffsniedergang duftet es verlockend nach frischem Kaffee. „Willkommen“, sagt Margret, und endlich begrüße ich auch sie. Ich bin angekommen – endlich wieder an Bord der Dagmar Aaen. Wieviel mir dieses Schiff bedeutet!

Unter Deck ist alles blitzblank geputzt, es ist warm und gemütlich, auf dem Herd die beiden Kessel mit heißem Wasser – irgendwie ist alles so wie immer, als sei eine solche Überwinterung die selbstverständlichste Sache der Welt. Und der Winter ist ja beileibe noch nicht beendet. Draußen herrschen zur Zeit –20 °C, gelegentlich sinkt die Temperatur aber noch auf unter –30 °C ab. Aber die Sonne ist da, und damit das Licht, das macht den alles entscheidenden Unterschied aus. Folker hält es nicht unter Deck. Er läuft staunend und fotografierend begeistert um das Schiff herum und merkt gar nicht, wie ihm dabei der Schnee von oben in die Stiefel rieselt. Er bleibt nur wenige Tage hier, deshalb unternimmt Torsten gleich am nächsten Morgen mit ihm eine Tagestour in die Umgebung. Währenddessen sitze ich mit Sigga zusammen und rede. Morgen, am 18. März, wird sie zusammen mit Margret zurück nach Island fliegen und damit ihre Überwinterung endgültig beenden. Das Packen ihrer Sachen, das Leerräumen ihrer Koje – das sind schon Momente, die eine gewisse Bedeutungsschwere haben. Für Sigga endet nicht nur die Überwinterung, es beginnt für sie auch ein neuer Lebensabschnitt. Darüber hatten wir im Herbst ja ausführlich gesprochen. Und jetzt ist der Wechsel plötzlich da.

Am Vorabend ihrer und Margrets Abreise gibt es ein kleines Festessen an Bord. Wir sprechen über den Winter, über die Ereignisse, über die man jetzt lacht, die aber zu ihrer Zeit mitunter gar nicht so spaßig waren. Ich bedanke mich ganz besonders bei Sigga, die die Hauptlast der Überwinterung zu tragen hatte. Sigga selbst schreibt am Morgen des 18. März die letzten Zeilen ins Logbuch, bevor sie es mir übergibt: *„18. März 1998. Es ist schon wieder Zeit zu reisen. Ich übergebe das Schiff zurück an Arved. Ich bedanke mich für den Winter, durch gute und schlechte Zeiten sind wir anders geworden.*

Danke! Sigga Ragna“

Ich bringe Sigga, Margret und Folker zum Hubschrauber. Wir albern ein wenig herum und dann, getreu dem Motto: „No words – emotions only“, verabschieden wir uns. Nur wenige Augenblicke später sind Sigga, Margret und Folker verschwunden. Persönlichkeiten wie Sigga prägen die Bordatmosphäre, den Charakter einer gesamten Expedition. Es wird schwer werden, die Lücke, die sie hinterlassen hat, zu schließen.

Ich bin allein mit Torsten an Bord. Für Torsten ist die Stille und der Tagesrhythmus normaler Alltag, für mich ist das zunächst neu. Ich brauche immer ein paar Tage, um mich von dem anderen Leben zu Hause zu lösen und zu mir selbst zu finden. In dieser Zeit laufe ich mit Ski in die Berge, die Amdrup Havn säumen, genieße die kalte klare Luft und die unglaubliche Fernsicht, die mich selbst die Berggipfel in weit über 100 Kilometern Entfernung deutlich erkennen läßt. Unterdessen führt Torsten das Schiff wie gewohnt weiter. Da ich schon bald auf die Ski-Expedition gehen werde, will ich ihm in keiner Weise in sein Handwerk pfuschen. Er verrichtet seine Arbeiten ruhig und präzise, nie fehlt es an Wasser, immer werden die morbiden Batterien rechtzeitig geladen oder die Tagestanks gefüllt. Er hat die Sache im Griff. Deshalb sage ich ihm, daß ab jetzt er die Überwinterung leiten wird.

Da es jetzt hell und auch die Zeit der schweren Winterstürme vorbei ist, reichen zwei Leute aus, die auf das Schiff aufpassen. Der zweite Mann wird Johannes Meyer-Hamme sein. Johannes, ein junger Mann aus Hamburg, hatte sich schon während der letzten Werftzeit auf der DAGMAR AAEN engagiert eingesetzt und war unter anderem auch einen Törn mitgesegelt. Johannes ist trotz seiner Jugend – er ist Anfang zwanzig – ruhig und versiert in allen Schiffsangelegenheiten, zudem kennen und schätzen Torsten und er sich – ein weiterer Vorteil. Beide freuen sich auf das Wiedersehen, dabei hatte ich Johannes total mit dem Vorschlag, nach Grönland zu fahren, überrumpelt.

An irgendeinem Sonntagabend rief ich ihn zu Hause an und fragte ohne jede Einleitung, ob er nach Grönland aufs Schiff wolle. Den Brocken mußte er erst einmal schlucken, dann kam ein etwas zögerliches „ja, klar", aber ob er sich doch etwas Bedenkzeit ausbitten könne. Ich mußte lachen. Eigentlich klang es, als sei es nur eine Formsache. Schließlich mußte Johannes noch einige Weichen stellen, bevor er fest zusagen konnte. Diesen gemütlichen und ruhigen Sonntagabend hatte ich ihm gründlich durcheinander gebracht. Ein paar Tage später rief er mich an, teilte mir mit, daß alles o.k. sei – er würde fahren –, aber im vorwurfsvollen Ton fügte er hinzu, daß ich ihn ganz schön überfahren hätte. Doch das war dann auch Nebensache. Bei uns im Büro wurde er mit der erforderlichen

Polartracht ausgestattet. Mit einigen Klimmzügen gelang es ihm, seinen eigenen Terminkalender so umzustellen, daß sich irgendwie doch noch alles aneinanderfügte, dann raste der Countdown auch schon los, und nun wird er bald zu uns stoßen.

Währenddessen feiern Torsten und ich am 21. März den Frühlingsanfang. Die Tage werden deutlich länger, abends um 21.30 Uhr ist am Himmel im Norden immer noch etwas Licht zu erkennen. Die Temperaturen steigen erstmals in diesem Jahr bis an den Gefrierpunkt, nur um einige Tage später wieder auf –30 °C zu fallen. Der Bürgermeister, Jens Napatoq, kommt uns wieder einmal an Bord besuchen. Bei einer Tasse Kaffee bespreche ich mit ihm die Route unserer geplanten Ski-Expedition. Da wir selbst kein Hundegespann mehr zur Verfügung haben, bitte ich ihn, zwei Jäger zu fragen, ob sie für uns, zusammen mit Falk, ein vorgeschobenes Depot einrichten können. Jens meint, daß dies kein Problem sei, im Gegenteil, die Leute würden sich freuen, auf diese Art und Weise ein wenig dazuzuverdienen. Auch dies Problem scheint beseitigt zu sein.

Vor dem Eintreffen der Expeditionsmannschaft gibt es noch eine Menge zu tun. Ich teste unterschiedliche Skibindungen, einen für uns neuen Stiefeltyp aus Norwegen, plane anhand der verfügbaren Landkarten unsere Route und erledige am Bordcomputer ansonsten all die Arbeiten, die ich zu Hause nicht mehr hatte erledigen können. Immer häufiger bekommen wir Besuch aus dem Dorf. Kinder kommen besonders oft. Mit einem Kinderschlitten, der dem großen Vorbild bis ins kleinste Detail gleicht, nur daß er etwa ein Drittel der Größe hat, davor zwei oder drei Hunde, kommen sie bei guter Sicht über das Eis gefahren, um sich bei uns an Bord bei einer heißen Tasse Schokolade und diversen Keksen für die Rückfahrt zu stärken. Die DAGMAR AAEN ist zum Ausflugsziel des Ortes geworden. Auch Erwachsene kommen jetzt wieder häufiger vorbei. Torsten hat den Winter genutzt, um Dänisch zu lernen. Er hat es dabei zu einem solchen Kenntnisstand gebracht, daß er sich mühelos auf Dänisch unterhalten kann – ich sitze dann immer ein wenig neidisch und „sprachlos“ daneben. Aber es besuchen uns auch Grönländer, für die Dänisch spürbar eine Fremdsprache ist und die eigentlich nur Grönländisch sprechen. Trotzdem nehmen sie den

Weg auf sich, trinken Kaffee, bedanken sich und fahren wieder ab. Dieses sich gegenseitige Besuchen hat Tradition, und die Einladungen, die wir erhalten, sind ehrlich gemeint. Torsten, der während des Winters geradezu eingebürgert wurde, ist ständig unterwegs, um Leute zu treffen.

Am 25. März dröhnen die Rotoren des Helikopters, der direkt auf uns zuhält. Unter dem Hubschrauber hängt ein prall gefülltes Netz, das er in einer aufgewirbelten Schneewolke sachte neben das Schiff setzt, bevor er es dann ausklinkt. Ein kurzes Winken, dann dreht er ab und fliegt zurück Richtung Constable Point. Torsten und ich laufen zum Netz, es ist die erwartete Ausrüstung für die Ski-Expedition. Am Nachmittag wird der Rest des Teams eintreffen. Gut 500 Kilogramm Gepäck liegen vor uns im Schnee. Vier über zwei Meter lange Pulkaschlitten, Proviantsäcke mit Trekkingmahlzeiten von Folker Schultheiss, Jack Wolfskin Zelte und Schlafsäcke, MSR Kocher, Atomic Tourenski und tausend andere Dinge mehr. Gemeinsam schleppen wir den Proviant und die Bekleidung an Deck, die Schlitten samt Deichseln lassen wir neben dem Schiff im Schnee stehen.

Nachmittags stehe ich vor dem Dorf auf dem Eis und warte auf die erneute Ankunft des Hubschraubers. Als er endlich einschwebt und zur Landung ansetzt, erkenne ich das Gesicht von Brigitte, und wenig später klettert einer nach dem anderen aus der engen Kabine: Brigitte, Falk, Armin, Frank und Johannes. Vorsorglich bin ich mit einem Schlitten gekommen, um das sogenannte Handgepäck zu transportieren. Die Vorsichtsmaßnahme hat sich als durchaus berechtigt erwiesen, denn nachdem das Handgepäck auf den Schlitten geladen ist, kann ich ihn kaum vorwärts bewegen. Gemeinsam schleppen wir den Schlitten über das Eis und durch den Schnee Richtung Amdrup Havn. Wir sind vollzählig!

Mit der Ruhe und Ordnung ist es an Bord vorerst vorbei. Ich betrachte Torsten, der ein wenig hilflos danebensteht, wie plötzlich sein Schiff in Beschlag genommen wird. Mit einem Mal liegen überall Sachen herum. Die Zuckerdose steht nicht mehr an dem richtigen Platz, überall werden Schneeklumpen herumgetreten, die Kojentüren stehen offen – es herrscht das normale Chaos, nur ist

Torsten dergleichen nicht mehr gewohnt. Aber nach und nach legt sich das Durcheinander. Jeder der Neuankömmlinge hat schließlich seine persönliche Habe in dem kleinen Schrank und in seiner Koje verstaut. Was an Ausrüstung momentan nicht unbedingt unter Deck gebraucht wird, lagert draußen. Dort ist es kalt und trocken. Die nächsten Tage sind von eifriger Betriebsamkeit geprägt. Falk plant seine Depotreise und stellt dafür die Ausrüstung sowie den für das Depot vorgesehenen Proviant zusammen, Armin testet die Parawings, eine Art Gleitschirm, der uns bei günstigen Winden über das Eis ziehen soll. Frank bastelt an der Elektronik, die auf Expeditionen mittlerweile offenbar auch nicht mehr fehlen darf, und Brigitte sortiert Kleidungsstücke und stellt Skibindungen ein. Jeder ist beschäftigt.

Zudem sollen wir im Auftrag des WDR mittels einer speziellen Satellitenübertragungseinheit eine Woche lang täglich live Fernsehschaltungen für das „ARD Morgenmagazin“ durchführen. Das sagt sich so leicht! Der Sender scheut weder Kosten noch Aufwand, aber die Technik scheint mehr für die Tropen denn für die Arktis konstruiert zu sein. Bei –35 °C baut Frank unter freiem Himmel und größtenteils mit bloßen Fingern die umfangreiche Anlage auf. Er richtet die Satellitenschüssel aus und telefoniert mittels einer eigenen Telefonleitung abwechselnd mit der Redaktion, dem Gerätehersteller und dem Studio. Dank Franks technischer Begabung sowie seiner stoischen Ruhe selbst bei klirrender Kälte gelingt es immerhin, einen Probefilm zu überspielen. Aber danach ist Schluß. Am nächsten Morgen um 5 Uhr stehen wir bibbernd vor Kälte vor der Sendeanlage, doch der scheint es noch kälter zu sein als uns. Die Kabelverbindungen brechen wie Salzstangen, die Telefonleitung klappt zusammen, das Display am Terminal erlischt schlichtweg – nur unser kleiner Dieselgenerator tuckert unverdrossen weiter und produziert jetzt völlig umsonst seinen Strom. Wir frieren und ärgern uns, die Nerven in der Redaktion in Köln liegen blank. Noch ehe es richtig begonnen hat, ist diese sendetechnische Pionierleistung aus Amdrup Havn buchstäblich auf Eis gelegt. Per Hubschrauber wird die Anlage abgeholt – und wir können uns wieder ungestört den Vorbereitungen für unsere Ski-Expedition widmen.

Jens hat zwei Jäger angesprochen, die zusammen mit Falk die Depotreise durchführen wollen. Von der isländischen Fluggesellschaft, die unser zweites Depot in Daneborg einrichten will, erhalten wir die Nachricht, daß alles wie besprochen vor Ort eingetroffen ist. Das Polarcenter in Kopenhagen ist über unser Vorhaben informiert. Alles klappt wie am Schnürchen, in wenigen Tagen können wir starten. Mit Falk haben wir vereinbart, daß er über Kap Hope zum Hurry Fjord fährt. Nach Erreichen des Fjordes sollen die beiden Schlitten weiter durch das sich anschließende Klitdal fahren und auf dieser Route den Carlsberg Fjord erreichen. Am Nordende des Carlsberg Fjordes sollen die beiden Schlitten wieder eine Landzunge überqueren und auf diese Weise zum Nathorst Fjord kommen. Dort, an der Nordostecke des Fjordes soll es – laut Unterlagen und Informationen der Grönländer – eine alte Hütte geben, in der der Proviant deponiert werden kann. Da wir dieselbe Route gehen werden, hoffen wir, uns auf der Rückreise der Hundeschlitten irgendwo im Carlsberg Fjord zu begegnen. Sollte sich die Position des Depots aus irgendwelchen Gründen verschieben, könnte uns Falk dann informieren.

Am 1. April frühmorgens warten wir auf die beiden Grönländer mit ihren Gespannen, doch es kommt nur einer, Anders, der uns andeutungsweise erzählt, daß sich sein Kollege wegen übermäßigen Alkoholgenusses am Vorabend verspäten könnte. Wieder einmal der Alkohol! Er scheint wirklich das Problem Nummer 1 zu sein. Das ist ärgerlich, aber wir sind schließlich auf Grönland und üben uns in Geduld. Irgendwann, nach der vierten Tasse Kaffee, wird es auch Anders zuviel. Zusammen mit Falk lädt er das gesamte Depot sowie die Ausrüstung von Falk auf seinen Schlitten. Uns bleibt kaum noch Zeit, uns von ihm zu verabschieden, dann ziehen die zehn Hunde an, und eh wir uns versehen sind die beiden auf und davon. In der Siedlung treibt Anders einen anderen, nüchternen Kollegen auf. Die Schlittenlast wird verteilt, und mit vierstündiger Verspätung geht die Reise doch noch los.

Am gleichen Abend setze ich mich mit Torsten und Johannes im Vorschiff zusammen. Torsten übernimmt während meiner Abwesenheit wieder das Kommando auf der DAGMAR AAEN. Da er besser als jeder andere weiß, worauf es ankommt, erübrigen sich diesbezüglich weitere Worte. Er ist zum echten Überwinterungsprofi geworden. Dementsprechend geht es bei dem Gespräch primär um unsere Ski-Expedition sowie um den Notfallplan.

Bei fast allen Polarexpeditionen, an denen ich mitgewirkt habe, hat sich die Kommunikation als ein großes Problem erwiesen. Funkgeräte benötigen viel Strom und daher entsprechend große Batteriekapazitäten, zudem reagieren sie sehr empfindlich auf atmosphärische Störungen. Bisweilen ist gerade in den Polarregionen meist dann keine Verbindung möglich, wenn man sie am nötigsten braucht. Wir haben uns daher entschlossen, ganz auf die Kurzwellengeräte zu verzichten und statt dessen zwei verschiedene INMARSAT Systeme zu verwenden. Das eine ist eine MINI-M Telefonanlage der Firma NERA, wie wir sie auch in der Marineversion an Bord haben, das andere ist ein Prototyp der Bezeichnung D+, das es derzeit noch nicht auf dem Markt zu kaufen gibt. Das D+ System ist eine Art Pager, mit dem wir vorprogrammierte Botschaften über den Satelliten an unser Büro in Deutschland versenden, bzw. über den wir Nachrichten erhalten können. Achim Karpus ist unser Verbindungsmann in Bad Bramstedt. Jeden Abend um 22 Uhr deutscher Zeit sitzt er fortan an seinem Computer, um auf unsere Meldung zu warten. Das D+ System eröffnet uns als „Fieldteam“ die Möglichkeit, exakt 25 vorher abgesprochene und codierte Botschaften abzusetzen. Botschaft Nr. 1 lautet beispielsweise: „Alles o.k., kommen gut voran“. Nummer zwei bedeutet: „Alles o.k., schlechte Bedingungen, kommen langsam voran“, usw. Bis hin zum akuten Notfall haben wir alles einprogrammiert. Während wir nur die Skala eins bis fünfundzwanzig zur Verfügung haben, kann Achim uns sogar Fragen stellen, etwa: „Braucht ihr ärztliche Hilfe?“ Die Antworten „Ja“ oder „Nein“ sind in unserer Skala enthalten, insofern ist auch eine Kommunikation möglich. Zusätzlich übermittelt der Satellit bei jeder Kontaktaufnahme unsere genaue Position via GPS nach Deutschland. Auf einer auf dem Monitor eingeblendeten Landkarte verzeichnet der Rechner exakt unsere aktuelle Position und ermöglicht damit eine „totale Kontrolle“ über unseren Routenverlauf und über unsere tägliche Marschleistung – und damit auch über unseren Fleiß. Das MINI-M Telefon dient zudem als Nottelefon für den Fall, daß das D+ ausfällt, bzw.

wir dringend aus irgendwelchen Gründen Kontakt aufnehmen müssen. Beide Anlagen haben unabhängig voneinander alle Erwartungen übertroffen und haben im Gegensatz zu den erwähnten Großanlagen des Fernsehens bis zum Schluß nahezu fehlerfrei gearbeitet, trotz einer schonungslosen und zwangsläufig recht rauhen Behandlung.

Am nächsten Tag brechen Brigitte, Armin, Frank und ich zu unserer Expedition auf. Das erste Stück lassen wir uns von Grönländern mit Schlitten in den Hurry Fjord bringen, danach sind wir auf uns allein gestellt. Die erste Nacht biwakieren wir im Inneren des Fjordarmes bei –30 °C Kälte. Morgens, nach einem ersten Müslifrühstück, brechen wir die Zelte ab, packen unsere Pulkas und machen uns langsam auf den Weg. Vor uns liegt eine völlig wilde und einsame polare Landschaft – wir haben uns allerhand vorgenommen. Deshalb haben wir dieses Projekt als GREENLAND CHALLENGE, als „Grönländische Herausforderung“, bezeichnet. Diese Herausforderung hat es in sich – rund 800 Kilometer Fußmarsch durch eine der unwirtlichsten und unberührtesten Naturlandschaften bei Schnee, Eis und Kälte liegt vor uns.

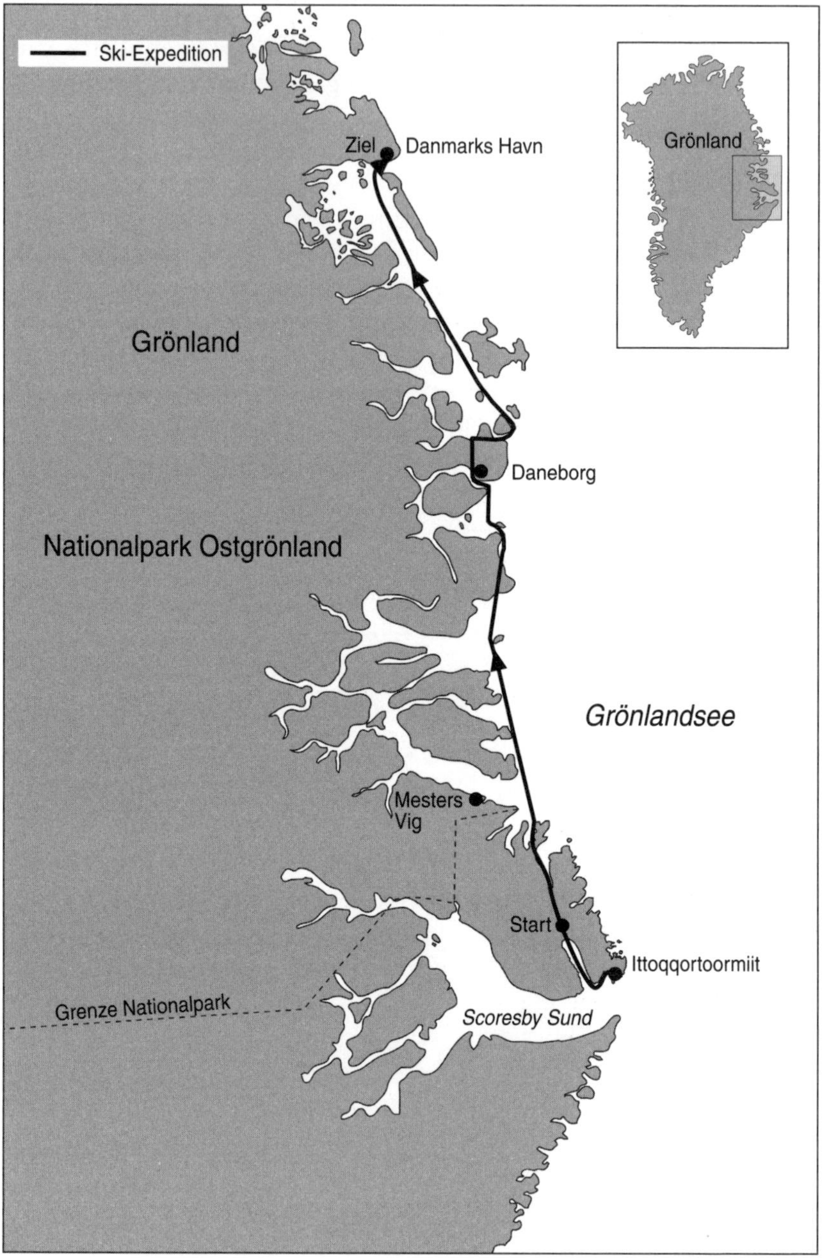
Ski-Expedition
Ziel
Danmarks Havn
Grönland
Grönland
Daneborg
Nationalpark Ostgrönland
Grönlandsee
Mesters
Vig
Start
Ittoqqortoormiit
Grenze Nationalpark
Scoresby Sund

Greenland Challenge

„Nein, die Arktis gibt ihr Geheimnis nicht her für den Preis einer Schiffskarte. Man muß hindurchgegangen sein durch die lange Nacht, durch die Stürme und die Zertrümmerung der menschlichen Selbstherrlichkeit. Man muß in das Totsein aller Dinge geblickt haben, um ihre Lebendigkeit zu erleben. In der Wiederkehr des Lichtes, im Zauber des Eises, im Lebensrhythmus der in der Wildnis belauschten Tiere, in der ganzen hier unverhüllt in Erscheinung tretenden Gesetzmäßigkeit alles Seins liegt das Geheimnis der Arktis und die gewaltige Schönheit ihrer Länder."

(Christiane Ritter, Eine Frau erlebt die Polarnacht)

Gleichmäßig gleiten die Ski durch den hart gefrorenen, körnigen Schnee. Dieser Schnee ist durch die Kälte trocken und stumpf wie Sand geworden. Bei jedem Einsatz knirschen die Skistöcke, um mit einem feinen Singen nach einer fließenden Bewegung wieder herausgezogen zu werden, in einem Bogen nach vorn zu schwingen und erneut mit der Spitze in den Schnee zu knirschen. Immer und immer wieder, stundenlang, tagelang, wochenlang, unterbrochen nur von den Pausen und den Nächten, in denen sie tatenlos auf den Schlitten liegen. Der Mensch als Maschine, Automatismus in der Aktion, Harmonie in der Abfolge der Bewegungen und im Empfinden. Einklang mit sich und der Natur. Der Atem kommt wie Rauchschwaden aus dem Mund, ein Teil verweht, der andere Teil fängt sich in der Felleinrahmung der Kapuze oder im Bart und wird zu Eis. Im Laufe eines Tages wächst die Eisschicht an, abends bildet sie eine solide, mehrere Zentimeter starke Kruste, die mit bloßen Händen angetaut werden muß, bevor man sie mit schmerzverzerrtem Gesicht abzieht. Regelmäßig hängen dann Barthaare in den Eisklumpen. Um die Schultern und die Hüfte eng angeschmiegt liegt das Zuggeschirr des Schlittens. Dieser Schlitten, den man – gleich einer Schnecke ihr Haus – hinter sich herzieht, kann zu einem guten Freund werden, wenn man sich aus ihm bedienen darf oder sich in einer Pause auf ihn setzen kann. Er wird jedoch sofort zum hinterlistigen Gegner, wenn man müde oder im rauhen Packeis unterwegs ist, wo er boshaft jeden Eisvorsprung nutzt, um sich festzukrallen und sein „Zugtier“ aus der Balance wirft. Bergauf macht er sich mit voller Absicht extra schwer, um einen schließlich bergab von hinten zu schubsen und die Deichsel schmerzhaft in den Allerwertesten zu rammen. Es ist eine Haßliebe, die verbindet. Ohne ihn geht es nicht, und eigentlich ist es ja auch ganz toll, sein Schneckenhaus dabei zu haben.

Wie eine kleine Karawane ziehen wir das Klitdal entlang Richtung Norden, vor uns deutlich sichtbar die tief eingedrückten Spuren der beiden Hundeschlitten, mit denen Falk und die zwei Grönländer uns vorausgefahren sind. Armin läuft als erster, gefolgt von Brigitte, dann kommt Frank, und das Schlußlicht bilde ich. Armin und Brigitte legen ein zügiges Tempo vor, Frank und ich lassen es etwas langsamer angehen, jeder nach seinem Gusto. Es geht leicht bergauf. Aus den Seitentälern bläst ein eisiger Wind, der sich in der Gesichtshaut verbeißt. Wir tragen unsere Gore Tex Anzüge, darunter lediglich lange, aber dünne Funktionsunterwäsche, um die trotz der Kälte entstehende Schweißbildung nach draußen zu transportieren. Der Körper muß trocken bleiben, nur dann bleibt man auch warm.

Man zieht immer nur das absolut erforderliche Minimum an. Beim Losgehen ist einem richtiggehend kalt, erst nach 15 Minuten etwa setzt sich das Wärmegefühl im ganzen Körper, sogar in den Fingerspitzen, durch. Das Laufen mit dem schweren Schlitten treibt den Puls in die Höhe, man spürt die Kälte nicht mehr. In den Pausen ziehen wir uns eine Fleecejacke an, um die Wärme zu konservieren, und am Ende der Pause zieht man die Jacke wieder aus und ist genauso kalt wie zu Beginn der vorangegangenen Runde. Ständig pendelt man zwischen den Extremen Heiß und Kalt hin und her, einen gemäßigten, angenehmen Mittelwert gibt es nicht. Der Wind macht alles noch viel schlimmer. „Chill Faktor“ wird der Auskühlungseffekt des Windes genannt. Jeder kennt ihn im

Grunde genommen, aber in der Arktis nimmt er eine bedrohliche Dimension an. Wind in Verbindung mit Minusgraden dringt durch Mark und Bein, trotz moderner High-Tech Bekleidung.

Wir laufen im Fünfzig-Minuten-Takt. Das bedeutet exakt fünfzig Minuten laufen, dann eine Pause, abermals die „fünfziger Runde", Pause usw. Da wir uns nicht beeilen müssen und wollen, laufen wir pro Tag fünf dieser Runden. Daneben bleibt reichlich Zeit für Filmaufnahmen, fürs Fotografieren oder ganz einfach für das Betrachten der Landschaft. Durch dieses regelmäßige Laufsystem geht man am ökonomischsten mit seinen Kräften um. Der Körper bekommt eine Pause nach immer gleichen Intervallen zugeteilt, auch wenn er sie eigentlich noch gar nicht braucht. Dadurch ist man am Ende einer Runde nie richtig müde, regeneriert sich entsprechend schneller und läuft dadurch effektiver.

Am Anfang einer solchen Laufrunde, nachdem sich die Schultern an das unregelmäßige Rucken des Gurtgeschirrs wieder gewöhnt haben, lasse ich meinen Gedanken freien Lauf. Ich versuche mich von dem Vorgang, dieser Arbeitsleistung des Schlittenziehens zu lösen. Meine Gedanken wandern fort, mitunter tief in diese Landschaft hinein, tiefer jedenfalls, als ich sie visuell einzugrenzen vermag. Es ist ein Verschmelzen mit der polaren Umgebung, die mir in all den Jahren, die ich sie bereise, so vertraut geworden ist und die dennoch immer wieder neu und fremdartig wirkt. Die Gedankengänge ergreifen völlig Besitz von mir. Alle Bewegungsabläufe gehen mechanisch vonstatten. Es ist, als wenn sich der Geist vom Körper trennt. Der Körper, die Maschine, leistet mechanische Arbeit, der Geist wandert losgelöst und ruhelos von einem Thema zum anderen. Zeit scheint unbegrenzt zur Verfügung zu stehen. Jeder einzelne Gedankengang kann bis ins kleinste Detail zu Ende gedacht werden. Mitunter bin ich überrascht, daß die fünfzig Minuten um sind. Nach der Pause versuche ich oft, den alten Gedanken wieder aufzugreifen und ihn fortzuspinnen. Niemand stört einen in seinen Träumereien, und ich habe bei solchen Touren das Gefühl, klarer denken zu können als irgendwo sonst.

Längst habe ich auch die Phasen hinter mir gelassen, in denen ich im Rekordtempo von einem Punkt zu andern geeilt bin, nur der Bewältigung der Strecke in einer guten Zeit wegen – ich habe dergleichen zu oft gemacht, um darin noch einen Anreiz zu sehen. Heute „lebe“ ich mehr in der Naturlandschaft. Mir ist es wichtiger, mit der Natur zu verschmelzen, als sie zu einem Spielplatz der Eitelkeiten degenerieren zu lassen. Ich stehe heute mittendrin in der Landschaft und betrachte sie nicht mehr so sehr mit dem Blick eines Strategen, der sie verplant, mit Linien durchkreuzt und gebraucht. Ich will die Natur in ihrer ganzen Vielfalt spüren, schmecken, leben und versuchen, sie zu verstehen, ich will alte Instinkte wecken und mich an dem Naturerlebnis freuen. Das Bewußtsein, die Spielregeln verstanden zu haben und sich sicher in der Natur, ob auf hoher See oder in der Arktis, bewegen zu können, ist ungemein befriedigend. Ich brauche mir hier nichts mehr zu beweisen – vielleicht ist es diese Gewißheit, die mich heute mit einer großen Gelassenheit an eine solche Expedition herangehen läßt.

Am 5. April haben wir die Höhe des Klitdals überschritten und ziehen bei Nebel und böigem Wind wieder bergab dem Carlsberg Fjord entgegen, den wir am Morgen des 6. April erreichen. Wir halten uns in der Mitte des Fjordes und laufen genau nach Norden, von jetzt ab scharf nach Eisbären Ausschau haltend. Da ich das Gewehr auf meinem Schlitten griffbereit liegen habe, gehe ich als letzter. Sollten wir überraschend auf einen Bären stoßen, der hinter einem Eiswall unvermutet auftaucht, würde dem Vorläufer vermutlich kaum Zeit bleiben, die Waffe zu nutzen. Der letzte in der Gruppe wäre derjenige, der am ungestörtesten Maßnahmen ergreifen könnte, deshalb reist die Waffe auf dem letzten Schlitten. Um nachts, während wir im Zelt liegen und schlafen, vor ungebetenen Bärenbesuchen rechtzeitig gewarnt zu werden, hat unser Tüftler Frank eine Alarmanlage gebaut, die erheblich effektiver als die auf Spitzbergen gemietete ist. Sobald die Zelte abends aufgebaut sind, nimmt er vier Ski und steckt rund um den Lagerplatz ein großes Viereck damit ab. An jedem Ski befestigt er in Kniehöhe eine elektronische Alarmanlage, die über einen Zugschalter aktiviert wird. Die Ski werden jetzt wie bei einem Zaun mit einer dünnen Schnur verbunden, die jeweils an den Zugschaltern endet. Läuft jemand dagegen, wird der Mechanismus ausgelöst, und die Alarmanlage beginnt mit 100 Dezibel einen schrillen, ohrenbetäubenden Alarmton auszusenden. Einen Eisbären würde das vermutlich nicht davon abhalten, die Zelte samt Inhalt einer näheren Untersuchung zu unterziehen, aber – was genauso wichtig ist – wir würden durch das schrille Gepiepe augenblicklich geweckt und damit gewarnt. Die Anlage ist in maximal zehn Minuten installiert – soviel Zeit muß sein –, und sie hat uns eindeutig besser schlafen lassen. Wir haben zwei Jack Wolfskin Expedition Dome Zelte dabei. Brigitte und ich teilen das eine, Armin und Frank das andere. So gibt es reichlich Platz für jeden, und sollte aus welchen Gründen auch immer ein Zelt zerstört werden, könnten wir auch zu viert gut in einem Zelt weiterleben. In Patagonien hatten wir neun Tage lang in einem schweren Orkan auf dem Patagonischen Inlandeis zu fünft in dem gleichen Zelttyp überlebt. Zu fünft ist es qualvoll eng darin, zu viert ginge es gerade noch. Mit dem Kochen wechseln wir uns ab. Jeweils ein Zelt übernimmt die Backschaft. Die Nachbarn werden morgens durch das laute Fauchen des MSR Kochers geweckt, können sich aber noch einmal behaglich in ihre molligen Schlafsäcke kuscheln, während die andere Zeltbesatzung emsig mit den Frühstücksvorbereitungen beschäftigt ist.

Bevor der Kocher jedoch angezündet werden kann, müssen sich die Köche zunächst aus ihrem Schlafsack schälen. Während der Nacht ist der Atem kondensiert und gefroren. Nur ein kleines Atemloch hat man im Schlafsack freigehalten, und genau dort hat sich jetzt eine Kruste aus Eis und Rauhreif gebildet, die bei der leichtesten Berührung abbröckelt und einem ins Gesicht rieselt. Eine eiskalte Dusche – und schon ist man richtig wach. Das Zeltinnere ist ekelhaft kalt. Schnell Fleecejacke, Mütze und Hose anziehen, die Kamiks überstreifen und den Zelteingang öffnen. Dem Wetter gilt jeden Morgen der erste Blick. Danach steigt einer nach draußen, zieht die Schlafsäcke heraus, um sie gleich über die Schlitten zum Lüften zu legen, während der andere Zeltinsasse damit beginnt, den Rauhreif mit einer Bürste von den Zeltwänden zu putzen. Anschließend sieht er wie mit Puderzucker überzogen aus und muß sich selbst einer anständigen Bürstung unterziehen. Erst wenn das Zelt auf diese Art von Schnee und Eis befreit ist, wird der Kocher gezündet. Diese ersten Arbeitsschritte bei klirrender Kälte sind unangenehm und daher unbeliebt. Würde man aber darauf verzichten, würde die Kocherwärme schnell das Innere des Zeltes in eine Tropfsteinhöhle verwandeln und alles durchfeuchten. Die oberste Regel bei Polarreisen besagt aber, daß man seine Ausrüstung unbedingt trocken halten muß. Die Feuchtigkeit, die einmal in der Ausrüstung steckt, wird man nur schwer wieder los. Und sie ist gefährlich, weil sie den Körper nachhaltig auskühlt. Also wird gebürstet, nicht nur morgens früh, sondern auch tagsüber während der Pausen und besonders abends, bevor man sich ins Zelt begibt, um ja keinen Schnee mit nach drinnen zu transportieren. Jeder hat daher seine eigene Bürste mit Stiel und hütet sie wie seinen Augapfel – nur nicht verlieren!

Der MSR Kocher brennt bei jeder Temperatur. Ein kurzes Vorwärmen, dann das Ventil an der Benzinflasche öffnen, und sogleich beginnt der Kocher mit seinem unverwechselbaren Fauchen. Minuten später ist das Zelt bereits warm. Der erste von uns, der draußen gewesen ist, hat umsichtig einige harte Schneeblöcke vor den Zelteingang gelegt, so daß man jetzt nur noch kurz den Arm zur Tür hinausstecken muß, um einzelne Brocken Schnee in den Topf wandern zu lassen. Das Schneeschmelzen dauert lange und verbraucht entsprechend viel Benzin. Eis zu schmelzen ist sehr viel effektiver, nur steht eben nicht immer Süßwassereis zur Verfügung. Schnee hingegen gibt es in unbegrenzter Menge. Während der Schnee langsam schmilzt und sich im Topf Wasser zu bilden beginnt, schreibt man Tagebuch und genießt die Wärme. Schließlich steigen Dampfschwaden aus dem Topf, der mittlerweile bis zum Rand mit heißem Wasser gefüllt ist. Jetzt werden die Zeltnachbarn mit Macht aus ihren Träumen gerüttelt. Das Summen von Reißverschlüssen, einige wenig druckreife Bemerkungen über die Kälte, dann stehen sie mit ihrem Eßgeschirr vor dem Kochzelt und begehren Einlaß. Jeder bezieht eine Ecke, und das übliche morgendliche Ritual der Frotzeleien über die unzureichende und dilettantische Bewirtung des gastgebenden Zeltes beginnt, das solange anhält, bis die Gäste endlich die erste Tasse dampfenden Tee oder Kaffee in den Händen halten. Die entnommene Wassermenge wird von dem „Türsteher" umgehend mit Schneeklumpen von draußen ergänzt. Meist muß dies einer der Gäste tun, der sich entsprechend rücksichtslos im Gastgeberzelt aufführt und Schnee ringsum verteilt –

ach ja, die lieben Nachbarn, am nächsten Tag wird man sich selbst genauso unmöglich verhalten.

Zum Frühstück gibt es zur Auswahl entweder Müsli oder Peronin, eine neue Spezialnahrung von Folker Schultheiss. Peronin ist ein hochkonzentriertes Nahrungskonzentrat in Pulverform. Es wird mit ein wenig Wasser angerührt, hat dann eine sämige Konsistenz und schmeckt wie Tomatensaft. Der Vergleich mit einem Müslifrühstück hat mich zu dem Schluß kommen lassen, daß Peronin länger sättigt und anhält, ich greife daher meistens darauf zurück. Die anderen variieren mal so, mal so. Eine zweite Tasse Kaffee ist drin, danach wird Wasser für die Thermoskannen geschmolzen. Unweigerlich rückt jetzt der Zeitpunkt des Aufbruchs heran.

Wir befestigen vorsorglich schon einmal unsere Dosimeter an den Mützen. Diese sind so groß wie ein Fünfmarkstück, nur dicker, und sind Bestandteil eines Forschungsprogramms, das wir während der Dauer der gesamten ARCTIC-PASSAGES-Expedition durchführen. Ob an Bord des Schiffes, bei der Skidurchquerung Spitzbergens oder auf unserem Weg nach Norden – immer sind die Dosimeter dabei. Mittels dieser neuartigen Meßsonden soll die UV-Strahlung der Sonne exakt gemessen werden. Wegen der zunehmenden Ozonlochproblematik gewinnen diese Messungen dramatisch an Bedeutung. Bisherige Meßapparaturen waren zu groß und unhandlich, als daß man sie „am Mann" hätte tragen können. Genau darum geht es aber bei dieser Untersuchung. Der Arbeitskreis Polarmedizin möchte repräsentative Werte über die Belastung eines Menschen haben, der in diesen Breiten lebt. Auch während der Polarnacht. Die Überwinterer haben die Sonden ständig getragen. Das ganze Jahr hindurch werden diese Messungen von uns durchgeführt. Ein Dosimeter wird eine Woche lang getragen und dann durch ein neues ersetzt. Das gebrauchte wird versiegelt und verpackt und bei nächster Gelegenheit einer Auswertung im Labor zugeführt. Es ist, wie man uns sagt, die erste Langzeituntersuchung dieser Art, und man mißt diesen Ergebnissen eine große Bedeutung bei. Deshalb hatte ich meine Zustimmung gegeben, als Dr. Monika Puskeppeleit, eine befreundete Ärztin, die bei der Polarmedizin engagiert ist, mich daraufhin ansprach. Monika hatte die erste Überwinterung einer Frauengruppe in der deutschen Georg von

Neumayer Station in der Antarktis geleitet und verfügt entsprechend selbst über Polarerfahrung. Unsere Messungen werden wir bis zu unserer Rückkehr nach Hamburg fortführen. Darüber hinaus nehmen wir uns regelmäßig Blutproben ab. Auf dem Schiff haben wir eine Zentrifuge, mit deren Hilfe das Blut geschleudert und danach eingefroren wird, um anschließend mit Spezialbehältern auf dem Luftwege zurück ins Labor geschickt zu werden. Auf unserer Skitour können wir keine Zentrifuge mitführen, dafür haben wir Lanzetten, mit denen wir uns einmal die Woche in den Finger stechen und auf einer Art Löschpapier die Bluttropfen auffangen. Auch diese Proben werden später von dem entsprechenden Labor untersucht. Um das Forschungsprogramm abzurunden, gibt es täglich auszufüllende Fragebögen, die die Verweildauer unter freiem Himmel festhalten und darüber hinaus Daten über Wolkendichte, Wetter, individuelles Befinden sowie einige psychologische Fragen enthalten. Wir sind also quasi eine wandelnde Forschungsstation und schon jetzt gespannt auf die Auswertung, gerade was die Intensität der UV-Strahlung betrifft.

Nachdem die Thermoskannen gefüllt sind, wird der Kocher abgestellt. Das ist das Signal für die Gäste, das Zelt zu verlassen, um sich ihrerseits auf den bevorstehenden Tag vorzubereiten. Die Sachen werden zusammengeräumt, die Zelte abgebaut, die Pulkas beladen, vielleicht ein letzter eisig kalter Gang zur „Freilufttoilette", dann sind wir marschbereit. Ein abschließender Blick in die Runde – nichts vergessen? Jedes kleinste Stückchen Müll wird eingesammelt und im Schlitten mitgeführt. Das wiegt fast gar nichts und nimmt zusammengepreßt auch kaum Volumen im Schlitten ein. Danach werden die Zuggeschirre aufgenommen, und mit einem letzten Blick auf die Uhr im Gänsemarsch losgelaufen.

Das Schlittenziehen belastet am meisten die Füße. Das bleibt in den ersten Tagen einer solchen Tour meist nicht ohne Folgen. Blasen bilden sich an den Fersen oder unter den Ballen. Schon seit Jahren bekomme ich in den ersten Tagen des Schlittenziehens leicht Blasen, ich kenne es zur Genüge. Während des Laufens verliert sich der Schmerz, am unangenehmsten sind die ersten Schritte nach einer Pause. Dann hat man das Gefühl, irgendwie auf einem Fremdkörper herumzulaufen, es tut weh, ist lästig, und man wird ständig daran erinnert. Abends im Zelt schaffen wir dann Abhilfe. Armin, ausgebildeter Rettungssanitäter, der seit dem Lehrgang, den er uns vor Antritt der Expedition angedeihen ließ, fest mit zum Team gehört, nimmt sich entschlossen der Problematik an. Zunächst werden die Fußsohlen mit Alkohol desinfiziert, danach mit einem Skalpell die Blasen angeschnitten, die Flüssigkeit entnommen und anschließend mit Spezialpflastern verbunden. Sobald die Blasenflüssigkeit entfernt worden ist, kann man nahezu wieder normal auftreten. Ein paar Tage lang bildet sich immer wieder neues Wasser in den Blasen, dann endlich nur noch Hornhaut, und damit ist dieses unangenehme Kapitel ein für allemal vom Tisch. Es sei denn, eine verrutschte Socke oder ein vereister Stiefel sorgen für Problemzonen. Mit wenigen Ausnahmen lassen uns die Blasen nach den ersten Tagen in Frieden.

Immer wieder halten wir Ausschau nach den Hundeschlittengespannen, mit denen Falk und die beiden Grönländer unterwegs sind. Längst müssen sie den Bestimmungsort erreicht und das Depot eingerichtet haben. Unseren Berechnungen nach dürften sie sich bereits auf dem Rückweg befinden und müßten uns daher irgendwo passieren. Aber das Land ist weitläufig, und vielfach erschwert Nebel die Sicht. Am Mittag des 6. April entdecken wir tatsächlich dicht unter Land ein Hundegespann, allerdings nur eines. Wir winken, werden gesehen und der Schlitten nimmt Kurs auf uns. Als er näher kommt, können wir erkennen, daß es sich hierbei nicht um Falk handelt. Der Schlitten ist rot angemalt, außerdem befinden sich zwei Skiläufer an seinen Seiten. Die Grönländer verwenden grundsätzlich keine Ski, sie sitzen auf ihren Schlitten und lassen sich von den Hunden ziehen.

Nur die Sirius-Patrouille reist auf diese Art und Weise, und tatsächlich fährt wenig später der von elf kräftigen Hunden gezogene Schlitten vor. Die beiden jungen Männer von der in Dänemark legendären Patrouille wirken auf den ersten Blick überhaupt nicht militärisch. Tatsächlich dürfen sie sich kleiden, wie sie wollen, Uniformzwang oder dergleichen gibt es nicht. Wir begrüßen uns herzlich, schließlich trifft man nicht jeden Tag jemanden in diesen Breiten. Die beiden sind über unser Vorhaben durch das Polarcenter informiert. Trotzdem bitten sie darum, die Expeditionsgenehmigung zu sehen, die ich als Fotokopie in meinem Tagebuch liegen habe. Eine etwas skurrile Situation. Bei –20 °C mitten auf einem ostgrönländischen Fjord werden die Papiere kontrolliert. Das alles passiert aber in einem ausgesprochen freundschaftlichen und kameradschaftlichen Ton.

Wir bleiben eine Weile zusammen. Fasziniert betrachten wir die stämmigen Hunde, die gutmütig und bestens genährt mit jedem sofort gut Freund sind und so proper aussehen, als entstammten sie einem Bilderbuch für Kinder. Die Sirius züchtet in Daneborg ihre eigenen Hunde. Durchschnittlich fünf Jahre lang werden sie vor die zahlreichen Schlitten gespannt und patrouillieren auf diese Art und Weise den gesamten Nordosten Grönlands. Nach Ablauf dieser Zeit haben sie im Schnitt jeder weit über zehntausend Kilometer zurückgelegt. Danach fällt ihre Leistungskurve dramatisch ab – sie gehen in die wohlverdiente Pension. Meist siedeln sie um nach Mesters Vig, Danmarks Havn oder auch Station Nord, nur außer Landes dürfen sie nicht gebracht werden. Sie verbringen ihr gesamtes Leben an der Ostküste. Ich halte das, ohne jede Einschränkung, für die beste aller Lösungen. Diese Tiere im fortgeschrittenen Alter nach Dänemark oder anderswo in Europa zu bringen, wäre alles andere als artgerecht. Sie gehören hierher.

Die Sirius-Patrouille ist eine sehr traditionsreiche Einrichtung. Nur derjenige kann sich dafür melden, der mindestens zwei Jahre im dänischen Militär gedient hat. Es gibt bestimmte Auswahlkriterien und Tests, dem schließt sich eine konzentrierte Ausbildung und die Vorbereitung auf die bevorstehende Aufgabe an, und schließlich wird der Neuankömmling auf Grönland einem erfahrenen Mann zugeteilt. Zu zweit bauen sie ihren eigenen Schlitten, trainieren die Hunde und führen ihre vorher festgelegte Patrouillen in Etappen durch. Nach einem Jahr gilt der mittlerweile erfahrene Neuankömmling bereits als Old Hand und leitet seinerseits den nächsten Neuankömmling an, um mit ihm die kommende Saison gemeinsam zu bestreiten. Maximal zwei Jahre kann jeder auf diese Weise der Sirius dienen, danach ist Schluß. Man will damit offenbar verhindern, daß sich die gleichen Leute festsetzen, schließlich sollen möglichst viele Leute diese Schule durchlaufen. Mit ein wenig Glück bieten sich im Anschluß an die zwei Jahre noch Jobs in Mesters Vig, aber in der Regel endet der Dienst nach Ablauf dieser Zeit. Die meisten der jungen Männer – wie kann es anders sein – sind danach von dem Grönland-Bazillus infiziert. Die Arktis läßt die wenigsten für immer los, und viele ehemalige Sirius-Leute versuchen, einen Job zu bekommen, der ihnen in irgendeiner Form erneut Zugang nach Grönland verschafft.

Mit militärischem Gehabe hat das Ganze erfreulicherweise wenig zu tun. Und auch die Kontrolle unserer Papiere scheint den beiden fast unangenehm, wissen sie doch ohnehin von Kopenhagen, daß wir alle Genehmigungen vorliegen haben. Aber schließlich ist die Kontrolle des Nationalparks irgendwie zur Hauptaufgabe der Patrouille avanciert. Warum sollte man sonst mit großem logistischem und finanziellem Aufwand eine Militäreinheit, mit Hundeschlitten bestückt, die unwirtliche Küste Grönlands entlangschicken? Militärisch strategische Gründe wird es dafür wohl kaum noch geben. Flugzeuge und Satelliten könnten das gleiche sicher leichter bewerkstelligen. So ist das ganze Unternehmen Sirius wohl auch eher zu einer Art Elite- und Lebensschulung für junge Militärangehörige geworden, die ganz froh darüber sind, ihre Daseinsberechtigung auch in der Kontrolle des Nationalparks zu finden. In Dänemark selbst wird die Sirius-Patrouille wie eine Ikone gehandelt. Es grenzt fast an ein Sakrileg, laut darüber nachzudenken, ob die Steuergelder, die dahin fließen, anderweitig nicht günstiger verwendet werden könnten. Wie auch immer, gerade weil die Patrouille so wenig militärische Dünkel an den Tag legt, empfinden wir sie als eine etwas nostalgische, aber ungemein faszinierende Einrichtung. Und tatsächlich braucht der Nationalpark ja eine Art Kontrolle, und wer wäre dafür schon besser geeignet?

Das Zusammentreffen mit den beiden ist ganz lustig. Erst fotografieren wir die berühmte Sirius-Patrouille mit den Hunden, dann nehmen wir brav Aufstellung und werden unsererseits von den beiden abgelichtet. Wir erzählen uns gegenseitig, wie begeistert wir von der Landschaft sind – die Arktis schweißt zusammen, das ist ein bekanntes Phänomen. Die Faszination für die arktischen Regionen teilen wir alle gemeinsam. Selten zuvor habe ich ein ebenso kräftiges Hundegespann gesehen wie dieses hier. Als sich die beiden verabschieden und ihren rund 500 Kilogramm schweren Schlitten von den Hunden in Bewegung setzen lassen, sieht es geradezu spielerisch aus. An jeder Seite des Schlittens ist eine Halteleine befestigt, von der sich die beiden ziehen lassen. Ein letztes Winken, dann müssen sie sich auf die vor ihnen liegende Eisfläche konzentrieren, und in einer Schneewolke stieben sie davon. Irgendwann werde ich selbst wieder mal ein Gespann lenken, das nehme ich mir bei diesem Anblick fest vor.

Am 7. April erreichen wir den Nordausgang des Carlsberg Fjordes und überqueren eine Landbrücke, um in den Nathorst Fjord zu wechseln. Falk und die beiden Gespanne haben wir nicht getroffen, sie müssen irgendwann und irgendwo im Nebel an uns vorbeigefahren sein. Im Innersten des Nathorst Fjordes soll eine kleine Schutzhütte stehen. Da wir von Falk nun nicht mehr die Bestätigung erhalten haben, daß das Depot genau an der verabredeten Stelle hinterlegt worden ist, wollen wir sichergehen und in jeder Ecke des Fjordes danach Ausschau halten. Wir finden eine Hütte, sie ist auch bewohnbar, aber leer, von unserem Depot keine Spur. Es soll mehrere alte Hütten im Fjord geben, diese ist relativ neu. Unser Depot soll laut Abmachung auch im nördlichen Teil liegen, wir suchen den ganzen nächsten Tag danach. Wir laufen an diesem 9. April 22 Kilometer, doch das Depot bleibt unauffindbar. Unangenehmer noch, die Hütte, von der man uns gesagt hatte, daß sie ganz sicher existiere, ist ebenfalls wie vom Erdboden verschluckt! Da es mittlerweile kalt und spät geworden ist, schlagen wir das Lager auf. Wenig später rufe ich über das NERA Telefon auf dem Schiff an und erfahre von dem kurz vorher zurückgekehrten Falk, daß es die Hütte nicht mehr gibt. Statt dessen erklärt er mir, haben sie das Depot an eine Felswand gehängt, um es vor Eisbären und Füchsen zu sichern.

Die Positionsangabe ist ein wenig irritierend, und es dauert den besten Teil des nächsten Tages, bevor wir es schließlich entdecken. Wir waren schon in Sorge gewesen, denn ohne diese Nahrungsmittel hätten wir unsere Expedition nicht fortsetzen können. Armin und ich packen den Brennstoff und Proviant auf einen Pulka, den wir auf der Suche nach dem Depot leer mitgeführt haben, und machen uns dann gemeinsam ziehend auf den Rückweg zum Lager. Den nächsten Tag verbringen wir mit dem Sortieren und

Aufteilen der Schlittenlasten sowie mit kleineren Wanderungen in die Umgebung.

Am 11. April brechen wir wieder auf. Wir müssen jetzt den Davy Sund, der den Eingang zum Kong Oskars Fjord darstellt, überqueren. Von hier bis zum nächsten Landzipfel, dem Kap Simpson, sind es 43 Kilometer, die wir über den zugefrorenen Fjord zurücklegen müssen. Bis zum Erreichen von Daneborg würden wir kein Depot und vermutlich auch keine Menschenseele mehr antreffen.

Ostern ist es klar und eisig kalt. Trotz der schweren Schlittenlast hat Armin von uns allen unbemerkt eine Osterüberraschung für jeden von uns dabei: Sorgsam in einer Plastikschachtel verpackt holt er Schokoladenosterhasen, Ostereier und – mir fällt die Kinnlade runter – für jeden einen Tamagotchi ans Tageslicht. Das hat mir gerade noch gefehlt! Von jetzt an ist jeder in den Pausen mit seinem schrecklichen elektronischen Baby beschäftigt. Der ausdauerndste von uns hält geschlagene neun Tage durch, dann befinden sie sich Gott sein Dank alle im Tamagotchi-Himmel – und wir haben in den Pausen wieder unsere Ruhe.

War unsere Route bisher durch die Fjorde und die Landabdeckung geschützt verlaufen, so folgen wir jetzt der äußeren Küstenlinie, was völlig andere Eisverhältnisse erwarten läßt. Tatsächlich treffen wir nach kurzer Zeit auf die ersten Preßeisrücken. Die Schlitten sind vollbeladen, ruckend und nur widerwillig lassen sie sich über die bizarren Eisrücken wuchten. Wir Männer haben gut damit zu tun. Um so mehr bewundere ich Brigitte, die, obwohl sie die gleiche Last bewegt, trotzdem genauso schnell ist und die Anstrengungen mit Humor und Lachen erledigt, als sei das alles ein Kinderspiel. Nur abends im Zelt merkt man ihr die Müdigkeit an. Kaum daß sie den Schlafsack geschlossen hat, höre ich auch schon ihr tiefes, regelmäßiges Atmen. Brigitte ist sofort eingeschlafen, und nichts auf dieser Welt – vermutlich nicht einmal unsere Alarmanlage – wird sie vor morgen früh wieder wach bekommen.

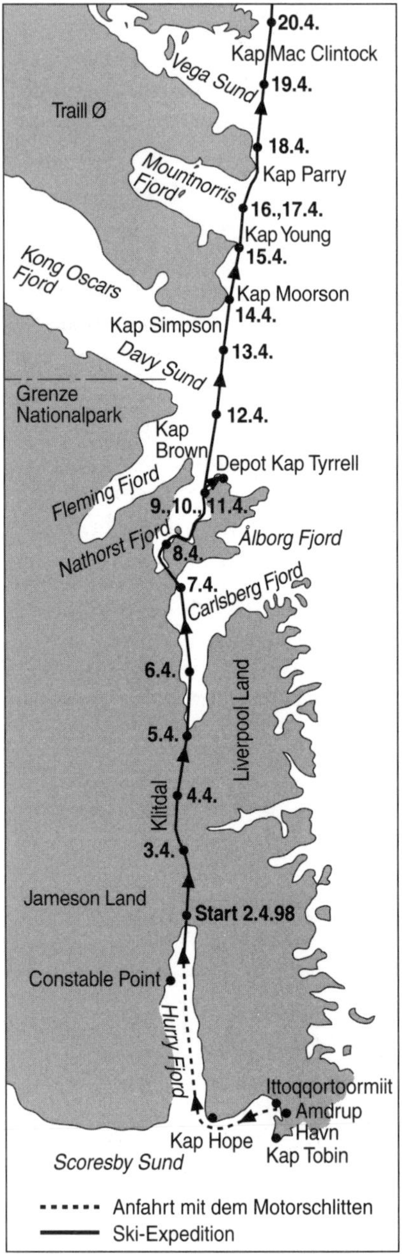
20.4.
Kap Mac Clintock
Vega Sund
19.4.
Traill Ø
18.4.
Mountnorris Fjord
Kap Parry
16.,17.4.
Kap Young
15.4.
Kong Oscars Fjord
Kap Moorson
14.4.
Kap Simpson
13.4.
Davy Sund
Grenze Nationalpark
12.4.
Kap Brown
Depot Kap Tyrrell
Fleming Fjord
9.,10.,11.4.
Ålborg Fjord
Nathorst Fjord
8.4.
7.4.
Carlsberg Fjord
6.4.
Liverpool Land
5.4.
Klitdal
4.4.
3.4.
Jameson Land
Start 2.4.98
Constable Point
Hurry Fjord
Ittoqqortoormiit
Amdrup Havn
Kap Hope
Kap Tobin
Scoresby Sund
Anfahrt mit dem Motorschlitten
Ski-Expedition
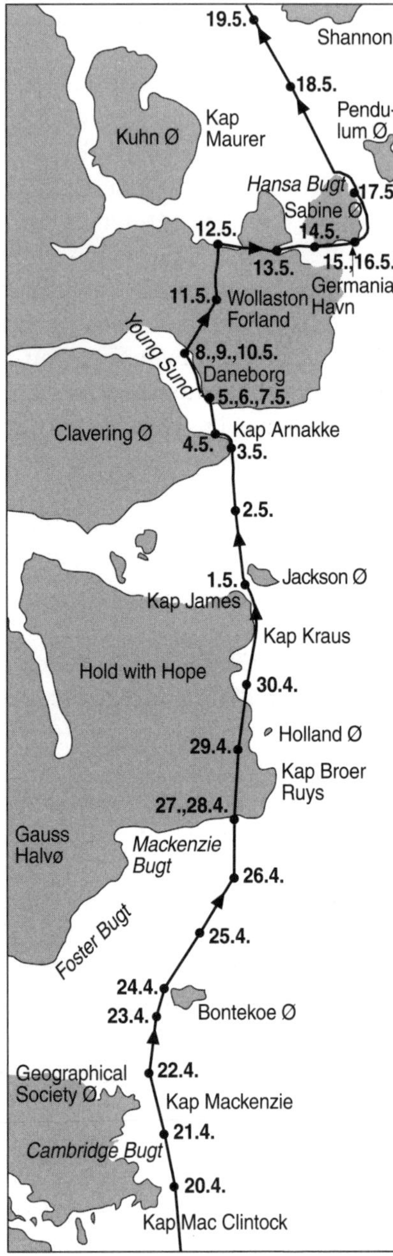
19.5.
Shannon
18.5.
Kap Maurer
Kuhn Ø
Pendulum Ø
Hansa Bugt
17.5.
Sabine Ø
12.5.
14.5.
13.5.
15.,16.5.
Germania Havn
11.5.
Wollaston Forland
Young Sund
8.,9.,10.5.
Daneborg
5.,6.,7.5.
Clavering Ø
Kap Arnakke
4.5.
3.5.
2.5.
1.5.
Jackson Ø
Kap James
Kap Kraus
Hold with Hope
30.4.
Holland Ø
29.4.
Kap Broer Ruys
27.,28.4.
Gauss Halvø
Mackenzie Bugt
26.4.
Foster Bugt
25.4.
24.4.
23.4.
Bontekoe Ø
Geographical Society Ø
22.4.
Kap Mackenzie
21.4.
Cambridge Bugt
20.4.
Kap Mac Clintock

Der weiße Weg

Die Geschwindigkeit des Ostgrönlandstromes beträgt zwischen einem halben und zwei Knoten pro Stunde. Das mag auf den ersten Blick nicht viel erscheinen, tatsächlich handelt es sich für ein Eisfeld um ein recht stattliches Tempo. Da der Eisstrom zudem nicht reibungslos nach Süden abfließen kann, sondern sich immer wieder hinter den Vorsprüngen und Buchten der grönländischen Küste verfängt, wo es zudem Nehrströme und Gezeiteneinflüsse gibt, entsteht kein gleichförmiges Muster. Das Eis des Ostgrönlandstromes besteht überwiegend aus mehrjährigem Eis. Darunter versteht man Eis, das mehrere Sommer und Winter hindurch überdauert hat. Durch die jährlich einsetzenden Schmelz- und Gefriervorgänge wird dieses Eis besonders hart, es wird sogar langsam zu Süßwassereis, da die Salzkristalle nach unten abwandern. Altes Meerwassereis erkennt man neben anderen Kriterien an seiner bläulichen Färbung. Geschmolzen bietet es beste Trinkwasserqualität. Und es ist hart. Im Gegensatz zu dem bis zu zwei Meter dicken einjährigen Eis wird das alte Eis deutlich über drei Meter dick. Auf seiner Oberfläche haben sich mehrere Meter hohe Eisrücken gebildet, die irgendwann einmal durch starke Pressungen entstanden sind. Man kann sich vielleicht vorstellen, daß eine im Mittel drei Meter starke und im Durchmesser einen Kilometer breite Eisscholle, die sich mit einem Knoten Fahrt nach Süden bewegt, sich nicht so ohne weiteres aufhalten läßt. Trifft sie auf ein Hindernis, gleich welcher Art, setzt sie ihre Bewegung unverdrossen fort. Der im Weg liegende Gegenstand wird entweder zerdrückt, überlaufen oder mitgenommen. Sollte er sich wie im Fall eines Küstenstreifens als hartnäckiger Gegner für das Eis erweisen, bricht das Eis und türmt sich zu mehreren Metern hohen Verwerfungen auf, die aus einem bizarren Muster ineinander verkeilter Eisschollen bestehen. Trifft Eis auf Eis, werfen sich die Enden der Schollen wie Wundränder auf, die ebenfalls aus chaotisch ineinander verschachtelten Eisbrocken bestehen. Dieser Prozeß des Aufeinanderprallens, des sich gegenseitigen Zerstörens und Bildens neuer Preßeisrücken ist ein unaufhörlicher Prozeß. Die Energien, die dabei freigesetzt werden, sind unvorstellbar. Deshalb kommt mit dem Ostgrönlandstrom kein schieres, glattes Eis nach Süden, sondern ein Tohuwabohu aus zersplitterten, ineinander verkeilten und viele Meter hohen Eisverwerfungen. Durch die Eisbewegungen tritt trotz aller Kälte immer wieder offenes Wasser zutage, das sich bisweilen großflächig ausdehnt, bevor es wieder zufriert, um anschließend durch neue Bewegungen wieder aufgebrochen zu werden. Es ist eine dynamische Landschaft, das Gegenstück vielleicht zu einem blubbernden Krater voll glühender Lavaströme. Entstehung und Zerstörung liegen unmittelbar nebeneinander. Deshalb ist eine Ski-Expedition über Packeis auch so ungleich schwieriger als beispielsweise eine Inlandeisdurchquerung Grönlands. Das eine ist ein überfrorener Ozean – mehr nicht – und das andere ein solider, eisgepanzerter Kontinent.

Packeis der schwersten Sorte erwartet uns an der Außenküste. Seitdem wir den breiten Davy Sund gequert und Kap Simpson hinter uns gelassen haben, geraten wir zunehmend in den Einfluß des Ostgrönlandstromes. Die Zeit des gleichmäßigen Dahingleitens ist unwiderruflich vorbei. Die Oberfläche wird uneben, Eisplatten lassen die Ski wegrutschen, und beim Überqueren der teilweise vier bis fünf Meter hohen Eisrücken scheinen unsere Schlitten uns schier das Rückgrat brechen zu wollen. Beim Hochwuchten bleiben sie immer wieder hinter Vorsprüngen hängen, so daß wir wie ein zappelnder Käfer in den Zuggeschirren hängen. Bewegt sich der Schlitten trotz aller Widerstände über den höchsten Punkt hinweg, kippt er schlagartig nach vorn, um einem mit seinem ganzen Gewicht in den Rücken zu springen – es ist wahrhaftig Knochenarbeit! Trotzdem können wir unser Tempo im großen und ganzen halten. Wir laufen im Schnitt fünfzehn Kilometer pro Tag. Wir könnten durchaus mehr laufen, wollen es aber nicht. So bleiben immer Kraftreserven, man ist nie richtig ausgezehrt, und was vielleicht genauso wichtig ist – so bringt das Reisen trotz aller Anstrengungen immer noch Spaß.

Immer häufiger kreuzen jetzt frische Eisbärspuren unseren Weg. Bisher haben wir noch keinen Bären zu Gesicht bekommen, aber die Häufung der Spuren läßt eine Begegnung immer wahrscheinlicher werden. Das Packeis ist das bevorzugte Jagdrevier der Bären. Sie ernähren sich fast ausschließlich von Robben, die sie in den Atemlöchern oder bei Sonnenbädern auf dem Eis schlagen. Wer schon einmal versucht hat, sich an eine Robbe heranzuschleichen, weiß, wieviel Geschick und Tarnung dazu gehört. Eine Robbe ist ein durchweg wachsames Tier, insbesondere dann, wenn es auf dem Eis liegt. Eisbären haben offenbar keine Mühe, ausreichend Robben zu fangen. Ihr Geschick, sich anzuschleichen oder im Überraschungsmoment plötzlich vor einem zu stehen, macht sie so gefährlich. Anders als Grizzlys oder andere Bären ernährt sich der „Ursus Maritimus" fast ausschließlich von fleischlicher Nahrung. Sie patrouillieren das Packeis, wir befinden uns sozusagen mitten in ihrem Jagdrevier. Mit besonderer Sorgfalt wählen wir daher unsere Lagerplätze an möglichst übersichtlichen Flächen, richten die Alarmanlage ein und haben das Gewehr geladen und griffbereit neben dem Schlafsack liegen.

Und schließlich kommt es zu der erwarteten Begegnung, wenn auch unter etwas anderen Umständen als vermutet. Am 26. April geht Frank kurz vor dem Einschlafen noch einmal zum Pinkeln vors Zelt. Versonnen blickt er in die Runde – und sieht sich einem interessierten Zuschauer gegenüber. Der Bär ist zwar gut hundert Meter weg, aber das ist letztlich keine Distanz für den König der Arktis. Schlotternd vor Kälte – die Temperatur liegt bei –25 °C – stehen wir Herbeigerufenen gemeinsam in langen Unterhosen und Hemden vor dem Zelt, fotografieren und filmen und beobachten argwöhnisch, was unser nächtlicher Besucher vorhat. Der hat indessen keine Eile. Er richtet sich auf seinen Hinterbeinen zu einer imposanten Größe auf, hält dabei witternd seine Nase in unsere Richtung, um sich anschließend wieder auf die Vorderbeine fallen zu lassen und uns weiter zu beobachten. Er kommt ein Stück näher, legt sich in den Schnee und wälzt sich wie ein Hund auf dem Rücken, steht auf, kommt ein Stück näher – wir werden immer mißtrauischer. Obwohl – oder gerade weil – wir uns schon eine ganze Weile nicht mehr gewaschen haben, müssen wir für die

Bärennase geradezu verlockend duften. Die Kälte dringt uns durch Mark und Bein. Der Bär hingegen ist in seinem Element. Langsam tappt er näher, setzt sich wieder hin, beobachtet uns, kommt erneut näher. Wir beschließen, die Situation nicht eskalieren zu lassen und ihn zu vertreiben. Ein Schuß in die Luft schreckt ihn hoch. Armin schießt mit der Signalpistole eine Blitzknall-Patrone ab, und die Kombination aus einem Knall und einem grellen Blitz gefällt dem Bären überhaupt nicht. In großen Sätzen sucht er das Packeis und bleibt in sicherer Entfernung stehen, aber eine zweite Blitzknall-Patrone verjagt ihn endgültig. Steifgefroren kriechen wir in unsere Zelte zurück. Gelegentlich werfe ich noch mal einen mißtrauischen Blick nach draußen, aber unser Besucher scheint endgültig die Nase von uns voll zu haben – Robben sind offenbar weniger nervig.

Ohne die Gefahr einer Bärenbegegnung herunterspielen zu wollen, zeigt dieses Beispiel aber auch, daß es durchaus zweckmäßige Abschreckmethoden gibt. Krach und Lärm mag ein Bär in aller Regel nicht. Nur verlassen sollte man sich nicht darauf. Ein ausgehungerter Bär hat vor nichts und niemandem Angst – das sollte man immer im Hinterkopf behalten.

Die Überquerung der Foster Bugt gestaltet sich als schwieriges Unterfangen. Dunkle, fast schwarze Wolken am Himmel deuten auf offenes Wasser hin. Dieser Wasserhimmel ist für den, der ihn richtig zu interpretieren weiß, ein deutlicher Hinweis auf offenes Wasser. Insgesamt wird das Eis noch rauher. Der Ostgrönlandstrom hat das Packeis wie einen Korken auf eine Flasche in die Fjordmündungen gestopft. Nebel zieht jetzt immer häufiger auf, und das ist mit das unangenehmste, was einem passieren kann. Der Nebel ist zum Schneiden dick. Nicht nur, daß die Sicht entsprechend schlecht ist, gleichzeitig verschwinden sämtliche Konturen im Schnee und Eis.

„White Out" wird es genannt, wenn man orientierungslos, wie ein Betrunkener torkelnd, einhertappt, weil man den Übergang von der Luft zum Boden nicht mehr erkennen kann. Das Wahrnehmungsvermögen und der Gleichgewichtssinn spielen verrückt. Ein gigantischer Eisberg, der scheinbar in vielen Kilometern Entfernung zu liegen scheint, entpuppt sich als eine kleine Eisverwerfung, die in Wahrheit keine zehn Meter entfernt ist. Die Festlegung einer sicheren Route ist unmöglich, und überhaupt wirkt alles verdrießlich, naß und kalt. Nebeltage sind unangenehme Tage! Die Bontekoe Ø müssen wir im Westen umgehen, da sich nördlich von ihr offenes Wasser gebildet hat – der Wasserhimmel spricht eine deutliche Sprache. Auch auf der Westroute war bis vor kurzem noch Wasser, denn die Neueisdecke, über die wir unsere Schlitten ziehen, hat eine maximale Stärke von zwanzig Zentimetern. Nicht viel, aber genug, um uns und unsere Schlitten zu tragen. Nur lagern können wir nicht auf dem dünnen Eis, da es jederzeit wieder aufbrechen kann. Wir müssen unsere Route so legen, daß wir abends auf einer alten, soliden Eisscholle Zuflucht suchen, um dort in aller Ruhe unser Lager aufbauen zu können.

Die Zeit verliert für uns ihre Bedeutung. Wir sind bereits fast einen Monat unterwegs, aber irgendwie spielt das keine Rolle. Jeden Tag gibt es neue Erlebnisse, tauchen neue Konturen von Land auf, gewinnen wir andere Perspektiven. Unser ganzes Tun, Denken und Handeln dreht sich um unsere kleine Welt. Kaum vorstellbar, daß es da draußen noch eine andere Welt gibt. Wir sind auf das Wesentliche zurückgestuft. Gelegentlich werden wir von Stürmen heimgesucht, die uns zu Rasttagen zwingen. Einmal nicht aufstehen zu müssen, sondern sich weiter im molligen Schlafsack räkeln zu dürfen, ist Verlockung genug. Der Sturm kann dann tosen und brausen, den Zelten und uns macht das nichts aus. Wir schlafen, lesen, hören Musik und schmeißen irgendwann den Kocher an, um Kaffee zu kochen. Wenn es sich irgendwie vermeiden läßt, geht man nicht nach draußen. Leider läßt es sich auf Dauer nicht umgehen – irgendwann muß jeder mal, und danach sieht man wie ein Schneemann aus. Der Sturm preßt den feinen Schneestaub tief in das Gewebe. Da hilft alles Bürsten nichts. Allein durch das Öffnen und Schließen des Zelteinganges dringt Schnee in die Apsis und auch ins Zeltinnere. So ist das nun einmal. Ein wenig Fatalismus kann nicht schaden und ist keine schlechte Voraussetzung für solche Touren.

Am Kap Broer Ruys wird das Packeis immer unzugänglicher und gefährlicher. Dazwischen ziehen sich Rinnen offenen Wassers hindurch. Frische Eisbärenspuren führen in alle Himmelsrichtungen, so daß wir längst aufgehört haben, sie zu zählen. Um dem schlimmsten Eis aus dem Weg zu gehen, überqueren wir die Halbinsel Hold With Hope. Als wir nach zwei Tagen wieder die Küste erreichen, treffen wir zum Glück auf bessere Eisverhältnisse, so daß wir zügig vorankommen. Unser Etappenziel Daneborg, die Station der Sirius-Patrouille, ist jetzt nicht mehr allzu weit entfernt. Sie liegt in dem Young Sund, dessen südliche Begrenzung die gebirgige Insel Clavering Ø ist. Am 1. Mai schaffen wir 25 Kilometer und lagern abends auf Höhe von Jackson Ø. Der Young Sund, die Clavering Ø und das nördlich davon gelegene Wollaston Forland liegen deutlich vor uns. Trotzdem gestalten sich die nächsten Tage schwierig. Nebel zieht auf, und das Eis, auf dem wir laufen, wird immer dünner. Ein Eisbär tapert in einiger Entfernung parallel zu unserer Route entlang, scheint sich aber nicht weiter für uns zu interessieren. Kurz bevor wir Clavering Ø erreichen, stehen wir vor offenem Wasser. Auf den darin treibenden Eisschollen liegen träge und wohlgenährt Robben, die die ersten wärmenden Sonnenstrahlen ausnutzen. Die gesamte Mündung des Young Sundes scheint aufgebrochen zu sein. Nach Norden und Osten sehen wir nichts als offenes, schwarzes Wasser. Wir folgen daher der Eiskante, aber auch der Übergang zur Clavering Ø ist durch offenes Wasser unterbrochen. An einer Stelle entdecken wir schließlich eine frisch überfrorene Passage. Das Eis ist aber so dünn, daß ich zunächst ohne Schlitten vorgehe und es teste. Es ist ein Grenzfall. Immer einer zur Zeit, mit geschmeidigen Bewegungen und möglichst gleichmäßiger Lastverteilung, gleiten wir nacheinander über den Neueisstreifen und stehen endlich wieder auf festem Boden.

Das Kap Arnakke auf der Insel Clavering Ø stellt uns am nächsten Tag erneut vor eine Herausforderung. Das offene Wasser reicht bis an die Steilküste des Kaps heran. Letzteres ist völlig vereist und selbst ohne Schlitten kaum passierbar. Armin und ich machen uns zu einer Erkundung auf und kommen zu dem Schluß, daß wir wohl oder übel eine Straße um das Kap herum bauen müssen, auf der wir unsere Schlitten herumziehen können. Gesagt, getan. Mit unseren Schaufeln hacken und graben wir einen schmalen Pfad in den Firn des Kaps, der gerade so breit ist, daß ein Pulka darauf gleiten kann – vorausgesetzt, er wird von hinten von jemandem in der Spur gehalten. Zehn Meter unter uns brandet das offene Wasser an die

Klippen. Wenn jemand von uns hier abrutschen sollte, ist ihm ein kaltes Bad gewiß. Ein Schlitten nach dem anderen wird jeweils zu zweit mit großer Vorsicht um das Kap herumgezogen. Das letzte Stück führt um eine scharfe und völlig vereiste Ecke herum, an der wir die Schlitten zu dritt vor dem Abgleiten sichern müssen. Es ist Knochenarbeit, schließlich ist es kalt, die Schlitten wiegen immer noch eine ganze Menge, und das Vorankommen scheint unendlich langsam zu sein. Da wir jeden Schlitten einzeln holen müssen, vergeht der größte Teil des Tages damit. Als wir es schließlich geschafft haben, hat sich der Wind zu einem mittleren Sturm entwickelt. Trotzdem gehen wir weiter. Ein weiteres Kap muß umrundet werden, danach erreichen wir das feste Fjordeis und können darauf weitergehen. Daneborg ist jetzt nur noch 10 Kilometer entfernt, trotzdem müssen wir lagern, da der Wind weiter zulegt.

Auch am nächsten Morgen weht es immer noch fast mit Sturmstärke, aber jetzt hält uns nichts mehr. Die hohen Funkmasten weisen uns den Weg, und nach drei Runden erreichen wir das Headquarter der Sirius-Patrouille. Wir werden erwartet. Lars und Kasper sind bei unserem Eintreffen die einzigen Bewohner der Station. Sofort laden sie uns zum Kaffee ein, und nach 34 Tagen sitzen wir das erste Mal wieder auf einem Stuhl an einem Tisch, trinken Kaffee und stopfen Kekse in uns hinein. Die beiden sind großartig! Da sie selbst aus eigener Erfahrung wissen, was einem nach einer langen Polarreise am meisten fehlt, fragen sie gar nicht erst lange. An erster Stelle steht eine heiße Dusche! Zunächst aber werden wir in der alten Wetterstation untergebracht. Da die Sirius-Station eine militärische Einrichtung ist, gibt es bestimmte Vorschriften, und eine davon besagt, daß Gäste nicht in den Räumen der Sirius-Patrouille untergebracht werden dürfen. Aber die alte Wetterstation, die schon lange nicht mehr in dieser Funktion benötigt wird und heute als Unterkunft für Zivilisten genutzt wird, ist alles, was wir brauchen. Drinnen ist es urgemütlich. Ein Ofen sorgt für ungewohnt hohe Temperaturen, wir können unsere Ausrüstung auseinanderpacken, reinigen und sortieren, keiner, den wir mit unseren Sachen nerven – hier können wir ganz nach unserem Belieben schalten und walten. Duschen dürfen wir in der Station, und abends sitzen wir lange mit unseren Gastgebern zusammen.

Die beiden haben reichlich zu tun. Täglich müssen sie über Funk mit den Patrouillen sprechen, die über die ganze Ostküste verteilt unterwegs sind. Die Hunde in der Station müssen versorgt werden, Papier und Verwaltungsarbeit wartet auf die beiden, und es gibt sicher noch viele Dinge mehr, von denen wir gar nichts ahnen. Wir erhalten die Genehmigung, zwei Tage in unserer kleinen Pension zu bleiben, um uns etwas auszuruhen. Unsere Pakete mit Proviant und Brennstoff liegen wohlbehalten für uns bereit, und nachdem wir einen Tag gefaulenzt haben, nutzen wir den zweiten dazu, unsere Schlitten neu zu packen, den Proviant aufzuteilen und, wo nötig, Reparaturen an unserer Ausrüstung durchzuführen. Danach sind wir wieder bestens gewappnet für den zweiten Teil der Expedition. Lars und Kasper laden uns zum Abschiedsessen ein, Adressen werden ausgetauscht, dann machen wir uns am nächsten Morgen wieder auf den Weg.

Wegen des offenen Wassers haben wir uns entschlossen, abermals einen Weg über das Inland zu suchen. Die Außenküste des Wollaston Forlandes ist – laut Aussage von Lars und Kasper – immer kritisch und gefährlich. Verschiedene Hundegespanne sind dort schon durchs Eis gebrochen, in einem Fall hat es sogar Tote gegeben. Der Sirius-Patrouille ist es sogar untersagt, diese Route einzuschlagen! Der Weg über die Halbinsel hinweg mag zwar mühselig sein, da es teilweise steil bergauf geht, aber es ist die sicherere Variante, deshalb entscheiden wir uns für sie. Die Schlitten sind wieder schwer beladen, als wir uns auf den Weg machen.

Nur wenige Kilometer von Daneborg entfernt stoßen wir auf eine Herde Moschusochsen. Wir lassen die Schlitten zurück und laufen nur auf Ski näher an sie heran, um die Tiere zu beobachten. Da es nur wenige Verstecke gibt, bemerken sie uns früh genug und wahren stets eine gewisse Distanz. Mich begeistern die zotteligen Urviecher immer wieder, stundenlang kann ich ihnen zusehen.

Von Stürmen immer wieder aufgehalten, kommen wir anfangs nur langsam voran. Nur einen Tag, nachdem wir von Daneborg aufgebrochen sind, hält uns ein schwerer Sturm zwei Tage lang im Zelt fest. Im tiefen Neuschnee sinken die Pulkaschlitten und wir selbst tief ein. Armin, der nach wie vor vorausgeht, leistet beim Spuren Schwerstarbeit. Trotzdem ist er unermüdlich und gut gelaunt.

Armin hat nicht nur ein ausgesprochenes Organisationsgeschick, er ist mental und physisch stark und optimal für diese Aufgabe und die polare Landschaft eingestimmt. Armin ist bei jedem Wetter immer richtig gekleidet, er behält den Überblick und weiß sich wie selbstverständlich in der Arktis zu bewegen. Er hat Instinkt und Gespür für Gefahren, wird nicht leichtsinnig oder überheblich, sondern verfolgt umsichtig und zielstrebig seine Aufgabe. Ich habe nur selten Menschen getroffen, die über ein ähnliches Talent verfügen, und im deutschsprachigen Raum kenne ich keinen einzigen.

Erst als der Schnee zu tief wird, wechseln wir uns mit dem Spuren ab. Trotz des Tiefschnees und des schwierigen Geländes können wir unsere Tagesleistung beibehalten. Probleme bereitet uns hingegen immer wieder das Wetter, das mit ungewöhnlich vielen Stürmen aufwartet und uns abermals im Zelt festnagelt. Als sich der Nebel am Morgen nach dem Unwetter endlich hebt, tauchen plötzlich Berggipfel auf, die bisher vor unseren Augen verborgen lagen. Der Kronenberg hebt sich majestätisch über die niedrige Wolkendecke – wir haben den ersten Sichtkontakt mit der Sabine Ø. Am 44. Tag unserer Reise, bei immer noch durchwachsenem Wetter, laufen wir über die zugefrorene Clavering Straße, die Sabine Ø vom Wollaston Forland trennt, Richtung Germania Havn.

Am 15. Mai, genau ein Jahr nach dem Start unserer Expedition in Hamburg, runden wir die Landzunge, die die südliche Mole des Naturhafens bildet. Noch einige Meter weiter, und wir stehen genau an der Stelle, an der die GERMANIA den Winter 1869/70 verbrachte. Wir haben 44 Tage von der DAGMAR AAEN bis hierher gebraucht. Aber wir sind da – wenn auch nicht mit dem Schiff, so doch zu Fuß! Hier haben Koldewey und seine Leute überwintert, und von hier sind sie zu ihrer großen Reise nach Norden aufgebrochen.

Wir haben eine weite Anreise gehabt, um an diesen Ort zu gelangen, und wollen uns entsprechend sorgfältig hier umsehen. Aber damit sind wir noch lange nicht am Ende unserer Tour. Wir wollen der Route Koldeweys nach Norden folgen und seinen nördlichsten Punkt erreichen. Im Grunde beginnt unsere Tour hier erst richtig. Allen Widrigkeiten zum Trotz haben wir Sabine Ø erreicht. Ein weiteres entscheidendes Expeditionsziel ist geschafft.

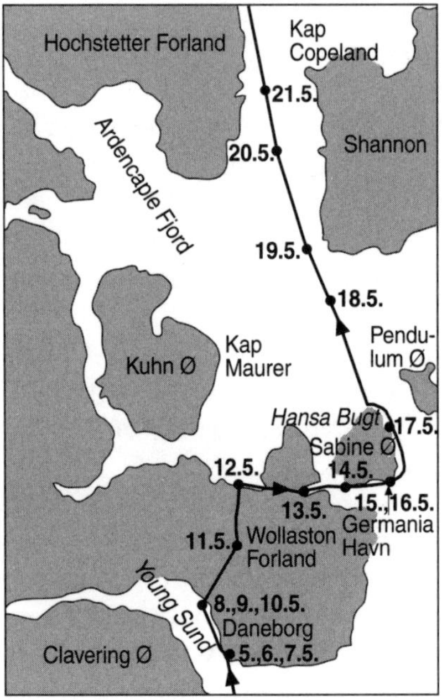
Hochstetter Forland
Kap Copeland
21.5.
20.5.
Shannon
Ardencaple Fjord
19.5.
18.5.
Kap Maurer
Kuhn Ø
Pendu-lum Ø
Hansa Bugt
17.5.
Sabine Ø
12.5.
14.5.
13.5.
15.,16.5.
Germania Havn
11.5.
Wollaston Forland
Young Sund
8.,9.,10.5.
Daneborg
Clavering Ø
5.,6.,7.5.

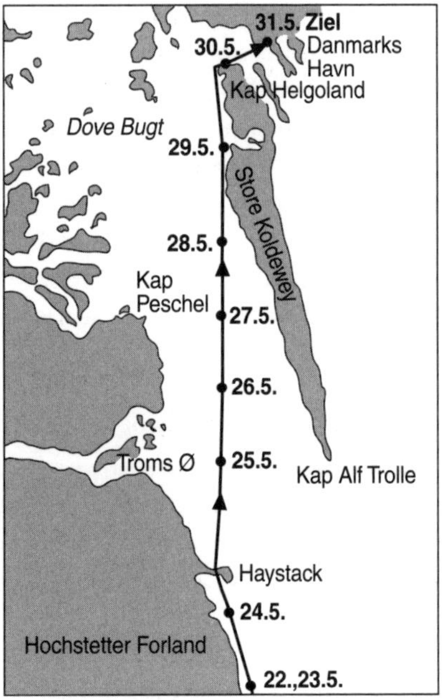
31.5. Ziel
30.5.
Danmarks Havn
Kap Helgoland
Dove Bugt
29.5.
Store Koldewey
28.5.
Kap Peschel
27.5.
26.5.
25.5.
Troms Ø
Kap Alf Trolle
Haystack
24.5.
Hochstetter Forland
22.,23.5.

Nach Danmarks Havn

Nach dem für diese Jahreszeit ungewöhnlich schlechten Wetter scheint die Witterung jetzt ein Einsehen mit uns zu haben. Die Kraft der Sonne ist spürbar von dem Moment an, von dem sie Germania Havn mit ihrem Licht überflutet. Unsere dunkelroten Kuppelzelte erwärmen sich dermaßen, daß wir teilweise nur in Unterwäsche im Zelt sitzen. Hier und dort lugt ein erster Stein aus der Schneedecke heraus, Schmelzwassertropfen rinnen an seinen Flanken herunter – und das, obwohl das ganze Land noch in Schnee und Frost erstarrt liegt. Zumindest scheint es auf den ersten Blick so. Doch wer genauer hinsieht, bemerkt die Veränderungen in der Natur. Die wärmende Sonne und der Stein mögen lediglich ein Indiz auf den nahenden Frühling sein, die Schneeammern, die in Schwärmen um uns herumflattern, sind ein untrüglicher Beweis. Die polare Landschaft befindet sich abermals in einem Umbruch, die Zeit der schweren Stürme und der Eiseskälte ist für wenige Wochen und Monate gebrochen. Ohne Unterbrechung zieht die Sonne vierundzwanzig Stunden lang ihren Kreis um unser Lager auf der Sabine Ø. Nachts steht sie etwas niedriger am Horizont und hat dadurch ein besonders weiches, warmes Licht. Kontraste, die vor allem dann auffallen, wenn man diese Landschaft im Wechsel der Jahreszeiten kennengelernt hat. Ein Besucher, der nur diesen einen Zustand kennenlernen würde, wäre vermutlich ein wenig ernüchtert, weil ihm letztlich nur der Vergleich zu den gewohnten, gemäßigten Breiten bliebe. Wer aber Sommer, Herbst, Winter und Frühling in Grönland miterlebt hat, gewinnt einen Blick für Nuancen und mißt eine Veränderung an dem einzig richtigen Maßstab, nämlich an der Landschaft selbst. Jeden Tag aufs neue sind wir überwältigt, wie sehr sich die Gegend verändert, um wieviel weicher der Schnee geworden ist, wie die Wasserflächen im Eis und die

Zahl der sich auf dem Eis sonnenden Robben zunehmen. Man muß in der Natur leben, um sie zu verstehen, das zumindest haben wir gelernt.

Wir haben unser Lager genau auf der Stelle aufgeschlagen, wo vor 129 Jahren die GERMANIA gelegen hat. Die Stelle läßt sich recht genau anhand von Zeichnungen, die sich in dem Expeditionsbericht befinden, lokalisieren. Die Halbinsel, die die Bucht vor dem schweren Eis schützt, wurde auf den Namen „Sternwartenhalbinsel" getauft, denn unweit des Schiffes wurden auf dieser Landzunge zwei kleine Steinhäuser errichtet, die als Observatorien dienen sollten. Das eine Observatorium nahm die magnetischen Meßinstrumente auf, das andere wurde auf den stolzen Namen „Sternwarte" getauft. Letzteres enthielt die astronomischen wie auch die meteorologischen Instrumente. Neben der Sternwarte wurde zudem ein Lebensmitteldepot eingerichtet – für den Fall, daß das Schiff Feuer fangen sollte. Auf einer Unterlage aus Holz wurden Fässer und Kisten gestapelt, Kohle wurde aufgeschichtet und das ganze mit Segeltuch abgedeckt und die Enden mit Felsbrocken beschwert. Auch die beiden Observatorien waren aus Felssteinen gebaut, die man an Ort und Stelle fand. Die beiden Gebäude waren dementsprechend grob gebaut, aber für die Aufgabe völlig ausreichend. Vom Schiff aus waren beide Hütten zu sehen, zusätzlich hatte Koldewey eine Art Geländer aus Tauen vom Schiff bis zu den Stationen bauen lassen, damit sich während der Dunkelheit und bei Stürmen keiner verirren konnte. Schließlich mußten die Instrumente jeden Tag, ganz gleich bei welcher Witterung, abgelesen werden.

Die Steinhäuser sind längst zusammengebrochen, deshalb können wir sie von unserem Lagerplatz aus nicht sehen. Aber wir brauchen nicht weit zu gehen, bis wir unvermittelt vor den Grundmauern des magnetischen Observatoriums stehen. Bis zu einem Meter hoch sind die Mauern, die eindeutig als die Überreste eines ehemaligen Hauses zu erkennen sind. Die vier Wände sind mit Schnee gefüllt, einzelne Felsbrocken, die einstmals Teil der Mauer waren, liegen verstreut herum – mehr ist nicht zu entdecken. Haben wir mehr erwartet? Ich bin im Grunde genommen völlig überrascht, daß nach über einem Jahrhundert überhaupt noch etwas zu sehen ist. Schnee, Eis und Stürme, nicht zu vergessen andere Expeditionen und die Fangstmänner, die wenig Sinn für den Erhalt historischer Gebäude aufbrachten, haben diesen Ort aufgesucht. Es wäre nur natürlich, wenn alle Spuren der „2. deutschen Nordpolarexpedition“ im Laufe der Jahre abgetragen worden wären. Aber sie sind noch da. Etwas höher gelegen stand das zweite Observatorium. Der Wind hat die Oberfläche vom Schnee leergefegt, wir können daher ohne Probleme den Boden absuchen. Es dauert eine ganze Weile, bis wir endlich auf das Fundament des anderen Hauses stoßen. Hier ist noch weniger zu sehen als bei dem ersten, aber dennoch ist diese Fundstelle fast noch interessanter. Die Mauern sind offenbar von einer späteren Expedition abgetragen worden, aber die Reste, die einstmals das Depot und die Einrichtung ausgemacht haben, sind fragmentartig noch heute zu erkennen: Glasscherben von Flaschen, Kohle, verschiedene Metallteile, wie die besonders geformten und daher eindeutig als solche zu erkennenden Schiffsnägel, Teerbrocken, Korkenreste und vieles mehr.

1991 hatten wir im Rahmen der ICESAIL-Expedition auf dem russischen Franz-Joseph-Land in einem Steinhaufen das Originalpapier über die Entdeckung dieser Inselgruppe durch die österreichisch-ungarische Tegetthoff-Expedition im Jahre 1873 gefunden. Das Papier hatte in dem Steinhaufen, unter Schnee begraben, über ein Jahrhundert überdauert. Und obwohl rein optisch nichts lesbar war, gelang es dem Bundeskriminalamt in Wiesbaden, die Schrift mit besonderer Technik wieder sichtbar zu machen – heute ist das Papier im Schiffahrtsmuseum Bremerhaven ausgestellt. Organische Stoffe können, wie das Beispiel zeigt, in dem kalten, trockenen Klima lange überdauern.

Und ähnlich aufregend wie ich unseren damaligen Fund empfunden hatte, ergeht es mir jetzt wieder. Vorsichtig, um keine Spuren zu zerstören, hocken wir uns in einiger Distanz hin und betrachten aufmerksam die Fläche mit den Fundstücken. Frank hebt ein Stück Teer auf, riecht daran und reicht es an uns weiter. Der Geruch ist unverkennbar. Am besten haben sich die dicken Flaschenböden erhalten. Damals waren die Fertigungstoleranzen bei Flaschen größer als heute, wo alles vollautomatisch vom Computer geregelt wird, deshalb sind die Böden unterschiedlich dick und verschiedenartig geformt. Sie weisen Einschlüsse auf, genauso wie die Flaschenhälse, die vom Wind und Eis mattpoliert sind, so als hätten sie Jahre am Strand eines Meeres gelegen. Die gleichen Flaschenreste hatten wir auch auf Franz-Joseph-Land gefunden. Man muß schon sehr genau hinsehen, um Einzelheiten als Überreste menschlicher Aktivitäten zu entdecken. Aber sie sind da, und das ist das Spannende an diesem Moment.

Es finden sich auch Reste anderer Expeditionen, wie etwa einer britischen, die in den dreißiger Jahren in Germania Havn war. Auf der gegenüber liegenden Landzunge stehen Reste alter Fangsthütten und sogar noch eine Hütte, die als bewohnbar gelten kann, wenngleich sie auch feucht und verwittert ist. Sogar Spuren der Ureinwohner sind vorhanden: Zeltringe, Gräber und aus Felsbrocken zusammengefügte Vorratsbehälter.

Von der Landzunge aus hat man einen guten Überblick über die gesamte Bucht sowie die dahinter liegende Insel Walross Ø. Der Name sagt es, hier gab es für die damalige grönländische Urbevölkerung reichlich Wild und damit Nahrung. Auch jetzt gibt es offenes Wasser, das sich von der Walross Ø in nordöstliche Richtung erstreckt. Robben liegen überall verteilt auf dem Eis. Auf der anderen Seite des Wollaston Forlandes liegt das Kap Wynn und der Hasenberg, beide erstmals von der Koldewey-Expedition bestiegen und vermessen. Hier im Germania Havn war ihre Basis, so wie die unsrige im Amdrup Havn liegt. Die Bucht, in der die GERMANIA den Winter verbrachte, ist gut gegen Eisgang geschützt, und das offene Wasser, was sich jetzt schon abzeichnet, läßt erahnen, daß der Hafen relativ gut zugänglich ist. Wir verbringen auch den nächsten Tag hier, um uns weiter umzusehen. Armin besteigt den Germania Berg, eben jenen Gipfel, auf dem der Matrose Theodor Klentzer seine denkwürdige Begegnung mit dem Eisbären hatte. Der Weg von unserem Lagerplatz zu den Resten der Observatorien ist derselbe, den Dr. Börgen zurücklegte, als er von einem anderen Bären angegriffen und schwer verletzt wurde. Auch wir haben Bärenspuren in der Nähe entdeckt, werden aber nicht behelligt. Dafür beobachten wir einen Polarfuchs, der neugierig und auf der Suche nach Freßbarem unser Lager umkreist.

Nach einem kurzen, aber heftigen Sturm finde ich an einen Felsen geschmiegt eine tote Schneeammer. Sie ist verhungert oder erfroren, ich weiß es nicht. Aber dieser kleine, leblose Federbalg zeigt, daß die Landschaft gnadenlos ist und ihre Opfer auch unter den Tieren fordert. Dem Sturm folgt Sonne und Windstille, als wäre die Landschaft zu gar keinem Unwetter fähig – eine trügerische Ruhe.

Am 28. März 1870 war Koldewey mit seiner Gruppe von hier aus zu der „Großen Schlittenreise nach Norden" aufgebrochen. Das ist etwa der gleiche Zeitpunkt gewesen, an dem wir von der DAGMAR AAEN aus aufgebrochen sind. Das Gelände bis hierher war schwierig gewesen, das Wetter überwiegend gut, aber doch gerade in den letzten Wochen häufig von Stürmen unterbrochen. Auch Koldewey, Payer und ihre sechs Begleiter haben ihren Teil an Stürmen miterlebt. Einer der Stürme dauerte geschlagene vier Tage, in denen sie in ihrem gemeinsamen Schlafsack eng an eng liegend, vom eigenen Schweiß und vom getauten Schnee durchweicht, lagen und froren.

Um so erstaunlicher ist die Marschleistung der Expedition. Wir folgen bei unserem Aufbruch von Germania Havn genau der Route der historischen Expedition. Zunächst laufen wir unmittelbar unter der Küste der Sabine Ø entlang, wobei offenes Wasser uns immer wieder in Bedrängnis bringt. Kostbare Zeit geht uns dadurch verloren. Koldewey und seine Mannschaft, die im März noch eine geschlossene Eisdecke vorfanden, laufen uns buchstäblich den ersten Tag auf und davon. Während sie ein Stück nördlich der Sabine Ø ihr Lager aufschlugen, befinden wir uns gegen Abend des ersten Tages am Eingang zur Hansa Bugt.

Diese Bucht, von Koldewey nach dem verschollenen Begleitschiff getauft, bietet ebenfalls einen recht guten Winterhafen, der während des 2. Weltkrieges zur traurigen Berühmtheit werden sollte. Um während der damals tobenden Geleitzugschlachten bessere meteorologische Informationen für die Bomber zu erhalten, hatte die deutsche Wehrmacht heimlich Wetterstationen in der Arktis installiert. So gab es auf Spitzbergen die Stationen „Haudegen", „Knospe", „Nußbaum" und „Kreuzritter", auf Franz-Joseph-Land gab es die Station „Schatzgräber" und an der Ostküste Grönlands die unter den Tarnnamen „Edelweiß", „Baßgeiger" und

„Holzauge“ laufenden Wetterstationen. Da die Alliierten Jagd auf diese heimlichen Stationen machten, die in der Regel nicht von Soldaten, sondern von Wissenschaftlern betrieben wurden, flogen sie meistens nach kurzer Zeit auf. So auch das Unternehmen „Holzauge“. Mit einem umgebauten Fischdampfer, der SACHSEN, fuhr das Kommando 1942 nach Ostgrönland und ließ sich in der Hansa Bugt einfrieren. Regelmäßig wurden den gesamten Winter über Wetterdaten gesendet, bis die Station schließlich durch einen Zufall von einer dänischen Schlittenpatrouille, dem Vorgänger der Sirius, entdeckt wurde. Eine abenteuerliche Verfolgungsjagd mit Hundeschlitten setzte ein, in deren Verlauf tragischerweise der dänische Fänger Eli Knudsen erschossen wurde. Wir haben sein Grab in Daneborg gesehen. Auch die schöne alte Station Eskimonçs wurde von den Deutschen niedergebrannt. Am 25. Mai 1943 bombardierten amerikanische Flugzeuge die deutsche Station und zerstörten dabei die Wetterdiensthütte. Mitte Juni wurde die Gruppe von einem deutschen Flugboot abgeholt und ausgeflogen, die noch im Eis liegende SACHSEN wurde geflutet und versenkt. Die späteren Versuche, heimlich Wetterbeobachtungsstationen zu errichten, scheiterten meistens schon im Ansatz. Die Amerikaner waren mit eisbrechenden Schiffen an der Küste unterwegs und konnten die Wetterstationen anhand ihrer täglichen Funkmeldungen schnell orten. Die Meteorologen gingen in Gefangenschaft. Der Krieg hatte damit auch nach Ostgrönland gegriffen und tragischerweise auch dort seine Opfer gefordert. Krieg an dieser Küste ist irgendwie etwas Unvorstellbares, da das Überleben an sich schon schwierig genug ist, auch ohne Gewalteinwirkung.

Am nächsten Tag lassen wir die Sabine Ø weit hinter uns. Der markante Kronenberg ist weithin sichtbar, genauso wie die Lille Pendulum Ø mit dem Bass Rock. Zusätzlich taucht aus dem Dunst vor uns die Shannon Ø auf. Sie zeichnet sich nur als dunkler Streifen gegen den Horizont ab, da sie im Gegensatz zu den anderen Inseln völlig flach ist. Auch das Festland verfügt über ein flaches Vorland, das Hochstetter Forland. Shannon Ø und Hochstetter Forland begrenzen den Shannon Sund, dorthin führt unsere Route. Im Gegensatz zum ersten Teil unserer Expedition ist das Eis hier fast vollständig eben und mit einer guten Schneeauflage versehen. Es läuft sich leicht, viel besser als über das zerklüftete Packeis. Wir waren erstaunt gewesen, daß Koldewey mit seiner schwerfälligen Ausrüstung und unerfahren, wie sie letztlich waren, derart gute Tagesleistungen vollbringen konnten. Des Rätsels Lösung liegt in der Beschaffenheit des Eises. Durch die Lille Pendulum Ø, Shannon oder später die Store Koldewey ist das Festland und das davor liegende Eis dem verheerenden Einfluß des Ostgrönlandstromes weitgehend entzogen. Die Inseln schützen das zwischen ihnen und dem Festland liegende Eis, deshalb ist es mehr oder weniger homogen und eben. Kerzengerade können wir unseren Kurs halten, und obwohl wir an unserem fünfstündigem Tagespensum nichts ändern, steigern wir unsere tägliche Kilometerleistung auf 18 und später sogar auf 20 Kilometer.

Pünktchen an Pünktchen reihen sich auf meiner Landkarte aneinander, jedes einzelne markiert einen Lagerplatz. Schnell holen wir gegenüber der Koldewey-Gruppe auf, aber darum geht es nicht. Mit denselben Mitteln, wie sie damals zur Verfügung standen, wären wir wohl kaum so weit gekommen und schon gar nicht in einer besseren Zeit. Wir verfügen über topographische Karten, GPS und modernste Satellitenkommunikationstechnik. Unsere Jack Wolfskin-Ausrüstung zählt zum Besten, was der Markt zu bieten hat, und die Ernährung ist optimal auf unsere Belange zugeschnitten. Von den ultraleichten Kevlarschlitten, den MSR Kochern sowie den Ski gar nicht zu reden. Ohne Ski einen schweren Schlitten zu ziehen, muß einer unglaublichen Anstrengung sowohl in körperlicher wie auch psychischer Hinsicht gleichkommen. Dazu die mangelhafte Ernährung. Während wir meist ausgeschlafen und gut genährt morgens aus dem Schlafsack krabbeln, litten unsere Vorgänger unter ständiger Müdigkeit, die zum einen auf den Schlafmangel, zum anderen aber wohl auf die schlechte Ernährung zurückzuführen war. Nein, ein Vergleich ist hier nicht zulässig, und wenn es selbst für uns alles andere als eine leichte Aufgabe ist, dann muß die Leistung der Gruppe um Koldewey nur um so höher bewertet werden. Zudem mußte Koldewey mit dem Sextanten oder dem Theodoliten mühselig und mit klammen Fingern die Position bestimmen. Ich weiß, wie mühsam das ist, da ich vor dem GPS-Zeitalter selbst nach diesem Verfahren in der Arktis und der

Antarktis navigiert habe. Payer bestieg Berge, zeichnete und kartographierte, es gab neben der ermüdenden Arbeit des Schlittenziehens auch noch die wissenschaftliche Arbeit. Ein wissenschaftlicher Mitarbeiter eines heutigen, modernen Polarforschungsinstituts wird sich bei der Vorstellung, unter ähnlichen Bedingungen arbeiten zu müssen, mit Grausen abwenden. Es war eine andere Zeit, daher läßt erst ein direkter Vergleich mit zeitgenössischen Expeditionen den Erfolg von Koldewey deutlicher hervortreten.

Es gab zu jener Zeit kaum eine Expedition, auf der nicht Menschen umgekommen wären. Die wissenschaftliche Ausbeute war dagegen meistens eher bescheiden. Die „2. deutsche Nordpolarexpedition" hatte zwar ein Schiff, die HANSA, verloren, aber keinen einzigen Teilnehmer. Und die wissenschaftliche Aufgabe wurde bis zum Schluß mit großem Einsatz vorangetrieben. Ein Umstand übrigens, den der Initiator, August Petermann, nicht anerkennen wollte. Er hielt unverdrossen an seiner Theorie des offenen Polarmeeres und einer Landbrücke über den Nordpol hinweg bis nach Sibirien fest. Wenn auch nicht unter Koldewey, so sollte Petermanns Verbohrtheit dennoch zahlreiche Opfer fordern: Julius Payer nahm 1873 an der bereits erwähnten österreichisch-ungarischen Nordpolexpedition mit der TEGETTHOFF teil. Auch diese Expedition ging letztlich zurück auf die These Petermanns. Die TEGETTHOFF fror vor Franz-Joseph-Land ein und mußte aufgegeben werden. Einer der Teilnehmer starb, die anderen konnten sich auf einer abenteuerlichen Odyssee über das Packeis nach Süden retten.

Noch schlimmer erging es der amerikanischen JEANNETTE. Der Leiter der Expedition, De Long, baute voll und ganz auf Petermann und steuerte ins Verderben. Im festen Glauben, ein offenes Polarmeer zu finden, segelte er durch die Beringstraße nach Norden und verlor dabei nicht nur sein Schiff und sein eigenes Leben, sondern auch ein großer Teil der Mannschaft starb bei dem verzweifelten Versuch, das vermeintlich rettende Sibirien zu erreichen. Einer der wenigen Überlebenden der JEANNETTE schrieb später in seinem Buch:

„Wir brauchen nur über die Seite auf das fünf Meter dicke Eis zu blicken, das unseren Schiffsrumpf gepackt hielt, um zu wissen, daß der schwarze Strom Japans (Kuro-SiWo) mit diesem zugefrorenen

Meer genauso wenig Berührung hatte wie die grünen Fluten des Nils. Und genauso völlig zerplatzt war die andere Seifenblase der Einbildung, die ebenfalls der Wahl unserer Route zugrundegelegen hatte: Dr. Petermanns Behauptung, daß Wrangelland ein Kontinent sei, der sich in nördlicher Richtung nach dem Pol erstreckte, und dessen Küsten entlang wir mit den Hundegespannen und unseren Schlitten den Pol auf dem Landwege erreichen konnten. Und was Dr. Petermanns Idee betraf, daß Grönland noch unter dem Pol weiterreichte, um auf der sibirischen Seite wieder als Wrangelland aufzutauchen – wenn man diesem gewichtigen deutschen Wissenschaftler, dessen Stimme zu jener Zeit solchen Einfluß auf die europäische Anschauung vom Polargebiet hatte, hätte zwingen können, eine Woche in unserem Mastkorb zu verbringen und sich selbst davon zu überzeugen, was für ein unbedeutender Fleck im Polarmeer sein vielgerühmtes Wrangelland wirklich war – dann wäre sicherlich sein aufgeblasenes Selbstbewußtsein und sein Ruhm in sich zusammengefallen zum großen Segen für künftige Forscher. Für uns von der Jeannette, die wir den Lehren des guten Doktors schon auf den Leim gegangen waren, leider schon zu spät." –

Harte Worte, die aber den Kern der Sache treffen.

Nach 23 Tagen erreichten Koldewey und sein Trupp den 77. Breitengrad. Hier pflanzten sie die norddeutsche und die österreichische Flagge auf, ein Steinmann wurde errichtet und eine Mitteilung über ihr Eintreffen darin deponiert. Weiterzugehen verbot die Proviantlage, die inzwischen kritisch geworden war. Von seinem Aussichtspunkt blickte Koldewey nach Norden: „*Das Meer, so weit man sehen konnte, bot nur eine einzige ununterbrochene Eisfläche dar. Das Wetter war sehr klar, vorzüglich nach Osten über See, wo auch weiterhin kein Anzeichen von Wasser zu bemerken war.*"

Soviel zur These vom offenen Polarmeer. Am Rande ihrer Kräfte, bis zu den Schenkeln im tiefen Schnee watend, machten sie sich wieder auf den Rückweg zum Schiff. Sie hatten ihren nördlichsten Punkt in Ostgrönland erreicht, und wenn man die damals entstandenen Landkarten mit den heutigen, modernen vergleicht, kann man nur erstaunt sein, mit welcher Präzision sie trotz ihrer Erschöpfung gearbeitet haben. Es gelang ihnen, einen Eisbären zu schießen und dadurch dem drohenden Hungertod zu entkommen.

Am 27. April schließlich erreichten sie, am Ende ihrer Kräfte, wieder die GERMANIA auf der Sabine Ø. Die „Große Schlittenreise nach Norden" war erfolgreich beendet worden – wenn auch nicht mit dem erhofften Ergebnis, ein eisfreies Gewässer vorzufinden oder gar die gesamte Küste Grönlands zu erforschen. Andere, kürzere, aber trotzdem bemerkenswerte Schlittenexpeditionen folgten, die Erkundung der Region ist sehr umfassend gewesen.

An der Stelle, an der Koldewey seine Schlitten stehenließ, um die letzten Kilometer bis zum 77. Breitengrad zu laufen, steht heute eine Wetterstation, Danmarks Havn. Eine dänische Expedition hatte 1906 – aufgrund der Erkenntnisse Koldeweys – diesen Platz für eine Überwinterung gewählt und gleichzeitig den Beweis erbracht, daß Grönland eine Insel ist. Auf dieser sogenannten Danmark-Expedition starben neben dem Leiter Mylius Erichsen noch zwei weitere Teilnehmer. Noch heute steht das Originalhaus der Expedition unweit der modernen Wetterstation.

Wir erreichen die Station am 60. Tag unserer Expedition und nach 16 Tagen seit Aufbruch von Germania Havn. Es ist Pfingstsonntag, wir platzen genau in das üppige Mittagessen der acht Stationsteilnehmer hinein. Wir werden trotzdem herzlich begrüßt und sofort zu dem mit Speisen aller Art überquellenden Tisch geleitet. Gebratene Hähnchenkeulen, Rinderschmorbraten, Shrimps, frischer Salat, Kartoffeln, Gemüse sowie Bier und Wein – was immer das Herz begehrt, alles ist vorhanden. Größer könnte der Kontrast nicht ausfallen, die Zivilisation hat uns wieder.

Wir bleiben zwei weitere Tage bei unseren freundlichen Gastgebern, dann werden wir von einer Twin Otter, die wir gechartert haben, abgeholt. Anders als Koldewey werden wir nicht zurücklaufen – dafür hatten wir eine bedeutend längere Anreise.

Aus der Luft erkennen wir unsere Schlittenspur, die sich schnurgerade durch die ebene Dove Bugt zieht. Vorbei an der langen, scheinbar nicht enden wollenden Store Koldewey entlang, viel zu schnell taucht die Sabine Ø auf, der Young Sund – die Geschwindigkeit, mit der wir die Strecke, für die wir 60 Tage benötigt haben, zurücklegen, ist beunruhigend. Zum Glück ziehen irgendwann Wolken auf. Wir können den Blick von der dahinziehenden Landschaft lösen und schauen uns in unsere verbrannten und gebräunten Gesichter. Wir haben nicht einmal abgenommen. Kerngesund, ohne Verletzungen und in Hochstimmung lachen wir uns an. Wir haben es im besten Koldewey-Stil ohne Verluste – und sei es nur an Material – geschafft.

Am 3. Juni gegen Mittag schwebt die Twin Otter über Amdrup Havn ein. Unter uns die Dagmar Aaen, immer noch fest im Eis. Das mit Kufen ausgerüstete Flugzeug landet direkt neben dem Schiff. Ein winkender Torsten und ein nicht minder gestikulierender Johannes warten auf uns. Die Dagmar Aaen schwimmt wieder in einem kleinen Privattümpel, das Deck ist frei von Schnee und Eis – auch hier hat der Frühling mit Macht Einzug gehalten.

Pilot und Copilot schauen sich das Schiff an, trinken mit uns Kaffee, bevor die Twin Otter dröhnend wieder abhebt und zurück nach Island fliegt. Mit ihr fliegen Armin und Frank, die auf schnellstem Wege zurück nach Deutschland müssen. Brigitte und ich bleiben zusammen mit Johannes und Torsten an Bord. Als die Ruhe wieder eingekehrt ist, ziehen wir uns in die Geborgenheit des Schiffes zurück. Es gibt viel zu erzählen.

Einen Sommer später

Das Vorschiff der DAGMAR AAEN ist seit seiner Entstehung im Jahre 1931 nahezu unverändert geblieben. Die vier engen Alkovenkojen, die mit Schiebetürchen zu verschließen sind, sind schlicht mit Birkenfurnier verkleidet und etwas nobler mit Mahagonileisten eingerahmt. Davor die beiden hölzernen Sitzbänke, der ebenfalls aus Holz gefertigte und genau am Schott anliegende Tisch, die kleinen Eckschränkchen – ein Arrangement, wie es seinerzeit exakt auf allen dänischen Nordseekuttern anzutreffen war und teilweise noch heute ist. Ganz vorn war früher die Pantry. Als einzige Veränderung im Vorschiff haben wir sie ins Mittschiff verlegt und dafür zusätzliche Kojen sowie einige Schapps eingebaut, um Ausrüstung und persönliche Dinge verstauen zu können. Das alte Holz wirkt trotz regelmäßiger Pflege benutzt; es hat sozusagen eine Patina, die Wärme und Gemütlichkeit ausstrahlt. Ein aufwendig dekorierter Salon würde zu dem Schiff nicht passen. Die DAGMAR AAEN ist immer ein Arbeitsschiff gewesen und keine Yacht, und so soll es auch bleiben. Der warme Glanz der zwei am Schott hängenden Petroleumlampen, die massiven Decksbalken, die Decksplanken – das alles strahlt Solidität und Geborgenheit aus. Ein gerahmtes Schwarzweißfoto, das den einstigen Reeder Mouritz Aaen sowie seine Gemahlin Dagmar Aaen zeigt, hängt an der Steuerbordseite. Die beiden leben schon lange nicht mehr, aber von dem alten Foto blicken sie ganz wohlwollend auf uns herab – es ist vielleicht nicht genau der Einsatzbereich des Schiffes, den Mouritz Aaen ihm einstmals zugedacht hat, aber vermutlich hätte er auch nichts gegen unsere Expeditionen und den Umgang mit seiner Haikutterdame gehabt. Der alte Herr Aaen war in vielerlei Hinsicht ein Pionier – den jetzigen Einsatzbereich einer seiner Kutter hätte er bestimmt spannend gefunden.

Am selben Tisch, an dem einst die Fischer auf Zeitungspapier ihren gebratenen Fisch verzehrt haben, rolle ich jetzt die Landkarten aus, auf denen ich den Verlauf unserer Ski-Expedition verzeichnet habe. Rund 800 Kilometer sind wir gelaufen. Bedenkt man, daß dieser Weg teilweise über sehr schwieriges Eis, über Berge, durch Täler, an offenen Wasserflächen vorbei und über dünnes Neueis geführt hat, können wir mit dem Resultat sehr zufrieden sein. Vom Erlebniswert sind wir es ohnehin – die Natur und das Drumherum waren schlichtweg großartig.

Abermals tritt die Expedition in einen neuen Abschnitt ein. Hier in Amdrup Havn ist der Frühling schon deutlich weiter vorangeschritten als im weiter nördlich gelegenen Danmarks Havn. Der Schnee schmilzt rapide, überall ragen dunkle nasse Felsen und Steine aus dem Schnee, die Skisaison wird jedenfalls nicht mehr lange anhalten. Torsten und Johannes haben das milde Wetter bereits genutzt, um am Schiff zu arbeiten. Webeleinen sind erneuert, das Steuerrad komplett abgezogen und neu lackiert, desgleichen die Lampenkästen. Sofern die Witterung es zuließ, haben sie am Schiff geackert. Bevor der Schnee an Land endgültig verschwindet und das Eis auf den Fjorden zu unsicher wird, möchten die beiden nun ihrerseits noch eine Skitour unternehmen.

Nur zwei Tage nach unserer Rückkehr machen sich Torsten und Johannes mit unseren Pulkaschlitten auf den Weg. Sie haben sich vorgenommen, im Verlauf einer Woche die Liverpool Küste zu erkunden. Diese Küste hat für die Schiffahrt eine böse Reputation. Unzählige mutige Seemänner, Wal- und Robbenfänger fanden hier ihr nasses Grab. Unter dem Eis und dem Wasser liegt ein regelrechter Schiffsfriedhof. Der Ostgrönlandstrom schiebt wie ein Mahlstrom an diesem Landstrich entlang. Klippen, Untiefen und vorgelagerte Inseln lassen es für Schiffe ein gefährliches und zu meidendes Fahrtgebiet werden – sofern diese Küste überhaupt von einem Schiff erreicht werden kann. Zu Fuß ist man hier viel wendiger und mobiler und braucht sich nicht ständig Sorgen über irgendwelche verhängnisvollen Eis- und Strömungskonstellationen zu machen.

Über einen Paß erreichen unsere beiden Skifahrer den Lillefjord und laufen in nördlicher Richtung zum Kap Hagen. Über Kurzwelle stehen wir jeden Abend mit ihnen in Verbindung. Sie erreichen Kap Höegh, laufen von dort aus weiter Richtung Rathbone Ø. Gar nicht weit von dieser Insel entfernt ist 1869 die HANSA gesunken. Die Insel konnten die Schiffbrüchigen klar ausmachen. Von Rathbone geht es weiter über Raffles Ø und schließlich in einem großen Bogen zurück Richtung Scoresby Sund. Für die beiden ist es das erste Mal, daß sie eine so lange Tour völlig allein unternehmen. Entsprechend groß ist die Begeisterung über das Erlebte und berechtigterweise auch über die eigene Leistung.

Derweil genießen Brigitte und ich die traute Zweisamkeit – es tut auch mal ganz gut, allein zu sein. Die Tage, an denen wir das Schiff nur für uns haben, lassen sich an einer Hand abzählen. Während ich in Backskisten räume und innerlich beschließe, daß es jetzt endlich Sommer zu werden hat, läuft Brigitte weiterhin auf Ski in den umliegenden Bergen herum. Ich selbst habe vorerst mit dem Winter abgeschlossen und will endlich wieder segeln. Kaum mag ich es einsehen, daß das Eis immer noch über einen Meter dick ist, und auch wenn sich immer mehr Löcher im Eis zeigen – ich werde mich noch gedulden müssen – wie sehr, ahne ich zu diesem Zeitpunkt glücklicherweise nicht. Trotzdem, man kann ja schon mal anfangen, damit man rechtzeitig fertig ist, jetzt hält mich nichts mehr. Ich reiße die Winterisolierung aus den Skylights heraus, setze die Gaffel vom Vorschiff wieder dorthin, wo sie hingehört, lasse die Hauptmaschine laufen, sortiere Blöcke, Schäkel und Tauwerk und schaue immer wieder ganz verzweifelt auf das Eis, das von meinen Bemühungen ganz offensichtlich unbeeindruckt in stoischer Ruhe verharrt. Es ist zum Haare raufen, warum verdammt noch mal dauert das so lange? Dabei weiß ich ganz genau, daß vor Mitte Juli nicht mit dem Eisaufbruch zu rechnen ist. Brigitte findet ohnehin, daß diese Verzögerung das beste sei, was mir widerfahren könne, da ich – und dabei wird ihr Blick strenger und ihr Ton um einen Deut schärfer – immerhin noch fast ein ganzes Buch zu schreiben habe. Birgit, meine Lektorin im inzwischen sommerlichen Deutschland, läßt mich per Fax wissen, daß sie mit den bisher gelesenen Manuskriptseiten ganz zufrieden sei – aber das sei ja auch erst der Anfang, und nun sollte ich mal nicht mehr meine Ski übers Eis, sondern die Finger über die Tasten gleiten lassen... Sie hat ja so recht! Eine Woche räumt Brigitte mir Schonfrist ein und läßt mich am Schiff arbeiten, dann beuge ich mich dem Druck und beginne, die Erlebnisse der letzten Monate aufzuschreiben.

Draußen scheint die Sonne, sie wird immer kräftiger, und als Johannes und Torsten schließlich von ihrer Tour zurückkommen, ist die Skisaison endgültig beendet. Der Schmelzwassertümpel um das Schiff herum ist zwischenzeitlich so groß geworden, daß wir uns eine Gangway bauen müssen, um trockenen Fußes aufs Eis zu gelangen. Und auch das Eis wird immer dünner. Das wärmere Wasser, das in den Fjord getragen wird, zehrt das Eis von unten her auf. Das heißt, das Eis schmilzt nicht nur durch die Sonneneinstrahlung von oben, sondern gleichzeitig durch eine Temperaturerhöhung des Wassers auch von unten.

Brigitte fliegt am 12. Juni zurück, wenige Tage später reist auch Johannes nach Hause. Torsten, der so etwas wie ein Urgestein der DAGMAR AAEN ist, hält mit mir die Stellung, wobei er weiterhin den Schiffsbetrieb regelt. Doch zum Trübsal blasen ist keine Zeit, zuviel ist vorzubereiten. Torsten hat sich den Winter über verändert. Er macht auf mich einen viel selbstsicheren Eindruck als im letzten Jahr. Während der Probleme mit der Schiffselektrik im vergangenen Sommer und Herbst war er häufig nervös gewesen und spürte die Last der Verantwortung. Das macht ihm jetzt alles nichts mehr aus. Er wirkt ruhig und selbstbewußt, hat den Schiffsbetrieb souverän im Griff, und dort, wo Probleme auftauchen, räumt er sie – ohne großes Aufheben davon zu machen – aus der Welt. Torsten fühlt sich an Bord und in Grönland zu Hause. Das zeigen auch die zahlreichen Besuche, die er von Grönländern und Dänen erhält. Er gehört ganz einfach dazu, ist in gewisser Weise einer der ihren geworden.

Mitte Juni kommt Achim, der schon den ganzen letzten Sommer an Bord gewesen ist. Achim wird auch diesen Sommer als Wachführer mit uns segeln. Karsten Steinbach ist neu im Team, er kommt angeflogen, um uns etwa drei Wochen lang bei den Überholungsarbeiten des Schiffes zu unterstützen. Eigentlich wollte auch er die Reise von hier aus fortsetzen, aber berufliche Verpflichtungen geben ihm nur wenige Wochen Zeit – beim nächsten Mal wird es klappen.

Während das Eis immer dünner und wäßriger wird, nimmt die Dagmar Aaen langsam wieder die Gestalt eines seetüchtigen Schiffes an. Verschwunden sind irgendwelche Verkleidungen oder Abspannungen für den Winter. Die Niedergänge, Skylights, der Mast, die Nagelbänke, das Schanzkleid – alles ist abgezogen und geschliffen worden sowie mit mehreren Schichten Holzölen und Bootslacken neu aufgebaut. Dort, wo es Leckagen beim Tauwetter gegeben hat, ist das Deck kalfatert worden. Durch die trockene Luft und das ständige Heizen ist das Deck ausgetrocknet und macht daher einige Reparaturen notwendig. Mit Pockholzhammer, Kalfateisen und Werg werden die anstehenden Decksnähte nachgeschlagen und anschließend mit heißem, verflüssigtem Marine-Glue, einer Art Teer, nachgegossen. Danach wartet man, bis das Pech erkaltet ist und kratzt den überschüssigen Teer mit einem Dreikantschaber ab. Das hört sich so einfach an, ist es aber gar nicht, da man Gefühl und Routine für die Arbeit braucht, um nicht mehr Schaden anzurichten, als daß man Gutes tut.

Ansonsten hat das Schiff den strengen Winter besser überstanden, als zu erwarten war. Bei der Überwinterung in Sibirien hatte es mehr Probleme mit Austrocknung gegeben. Vielleicht hat die Nähe zum Meer und die damit verbundene Luftfeuchtigkeit Schlimmeres verhindert. Die Spannschrauben im Rigg werden nachgezogen, neu gefettet und in Segeltuch verpackt. Das stehende Gut wird mit Holzteer versiegelt und glänzt danach wie neu, und selbst die Belegnägel werden abgeschliffen, geölt und lackiert, kurzum: Das Schiff sieht inzwischen genauso gut aus wie nach der Werft, eher noch besser. Besonders die Qualität der Anstriche ist deutlich höher. In Egernsund hatten wir gegen die Zeit und das schlechte Wetter arbeiten müssen, und so mancher Anstrich war buchstäblich ins Wasser gefallen. Hier haben wir jede Menge Zeit und können die Lacke nicht nur austrocknen lassen, sondern auch diverse Schichten auftragen. Im Maschinenraum wird der Wassermacher gereinigt und probeweise in Betrieb genommen, an der Hauptmaschine wird das Schmieröl samt Filter gewechselt – das sind immerhin vierzig Liter Öl, die da ohne einen Tropfen zu verschütten transportiert und gelagert werden müssen. Obwohl wir das Spielchen zur Genüge kennen, sind wir immer wieder überrascht, wieviel Arbeit in so einem seetüchtigen Zuhause steckt und auch, daß man sie bei guter Einteilung ganz ordentlich zu viert erledigen kann.

Am 7. Juli will Torsten – wie üblich über das Eis – in die Siedlung gehen. Nach zehn Minuten kommt er zurück und sagt: „Ich weiß nicht, ich traue dem Eis nicht mehr.“ Wie recht er hat. Ich schaue mir die umgebende Fläche ein wenig genauer an und entdecke vermehrt Risse, Löcher und Stellen, an denen das Eis sofort nachgibt, wenn ich mein Gewicht darauf verlagere. Keine Frage, der Eisaufbruch steht unmittelbar bevor. Es ist an der Zeit, die letzten Ausrüstungsgegenstände, die noch neben dem Schiff lagern, zu bergen. Unser letzter Schlitten wird an Bord verstaut, der kleine Hilfsgenerator einer letzten Wartung unterzogen, bevor er ebenfalls weggestaut wird. Drei Tage später treffen Katja und Elise ein. Sie müssen bereits den mühseligen Weg entlang der Berge laufen.

Am Morgen des 13. Juli präsentiert sich Amdrup Havn als eine zusammenhängende Wasserfläche, in der einzelne Schollen treiben. Abends kommt Wind auf, er treibt die Eisstücke zusammen und bricht schließlich auch das Eis in der Bucht vor der Siedlung auf. Zum ersten Mal seit September letzten Jahres wiegt sich die DAGMAR AAEN sachte in den flachen, kabbeligen Wellen, die der Wind in unserer Bucht aufwirft, und wir meinen, sie glückselig seufzen zu hören. Am 15. Juli trifft unser vorerst letztes Crewmitglied Martin ein, wir können ihn bereits mit unserem Schlauchboot samt Außenborder von der Siedlung abholen. Auf der Rückfahrt zum Schiff sehen wir, daß weiter draußen im Fjord erste Eisberge ihre Reise Richtung offener See wieder aufgenommen haben. Scheinbar ist das gesamte Fjordeis in Bewegung geraten. Einen Tag später ist unsere Bucht bis auf einige treibende Schollen nahezu völlig eisfrei. Es besteht daher keinerlei Anlaß mehr für uns, das Schiff samt seinen beiden Hecktrossen und Bugankern am alten Winterplatz liegen zu lassen. Ein Teil der Achterleinen ist immer noch mehrere Meter unter dem Lawinenkegel vergraben. Es besteht auch kaum Aussicht, daß sich dieser gewaltige Kegel in einem Sommer auflösen wird. Wir müssen die Trossen daher wohl oder übel kappen. Danach hieven wir erst den Backbordanker und anschließend den Steuerbordanker – die DAGMAR AAEN ist wieder frei! Wir drehen eine Ehrenrunde durch unseren Winterhafen und gehen dann dicht unter Land erneut vor Anker. Befreit von allen Fesseln schwoit das Schiff um den Anker, und wir fühlen uns so gut wie schon lange nicht mehr.

Am 16. Juli schreibe ich ins Logbuch: *„Damit ist das Schiff wieder frei! Die Überwinterung hat laut Logbuch genau am 15. Oktober 1997 begonnen. Heute ist der 16. Juli 1998, d.h. wir haben 9 Monate hier in Amdrup Havn verbracht. Rechnet man die „eisigen Tage" vorher mit, sind es fast 10 Monate gewesen. Lange genug! Heute ist Schluß damit, denn heute ist offiziell ENDE DER ÜBERWINTERUNG 1997/98."*

Wenn ich genauer nachrechne, komme ich auf 286 Tage, die das Schiff in Amdrup Havn gelegen hat. Aber die euphorische Stimmung, die bei uns herrscht, ist natürlich noch völlig verfrüht. Noch sind wir hier nicht weg. Das Eis mag zwar aufgebrochen sein, aber zunächst schiebt der Scoresby Sund seine gewaltigen Eismassen Richtung Meer – da bleibt kein Zwischenraum, keine Handbreit Platz für uns. Über unsere NOAA-Anlage holen wir uns Satellitenbilder ein, die einen undurchdringlichen Eisstrom zeigen, der sich entlang der Küste nach Süden schiebt. Geduld müssen wir haben – auch wenn uns das langsam schwerfällt. Wenn wir zu dem Zeitpunkt geahnt hätten, wieviel Geduld uns noch abverlangt wird – wir wären vermutlich recht ernüchtert gewesen und dem Trübsinn anheim gefallen.

Derweil erlebt Ittoqqortoormiit einen wahrhaft schwarzen Sonntag. Wie jeden Freitag hat es Geld gegeben, und das wird von einem Teil der Bevölkerung umgehend in Bier und Schnaps umgesetzt. Schon mittags kann man die ersten Schnapsleichen vor dem Alkoholladen herumlungern sehen. Es sind teilweise erschütternde Szenen, die sich da abspielen. An diesem 19. Juli soll alles noch viel schlimmer kommen. Wir wissen nicht warum, kennen keine Hintergründe, noch kann es uns jemand aus dem Dorf erklären. Eine junge Frau, mit der Martin noch einen Tag zuvor ausgiebig geredet hatte, greift zur Flasche und nimmt sich wenig später das Leben, indem sie sich erhängt. In einem anderen Haus erschießt ein betrunkener Mann seine Frau, und wieder in einer anderen Wohnung verletzt ein Junge seinen Vater mit einem Messer schwer. In allen Fällen ist Alkohol im Spiel. Dabei hat das Dorf nur rund 500 Einwohner.

Selbstmord, Totschlag und Gewalttätigkeiten aller Art kommen in den Familien, in denen allzu leichtfertig mit dem Alkohol umgegangen wird, erschreckend häufig vor. Trunkenheit dient als Entschuldigung und Erklärung für alle Dinge, und seien sie noch so furchtbar. Doch nach diesem Wochenende kann es nicht mehr so weitergehen, das ist allen klar. Der Schock bewirkt, daß die Kommune ein bis auf den 24. August befristetes Alkoholverbot ergehen läßt. Und danach? Selbst diese freiwillige Prohibition wird unterwandert. Einige der Dorfbewohner fangen an, sich selbst Schnaps aus obskuren Rezepturen zu mischen und zu brennen, mit vermutlich noch schlimmeren Folgen für ihre Gesundheit. „Ich habe doch nicht auf die Frau geschossen", hört man einige sagen, „warum werde ich dann auch bestraft?" Die Droge Alkohol hat einen Teil der Bevölkerung fest im Griff. Einsichtigkeit ist von einem Alkoholkranken kaum zu erwarten. Worin könnte eine Lösung liegen? In der neuen Sporthalle wird eine Bürgerversammlung abgehalten, auf der es nur um das Problem Nummer 1 geht. Aber eine Einigung, ein allgemein akzeptierter Kompromiß wird nicht gefunden. „Wir bauen auf die junge Generation", ist die etwas resignierte Aussage des Bürgermeisters. Irgendwann, ob nun am 24. August oder später, wird der kleine Schnapsladen seine Tür wieder aufsperren und damit weiteren furchtbaren Vorfällen Vorschub leisten. Aber wie die einsetzende Selbstversorgung zeigt, ist ein totales Alkoholverbot vielleicht auch nicht der richtige Weg. Wie die Lösung des Problems aussehen mag? Ich weiß es ehrlich gesagt nicht, und diese Gewißheit ist die furchtbarste Erkenntnis.

Ende Juli richtet sich aller Augenmerk auf das erste Versorgungsschiff des Jahres. Die vertraute Silhouette der KISTA ARCTICA schiebt sich am 29. Juli durch das Eis und geht dicht unterhalb der Siedlung vor Anker. Sie bringt nicht nur Nachschub für das Dorf, sondern auch für uns. Eine ganze Palette voll Tauwerk, Proviant, Ausrüstung und besonders wichtig: vier nagelneue 220 Ah VARTA Batterien, die die alten maroden Batterien ablösen sollen. Der Kapitän der Kista Arctica, Fritz Nielsen, lädt Martin und mich ein, an Bord zu kommen, um die neuesten Eiskarten zu studieren. Neben einer NOAA-Anlage, wie wir sie in etwas vereinfachter Form selbst an Bord haben, verfügt das Schiff über eine Empfangsanlage für den RADARSAT. Dieser Satellit kann mittels Radar Aufnahmen machen, selbst wenn dichteste Wolken die Sicht verhindern. Unsere NOAA-Anlage ist aus diesem Grund häufig genug blind. Das Eis ist dicht, aber keine Frage, es scheint sich weiterhin aufzulockern. Geduld, Geduld und nochmals Geduld – zweifellos die größte Tugend eines Polarfahrers ist die Fähigkeit, auszuharren und auf günstige Bedingungen zu warten. Die Kista Arctica verfügt über eine hohe Eisklasse und kann das Eis brechen – wir müssen vorerst weiterhin abwarten.

Die Dagmar Aaen ist seeklar. Alle Segel sind angeschlagen, wir haben die Dieseltanks gefüllt, die Frischwassertanks sind voll, und die Eislage scheint sich weiterhin zu bessern. Torsten macht seine Runde, um sich von seinen Freunden zu verabschieden. Die Grönländer neigen nicht dazu, Emotionen zu zeigen. Dennoch, einige Dorfbewohner sagen ganz offen, daß sie es schade finden, daß wir abreisen – es war doch schön, ein Schiff hier zu haben, das man ab und zu besuchen konnte. Ein Grönländer, der häufiger bei uns hereingeschaut hat, sagt zu Torsten: „Die Menschen möchten Abschied von euch nehmen, ihr wart gute Nachbarn." Martin, der fließend dänisch spricht, setzt einen Abschiedsbrief auf, in dem wir uns bei allen Menschen im Dorf für die nette Zeit bedanken. Torsten läßt das Schreiben noch auf Grönländisch übersetzen, anschließend hängen wir es in das Handelskontor, wo es jeder sehen kann. Viele gut und eindringlich gemeinte Ratschläge – „paßt auf das Eis auf" – werden uns auf den Weg gegeben – wieviel Ernst dabei mitschwingt. Wir ankern jetzt unmittelbar vor der Siedlung. Das Eis hat sich zurückgezogen, so frei habe ich die Rosenvinges Bugt noch nie gesehen. Die Kista Arctica hat über Telefon vom gestrigen Tage günstige Eisverhältnisse gemeldet, wir sollten jetzt nicht länger zögern.

Am 4. August melden wir uns endgültig bei Jens Napatoq, Jens

Bernlow sowie dem Polizisten Bo ab. Um 15 Uhr lädt Achim unsere Bordkanone mit Schwarzpulver und schießt dreimal Salut. Dröhnend kracht ein Schuß nach dem anderen aus der von Egon selbst gebauten Kanone. Und noch während das Echo verhallt, rasselt die Ankerkette. Wir hieven den Anker und nehmen Kurs auf Kap Tobin. Unser erster Ausbruchversuch beginnt. Hätte ich zu diesem Zeitpunkt geahnt, was uns erwartet – ich hätte schleunigst wieder kehrtgemacht und wäre in den Schutz unseres gemütlichen Hafens zurückgelaufen. Aber jetzt sind wir erst einmal unterwegs!

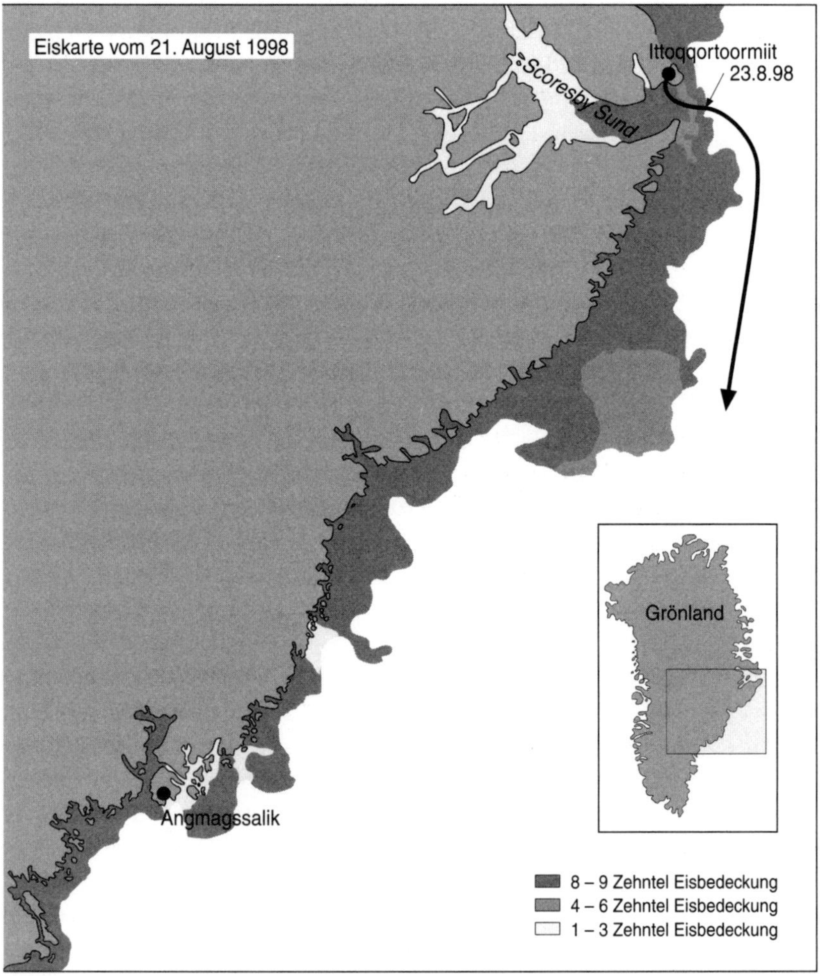

Eiskarte vom 21. August 1998
Scoresby Sund
Ittoqqortoormiit
23.8.98
Angmagssalik
Grönland
8 – 9 Zehntel Eisbedeckung
4 – 6 Zehntel Eisbedeckung
1 – 3 Zehntel Eisbedeckung

Der Ausbruch

Kurz hinter Kap Tobin wartet das Eis auf uns. Abwechselnd stehen Martin oder ich im Mastkorb, um Rinnen zu erkennen, die Drift zu interpretieren und mögliche Schlupflöcher zu finden. Die Eisdichte beträgt etwa 5/10 und ist damit gut für uns passierbar. Aber trotzdem – sehen kann man selbst aus dem Mastkorb immer nur einige Meilen weit, was mag sich dahinter verbergen? Eine NOAA-Aufnahme haben wir nicht erhalten können, denn die Satelliten senden nicht bei jedem Durchlauf. Als wir schließlich eine geeignete empfangen, sind Wolken aufgezogen. Unsere Eisinformationen stammen vom 1. August, das ist vier Tage her, in denen das Eis Zeit hatte, sich zu verlegen, Löcher zu schließen und an anderer Stelle neue zu eröffnen. Irgendwie erinnert mich die Auseinandersetzung mit dem Eis immer wieder an ein Schachspiel. Und man hat es dabei mit einem übermächtigen Gegner zu tun.

Nachdem wir Kap Swainson hinter uns gelassen haben, müssen wir einen südöstlichen Kurs einschlagen. In dieser Richtung scheint viel offenes Wasser zu sein. Selbst wenn es einige Engstellen gibt, es ist nicht allzu schwierig, einen Durchschlupf zu finden. Dahinter verlaufen immer wieder offene Rinnen. Aber insgesamt wird die Konzentration dichter. Zusätzlich beginnt der Luftdruck zu fallen, unser Kurs hat mehr eine südliche denn eine östliche Komponente – alles Dinge, die mir nicht sonderlich gefallen. Das offene Wasser befindet sich etwa zwanzig Seemeilen östlich von uns, aber je weiter wir nach Osten kommen, um so dichter wird das Packeis. Dabei ist es nicht das Eis allein, das mir Sorgen bereitet, sondern besonders die Art des Eises. Es handelt sich durchweg um altes, mehrjähriges Eis, das in Schollengrößen von teilweise mehreren Quadratkilometern herantreibt. Flugplätze nennen wir diese Schollen, die Größe und Solidität für eine solche Verwendung hätten sie auf jeden Fall. Als hätte er nur darauf gewartet, daß wir leichtfertig in die Falle tappen, nimmt der Wind stetig zu. Er kommt direkt aus Nord, bringt in seinem Gefolge Nebel und später Regen mit sich, damit ist uns die Sicht genommen, und wir haben in diesem Schachspiel die Dame verloren. Nachts um zwei schließt sich die letzte Straße im Eis, in der noch vor wenigen Minuten offenes Wasser bis zum Horizont reichte. Der Wind bringt das ganze Packeis in Bewegung, beraubt uns unserer Mobilität und nimmt uns damit die Läufer. Derart geschwächt, gehen wir in die Defensive und versuchen uns zurückzuziehen. Dabei ist schon der Schwell der offenen See deutlich zu spüren – sie kann nicht weit entfernt sein, ist aber derzeit für uns unerreichbar. Wir kämpfen um jeden Meter, um jeden Bauern, und erreichen unter großem Einsatz eine Fläche mit offenem Wasser. Aber wir sind auf dem Rückzug. Anstatt nach Osten Richtung offene See zu fahren, haben wir uns ein Stück nach Westen zurückbegeben. Ein gegenseitiges Belauern beginnt. Die offene Wasserfläche wird zwar kleiner, aber noch schließt sie sich nicht vollständig. Dafür treibt sie mit dem Ostgrönlandstrom nach Süden, der unzugänglichen Blosseville Küste entgegen, die wir unter allen Umständen meiden müssen, da es hier stets zu den schwersten Pressungen kommt. Keine Spur von einer Pattsituation, wir sind eindeutig auf der Verliererseite. Mittlerweile peitscht der Regen waagerecht über das Deck, das Eis und das wenige verbliebene offene Wasser. Die Sicht ist äußerst schlecht, das Radar zeigt aufgrund der hohen Eisbedeckung nur weiß, und ein neues Satellitenbild ist bei der niedrigen Wolkendecke ohnehin nicht denkbar. Wir beraten, was zu tun ist. Vorerst schonen wir unsere Kräfte, machen das Schiff im Eis fest und stellen die Maschine ab. Während die Wache die Drift und die Bewegungen des Eises beobachtet, lege ich mich zum ersten Mal zum Schlafen hin, auch wenn es nur für wenige Stunden ist. Es scheint so etwas wie Waffenstillstand zu herrschen. Aber das Eis bereitet seinen nächsten Zug vor. Die Drift verläuft jetzt weiter nach Westen, mehr noch auf die Blosseville Küste zu. Wir sind am Zuge, müssen irgendwie reagieren.

Am nächsten Morgen, der naß, kalt und grau wie aus Gußeisen ist, starten wir die Maschine und versuchen, weiter nach Norden zu gelangen, um vielleicht dort einen Durchschlupf zu finden. Wie

Gischtstreifen auf der offenen See ziehen gelegentlich dunkle Wasserstreifen durch das kompakte Eis. Hier können wir unseren nächsten Zug machen. Der Manövrierfähigkeit des Schiffes, das quasi auf dem Teller dreht, der unglaublichen Festigkeit des Rumpfes sowie der Stärke des Callesen Motors verdanken wir es, daß wir uns von Rinne zu Rinne hangeln können. Die HANSA-Leute sind genau hier auf ihrer Eisscholle vorbeigetrieben, aber wir verbannen die Gedanken daran. Ich habe mich entschlossen, zu versuchen, wieder in den Scoresby Sund zu gelangen, um dort auf eine Wetterbesserung zu warten. Bei der augenblicklichen Sicht, den völlig veränderten Eisverhältnissen und der Geschwindigkeit der Drift haben wir einfach keine Chance, die offene See zu gewinnen. Wir müssen uns zurückziehen.

Auf dem Radar taucht die Küstenlinie mit Kap Brewster auf. Langsam zwar, aber stetig nähern wir uns dem Fjordeingang. Kap Brewster dürfen wir nicht zu nahe kommen, da hier ein starker Strom läuft und unzählige Eisberge um das Kap herum unaufhaltsam ihren Weg suchen. Aber auch das gelingt – wir sind noch lange nicht matt, wenn auch angeschlagen. Als wir weit genug im Fjordeingang stehen, machen wir in Lee an einem der „Flugplätze" fest und stellen die Maschine ab. Hier scheint alles ruhig zu sein. Wir treiben mit dem Eis und der Tide hin und her, dem Ostgrönlandstrom sind wir vorerst entkommen, aber entkommen wir dieser Küste auch noch rechtzeitig vor dem nächsten Winter? In mir regen sich langsam ernsthafte Zweifel.

Der Wind legt sich im Laufe der Nacht, dafür zieht dichter, triefend nasser und undurchdringlicher Nebel auf. Die Eistrümmer auf den umliegenden Schollen wirken gespenstisch und unnahbar, es ist die Landschaft von Caspar David Friedrich.

Als am nächsten Morgen die Sonne durchbricht und den ekelhaften Nebel fortbrennt, heben sich unsere Lebensgeister. Nach einem herzhaften Frühstück nehmen wir unseren Fußball und spielen auf dem „Rollfeld" eine Partie. Das Rennen hinter dem Ball tut uns gut, es löst die Anspannung und räumt den Kopf auf.

Vom Mastkorb aus versuche ich, mir ein Bild über die Eislage zu machen. Der Nordwind hat das Eis wieder dicht unter die Küste und in den Sund hinein gedrückt. Bevor nicht ein Westwind das Eis wieder hinaustreibt, brauchen wir an einen erneuten Ausbruchversuch keinen Gedanken zu verschwenden. Die Wetterkarte läßt aber derzeit keine entsprechende Windrichtungsänderung erwarten. Das Azorenhoch hat sich ungewöhnlich weit nach Norden geschoben, und schlimmer noch, über ganz Skandinavien liegt ebenfalls ein ausgeprägtes und stabiles Hochdrucksystem. Die Tiefdrucksysteme, die aus Westen herankommen, nehmen ihren Kurs um Kap Farvel herum, schwenken in die Dänemarkstraße ein und legen sich mit ihrem Zentrum über Island. Dort bleiben sie, weil sie die Hochdrucksysteme quasi abblocken. Wir liegen genau am Rande der Tiefdrucksysteme, die sich langsam auffüllen, um dann sogleich von einem neu heranrückenden System abgelöst zu werden – das Spiel beginnt immer und immer wieder aufs neue. Diese für Ostgrönland ungewöhnliche Wetterlage hat Bestand. Auf Dauer können wir hier im Eis nicht liegenbleiben, sondern müssen versuchen, bei nächster Gelegenheit eine sichere Ausgangsposition zu erreichen – und die kann nur Amdrup Havn heißen.

In der folgenden Nacht beginnt das Eis stärker in Bewegung zu geraten. Ein anderer Flugplatz hat offenbar beschlossen, bei uns anzudocken – wir ziehen es vor, rechtzeitig abzulegen. Wir erleben eine weitere Nebelnacht mit heftigen Eisbewegungen und flauem Gefühl im Bauch. Die Schachpartie ist noch nicht beendet. Wir liegen in 9/10 Eis, und wenn es uns gelingt, uns überhaupt zu bewegen, dann nur deshalb, weil es immer wieder kleinere Eisbrocken gibt, die wir mit der Masse des Schiffes beiseite drücken können. Werden die einzelnen Schollen zu groß, haben wir keine Chance, auch nur einen Meter vorwärts zu kommen. Der Wechsel der Gezeiten bringt meistens auch eine Lockerung des Eisfeldes mit sich. Wir warten geduldig, bis es soweit ist und arbeiten uns meterweise Richtung Rosenvinges Bugt.

Daß wir überhaupt in der Lage sind, mit diesem Kutter in derart dichtem Eis zu fahren, grenzt an ein Wunder. Aber die Wendigkeit und Robustheit der Dagmar Aaen hat uns schon so manches Mal aus schwierigen Situationen befreit. Die Schläge und Stöße, die der gepanzerte Rumpf aushalten muß, sind enorm. Unter Deck hört es sich bisweilen schaurig an. In solchen Stunden zahlen sich die baulichen Maßnahmen, die viele Arbeit und das Geld, was man dem

Schiff zukommen ließ, aus. Es ist ein gutes Gefühl, zu wissen, daß es keine müde oder morsche Planke gibt, keine Kompromisse geschlossen wurden, sondern das Schiff in den denkbar besten Zustand versetzt worden ist. Ich kenne nahezu jeden Millimeter meines Schiffes. Ostgrönland ist nicht der richtige Platz für halbherzige Dinge. Hier gilt: alles oder nichts! Zwei Tage dauert es, in denen wir nur etwa fünf Meilen zurücklegen, dann haben wir uns wieder nach Amdrup Havn durchgeboxt. Dort machen wir an einer Felswand, unmittelbar neben unserem alten Winterliegeplatz, fest und lecken unsere Wunden. Die Partie ist unentschieden ausgegangen, und unser erster Ausbruchversuch mit Pauken und Trompeten danebengegangen. Aber wir sind heil aus der Gefahr herausgekommen, und das ist letztlich, was zählt. Wir haben wieder eine gesicherte Ausgangsposition, auch wenn es uns tausendmal lieber wäre, wir hätten die offene See schon erreicht.

Bevor wir jedoch ein neues Spiel wagen, müssen sich zunächst die Eislage und das Wetter grundlegend ändern. Zudem brauchen wir neue Eiskarten, aber die sind bei dem anhaltenden Dauerregen weder bei der Eiszentrale noch über unsere NOAA-Anlage zu bekommen. Die Wolkendecke muß zunächst aufreißen, und das ist bei der herrschenden Wetterlage nicht zu erwarten. Mit einem zügigen Start wird es vorerst nichts. Sorge bereitet mir die Art und die Beschaffenheit des Eises. Das, was uns an gefrorenem Wasser hier begegnet, wird von den Eiszentralen mit der höchsten Kategorie 7 gekennzeichnet. Damit wird altes Eis ausgewiesen, das 3 Meter Stärke oder mehr erreicht. Die Größe der einzelnen Schollen wird mit der Form des Eises bezeichnet. Unter dieser Rubrik lesen wir die Ziffern 6, 5 und 4, wobei die Ziffer 6 für 2000 bis 10000 Meter Durchmesser und die Ziffer 5 immer noch für große Eisschollen von 500 bis 2000 Meter Durchmesser stehen. Auch kleinere Schollen der Größe 2 sind dabei, die können aber immer noch bis zu 20 Meter im Durchmesser aufweisen und vom Volumen und Gewicht ein Vielfaches der Dagmar Aaen erreichen. Die Lage sieht alles andere als rosig aus. Erfreulicherweise scheint immerhin der der Küste vorgelagerte Eisgürtel schmaler zu werden. Darauf und auf eine Änderung der Windrichtung auf südliche oder westliche Richtung baut unsere Hoffnung. Das Eis, das sich derzeit vor der

Fjordmündung versammelt hat, ist für uns und auch für große Schiffe ohne entsprechende Eisklasse so solide und undurchdringlich wie eine Betonpier. Wir müssen uns in Geduld fassen, ob es uns paßt oder nicht!

Koldewey und seiner Mannschaft war seinerzeit mehr Glück beschieden. Bereits Mitte Juli 1870 brach das Eis in Germania Havn auf, und die Germania dampfte durch lockere Treibeisfelder bis auf 75° 30' Nord. Dann wurde das Schiff endgültig vom Eis gestoppt. Weitere Versuche nach Norden vorzustoßen, schienen nicht ratsam; und damit blieb der 77. Breitengrad, den Koldewey im Rahmen der Schlittenexpedition erreicht hatte, für lange Zeit der nördlichste bekannte Punkt an der Ostküste Grönlands. Die Germania drehte um und dampfte daraufhin nach Süden. An Petermanns Theorie vom offenen Polarmeer glaubte zu diesem Zeitpunkt kein einziger mehr an Bord. Nachdem sie das Kap Broer Ruys gerundet hatten, öffnete sich vor ihnen ein großer Fjord, den sie auf den Namen Kaiser Franz Josef Fjord tauften.

In diesem Fjord hatten sich unsere Spuren abermals mit der historischen Expedition gekreuzt, denn wir hatten von Süden kommend im Rahmen unserer Ski-Expedition genau diese Fjordmündung überquert. Die Germania dampfte in nahezu eisfreiem Wasser tief in das neuentdeckte Fjordsystem hinein. Markante Bergformationen wurden benannt, wie etwa das Teufelsschloß oder auch die von Payer erstbestiegenen Payer-Tinde. Vom Gipfel dieses Berges aus konnte Payer weit ins Inlandeis hineinblicken und entdeckte dabei einen hohen, pyramidenförmigen Berg, den er auf den Namen Petermanns Spitze taufte. Zu weiteren Exkursionen kam es nicht mehr. Der Dampfkessel der Germania hatte schon seit längerer Zeit ständig Leckagen aufgewiesen, jetzt schien er endgültig am Ende zu sein. Mit der letzten Dampfkraft erreichte das Schiff den Treibeisgürtel vor der Küste, erwischte dort günstigen Wind, und nach kurzer Zeit war die Germania frei und in offenem Wasser. Koldewey soll diesen Moment mit dem Ausspruch „My watch is over" geprägt haben, ein Zitat, das von Scoresby stammte, der angeblich jedesmal, wenn das Eis hinter ihm lag, diesen Satz aussprach und sich dann unter Deck zurückzog. Die heftigen Stürme des Nordatlantik ließen ihn wie Koldewey unbeeindruckt – das Eis war es, was ihre ganze Aufmerksamkeit forderte. Der Rest war in ihren Augen Routine. Nach einer stürmischen Rückreise erreichte die GERMANIA am 10. September 1870 die Deutsche Bucht. Wegen des Krieges mit Frankreich – ein Umstand, von dem keiner an Bord etwas ahnte – waren alle Leuchtfeuer gelöscht, der angeforderte Lotse erschien ebenfalls nicht. Einen Tag später lief die GERMANIA trotzdem wohlbehalten in Bremerhaven ein, wo ihr ein stürmischer Empfang zuteil wurde. Auf der Pier stand auch die Mannschaft der HANSA, die eine Woche zuvor, am 3. September, in Bremerhaven eingetroffen war.

Damit war die „2. deutsche Nordpolarexpedition" erfolgreich und glücklich beendet worden. Trotz aller Widrigkeiten und Gefahren hatten alle Teilnehmer das Abenteuer lebend überstanden. Ein Umstand, der den Initiator dieser Expedition, August Petermann, herzlich wenig interessierte. Das wissenschaftliche Material der Expedition war beachtlich, und das Bremer Comité für Nordpolarforschung begann mit der Auswertung der umfangreichen Unterlagen. Man bot Petermann den Vorsitz im Comité an, was er jedoch ablehnte. In Publikationen suchte er, die Ergebnisse der Expedition herabzusetzen, versuchte, Koldewey und andere Teilnehmer zu verunglimpfen und polemisierte, wo immer es ging. Uneinsichtig, beleidigt und starrköpfig sowie ungeachtet aller Erkenntnisse der Expedition hielt er weiter an seiner Theorie des offenen Polarmeeres fest – und stürzte damit weitere Expeditionen in Not und Gefahr. Im Jahre 1878 nahm August Petermann sich das Leben.

Derweil sitzen wir in Amdrup Havn und warten. Warten auf eine Wetterbesserung, denn seit Tagen regnet es ununterbrochen. Ein starker Nordostwind bringt weitere Packeisfelder vor die Küste und massiert es dort zu einer unüberwindlichen Barriere. Die Zeit verrinnt, und langsam beginne ich, unruhig zu werden. Im stillen bewundere ich die Crew, die trotz der nervtötenden Wartezeit ruhig und gelassen bleibt. Es gibt kein einziges böses Wort, keine gegenseitige Nerverei, kein enttäuschtes Gezeter – die Stimmung bleibt weiterhin freundlich und entspannt. Aber wir haben mit Amdrup Havn, mit Ittoqqortoormiit und dem Scoresby Sund abgeschlossen.

Auch wenn der anhaltende Regen nochmals einen intensiveren Grünschimmer über die tropfnassen Felsen und die darauf wachsenden Flechten und Moose legt, einen Reiz können wir dem nicht mehr so recht abgewinnen. Um den treibenden Eisfeldern zu entgehen, haben wir mit Steuerbordseite an einer senkrechten Felswand festgemacht – und dort liegen wir nun und warten...

Es tröstet uns wenig, daß die Grönländer ähnlich enttäuscht sind wie wir. Ein zweiter extrem schlechter Sommer in Folge, wobei dieser noch schlimmer ist als der vorangegangene. „Ihr werdet schon noch einen weiteren Winter hier verbringen“, ist ein mittlerweile viel gehörter Ausspruch. „Es ist doch auch schön, ein Schiff zum Nachbarn zu haben.“ Und Jens Napatoq hat uns nach unserer Rückkehr mit einem herzlichen „welcome home“ begrüßt. Selbst wenn diese Akzeptanz seitens der Grönländer ein schönes Gefühl ist, aber auch darüber können wir uns nicht mehr so recht freuen. Wir wollen los, und wenn es im August nicht klappt, dann ist die Chance, hier einen weiteren Winter verbringen zu müssen, in der Tat sehr groß. Im September setzen nicht nur Neueisbildung und die bekannten schweren Herbststürme ein, auch der Ostgrönlandstrom nimmt dann an Stärke zu und treibt das schwere Eis wie einen Riegel endgültig vor die Fjordmündung, wo es dann bis zum nächsten Sommer liegenbleibt.

Mit einem Mal wird uns deutlich, daß wir unter Zeitdruck stehen. Einen weiteren Winter hier verbringen, das will keiner. Einmal von den logistischen Schwierigkeiten und den damit verbundenen Kosten abgesehen – der Reiz des Neuen fehlt ganz einfach. Aber das Wetter und die Eislage zeigen keine Anzeichen von Änderung. Wegen der dichten Wolkendecke empfangen wir auch keine NOAA-Bilder. Analog dazu gibt es auch keine offiziellen Eiskarten. Wann immer die Sicht etwas besser wird, fahren wir mit dem Schlauchboot nach Kap Tobin, um von dort auf eine Anhöhe, dem Amerikaner Pynt, zu laufen. Von dieser Anhöhe aus hat man einen recht guten Überblick bis zum Kap Swainson und auf das davorliegende Eis. Die Lage bleibt, wie sie ist – aussichtslos.

Unsere Pläne, mit dem Schiff noch weiter nach Norden zu segeln, haben wir uns längst abschminken müssen. Dort oben im Norden liegt noch viel mehr Eis. Sogar die für Eisfahrten gebaute

KISTA ARCTICA steckt derzeit hoffnungslos vor der Bontekoe Ø im Eis fest. Unsere Zielsetzung reduziert sich momentan darauf, noch rechtzeitig vor Wintereinbruch hier herauszukommen. Man sieht es immer wieder: Das Eis hat auch für die moderne Schiffahrt seinen Schrecken nicht verloren. Selbst auf der Brücke eines modernen Eisbrechers findet stets ein Abwägen statt, ob ein Kräftemessen zwischen Schiff und Eis vertretbar ist. Im Sommer 1993 hatte der große und zum Kreuzfahrtschiff umgebaute russische Eisbrecher KAPITAN KLEBNIKOV versucht, Grönland im Norden zu umrunden. Das ist bezeichnenderweise bis heute keinem Überwasserschiff gelungen. Trotz seiner 25000 Pferdestärken blieb der Eisbrecher stecken und geriet in eine sehr bedrohliche Situation. Alle Bemühungen der versierten russischen Schiffsführung, das Schiff freizubrechen, mißlangen. Mit Schlagseite und zu völliger Bewegungslosigkeit verurteilt, lag die KLEBNIKOV fest. Erst einem zu Hilfe gerufenen 75000 PS starken russischen Atomeisbrecher gelang es, sich unter Einsatz der vollen Maschinenleistung an den Havaristen heranzuarbeiten. Die KLEBNIKOV konnte nur mit Mühe von ihrer größeren Schwester befreit werden und sich etwas kleinlaut nach Spitzbergen zurückziehen. Die Grönlandumrundung war gescheitert. Bis heute ist sie noch nicht wieder versucht worden.

Zehn Tage versinken im Regen und Nebel. Dann endlich klart das Wetter auf. Die Sonne kommt durch und erlaubt uns, erste NOAA-Bilder einzufangen. Aber das Ergebnis ist niederschmetternd – die Küste ist von einer massiven Eisbarriere blockiert. Täglich beobachten wir jetzt die Veränderungen im Eis. Eine Gruppe fährt mit dem Dingi nach Kap Tobin, eine andere klettert auf einen rund 300 Meter hohen Berg, von dem aus man eine etwas andere Perspektive gewinnt. Das Eis befindet sich in Bewegung, und jeden Tag registrieren wir Veränderungen. Wir wissen genau, daß der nächste Ausbruchversuch vermutlich unsere letzte Chance in diesem Jahr sein wird. Wir müssen den richtigen Zeitpunkt treffen.

Am 21. August scheint dieser Zeitpunkt gekommen zu sein. Das Wetter ist ideal, blauer Himmel, Windstille, und das NOAA-Bild zeigt einen nur wenige Kilometer breiten Eisgürtel vor der Fjordmündung. Noch während Martin und Katja mit dem Schlauchboot zu einer Erkundung unterwegs sind, werfen wir los und verlassen Amdrup Havn – hoffentlich zum letzten Mal. Wir schießen keinen Salut, wir ziehen in aller Stille ab – wer weiß, vielleicht kommen wir zurück. Am Kap Tobin nehmen wir Martin und Katja sowie das Schlauchboot an Bord, dann geht es in dichte Eisfelder hinein, die wir nur mühselig durchfahren können. Aber wenig später geht es dicht unter der Küste leichter voran. Wir erreichen Kap Swainson und ändern dort unseren Kurs, um durch Eisfelder auf die schmalste Stelle der Eisbarriere zuzufahren. Am Nachmittag sehen wir, daß sie unpassierbar ist. So massiv, abweisend und gewaltig ist diese Barriere, daß wir gar nicht erst einen Ausbruch versuchen, obwohl wir dahinter die offene See sehen können. Es sind aneinandergereihte „Flugplätze", die Kanten zu unförmigen Wülsten aufgeworfen, bedrohlich und furchteinflößend. Wir fahren durch dichtes Eis an der Barriere entlang nach Süden, weil wir hoffen, irgendwo eine Schwachstelle zu finden. Vergebens. Um 22 Uhr geht die Sonne in einem flammenden Feuerball unter, es wird empfindlich kalt, die Sicht schwindet, Dunkelheit hüllt uns ein. Wie schnell die Tage jetzt kürzer und die Nächte länger werden! Wir liegen in 8/10 Eis und lassen uns für die Nacht treiben.

Diese Nacht bekommen wir Besuch. Morgens um 5 Uhr stürmt Katja, die Wache hat, unter Deck und weckt uns. Ein Eisbär steht unweit der Dagmar Aaen auf dem Eis und schaut neugierig zu uns hinüber. Als Bewegung an Deck kommt, zieht er es vor, zu verschwinden und entfernt sich in langen schnellen Sätzen vom Schiff. Bedenklich ist, wie leicht und unbemerkt er sich uns hat nähern können – trotz aufmerksamer Wache! Wir werden nicht nur aufs Eis, sondern auch auf die Bären aufpassen müssen.

Der Strom schiebt uns während der acht Stunden Pause fast fünfzehn Meilen weit nach Südwesten, der ungeliebten Blosseville Küste zu – das Problem hatten wir schon einmal. Wieder rennen wir gegen die Eisbarriere an – es ist zum aus der Haut fahren! An einigen Stellen mißt die Breite dieser Eiskante nur eine halbe Meile. Dahinter schäumende Brandung – aber das Eis liegt so dicht, daß wir nicht einmal den Schwell zu spüren bekommen. Wir dampfen wieder in nördliche Richtung, um Abstand von Kap Brewster und der Blosseville Küste zu bekommen.

Ununterbrochen stehen Martin oder ich in der Masttonne. Wir sind nur fünf Personen an Bord, das ist eigentlich zu wenig für die Eisfahrt, aber einige Crewmitglieder hatten kurzfristig absagen müssen, so daß wir keinen Ersatz mehr herbeiholen konnten. Katja, die neu im Team ist, muß sofort alles können. Ob es das Einschätzen der Eisdrift ist, das wahrlich nicht einfache Manövrieren des Schiffes im Packeis oder das stundenlange Ausharren als Ausguck vorn auf dem Stevenkopf – sie leistet es mit Bravour. An Schlaf ist kaum noch zu denken, selbst während der Nacht muß ständig Wache gegangen werden.

Auch der zweite Tag im Eis bleibt ohne jeden Erfolg. Im Gegenteil, das Wetter wird schlechter! Ein kräftiger Südwind zieht auf, in dessen Folge das Eis stärker zu driften beginnt. Schollen stoßen an Schollen, dazwischen die DAGMAR AAEN, die die härtesten Stöße auszuhalten hat. Wir befinden uns ziemlich genau in der Mitte des Sundes, zwischen Kap Brewster und Kap Swainson. Während dieser zweiten Nacht im Eis driften wir erneut acht Seemeilen in südöstliche Richtung. Morgens wechselt der Wind abrupt seine Richtung. Er kommt jetzt aus Nordost, und das verheißt nichts Gutes. Durch den Nordwind werden die ohnehin nach Süden driftenden Eisschollen zusätzlich beschleunigt, und wieder beginnt das leidige Schachspiel – Zug um Zug. Die Schollen werden vom Wind hin- und hergeschoben, wo eben noch eine Passage war, stoßen plötzlich Eisfelder aneinander. Wasserflächen entstehen im Eis, andere schließen sich, das ganze Packeis ist in heller Aufruhr. 25 Knoten Wind messen wir, mehr als genug, um das Eis wie Dominosteine hin- und herzuschieben. Ich bin müde und enttäuscht wie alle anderen auch, zudem mache ich mir Sorgen um unserer aller Sicherheit und auch um das Schiff. Ich schwöre mir, daß es das letzte Mal ist, daß ich mit dem Schiff ins Eis fahre, ich habe die Nase voll von einem derart ungleichen Kampf. Was wir riskieren, ist unverhältnismäßig. Und dann ist da auch die Gewißheit, daß niemand, der nicht dabei gewesen ist, die Situation wird je nachempfinden können.

Die abschließende Bewertung einer Expedition findet nach ganz anderen Maßstäben statt: Ist das Expeditionsziel erreicht? Wie ist die Pressearbeit gelaufen, ist die Film- und Fotoausbeute gut genug? War es hart und dramatisch? Die Vorstellung, in dieser Situation eine wohlformulierte und akzentuierte Presseverlautbarung zu produzieren, hat trotz der düsteren Situation etwas Erheiterndes an sich. Und trotzdem fotografieren und filmen wir wie selbstverständlich – wir stecken ganz gut drin in dieser Mühle. Vielleicht ist es auch eine in vielen Jahren gewonnene Professionalität, die einen lehrt, mit derartigen Situationen umzugehen.

Wir winden uns durch die Eisfelder, stoßen kleinere Eisbarrieren auf, weichen größeren aus. Es ist der 23. August. Martin steht seit Stunden oben in der Masttonne und ist bei dem schneidenden Wind wahrscheinlich stocksteif gefroren. Trotzdem kommen seine Anweisungen für den Rudergänger wie gewohnt klar und präzise. Immer wieder leiste ich ihm Gesellschaft, indem ich mich etwas unterhalb der Eistonne auf die Rah setze. Gemeinsam beratschlagen wir, versuchen die nächsten Züge des Eises vorherzusagen. Wieder befinden wir uns in der Nähe der Eisbarriere. Martin entdeckt die Entwicklung zuerst. Irgendwie muß der Nordwind einen der Flugplätze an einer strategisch günstigen Stelle erwischt haben, jedenfalls dreht er sich um die eigene Achse wie eine riesige Drehscheibe und bringt dadurch das ganze Gefüge in Aufruhr. Der Wind faßt in die freigewordene Lücke, kleinere Eisschollen treiben auseinander, und mit einem Mal ist die massive Dichte der Barriere an dieser einzigen Stelle unterbrochen. Und wir stehen nicht weit davon entfernt! Wir fahren wie der Teufel, brechen uns krachend Schneisen, ignorieren Eisbrocken, die wir sonst umfahren würden, und bahnen uns polternd und schwankend einen Weg zu der Öffnung. Um 11.45 Uhr haben wir die Eiskante erreicht, die noch vor wenigen Minuten undurchdringbar war. Bereits jetzt beginnt sich die Passage wieder zu schließen. Ich stehe selbst am Fahrstand und am Ruder, während die anderen mir Informationen zurufen. Hinter mir schließt sich das Eis wieder, aber mit etwas Glück können wir es schaffen! Um 12 Uhr bleibt der letzte Eisbrocken achteraus, und sofort hebt und senkt sich die Dagmar Aaen wie befreit in einem kräftigen Schwell. Wir können es gar nicht fassen! Vor uns breitet sich ein eisfreies Meer aus, hinter uns hat sich die Barriere wieder geschlossen. Von hier aus sieht sie noch verbotener und abweisender aus als von der anderen Seite. „Hier würde man niemals hineinfahren", ist Martins erster Kommentar. Unwillkürlich steigere ich die Drehzahl des Motors, um vom Eis fortzukommen, um Abstand zu gewinnen. Wir jubeln und triumphieren! Wir trinken einen Schnaps, prosten uns zu, geben Rasmus einen Schluck ab – mir fallen tonnenschwere Lasten von den Schultern. Martin, der die Schneise als erster entdeckt hat, bekommt im nächsten Hafen ein Paket Schokolade – so war es abgesprochen.

Kurze Zeit später stoppen wir den Motor und setzen alle Segel. Die DAGMAR AAEN gleitet in der jetzt willkommenen steifen Brise zum ersten Mal in diesem Jahr unter Segeln leicht dahin. Endlich ist sie wieder in ihrem Element! Kap Brewster, Kap Swainson und der Scoresby Sund bleiben immer weiter achteraus. Nachdenklich blicken wir zurück. Wir waren zum richtigen Zeitpunkt an der richtigen Stelle – aber es ist wohl nur einer Laune des Eises zu verdanken, daß es uns dieses Spiel hat gewinnen lassen!

40°
30°
20°
10°
0°
10°
Grönland
70°
Ittoqqortoormiit
Scoresby Sund
Nördlicher Polarkreis
Angmagssalik
Island
Reykjavik
Torshavn
Färöer
Norwegen
Shetlandinseln
Bergen
Lerwick
Oslo
60°
Stavanger
Fair Isle
Orkneyinseln
Hebriden
Großbritannien
Irland
Hamburg
London
50°
Europa

My watch is over

Ganz so wörtlich wie bei Koldewey oder Scoresby ist das nicht zu nehmen. Dafür sind wir zu wenige Personen an Bord, und die Dänemarkstraße fordert jeden einzelnen von uns. Aber es ist anders geworden. Das Gefühl des Grenzenlosen, das mich immer auf hoher See überkommt, ist plötzlich gegenwärtig, es ist die ozeanische Wiedergeburt, die spürbar andere Maßstäbe setzt. Die Fesseln des Eises sind abgeschüttelt, und das Schiff gehorcht jetzt wieder Wind und Wellen. Als ob uns die DAGMAR AAEN die schäbige Behandlung im Eis heimzahlen will, wirft sie sich ungestüm in die Seen und verursacht bei dem einen oder anderen ganz plötzlich alle Anzeichen von Seekrankheit. Das wird mit stoischer Ruhe und einer gewissen Portion Gleichmut von den Betreffenden akzeptiert – wir sind frei, das ist alles, was zählt.

Die Grönländer bezeichnen Ostgrönland als „Tunu", was soviel wie die Rückseite bedeutet. Auch für grönländische Verhältnisse ist der Scoresby Sund und die angrenzenden Küstenregionen abgelegen, wild und nur sehr schwer zugänglich. Vor genau einem Jahr hatten wir an Bord die Diskussion über den Winterhafen geführt. Damals haben wir nicht wissen können, wie schwierig sich die Eissituation in diesem Sommer entwickeln würde. Wären wir, wie angedacht, nach Hekla Havn oder gar ins Noret bei Mesters Vig gefahren, um zu überwintern – wir würden noch heute dort sitzen und mit Sicherheit einen weiteren Winter an dieser einsamen Küste verbringen müssen – mit all den daraus resultierenden Schwierigkeiten. Wir haben immer noch Glück gehabt. Selbst die starke KISTA ARCTICA mußte, nachdem sie tagelang manövrierunfähig im Eis festlag, ihren Versuch, Mesters Vig sowie die Station auf Ella Ø zu versorgen, abbrechen. Es ist in diesem Jahr einfach kein Durchkommen gewesen. Die erforderliche Ausrüstung, einschließlich des Brennstoffs für die Station, muß jetzt mit großen Hercules Flugzeugen eingeflogen werden – ein kostspieliges Unterfangen. Lediglich Germania Havn auf der Sabine Ø war Anfang August zeitweilig passierbar. Es muß dort offenbar eine Strömung geben, die eine Schneise in den Treibeisgürtel reißt und somit die Insel relativ leicht erreichbar werden läßt. Die GERMANIA und andere Expeditionen nach ihr haben davon profitiert.

Wir haben Abstriche von unserer Zielsetzung machen müssen. Wir sind zu Fuß und mit Ski weit nach Norden vorgestoßen, aber nicht mehr mit dem Schiff, wie wir es ursprünglich vorgehabt haben. – Die Arktis läßt sich eben nicht verplanen. Ehrgeizige Expeditionsziele werden schnell zur Farce. Es geht plötzlich nur noch darum, mit heiler Haut davonzukommen. Wir haben die Größe der Natur zu spüren bekommen, ich sage das ohne jeden Pathos. Und so ist nicht das Gefühl der Enttäuschung oder der Verbitterung darüber, nicht an irgendein Etappenziel gelangt zu sein, geblieben, sondern eher ein gewisses Gefühl der Demut. Diese Demut, die uns Industriemenschen so abgeht, die wir meinen, mit Technik und Geld alles kaufen und beherrschen zu können, einschließlich der Natur. Wer, wie heutzutage üblich, über einen Reiseveranstalter den Mount Everest oder den Nord- und Südpol für viel Bares bucht, der glaubt, auch gleichzeitig einen Anspruch auf Sicherheit und Erfolg miterworben zu haben. Selbst Katastrophen wie 1996 am Everest scheinen diese Fehleinschätzung nicht zu korrigieren, sie werden sich wiederholen.

Und diese Überheblichkeit kennt leider noch ganz andere Dimensionen. Es gibt Planungen, in der Nähe von Mesters Vig eine Lagerstätte für nuklearen Abfall, auch solchen aus militärischer Produktion, einzurichten. Sicher ein devisenbringendes Geschäft. Das Thema Erdöl ist natürlich immer noch nicht vom Tisch, es ist momentan nur buchstäblich auf Eis gelegt. Ich bin ganz sicher, es gibt noch eine Reihe anderer Projekte in diversen Schubladen.

Und was hat das mit unserer Expeditionsreise zu tun? Die Erfahrungen, die wir auf dieser Reise und insbesondere im Eis gesammelt haben, stimmen nachdenklich. Die unmittelbare Nähe zur

Natur rückt aus unserer Sicht die Verhältnisse zurecht. Ob das Schiff nun DAGMAR AAEN oder KISTA ARCTICA heißen mag: Für beide Schiffe setzte das Eis – und eben nicht der Mensch – in diesem Sommer die Spielregeln fest, wenn auch auf unterschiedlichen Ebenen.

Ein anderes Beispiel: Die Gemeinde Ittoqqortoormiit erwirtschaftet ungefähr drei Millionen Kronen pro Jahr. Auf den gleichen Zeitraum entfallen dagegen 33 Millionen Kronen zu zahlende Gehälter, von den logistischen Kosten ganz zu schweigen. Der Erhalt der kleinen Kommune ist zum reinen Verwaltungsakt geworden, zum Politikum, zum Kräftemessen mit einer abweisenden Natur. Denn eigentlich dürfte es diese Siedlung gar nicht geben. Mit dem traditionellen Lebenserwerb der Jäger und Fänger hat das Ganze, zumindest ökonomisch gesehen, herzlich wenig zu tun. Der Mensch erzwingt Dinge, und das hat seinen Preis, ganz gleich, ob es sich in Mark und Pfennig ausdrücken läßt oder in realen Gefahrensituationen oder Momenten. Deshalb stünde ihm ein wenig mehr Respekt vor der Natur gut zu Gesicht.

Ich werde wieder ins Eis fahren, auch wenn ich mir noch Stunden zuvor geschworen habe, es nie wieder zu tun. Und das mag genauso irrational sein wie die Bilanz einer Siedlung wie Ittoqqortoormiit. Dabei kann ich noch nicht einmal klar formulieren, warum es mich immer wieder dorthin zurückzieht, besonders nach der Zurechtweisung, die wir von der Natur in den letzten Tagen erhalten haben. „Dieses Land ist“, wie es Barre Lobes in seinem Buch „Arctic Dreams“ einmal formuliert hat, „nach Ansicht mancher Leute ärgerlich und außergewöhnlich unkooperativ.“ Es ist in der Tat eckig und unbeugsam, Zeit und Raum erreichen ungewohnte Dimensionen. Aber wer den Hochmut und die selbstauferlegten Zwänge einmal abschüttelt, der gerät unweigerlich ins Staunen und verharrt andächtig. Man kann sich dieser Faszination nur schwer entziehen.

Die Fahrt durch die Dänemarkstraße nach Süden gestaltet sich stürmisch und strapaziös. Da wir nur fünf Personen an Bord sind, gehen wir einen Vier-Stunden-Wachrhythmus: vier Stunden Wache, vier Stunden frei, dann wieder Wache usw. Ich selbst bin wachfrei und agiere sozusagen als Springer auf beiden Wachen, an

Schlaf ist bei uns allen kaum zu denken. Windstärken zwischen 8 und 9, dazu Dauerregen und schlechte Sicht, kombiniert mit Eisbergen und Growlern, die bei der aufgewühlten See kaum auszumachen sind, das zehrt an der Substanz. Ich kenne viele Leute, die meinen, daß Segeln an sich eine wenig körperlich fordernde Angelegenheit sei. Kommt wohl darauf an, wo und wie man segelt. An keinem einzigen Tag der sechzigtägigen Skiexpedition habe ich mich annähernd so müde und ausgebrannt gefühlt wie während der Fahrt durch die Dänemarkstraße. Die vorangegangene Anspannung im Eis, der Schlafmangel, die heftigen Schiffsbewegungen in einer konfusen See, bedingt durch ständig wechselnde Windrichtungen, lassen den Organismus nicht zur Ruhe kommen. Das Rigg der Dagmar Aaen erfordert zudem vollen Einsatz – wer meint, das Ganze sei eine geruhsame Angelegenheit, bei der man sich einfach vor dem Wind dahintreiben läßt, weiß nicht, wovon er redet.

Am Samstag, dem 29. August beginnen wir die Ansteuerung von Reykjavik. Der Sturm hat nachgelassen, aber es regnet in Strömen, als wir die Molenköpfe passieren und in den Hafen einlaufen. Über UKW hat uns der Hafenmeister einen Liegeplatz zugewiesen. Schon von weitem können wir eine Gestalt auf dem Schwimmponton stehen sehen. Sigga ist gekommen, um uns und die Dagmar Aaen in Empfang zu nehmen. Die Leinen fliegen hinüber, werden von Sigga aufgefangen und an den Pollern belegt. Nach über einem Jahr liegt unsere Kutterdame wieder in einem regulären Hafen an einer Pier. Am 13. August 1997 hatten wir Akureyri verlassen. Seit dem Eisaufbruch am 16. Juli wird dieses die erste Nacht sein, in der wir keine Wache zu gehen brauchen. Sigga klettert mit zwei schweren Rucksäcken beladen an Bord, die vollgestopft sind mit frischem Obst, Yoghurts, Bier, Schokolade und Pizzas. Wir fallen uns in die Arme und – so groggy und müde wir uns auch fühlen mögen –, mit einem Mal fällt die ganze Anspannung und Konzentration von uns ab. Sigga an Bord zu haben ist so, als wäre sie nie fort gewesen. Und in Gedanken war sie es wohl auch nie. Von ihr kam immer irgend etwas für uns an: Päckchen mit frischen Erdbeeren oder Knoblauchzehen, mit Tomaten oder Süßigkeiten, die sie irgend jemandem mitgegeben hat, der zufällig nach Ittoqqortoormiit flog. Sigga hatte keine teuren Telefonate gescheut, um sich bei uns über die aktuelle Eislage zu informieren, bangte, litt und freute sich mit uns – so wie es gerade kam. Die DAGMAR AAEN ist eben auch ihr Schiff, so wie es auch bei Torsten, Achim, Katja, Martin, Brigitte und all den anderen Crewmitgliedern ist, die das Schiff fahren. Der Ausdruck „A happy ship“ trifft wohl in einem ganz besonderen Maße auf diese alte Dame zu. Sie ist es deshalb, weil von dem Geist der Leute an Bord etwas auf sie abfärbt. Jeder einzelne gibt eine ganze Menge von sich für das Schiff und die Bordgemeinschaft preis. Aber wer nicht bereit ist, zu teilen und von sich zu öffnen, hat auch nichts zu sagen, der bekommt keinen Fuß an Deck. Unser Schiff ist ein Schmelztiegel, und diese Verbundenheit muß wohl auch der Zöllner spüren, der zuerst ein wenig streng blickt, als wir vor der Einklarierung bereits Besuch an Bord haben. Als er jedoch hört, woher wir kommen, hellt sich seine Miene auf, und in kürzester Zeit sind die Papiere abgefertigt, damit sind wir jetzt auch ganz offiziell in Island eingereist. Ich rufe Brigitte zu Hause in Deutschland an, melde unser Eintreffen und spüre ihre Erleichterung. Obwohl wir noch eine weite Rückreise vor uns haben, die um diese fortgeschrittene Jahreszeit schon recht stürmisch ausfallen mag, endet hier in Reykjavik das Abenteuer Grönland, so wie es vor gut einem Jahr in Akureyri begonnen hat. Wir werden etwa eine Woche hier bleiben und dann über die Vestmannaeyjar, die Färöer und die Shetlandinseln nach Bergen segeln, um von dort den letzten Sprung nach Hamburg zu unternehmen. In wenigen Tagen werden Rainer Kerzig und Heike Ernst zu uns stoßen und damit die Crew verstärken. In einem der nächsten Häfen wird auch Brigitte wieder an Bord kommen. Wir werden dann voll besetzt unsere Reise fortsetzen können. Voraussichtlich Anfang Oktober wird die Expedition ARCTIC PASSAGES dort enden, wo sie am 15. Mai vergangenen Jahres begonnen hat – im Hamburger Hafen.

Während ich diese letzten Zeilen schreibe, ist mein Kopf noch zu voll von Eindrücken, die erst einmal alle verarbeitet sein wollen. Das Schreiben dieses Buches ist ein Teil Aufarbeitung für mich gewesen. Über weitere, neue Pläne zu spekulieren, wäre verfrüht – wir stecken ja noch mittendrin in der Reise, sind noch nicht wieder zu Hause. Aber tief in meinem Inneren gibt es natürlich auch jetzt schon wieder dieses Grummeln, diese innere Unruhe.

Denn wenn diese Reise auch in vielerlei Hinsicht fordernd und anstrengend war, wenn sie beileibe auch nicht immer nur schöne Momente vermittelt hat, so ist sie doch etwas ganz Besonderes gewesen. Sie hat uns Einblicke in zwei historische Expeditionen gegeben – und mehr noch – sie hat uns einiges gelehrt, über uns selbst, über die Polarregionen und das Segeln abseits der üblichen Routen. Eine solche Reise ist nicht wiederholbar, sie ist einzigartig, weil nie wieder die gleichen Konstellationen zusammentreffen werden. Und gerade das macht das besondere und intensive Erlebnis aus. Wir haben jeden Tag intensiv und hautnah am Geschehen gelebt. Das macht abhängig und ist längst zu einer sehr realen Leidenschaft geworden.

Und deshalb gilt der Ausspruch, den ich damals bei der Rückkehr von der vorangegangenen Expedition formuliert habe, auch heute und dieses Mal und das nächste Mal: „Das Ende der einen Reise ist der Beginn einer neuen!"

Anhang

Segelschiff Dagmar Aaen

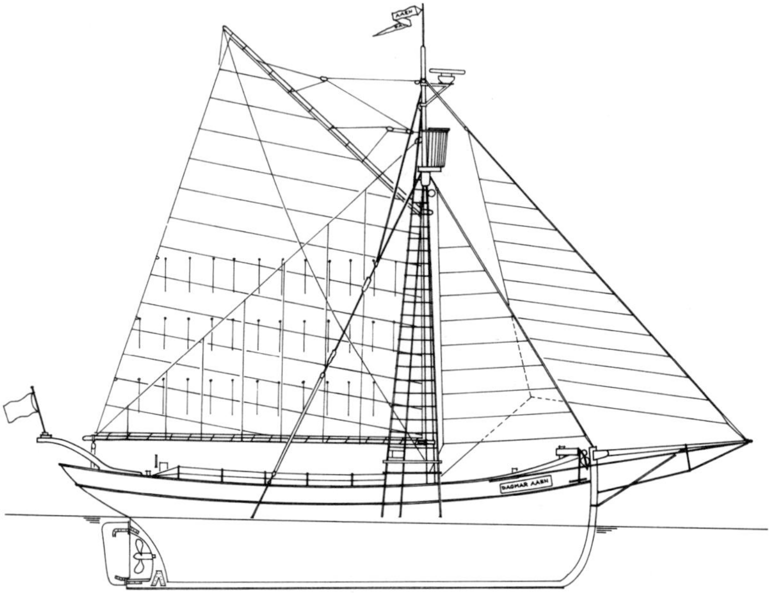

Spantenriß

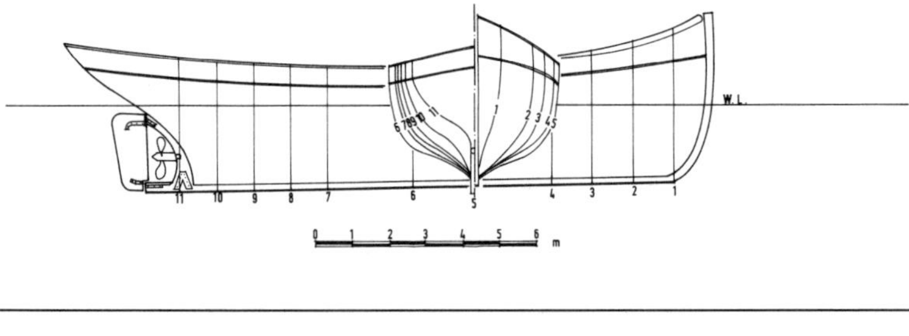

Decksplan

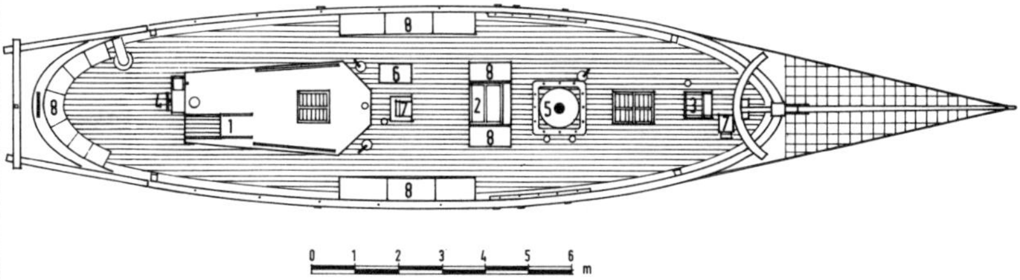

1 Niedergang Achterschiff
2 Niedergang Mittschiff
3 Niedergang Vorschiff
4 Ruder
5 Mast
6 Rettungsinsel
7 Winde
8 Backskisten

Einrichtung unter Deck

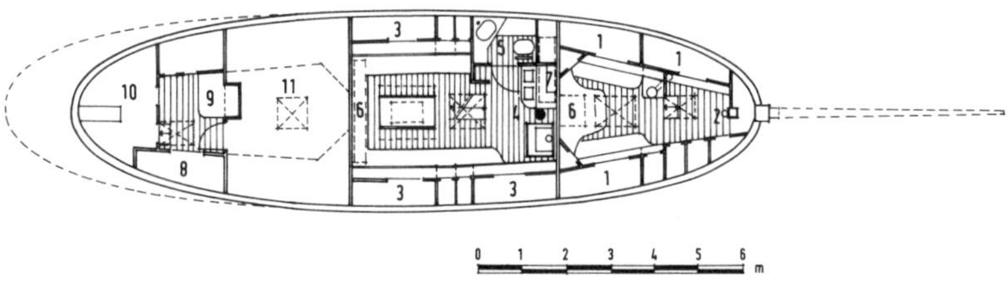

Vorschiff
1 Kojen (6 Stück)
2 Ankerkette
6 Frischwassertank

Mittschiff
3 Kojen (6 Stück)
4 Kombüse
5 WC
6 Frischwassertank
7 Fäkalientank

Achterschiff
8 Koje
9 Navigation, Funk
10 Stauraum
11 Maschinenraum, Tanks

Dagmar Aaen

1931 auf der N.P. Jensen-Werft in Esbjerg für den dänischen Reeder Mouritz Aaen gebaut. Er benennt das Schiff nach seiner Frau.

Länge:	18 m (ohne Klüverbaum)
Breite:	4,80 m
Tiefgang:	2,60 m
Baumaterial:	5,5 cm Eichenplanken auf Eichenspanten
Deck:	Oregonpine
Mast:	Douglasfichte
Segel:	1 Klüver, 1 Fock, 1 Toppsegel, Rah mit Breitfock, 1 Großsegel mit 3 Reffreihen, zusätzlich 1 Trysegel und 1 Sturmfock. Die Segel sind aus Dacron und wurden von der Segelwerkstatt Stade gefertigt.

Der Umbau zum Expeditionsschiff fand auf der dänischen Werft Skibs & Bædebyggeri in Egernsund statt. Abschlußarbeiten wurden auf der Peterswerft in Wewelsfleth durchgeführt.

Die Ausrüstung der DAGMAR AAEN

Hauptmaschine
3 Zylinder Callesen Diesel Typ 425 CO; max. 180 PS bei 500 Umdrehungen/min. auf Verstellpropeller
2 angehängte Lichtmaschinen
2 angehängte Lenzpumpen/Feuerlöschpumpe
Generator
Typ Fischer Panda 12 kW; 220/380 Volt
Wassermacher
Sea Recovery SRC 400 AF
Transportable Notlenzpumpe mit Benzinmotor
3 Deckslenzpumpen
Elektrik
4 GEL-Batterien VARTA à 220 Ah
Landanschluß
Stromversorgung 220, 380, 12 und 24 V
Notstromgenerator 2 kW
Navigationsausrüstung
Furuno Radar FR 8031 D
Furuno GPS GP 500
Magellan GPS
Furuno Loran LC 90 MK II
Furuno Echolot FMV 603
Furuno Wetterfax FA 208 A mit Navtex
NASA Navtex
Silva Nexus GPS, Windanzeige, Log
Silva Fluxgate Kompaß
Silva Peilkompaß
Pentium Rechner
NOAA HRPT Sat-Empfangsanlage, Fa. Wraase

Sextant Plath Classic
alter dänischer Schiffskompaß
Barometer
Meteobox
Anemometer

Nautische Bücher

Nautisches Jahrbuch, Gezeitentafeln
Eisatlas
diverse Seehandbücher
Nautischer Funkdienst I – IV, Leuchtfeuerverzeichnis
diverse Fachbücher über Wetterkunde, Seemannschaft, Navigation, Funk etc.
Seekarten

Funk/Kommunikation

NERA World Phone Marine INMARSAT Mini M mit Fax und Datenausgang
Skanti TRP 7203 GW-/SSB-Seefunkanlage, ausgerüstet mit Telex-Modul
Sailor-Semiduplex-UKW-Seefunkanlage RT 2048

Sicherheitsausrüstung

Survivalanzüge Dry Fashion
Secumar Rettungsweste Typ 15 Bolero mit Lifebeltsystem
2 Rettungsringe mit aufblasbarer Kadematic Mark I-Markierungsboje
Hand-/Suchscheinwerfer
1 Rettungsinsel DSB/Fa. Messerschmidt, für 12 Personen wie bei Handelsschiffen üblich. Enthalten sind zusätzlich Wärmedecken, Benzinkocher mit Topf und reichlich Brennstoff, Cathay (Pemmikan), Kaffee, Tee, Seenotverpflegung etc.
diverse Seenotsignale
zusätzlich Signalpistole samt Munition
Notfunksender für „Mann über Bord“-Alarm
PLB 7 mit Peilempfänger HR 30
EPIRB Seenot-Funkboje
JOTRON EPIRB Seenot-Funkboje (NERA)
Handfunkgerät, Magellan GPS-Empfänger
Bolzenschneider, Feueräxte, Feuerlöscher

Flex, Brecheisen, Schweißgeräte, Lecksegel etc.;
ferner gibt es 2 Kettensägen, um das Schiff aus dem Eis heraussägen zu können (eine elektrische, eine mit Benzinmotor).

Bekleidung

JACK WOLFSKIN:
Wetterschutzbekleidung Granite,
diverse Fleecepullover und -hosen,
Funktionsunterwäsche Warm'n up
Daunenjacken
MEINDL: Gore-Tex Berg- und Seestiefel

Tauchausrüstung

Atemluftkompressor Bauer Utilus
Trockentauchanzüge DUI
Vollgesichtsmasken mit integrierten Lungenautomaten
Lungenautomat Dräger, vereisungssicher
Flaschen, Stahl 101
ABC-Ausrüstung
Tauchcomputer
Tiefenmesser, Kompaß
Wenoll-Rettungskoffer
Atemtherapiegerät bei Tauchunfällen
Remote Control Underwater Video

Schlauchboot Lomac mit GFK-Boden

Außenborder Yamaha 25 PS

Heizung

Vorschiff: Reflex Dieselofen mit separatem Tank
Mittschiff: Dieselherd „Dickinson Atlantic" mit Backofen
Achterschiff: Eberspächer Warmluftheizung (für Navigations- und Maschinenraum)

Sanitär

„Albatros-Pump"-WC
Fäkalien-/Schmutzwassertank
Frischwassertank 450 l in Verbindung mit Druckwassersystem

Lenzsystem

Das Schiff ist in drei wasserdichte Segmente unterteilt.
Jede Abteilung kann über vier verschiedene Pumpen mit jeweils eigener Lenzleitung gelenzt werden. Selbst wenn drei Leitungen

verstopfen sollten, bleibt eine immer noch frei, da Pumpen und Systeme unabhängig voneinander arbeiten.

Anker

3 Bügelanker: 33 kg, 44 kg und 70 kg mit 100 Meter Kette
1 Handankerwinde
1 Nirowinde mittschiffs als Berge- und Warpwinsch vorgesehen

Werkzeug

Das Schiff ist mit allem Werkzeug ausgerüstet, das irgendwie Verwendung finden könnte.
Dazu gehören ein Autogen-Schweißgerät, elektrische Werkzeugmaschinen für Holz- und Metallarbeiten sowie ein umfangreiches Ersatzteillager.

Erste Hilfe

In Zusammenarbeit mit Ärzten zusammengestellt, von Aspirin bis zum Zahnbesteck, sowie künstlicher Beatmung und Tropf ist alles vorhanden. Vor Antritt der Reise ist die gesamte Crew entsprechend geschult worden.

Proviant

Trekking-Mahlzeiten (gefriergetrocknet), Firma Schultheiss
Cathay (Pemmikan), Metzmacher
Grundnahrungsmittel für mehrere Monate.

Fotoausrüstung

Alle Aufnahmen wurden ausschließlich mit LEICA R 6.2 Kameras und LEICA Objektiven gemacht. Die Brennweiten bestehen aus 19 mm, 24 mm, 60 mm Macro, 100 mm Macro, Zoom 35–70 mm, Zoom 70–210 mm und Apo Telyt-R 400 mm.
An dieser Stelle möchte ich dem Fotografen Torsten Heller, von dem die meisten Aufnahmen stammen, meinen aufrichtigen Dank sagen.

Leica

Ausrüstungsliste Ski-Expedition

Schlitten-, Ski-, Parawing-Ausstattung
ACAPULKA Expeditonsschlitten aus Kevlar, Plane Cordura, Kufen aus Teflon
Zuggestänge: Neukonstruktion (von Klaus Wolter) aus einem Hartschaum, der mit Kevlar überzogen wurde. Die Befestigungsscharniere wurden aus 30 Lagen Glasfaser laminiert und mittels Augbolzen am Schlitten befestigt.
Zuggeschirr: Sonderanfertigung von Jack Wolfskin, bestehend aus einem sehr steifen Hüftgurt und durchgehenden Schultergurten.
SKI: ATOMIC „Tour Cap Guide“ Tourenski
Um nicht verschiedene Ski zum Segeln und Laufen mitzunehmen, haben wir 90 cm des Belages weggefräst und ein Synthetikfell mit Epoxy-Harz einlaminiert.
Ein Paar Ersatzski für die ganze Gruppe
KOFLACH-Skispoiler, um die Schuhe beim Segeln seitensteif zu bekommen.
Bindung: Riva-3-Kabelbindung
Schuhe: Alfa „Mørdere EXTREM" aus Norwegen
Skistöcke: Swiss-Leki „Telemark“ Zweiteiler, zwei Paar Ersatzstöcke für das Team
PARAWINGS: 3 Stück à 27 m^2, 1 Stück à 25 m^2
Segelgurte für Parawings: Petzl-Klettergurte
Kleidung
Jack Wolfskin 3-Lagen Gore-Tex Jacke mit Pelzrand und Hose (Granite-Jacket & Pants)
Jack Wolfskin Daunenjacke mit Dryloft
Diverse Fleecemützen und Handschuhe (Jack Wolfskin und Reusch)
Jack Wolfskin Bipolar-Fleece
Jack Wolfskin Teclite-Fleecepulli

Jack Wolfskin Fleece-Hose
Jack Wolfskin Unterwäsche (Slip, lange Unterhose, lange Hemden)
Jack Wolfskin Sturmhaube „Windstopper“
Jack Wolfskin Daunenweste
Jack Wolfskin Windjacke „Windy Point“ aus dem „Function-Material“
Falke: Trekkingsocken TK4

Schlafen

Jack Wolfskin THE FRIDGE mit Kunstfaserfüllung und Dryloft, außerdem „One Kilo Bag“ als Innenschlafsack bei großer Kälte
20 mm geschlossenzellige Schaum-Isomatte mit Folie beschichtet
2 Zelte: Jack Wolfskin EXPEDITION-DOME

Technische Ausstattung:

Kommunikation

Satfind-Pocket PLB (Satellitennotrufgerät) auf 406 Mhz und 121.5 Mhz
ICOM Flugfunkgerät „IAE-3“ mit Trockenbatterienfach
Inmarsat D+, Paging-System
NERA Mini-M Satellitentelefon
Kleine Handfunkgeräte für Kommunikation in der Gruppe

Stromversorgung

Solarpanel zum Laden der Video-Akkus und des D+ Systems
Lithium AA-Batterien
12 V-Mono-Blöcke

Kochen

2 MSR-XGK Benzinkocher
MSR-Kochgeschirr (1 Topf zum Kochen, 1 Topf zum Schnee-schmelzen)
Diverse Tassen und Löffel
MSR-Brennstoffflaschen
Brennstoffverbrauch: ca. 600 ml pro Tag
Bic-Feuerzeuge
Edelstahl-Thermosflaschen

Navigation

Kartenmaterial: 1:250.000 topographische Karten, ab Daneborg 1:1.000.000 Flugkarten

GPS: Garmin 48
Stechzirkel
Silva Linealkompasse „Ranger“
Silva Marine Kompaß auf ein Gestell montiert
(Sonderanfertigung Onneken/Silva)
Medikamente und Erste Hilfe
Maloxan Tabletten (W: Aluminium)
Augmentan Tabletten (W: Amoxicillin + Clavulansäure)
Bei Unverträglichkeit von Augmentan: Doxycyclin
Berberil N Augentropfen (W: Tetryzolin)
Buscopan (W: Butylscopolamin)
Dolo-Puren forte (W: Ibuprofen)
Dimen 150 (W: Dimenhydrinat)
Beta-Isodona-Salbe
Immodium akut (W: Loperamid)
Paracetamol 500
Codipront retard (W: Codein)
Tramadol-rathiopharm 50 (W: Tramadol)
Xylocain Salbe 5%
50 Compeed-Blasenpflaster
Tape
Dreiecktücher aus Viskose
Wundkompressen
Verbandpäckchen
Fixomull „Klebeverband“
Schere
anatomische Pinzette 12 cm
„Sam-Splint“ Schiene
Branolind-Gaze
Beta-Isodona-Antiseptikum
Alkoholtupfer
Skalpelle (nur um Blasen zu öffnen)
Steri-Strips: Wundnahtpflaster
Elastische Binden
Wundschnellverbände
Film und Video
SONY: Digital Video Camera Recorder DCR-VX1000E

LEICA R 6.2 Kamera mit diversen Objektiven
Filme: Fuji Velvia 50, Sensia 100
Verpflegung
Frühstück: Spezial-Müsli mit Trockenmilchpulver
Unterwegs: BP-5 Kekse, Viba Fruchtschnitten,
Dr. Balke Fruchtschnitten
Abends: Schultheiss Trekkingmahlzeiten mit Cathay (Pemmikan)
und Fleischbrühe
diverse Teesorten, Kaffee, Vitamin-Brausetabletten,
Getränkepulver

Danksagung

Zum Gelingen der Expedition ARCTIC PASSAGES haben folgende Personen und Unternehmen maßgeblich beigetragen. Ihnen schulde ich großen Dank – insbesondere auch für das Vertrauen, das sie mir und meinem Team entgegengebracht haben:

Der Firma JACK WOLFSKIN, besonders Manfred Hell,
aber auch allen anderen Mitarbeitern.
Dem Importhaus K.H. Wilms als Vertreter für FISHERMAN'S FRIEND, besonders Christian Bauckholt und Armin Dipping.
Meddy und Folker Schultheiss für die Trekkingmahlzeiten.
Der Albingia Versicherung für ihr Vertrauen.
Der Versicherungsmaklerei Griebel & Brocks,
besonders Herrn Mattheus und Herrn Brocks.
Der Firma Messerschmidt, besonders Herrn Behnk für die neue Rettungsinsel sowie die Schulung daran.
Der Firma SECUMAR für die Rettungswesten.
Der Redaktion FIT FOR FUN, besonders Christian Personn.
Firma PRO FREIGHT für den schnellen und zuverlässigen Transport des Nachschubs weltweit.
Dem Nordwindreisen-Team, besonders Jörg Linhardt, für die Fluglogistik.
Der Greenlandair.
Der Icelandair.
Flugfélag Íslands, Sigurdur Adalsteinsson.
Egon Fogtmann für seinen Einsatz in der Umbauphase.
Jörn Bohlmann für sein Durchhaltevermögen und seinen Einsatz auf der Werft in Egernsund.

Falk Mahnke für die Bereitstellung seiner Werkshalle während der Umbauphase.
Klaus Wolter, der uns in sehr kurzer Zeit und unter viel Einsatz sehr stabile und funktionale Zuggestänge für die Pulkas konstruiert hat.
EXTRATOUR – Die Ausrüstungsprofis, besonders Frank Mertens für sein Engagement in Ausrüstungsfragen.
Allen Crewmitgliedern und Freunden, die nicht alle namentlich genannt werden können, aber mitgeholfen haben, in vielen Arbeitsstunden das Schiff termingerecht fertigzustellen.

Materialsponsoren:
NERA für die Mini M Anlagen, insbesondere Rolf Zimmermann und Hans-Jürgen Schenck.
PANDA ICEMASTER, besonders Jürgen H. Mertens.
LEICA, Herr v. Zydowitz.
J. Eberspächer Warmluftgebläseheizung.
Fa. Onneken, Edzard Onneken (SILVA).
Berg- und Skisport Böhm, Axel Böhm (ATOMIC und KOFLACH), der uns mit Skispezialwünschen immer weitergeholfen hat.
ESKIMO, Jan Kellner.
Varta Batterien, Erich Brandt.
Johanniter-Unfall-Hilfe e.V. Stuttgart, insbesondere Armin Wirth für den ERSTE HILFE EXTREM-Lehrgang sowie die PLB's (Notrufgeräte).
Firma MEINDL, Lukas Meindl für die Stiefel.
EXPED AG Schweiz, Kurt Gerber für die MSR-Kocher und Kochgeschirr.
Computer & Competence, Jan Brabant.
Segelwerkstatt Stade, Jens Nickel.
ASICS, Harald Steindoor.
Dry Fashion, Günther Mühlhaus für die Survival-Anzüge.
Josef Metzmacher für das Cathay.
Herr Reiss, Reutlingen, für die Kapuzenfelle.
LEKI-SPORT SCHWEIZ, Wolfgang Haase,
für die Telemark-Skistöcke.
Bernd Woick GmbH, Herr Woick, für das GPS „Garmin 48".

Ferner danke ich folgenden Personen:
Den Einwohnern von Ittoqqortoormiit.
Dem Bürgermeister Jens Napatoq.
Der Sirius-Patrouille, insbesondere Lars und Kasper.
Der Besatzung der Wetterstation in Danmarks Havn für die freundliche Aufnahme.
Armin Wirth und Frank Mertens für die Vorbereitungen für die Ski-Expedition.
Siggas Eltern, Sverrir Helgason und Johanna,
für ihre Gastfreundschaft.
Elke Hoffmann dafür, daß sie die Stellung hält,
während wir unterwegs sind.
Dem Delius Klasing Verlag, insbesondere Birgit Radebold
für die gute Betreuung sowie das Lektorieren des Manuskriptes und das Vertrauen, daß trotz der Expedition alles termingerecht abgeliefert wird.
Rolf Becker für seine Beratung in allen Belangen.
Last, but not least Brigitte –
die, wie immer, einen maßgeblichen Anteil am Gelingen des Buches und auch an der gesamten Expedition trägt.

Bibliographie

„Die Zweite Deutsche Nordpolarfahrt in den Jahren 1869 und 1870“, Leipzig: F.A. Brockhaus, 1875
„125 Jahre deutsche Polarforschung“, Alfred-Wegener-Institut für Polar- und Meeresforschung, 1993
„Arctic Pilot“ Vol. II Eighth Edition, Published by the Hydrographer of the Navy, 1996
„Eine Frau erlebt die Polarnacht“, Christiane Ritter, Propyläen-Verlag Berlin, 1938
„Dem Pol entgegen“, S.A. Andrée, Leipzig: F.A. Brockhaus, 1930
„The Eight Sailing/Mountain-Exploration Books“, H.W. Tilman, Diadem Books LTD, London, 1987
„Zweihundert Tage im Packeis“, Reinhard A. Krause, Kabel Verlag, 1997
„Das Arktische Jahr“, Gottfried Weiss, Georg Westermann Verlag, 1949
„Der Scoresbysund“, Alwin Pedersen, August Scherl GmbH / Berlin

Die Crew der Dagmar Aaen 1997/1998

Arved Fuchs
Pablo Besser
Jörn Bohlmann
Brigitte Ellerbrock
Heike Ernst
Elise Fleer
Egon Fogtmann
Martin Friederichs
Hans-Joachim Karpus
Falk Mahnke
Frank Mertens
Johannes Meyer-Hamme
Katja Nagel
Rafael Peche
Gerd Schwalenstöcker
Karsten Steinbach
Franz Taucher
Margret Valdimarsdottir
Rainer Kerzig
Sigridur Ragna Sverrisdottir
Torsten Heller
Armin Wirth

Die Crew der DAGMAR AAEN 1997/1998

Arved Fuchs

Brigitte Ellerbrock

Torsten Heller

Sigridur Ragna Sverrisdottir

Hans-Joachim Karpus

Egon Fogtmann

Armin Wirth

Jörn Bohlmann

Falk Mahnke

Martin Friederichs

Frank Mertens

Elise Fleer

Pablo Besser

Franz Taucher

Gerd Schwalenstöcker

Rafael Peche

Margret Valdimarsdottir

Johannes Meyer-Hamme

Katja Nagel

Karsten Steinbach

Heike Ernst

Rainer Kerzig

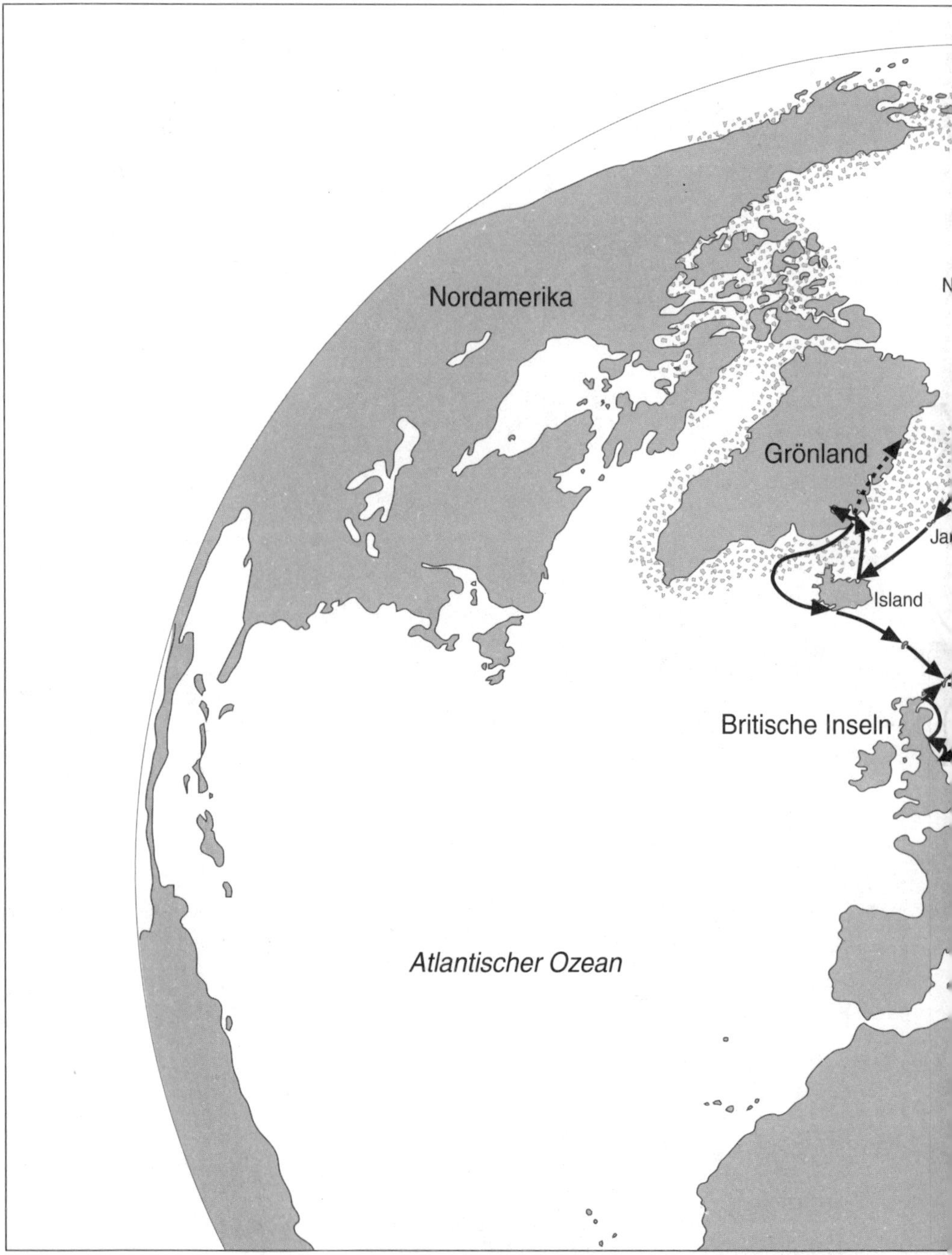
Nordamerika
Grönland
Island
Britische Inseln
Atlantischer Ozean